ACOSO LABORAL: UNA GUÍA JURÍDICA A TRAVÉS DE CASOS REALES

ACOSO LABORAL: UNA GUÍA JURÍDICA A TRAVÉS DE CASOS REALES

Francisco Trujillo Pons
Profesor Titular de Derecho del Trabajo y de la Seguridad Social de la Universidad Jaume I

COLEX 2025

Esta obra se ha editado en el marco de las líneas de acción del Grupo de Innovación Educativa UNICONO - Universidad del Conocimiento (código 50659), de la Universidad Jaume I. Sus Investigadores Principales fueron los profesores Jacob Guinot Reinders, Titular de Organización de Empresas y Francisco Trujillo Pons, Titular de Derecho del Trabajo y Seguridad Social. La financiación se obtuvo al abrigo de la Convocatoria de ayudas a la innovación educativa de la Universidad Jaume I para el año 2023, aprobada por el Consejo de Gobierno número 7-2023 de 12 de julio de 2023.

© Editorial Colex, S.L.
Calle Costa Rica, número 5, 3.º B (local comercial)
A Coruña, 15004, A Coruña (Galicia)
info@colex.es
www.colex.es

I.S.B.N.: 978-84-1194-834-0
Depósito legal: C 249-2025

SUMARIO

4
EL ACOSO EN EL TRABAJO CONCRETADO REITERADAMENTE POR LA DOCTRINA JUDICIAL. NO TODO CONFLICTO LABORAL ES CONSTITUTIVO DE *MOBBING*

5
EL MARCO NORMATIVO DEL ACOSO EN EL TRABAJO. UNA CLARA DISPERSIÓN DEL FENÓMENO EN EL ORDENAMIENTO JURÍDICO ESPAÑOL

6
EL ACOSO EN EL TRABAJO TRATADO A NIVEL COMUNITARIO E INTERNACIONAL

7
LA PREVENCIÓN DEL *MOBBING* COMO RIESGO PROFESIONAL

8
REFLEXIÓN SOBRE LA VIOLENCIA EN EL LUGAR DE TRABAJO

9
EL CIBERACOSO EN EL ÁMBITO LABORAL: UNA MODALIDAD DE ACOSO EN AUGE

10
CONSIDERACIÓN DEL *MOBBING* COMO PATOLOGÍA DE ORIGEN PROFESIONAL

11
POSIBILIDAD DE SOLICITAR LA EXTINCIÓN DE LA RELACIÓN LABORAL POR INCUMPLIMIENTO DEL EMPRESARIO

BLOQUE II
PUBLICACIONES SIGUIENDO LA MECÁNICA DE LINKEDIN

1
INTRODUCCIÓN

2
DESPIDOS Y CONFLICTOS LABORALES

3
ACOSO LABORAL (*MOBBING*) Y SALUD MENTAL

4
ACOSO SEXUAL

5
SALUD MENTAL EN EL TRABAJO Y *BURNOUT*

BLOQUE III
CONCLUSIONES

BIBLIOGRAFÍA

ORDEN RELACIÓN DE SENTENCIAS TRATADAS EN EL BLOQUE II

ABREVIATURAS

ALEH	Acuerdo Laboral Estatal para Hostelería
AN	Audiencia Nacional
ANC	Acuerdo Nacional para la Negociación Colectiva
Art.	Artículo
Arts.	Artículos
AT	Accidente de trabajo
BOE	Boletín Oficial del Estado
CENDOJ	Centro de Documentación Judicial
CC	Código Civil
CCOO	Comisiones Obreras
CE	Constitución Española
CEDH	Convenio Europeo para la Protección de los Derechos Humanos y de las Libertades Fundamentales
CENDOJ	Centro de Documentación Judicial
CEE	Comunidad Económica Europea
CP	Código Penal
CSIF	Central Sindical Independiente y de Funcionarios
Dir	Directiva
DL	Decreto Ley
DLeg	Decreto Legislativo
DNI	Documento Nacional de Identidad
EBEP	Real Decreto Legislativo 5/2015, de 30 de octubre, por el que se aprueba el texto refundido de la Ley del Estatuto Básico del Empleado Público
EP	Enfermedad profesional
ERTE	Expediente de Regulación Temporal de Empleo
ET	Real Decreto Legislativo 2/2015, de 23 de octubre, por el que se aprueba el texto refundido de la Ley del Estatuto de los Trabajadores

ETT	Empresa de Trabajo Temporal
ETOP	Económicas, técnicas, organizativas o de producción
EVI	Equipo de Valoración de Incapacidades
Ex art.	«De conformidad con el artículo», «según el artículo»
INSS	Instituto Nacional de la Seguridad Social
INSST	Instituto Nacional de Seguridad y Salud en el Trabajo
IPA	Incapacidad permanente absoluta
IPP	Incapacidad permanente parcial
IPT	Incapacidad permanente total
IT	Incapacidad Temporal
ITSS	Inspección de Trabajo y de la Seguridad Social
JS	Juzgado Social
JSO	Juzgado de lo Social
LEC	Ley 1/2000, de 7 de enero, de Enjuiciamiento Civil
LGSS	Real Decreto Legislativo 8/2015, de 30 de octubre, por el que se aprueba el texto refundido de la Ley General de la Seguridad Social
LISOS	Real Decreto Legislativo 5/2000, de 4 de agosto, por el que se aprueba el texto refundido de la Ley sobre Infracciones y Sanciones en el Orden Social
LOI	Ley Orgánica 3/2007, de 22 de marzo, para la igualdad efectiva de mujeres y hombres
LOLS	Ley Orgánica 11/1985, de 2 de agosto, de Libertad Sindical
LPRL	Ley 31/1995, de 8 de noviembre, de Prevención de Riesgos Laborales
LRJS	Ley 36/2011, de 10 de octubre, reguladora de la jurisdicción social
MSCT	Modificación sustancial de las condiciones de trabajo
NTP	Nota Técnica Preventiva
OIT	Organización Internacional del Trabajo
OMS	Organización Mundial de la Salud
OIT	Organización Internacional del Trabajo
PRL	Prevención de Riesgos Laborales
Proc.	Procedimiento
RAE	Real Academia Española
RD	Real Decreto
RDL	Real Decreto Ley

RDLeg	Real Decreto Legislativo
Rec.	Recurso
RSP	Real Decreto 39/1997, de 17 de enero, por el que se aprueba el Reglamento de los Servicios de Prevención
SAN	Sentencia de la Audiencia Nacional
SJSO	Sentencia del Juzgado de lo Social
SMAC	Servicio de Mediación Arbitraje y Conciliación
SPA	Servicio de Prevención Ajeno
STC	Sentencia del Tribunal Constitucional
STEDH	Sentencia del Tribunal Europeo de Derechos Humanos
STSJ	Sentencia del Tribunal Superior de Justicia
STS	Sentencia del Tribunal Supremo
STJUE	Sentencia del Tribunal de Justicia de la Unión Europea
STSJ	Sentencia del Tribunal Superior de Justicia
TEDH	Tribunal Europeo de Derechos Humanos
TGSS	Tesorería General de la Seguridad Social
TJCE	Tribunal de Justicia de las Comunidades Europeas
TJUE	Tribunal de Justicia de la Unión Europea
TS	Tribunal Supremo
TSJ	Tribunal Superior de Justicia
UE	Unión Europea

PRÓLOGO

Si hay una materia en el quehacer de los laboralistas, que trasciende a lo meramente jurídico es precisamente el acoso en el trabajo. Esa *mina antipersona* —como gráficamente lo calificó la magistrada Gloria Poyatos[1]—, constituye un fenómeno que nos interpela también en lo personal y hace que, inevitablemente, nos adentremos en la complejidad del comportamiento humano.

Sin embargo, aunque difícilmente seamos capaces de tratar esta cuestión con frialdad de entomólogo, no cabe duda de lo necesarios que son, junto con los imprescindibles abordajes psicológicos, los estudios técnico-jurídicos que nos acerquen, desde el punto de vista doctrinal, legal y jurisprudencial, a una figura lamentablemente muy presente. Y es que una mirada de humanidad no puede ni debe estar reñida con el rigor jurídico en el tratamiento.

En los tribunales encontramos con frecuencia demandas que aluden a acoso con injustificable ligereza. Tengo la impresión de que ello ha tenido el efecto dañino de provocar una cierta prevención en la judicatura y, en general, en todos los operadores jurídicos. Y, sin embargo, haríamos muy mal si una instrumentalización o un abuso nominativo de la figura nos llevara a desconocer la envergadura y los efectos que la misma tiene en los casos reales, ante los que el Derecho no puede eludir respuestas adecuadas.

Couture estableció como primer *mandamiento*[2] del abogado el estudio y actualización permanentes, apreciación sin duda extensible a todos los juristas, también a los del ámbito académico o a la judicatura. El Derecho es cambiante y, en lo tocante a la figura del acoso laboral, no estamos ante una excepción.

En los últimos años, las nuevas formas de prestación de trabajo y de relaciones interpersonales han hecho que también el acoso se nos manifieste de nuevas maneras. Así, han surgido fenómenos novedosos, como el ciberacoso. Y, en general, las conductas de hostigamiento, aislamiento, desprestigio, etc., características del *mobbing*, se han trasladado y adaptado a los entornos digitales, virtuales o telemáticos.

---

1 Poyatos Matas, G. «Acoso laboral, una mina antipersona en el trabajo». *El Huffington Post*, 03/11/2005.

2 Couture Etcheverry, E.J. (2002) «Los mandamientos del abogado». *Revista de la Escuela Nacional de Jurisprudencia* nº 238, Uruguay.

Junto a esos cambios tecnológicos, se han producido también diversas novedades en el plano normativo. España ratificó en el año 2022 el Convenio número 190 de la Organización Internacional del Trabajo, un tratado que establece definiciones y criterios y mediante el cual los países adheridos se obligan a adoptar medidas eficaces, tanto en lo preventivo como en lo reactivo, frente a la violencia y el acoso en el mundo del trabajo. Y, aunque seguimos teniendo una legislación muy dispersa —como pone de manifiesto con acierto en esta misma obra Francisco Trujillo— y sin la coherencia y visión integral que serían deseables, se ha avanzado al menos en la definición de ciertas obligaciones empresariales.

Por tanto, si estamos ante un fenómeno complejo y cuyo contexto social y legal está modificándose, no podemos albergar duda alguna sobre la necesidad y la oportunidad de una obra como la que el lector tiene entre sus manos que, además, viene de la mano de un autor de contrastada solvencia.

El profesor Trujillo Pons ya nos había dado amplias muestras de sus conocimientos y su buen hacer, tanto en la actividad docente como en otros libros y artículos publicados. Pero, además, en los últimos años se ha puesto de manifiesto su enorme capacidad divulgativa: su perfil en la red social *LinkedIn*, atrae aproximadamente a 35.000 seguidores (yo, desde luego, soy uno más de ellos) en torno a la actualidad jurídico-laboral, creando una amplia comunidad de muy diversos perfiles: juristas, sindicalistas, responsables empresariales de relaciones laborales, personas trabajadoras, profesorado, estudiantes de Derecho, etc.

El libro parte de la caracterización de la figura del acoso desde la psicología, junto con las definiciones que ofrece el ordenamiento jurídico. Y aborda las obligaciones empresariales en la materia o los efectos sobre las personas que lo sufren, entre otras muchas cuestiones, que conforman un interesante estudio de conjunto.

Pero su mayor originalidad y su principal aportación es que nos permite asomarnos a la realidad de la práctica judicial, ofreciendo una amplia selección de sentencias, brevemente comentadas con el mismo estilo, gráfico y didáctico, que su autor utiliza en *LinkedIn*. Este Bloque de la obra pone al alcance del lector un elocuente panorama de cómo han ido abordando los tribunales en nuestro país el acoso en el trabajo.

Posiblemente algunos criterios de las resoluciones analizadas se puedan ir viendo superados por el nuevo marco legislativo al que hemos hecho referencia. No cabe duda tampoco de que cada sentencia no puede tomarse como dogma de fe aisladamente considerada, pues existe disparidad entre unos y otros órganos judiciales en determinados aspectos e, incluso en los mismos tribunales, se registra cierta evolución a lo largo del tiempo. Pero, nos guste más o menos cada fallo, resulte más o menos discutible —desde la óptica del debate jurídico— el enfoque de cada una de las sentencias analizadas, lo que sí resulta sumamente aconsejable es conocer bien el terreno que ha de pisarse, que es el de la realidad y no el del deseo de cada cual. Un terreno, el de los pronunciamientos judiciales, por el que ha de transitar el docente del Derecho con sus alumnos, o en el que va a tener que desenvolverse el profesional laboralista junto al justiciable cuyos intereses le hayan sido confiados.

Desde esta perspectiva, el presente volumen puede resultar sumamente útil para ampliar conocimientos teóricos y prácticos, acercándose a una visión amplia y actualizada del fenómeno del acoso en el trabajo.

Carlos Javier Galán Gutiérrez
Magistrado titular del Juzgado de lo Social n.º 14 de Sevilla
Profesor colaborador de la Universitat Oberta de Catalunya (UOC)

BLOQUE I

INTRODUCCIÓN

1

EL ACOSO LABORAL: UN RIESGO PSICOSOCIAL INVISIBLE Y LATENTE EN LAS RELACIONES LABORALES

El acoso en el trabajo, más que un conflicto entre compañeros, se presenta como un riesgo psicosocial con graves consecuencias para la salud mental de quienes lo padecen. En este contexto, el libro proporciona un análisis profundo del acoso laboral. Pese a que, en su mayor parte, se lleva un estudio de casos del tipo de acoso moral o *mobbing*, no se omite el acoso sexual y el burnout dado que sus consecuencias también son muy perniciosas para las víctimas y empresas.

Así pues, se va a explorar a nivel español, su marco jurídico y las responsabilidades que las empresas deben asumir para prevenir y actuar ante estas situaciones. Una obra que explora el estado actual del acoso en el trabajo en España, su marco jurídico y las responsabilidades que las empresas deben asumir para prevenir y actuar ante estas situaciones. Con un estudio profuso de los últimos pronunciamientos judiciales, se analizan casos reales, destacando la dificultad de probar el vínculo entre este tipo de acoso y el entorno laboral.

Asentado lo anterior, el acoso en el trabajo, conocido comúnmente como *mobbing*, ha existido desde que se establecieron las primeras relaciones de poder en el ámbito de las relaciones laborales. Aunque su visibilidad ha aumentado en los últimos años, no es un fenómeno reciente. La modalidad más común es la descendente, donde los mandos ejercen presión sobre trabajadores en posiciones subordinadas. Por otro lado, el acoso ascendente se produce cuando un trabajador o grupo de trabajadores con menor posición jerárquica ejerce presión sobre un superior. Aunque menos frecuente, esta modalidad también tiene un impacto significativo en el entorno laboral.

Sin embargo, el acoso no se limita a esta dirección. También existe el acoso horizontal, que ocurre entre compañeros del mismo nivel jerárquico o del mismo departamento. En este caso, las conductas de acoso se dan entre iguales, sin que haya una diferencia de rango dentro de la estructura organizativa.

Además, se ha empezado a estudiar un nuevo fenómenos que, sin ser nuevo, ha despertado el interés científico siguiendo el hilo del acoso laboral. Se trata del acoso de terceros. Para poder comprenderlo, se trata del que ejercen personas ajenas a la propia empresa contra los trabajadores de esta. Mientras que, como se ha detallado anteriormente, el acoso laboral proviene de compañeros, superiores o subordinados, este llega de personas ajenas a la organización pero que interactúan con ella. Estas pueden ser clientes, pacientes o alumnos.

Adicionalmente, como suele ser frecuente, esta problemática afecta más a las mujeres, que suelen ser víctimas también acoso sexual por parte de estos terceros, especialmente en aquellos sectores más feminizados como puede ser el sanitario (Crespí, 2024).

En este marco, abordar de manera efectiva la problemática del acoso laboral y los riesgos psicosociales asociados requiere la adopción de un enfoque proactivo y comprometido por parte de las empresas, más allá de la intervención estatal en sus dimensiones administrativa o penal. Aunque la tutela del Estado, a través de normativas, inspecciones y sanciones, desempeña un rol fundamental, no puede ni debe constituir la única herramienta para combatir estas conductas en el ámbito laboral.

Sin embargo, persiste un pensamiento arraigado en diversos sectores empresariales y sociales que delega exclusivamente al Estado la responsabilidad de implementar soluciones, eximiendo a las empresas de su participación activa en la identificación, prevención y resolución de estas situaciones. Este paradigma, que tiende a considerar que el problema puede resolverse únicamente mediante el fortalecimiento de los mecanismos legales y administrativos ya existentes, subestima el papel crucial que los empleadores deben desempeñar como agentes directos en la configuración de entornos laborales seguros, respetuosos y libres de hostigamiento.

Es imperativo que las empresas tomen responsabilidad activa en esta materia, ya que su posición estratégica en la organización del trabajo las convierte en actores esenciales para prevenir y erradicar el acoso laboral. Su implicación no solo resulta ética, sino también necesaria para garantizar una mejora sostenible en las dinámicas laborales.

En lugar de limitarse a reaccionar ante las consecuencias de estas conductas una vez que han ocurrido, las empresas tienen la oportunidad —y la obligación— de establecer medidas preventivas que incluyan la sensibilización de sus empleados, la formación de sus mandos intermedios y la implementación de protocolos efectivos de actuación frente a denuncias de acoso. Solo mediante este cambio de paradigma, que sitúe a las empresas como copartícipes en la erradicación del acoso laboral, será posible avanzar hacia una solución integral y sostenible de esta problemática que afecta tanto a las personas como al tejido productivo en su conjunto.

Volviendo al acoso laboral, en sus diversas formas (ya sea moral, discriminatorio, *mobbing*, sexual o por razón de género), cabe decir que puede manifestarse en cualquier dirección dentro de la estructura empresarial: de arriba hacia abajo, de abajo hacia arriba o entre iguales. Esta realidad demuestra que el acoso laboral no depende únicamente de la autoridad formal, sino también de las dinámicas personales y grupales dentro del entorno de trabajo.

Se trata pues, de un fenómeno psicosocial que actual con proyección a futuro, a menos que se activen protocolos de actuación frente al acoso de forma eficiente y, en definitiva se cumpla con la normativa de prevención de riesgos laborales.

Además, supone un riesgo psicosocial grave y complejo que se patentiza en la alta litigiosidad judicial, con conflictos laborales cada vez más comunes. En efecto, en España, de forma preponderante, están llegando casos a los tribunales, reflejando la tensión que sienten los trabajadores ante el riesgo de despido y la necesidad de mantener su empleo para sustentar a sus familias.

El acoso en el trabajo, más que un conflicto entre compañeros, se presenta como un riesgo psicosocial con graves consecuencias para la salud mental de quienes lo padecen. En este contexto, el libro proporciona un análisis profundo del acoso laboral, pese a que, en su mayor parte, se lleva un estudio de casos del tipo de acoso moral o *mobbing*, no se omite el acoso sexual y el *burnout* dado que sus consecuencias también son muy perniciosas para las víctimas y empresas. Así pues, se va a explorar a nivel español, su marco jurídico y las responsabilidades que las empresas deben asumir para prevenir y actuar ante estas situaciones.

Respecto a la detección de los casos de acoso laboral, una característica clave que dificulta la misma su detección es que las conductas que posteriormente se citarán, no dejan marcas; son invisibles, lo que dificulta su identificación y prueba. Además, es frecuente que la organización culpe a la víctima, tratándola como el origen del problema, lo que agrava la situación.

Al tratarse de un riesgo psicosocial, subjetivo e invisible, llega a plantear grandes confusiones y conflictos tal y como se va a recalcar en la presente obra, que de forma genuina y pedagógica, analiza como una suerte de guía jurídica una ristra de comentarios jurisprudenciales que dan buena prueba de la alta litigiosidad que representa el fenómeno.

El acoso en el trabajo, en todas sus expresiones, se trata de un fenómeno complejo y subjetivo, que depende de la percepción de la víctima y la repetición de los actos. Uno de los pilares de esta obra es ayudar a toda persona interesada en esta materia a que sepa distinguir el acoso de un conflicto laboral común. Así, como se tratará de forma profusa, se deben cumplir ciertos criterios para ello: una relación de poder desigual, actos dirigidos específicamente hacia una persona y una persistencia en las conductas ofensivas. Es frecuente que la organización culpe a la víctima, tratándola como el origen del problema, lo que agrava la situación.

Desde esta perspectiva, la sentencia del Tribunal Superior de Justicia (TSJ) de Madrid, de 14 de marzo de 2012[3], establece que, si bien no existe consenso sobre qué constituye el acoso, éste se caracteriza por la percepción subjetiva de la víctima. Comportamientos aceptables para algunos pueden ser ofensivos para otros, y no siempre es fácil determinar el punto en el que una conducta se convierte en acoso laboral o *mobbing*. Lo anterior tendrá claramente reflejo en los casos analizados en el Bloque II de la presente monografía, los cuales ayudan a aclarar cuando un conflicto laboral es acoso o un simple «roce».

Sea como fuere, se trata de un riesgo laboral latente en el actual marco de las relaciones laborales que provoca unos efectos perniciosos en la salud mental de los trabajadores. Esto ha provocado que las empresas hayan empezado a reconocer la seriedad de estas enfermedades psicológicas y, como consecuencia, ahora el tratamiento de los riesgos psicosociales es una de sus principales preocupaciones en cuanto a la salud y la productividad de sus trabajadores. En este sentido, la depresión como trastorno mental, impacta negativamente en el organismo en su totalidad, alterando el estrés oxidativo y considerándose, por lo tanto, como una enfermedad sistémica. Esto explica la notable asociación entre la depresión y enfermedades cardiovasculares y cáncer, así como la mayor mortalidad prematura entre personas con depresión.

Ciertamente, se puede afirmar que se trata de una epidemia silenciosa en el S. XXI. Tanta es su incidencia en el actual marco de las relaciones laborales que, estadísticamente, de acuerdo con un informe de la Organización Internacional del Trabajo (OIT) y Gallup[4] (2021), uno de cada cinco trabajadores ha sufrido algún tipo de violencia o acoso laboral en su vida, con más de la mitad de los casos ocurriendo repetidamente y en los últimos cinco años. A nivel global, el 8,5 % de los trabajadores (277 millones) ha sido víctima de violencia física, siendo los hombres los más afectados en esta categoría. En cambio, la violencia y el acoso sexual afectan especialmente a mujeres jóvenes, quienes tienen el doble de probabilidades de enfrentarlos en comparación con sus pares masculinos. América lidera en casos de violencia psicológica y acoso (29,3 %), seguida por África (20,2 %).

La mayoría de las víctimas (54,4 %) comparten su experiencia, pero prefieren hacerlo con amigos o familiares (84,9 %) o compañeros de trabajo

3 STSJ MADRID (Sala de lo Social, Sección 2) núm. 189/2012, recurso núm. 6570/2011, de 14 de marzo. ECLI: ES:TSJM:2012:765.

4 *Vid*. International Labour Organization. (2021). *Experiencias de violencia y acoso en el trabajo: Primera encuesta mundial* [Informe]. Organización Internacional del Trabajo. https://www.ilo.org/sites/default/files/wcmsp5/groups/public/@dgreports/@dcomm/documents/publication/wcms_863167.pdf y también International Labour Organization. (2021). Experiences of violence and harassment at work: A global first survey [Informe]. International Labour Organization. https://www.ilo.org/sites/default/files/wcmsp5/groups/public/@dgreports/@dcomm/documents/publication/wcms_863095.pdf

(70,4 %), y muy pocos acuden a instituciones formales, como la Policía o sindicatos. Entre quienes no comparten su experiencia, los principales motivos incluyen la percepción de que sería una pérdida de tiempo (55 %), el temor a dañar su reputación (44,5 %) y la falta de procedimientos claros (43,1 %).

Este problema es considerado como una grave cuestión de salud laboral, ya que deteriora las relaciones en el trabajo y tiene efectos negativos tanto para los trabajadores como para las organizaciones. Además, representa un grave problema de salud mental dentro del entorno de trabajo, ya que las relaciones laborales se van deteriorando progresivamente, lo que afecta tanto al trabajador como a la empresa en su conjunto. En este contexto, el principal objetivo del acoso es desgastar psicológicamente al trabajador, quien, con el tiempo, experimenta una pérdida de motivación, autoestima y concentración. Esto conlleva una reducción de su rendimiento laboral, hasta llegar al punto en que la víctima no puede más con la situación. En muchos casos, este agotamiento puede llevar al trabajador a sentirse responsable de lo sucedido y, finalmente, a tomar la decisión de abandonar su puesto o solicitar una baja laboral. Desde este enfoque, se entiende el acoso en el trabajo como una estrategia de intimidación utilizada por ciertas empresas, que, debido a su situación (como sucede con los funcionarios públicos), no pueden o no desean recurrir al despido, evitando así las repercusiones económicas de esta medida. En este proceso, el acosador se sirve de su posición de poder para ir marginando al trabajador de manera progresiva, hasta conseguir su total inutilización.

Las empresas han empezado a reconocer la seriedad de estas enfermedades psicológicas (como ahora el acoso en el trabajo o el *burnout*): el tratamiento de los riesgos psicosociales es ahora una de sus principales preocupaciones en cuanto a la salud y la productividad de sus trabajadores. En este sentido, la depresión es un trastorno mental que impacta negativamente en el organismo en su totalidad, alterando el estrés oxidativo y considerándose, por lo tanto, como una enfermedad sistémica. Esto explica la notable asociación entre la depresión y enfermedades cardiovasculares y cáncer, así como la mayor mortalidad prematura entre personas con depresión.

En lo que respecta a las enfermedades relacionadas con el estrés laboral y sus efectos perjudiciales para la salud, en la actualidad, con elevados niveles de carga en el trabajo, las personas encuentran dificultades para mantener un equilibrio crónicamente difícil frente a la presión ambiental diaria. Ello genera cambios que, con el tiempo, pueden dar lugar a enfermedades asociadas al estrés, incluyendo trastornos cardiovasculares y arritmias.

El acoso en el trabajo, sea cual sea su tipo (moral, sexual, por razón de género o discriminatorio), implica actos de agresión o desconsideración intencionada por parte del empresario o compañeros, cuyo fin es menospreciar o aislar al trabajador, afectando incluso su salud con la intención de que abandone el empleo.

Los casos de acoso laboral han aumentado con el tiempo, lo que ha llevado a un incremento en los estudios y tratamientos para abordar esta problemática desde diversas disciplinas, incluyendo la psicología, sociología y derecho. Aunque algunos pueden pensar que se trata de un fenómeno reciente, el acoso moral o psicológico, ha existido desde que se establecieron relaciones de poder en el trabajo, donde los más fuertes (empresarios) ejercen presión sobre los más débiles (trabajadores).

A nivel doctrinal, el fenómeno del acoso laboral ha sido ampliamente estudiado. La investigadora Marie-France Hirigoyen[5] (2001) define el *mobbing* como cualquier comportamiento abusivo que, al ser repetitivo y sistemático, afecta la dignidad o la integridad de una persona, poniendo en riesgo su trabajo o degradando el ambiente laboral. En España, el profesor Piñuel y Zabala[6] (2001) lo describe como un maltrato verbal y modal continuo y deliberado, cuyo objetivo es lograr la destrucción psicológica del trabajador y forzar su salida de la organización.

Por otro lado, Heinz Leymann[7] (1996), es reconocido como uno de los primeros en aportar una definición técnica sobre el tema, señalando que el acoso laboral consiste en una serie de acciones hostiles repetidas por una o más personas hacia otra, en un período corto pero continuo. Estas acciones, aunque aisladas puedan parecer inofensivas, se acumulan y generan un proceso de desgaste en la víctima, afectando su bienestar psicológico y emocional. Leymann describe este proceso como una situación de hostigamiento donde la víctima se encuentra indefensa y permanece en esta situación durante un tiempo prolongado, lo que agrava el daño.

Para que una situación se considere acoso laboral, los episodios deben repetirse al menos una vez por semana durante un período mínimo de seis meses. Este tipo de hostigamiento suele provocar en las víctimas efectos negativos en su salud, tales como ansiedad, estrés, depresión, problemas

---

5 HIRIGOYEN, M.F. (2001). *El acoso moral en el trabajo. Distinguir lo verdadero de lo falso.* Barcelona: Paidós.

6 Psicólogo, ensayista, investigador y profesor de Organización y Recursos Humanos en la Facultad de Ciencias Empresariales y Ciencias del Trabajo de la Universidad de Alcalá. Es experto en Management y Recursos Humanos y uno de los primeros especialistas europeos en la investigación y divulgación del mobbing o acoso psicológico en el ámbito del trabajo y de la educación. Asimismo, es «*Executive MBA*» por el Instituto de Empresa de Madrid y director de los «Barómetros Cisneros sobre Acoso laboral y Violencia psicológica en el trabajo y Acoso escolar en el entorno educativo». Por último, fue autor del primer libro en español sobre el fenómeno laboral: PIÑUEL Y ZABALA, I. (2001). *Mobbing: Cómo sobrevivir al acoso psicológico en el trabajo*. Santander: Sal Terrae.

7 *Vid.* 1) LEYMANN, H. (1996). «Contenido y desarrollo del acoso grupal (mobbing) en el trabajo». *European Journal of Work and Organizational Psychology*, 2. Universidad de Umea, Suecia y; 2) LEYMANN, H. (1996). *Mobbing: La persécution au travail*. París: SEUIL. LEYMANN, H., & GUSTAFSON, A. (1996). «Mobbing at work and the development of post-traumatic stress disorders». *European Journal of Work and Organizational Psychology*, 2.

digestivos, insomnio, baja autoestima e irritación constante. Aunque se ha de prestar especial atención a este nivel reiterativo y recurrente, ya que el Convenio 190 de la OIT sobre la eliminación de la violencia y el acoso en el mundo del trabajo, hecho en Ginebra el 21 de junio de 2019, y cuyo instrumento de Adhesión de España ha sido publicado en el BOE de 16 de junio de 2022, entró en vigor en España, el 25 de mayo de 2023, añade que puede ser considerado como acoso un simple acto aislado. En efecto, dicho Convenio define «violencia y acoso» en el ámbito laboral como un conjunto de comportamientos y amenazas, ya sean aislados o repetidos, que causan o pueden causar daños físicos, psicológicos, sexuales o económicos a la víctima. Aunque existan sentencias que determinen la necesidad de que este acoso laboral sea «sistemático» no se ha de perder de vista dicho Convenio 190 dado que cambia el paradigma de la definición clásica de Leyman del acoso laboral o *mobbing*.

2

IDENTIFICAR, EVALUAR Y CONTROLAR EL RIESGO LABORAL. CLAVES PARA COMPRENDER LAS CONDUCTAS QUE GENERAN ACOSO EN EL TRABAJO

El *mobbing* en el trabajo es una de las manifestaciones más graves de los riesgos psicosociales en el entorno de trabajo. Identificar, evaluar y controlar este riesgo resulta básico para conseguir un ambiente laboral libre de conductas hostigadoras y, a la postre, prevenir daños en la salud mental de los trabajadores. Estas conductas de acoso adoptan formas variadas y persistentes que afectan a las relaciones interpersonales y a la productividad empresarial, convirtiéndose, en línea con lo señalado, en una de las tareas más capitales en la gestión de riesgos laborales de las empresas.

Se trata de un problema serio de salud en el trabajo, que deteriora tanto las relaciones laborales como el ambiente productivo de la empresa. Esta práctica busca desgastar psicológicamente al trabajador, provocando una pérdida de autoestima, concentración y productividad, lo que supone, en casos extremos, la solicitud de una baja laboral o el abandono del puesto de trabajo. Dicho de otra forma, el acoso en el trabajo es una técnica de intimidación empleada por empresas que no pueden o no desean despedir al trabajador, debido a las implicaciones económicas, utilizando la presión para aislar e «inutilizar» a la víctima mediante un proceso de desgaste prolongado.

El objetivo del acoso laboral es desgastar psicológicamente a la víctima, lo que puede llevar a la pérdida de interés, autoestima y concentración, disminuyendo su capacidad laboral. En muchos casos, el trabajador se siente culpable y opta por abandonar su puesto. Desde esta perspectiva, el acoso moral se ve como una técnica de intimidación utilizada por empresas que, por diversas razones, desean evitar el despido directo de sus trabajadores y los costes asociados.

Con las nuevas formas de organización del trabajo, la doctrina ha identificado como factores que fomentan el acoso en el trabajo los siguientes: la estructura jerárquica, las relaciones interpersonales complejas y la falta de estabilidad laboral. También inciden otros aspectos como la irresponsabilidad frente a abusos, incompetencia en cargos de mando y entornos laborales carentes de ética, donde predomina una mentalidad de «todo vale», al igual que la disponibilidad permanente a los medios digitales. Estas condiciones contribuyen a la aparición de situaciones de acoso psicológico, con consecuencias negativas para la salud de la persona afectada. Como muestra de ello, se aprecian ejemplos claros en el Bloque II, donde se contextualizan dichas condiciones con determinados casos reales y respuestas de la empresa y, en última instancia, de los jueces.

Dicho lo cual, el acoso puede encontrar un clara muestra en expresiones, verbales o escritas, o gestos objetiva y claramente intimidatorios, hostiles o humillantes, de claro menosprecio a la dignidad personal y laboral de la víctima, directamente o incluso a través de los compañeros, (como cuando es menospreciada, burlada o difamada a sus espaldas). En estos casos, el problema suele ser de acreditación, de prueba en definitiva, pues salvo que exista rastro o constancia documental (harto infrecuente) o por medio de grabaciones, la única forma de probarlos será mediante prueba personal (testifical e interrogatorio de parte) prueba que la cual se torna complicada en el contexto laboral. Pero el acoso psicológico también se manifiesta en hechos o circunstancias equívocas como sería la atribución de funciones de inferior categoría, sobrecarga de trabajo, cambios en la ubicación física, impedimentos para el disfrute de vacaciones o permisos, separación física del resto de compañeros, sanciones etc. Sin embargo, algunos de tales hechos o circunstancias, de amplia casuística y variada interpretación, o no son tales, o no se acreditan o se ofrece por la empresa una justificación que permite descartar su carácter hostil o humillante. Y, así las cosas, es precisamente en estas situaciones en las que encuentra su campo de aplicación la técnica de los indicios y el desplazamiento al demandado de la carga de aportar y acreditar una justificación objetiva, razonable y proporcionada de las decisiones o actuaciones indiciariamente constitutivas de acoso (arts. 96.1 y 181.2 Ley Reguladora de la Jurisdicción Social —LRJS—).

Por tanto, ha de determinarse, atendiendo a las circunstancias del caso, si las conductas invocadas que se han considerado probadas son deliberadas o, al menos, están adecuadamente conectada al resultado lesivo (elemento intención); si han causado a la víctima un padecimiento físico, psíquico o moral o, al menos, encerraban la potencialidad de hacerlo (elemento menoscabo) y si respondieron al fin de vejar, humillar o envilecer o era objetivamente idónea para producir o produjo efectivamente ese resultado (elemento vejación).

Atinente a las conductas típicas del riesgo psicosocial, el cuestionario LIPT-60, diseñado por el psicólogo Heinz Leymann (1996) y adaptado en España por González de Rivera y Rodríguez-Abuín (2003), mide un conjunto de 60 conductas divididas en categorías como limitación de la comunicación, entorpecimiento de logros, desprestigio personal y laboral, e intimidación. Este cuestionario está diseñado para evaluar el acoso laboral mediante un análisis basado en seis subescalas específicas, con el objetivo de calcular la media aritmética de cada variable relacionada con el acoso. Las respuestas a una serie de preguntas permiten determinar tanto la intensidad como la frecuencia del acoso percibido por el trabajador, y el cuestionario se estructura en función de las siguientes categorías o subescalas:

Desprestigio laboral

Esta subescala evalúa el acoso relacionado con la disminución o destrucción de la reputación profesional del colaborador. El desprestigio laboral incluye conductas como chismes, calumnias, rumores infundados o evaluaciones injustas, que afectan directamente la percepción que tienen los demás de la persona dentro de su entorno laboral. El impacto de este tipo de acoso es significativo, ya que daña la imagen profesional del trabajador y puede disminuir su autoestima y productividad.

Se mide a través de ítems como:

- Críticas injustas sobre su trabajo.
- Miradas despectivas o gestos de rechazo por parte de compañeros o superiores.
- Circulación de rumores falsos acerca de su persona.
- Evaluaciones parciales y malintencionadas de su desempeño.
- Obstaculización de su acceso a la información o defensa de su posición.

Entorpecimiento del progreso

Este tipo de acoso se caracteriza por obstaculizar el desarrollo profesional del trabajador a través de la asignación de tareas que limitan su crecimiento, generan frustración o incluso socavan sus capacidades. El entorpecimiento del progreso se refiere a un patrón de bloqueo sistemático de sus actividades laborales, lo que afecta su rendimiento y satisfacción en el trabajo.

Los ítems asociados a esta subescala incluyen:

- Asignación de tareas poco desafiantes o humillantes.
- La negación de tareas nuevas, limitando la posibilidad de crecimiento.
- Reducción de la carga de trabajo o la asignación de actividades inútiles.
- Obstaculización de su capacidad para innovar o presentar ideas.
- Asignación de tareas que están por debajo de su nivel de competencia o incluso de sus responsabilidades.

Incomunicación o bloqueo de la comunicación

El acoso relacionado con el bloqueo de la comunicación puede tener efectos devastadores en la integración y el bienestar de un trabajador. Este tipo de acoso se manifiesta en la interrupción de la comunicación entre el colaborador y el resto del equipo, o en la negación sistemática de su derecho a expresarse. La incomunicación puede generar un entorno laboral hostil, donde el trabajador se siente ignorado, aislado o incapaz de defender sus opiniones.

Se evalúa a través de ítems como:

- Negativa o evasión de respuesta a sus preguntas por parte de compañeros o superiores.
- Ignorancia de su presencia o la evitación sistemática de contacto.
- Prohibición de interacción con otros compañeros.
- Obstaculización de su acceso a la información o a la comunicación interna de la empresa.

Intimidación encubierta

La intimidación encubierta se refiere a las formas de acoso anónimas o difíciles de identificar a un responsable directo. En este caso, el colaborador se ve afectado por amenazas, manipulaciones o daños que no tienen un autor claramente definido, lo que puede generar incertidumbre y un sentimiento de vulnerabilidad. Este tipo de acoso suele ser difícil de denunciar, ya que se esconde detrás de comportamientos sutiles pero persistentes.

Los ítems relacionados incluyen:

- Recibir llamadas telefónicas o mensajes anónimos amenazantes o insultantes.
- Daños a la propiedad personal o profesional del trabajador (por ejemplo, en su vehículo, herramientas o equipo de trabajo).
- Manipulación o sabotaje de recursos de trabajo, como borrar archivos de su ordenador.
- Sustracción de pertenencias personales o herramientas de trabajo.

Intimidación manifiesta

La intimidación manifiesta se refiere a las agresiones directas y abiertas hacia el trabajador, como amenazas explícitas, gritos, insultos o cualquier forma de acoso visible y sin ambigüedades. Este tipo de acoso es claro y evidente, lo que permite identificar al agresor con mayor facilidad. A menudo, se asocia con una violencia psicológica directa que afecta la integridad emocional y profesional del colaborador.

Se mide a través de ítems como:

- Interrupción constante de su discurso o ideas.
- Agresión verbal directa, como gritos o regaños públicos.
- Amenazas explícitas o intimidación verbal.
- Ridiculización o burla pública de sus opiniones o acciones.
- Descalificación o cuestionamiento constante de sus decisiones y competencias.

Desprestigio personal

El desprestigio personal va más allá del ámbito laboral y afecta la vida privada del colaborador. Este tipo de acoso se manifiesta a través de críticas o burlas sobre aspectos personales, como su salud, sus creencias religiosas, sus convicciones políticas o cualquier otro aspecto relacionado con su intimidad. El objetivo de este acoso es invadir el espacio personal del trabajador y generar una sensación de vulnerabilidad o humillación.

Los ítems que evalúan esta subescala incluyen:

- Críticas a su vida privada o personal.
- Insinuaciones sobre su salud mental o psicológica.
- Burlas sobre sus creencias religiosas o ideológicas.
- Avances o gestos sexuales no deseados.
- Insultos o comentarios degradantes sobre su vida personal o su cuerpo.

Ítems sin Clasificación

Además de las subescalas mencionadas, existen una serie de ítems adicionales que no se asignan a ninguna subescala en particular, pero que son necesarios para calcular un indicador global del acoso. Estos ítems abordan situaciones de acoso más generales o directas que pueden incluir:

- Burlas sobre defectos físicos o características personales (por ejemplo, deformidades, acento, etc.).
- Imposición de tareas que superan la preparación o capacidad del trabajador, con el fin de que fracase.
- Amenazas de violencia física o agresiones físicas leves.
- Agresión sexual, ya sea física o verbal.

Este cuestionario tiene como finalidad identificar y medir las diversas formas de acoso laboral experimentadas por el trabajador. A través de las respuestas, se calcula el grado de acoso percibido en cada una de las subescalas, permitiendo obtener un panorama claro sobre el tipo y la frecuencia del acoso sufrido. Los resultados pueden ser utilizados para implementar estrategias de intervención, apoyo y mejora del ambiente laboral, con el fin de garantizar el bienestar y la seguridad de los trabajadores dentro de la organización.

Otros instrumentos en España incluyen la escala Cisneros[8] (2004) y el cuestionario de conductas negativas-revisado (NAQ-R, 2009), que evalúan la frecuencia e intensidad del acoso.

Así mismo, las empresas, dentro de su política de prevención de riesgos laborales, pueden adaptar también otro conjunto de conductas de acoso laboral, en este caso, identificadas por la guía de actuación inspectora sobre riesgos psicosociales[9]. En ella, tienen cabida conductas tales como: restricción de la comunicación con la víctima, asignación de tareas sin sentido o degradantes, cambios en la ubicación de la víctima para aislarla de sus compañeros y la imposición de críticas injustas y ofensivas.

Aunque en España no tienen eficacia jurídica directa, varios documentos internacionales y europeos poseen un valor interpretativo significativo para los tribunales españoles a la hora de abordar el acoso laboral. Entre estos, destaca el Acuerdo Marco Europeo sobre Acoso y Violencia en el Lugar de Trabajo, suscrito el 26 de abril de 2007, que establece un marco conceptual que puede servir para interpretar las conductas de acoso laboral en el contexto de los casos que los tribunales españoles puedan juzgar. Este texto establece una serie de directrices en relación con el acoso laboral, que se produce cuando una persona es objeto de abusos, amenazas o humillaciones reiteradas y deliberadas en circunstancias vinculadas al trabajo. En este sentido, el Acuerdo subraya que este tipo de comportamiento puede provenir de uno o varios directivos o compañeros de trabajo, y su finalidad o efecto es perjudicar la dignidad de la víctima, dañando su salud o creando un entorno de trabajo hostil. Así mismo, establece unas directrices consensuadas para abordar y prevenir estas conductas en el ámbito laboral. Aunque no tiene carácter vinculante, se presenta como una herramienta práctica que permite a las organizaciones adaptar sus políticas internas a las recomendaciones establecidas por los interlocutores sociales europeos.

---

8. *Vid*. Fidalgo, Á. M., & Piñuel, I. (2004). «La Escala Cisneros como herramienta de valoración del mobbing». *Psicothema*, 16(4), 615-624.

9. *Vid*. GUÍA DE ACTUACIONES DE LA ITSS SOBRE RIESGOS PSICOSOCIALES GUÍA DE ACTUACIONES DE LA INSPECCIÓN DE TRABAJO Y SEGURIDAD SOCIAL SOBRE RIESGOS PSICOSOCIALES.
https://www.mites.gob.es/itss/ITSS/ITSS_Descargas/Atencion_ciudadano/Normativa_documentacion/Docum_ITSS/Guia_psicosociales.pdf

Su contenido distingue entre acoso y violencia. El primero se refiere a comportamientos reiterados que buscan degradar o humillar a un trabajador, mientras que la violencia engloba actos físicos o amenazas que ponen en peligro su integridad. No obstante, subraya que no todo conflicto laboral debe considerarse acoso; la clave está en la persistencia e intencionalidad de las acciones.

Además, pone especial énfasis en la prevención, destacando la importancia de evaluar los riesgos específicos de cada entorno de trabajo. En este sentido, recomienda establecer políticas claras y mecanismos internos que permitan, gracias a la formación y concienciación de los trabajadores, reportar casos de forma segura y confidencial.

En otro orden de cosas, el texto señala la importancia de resolver los casos de forma interna siempre que sea posible, utilizando procedimientos imparciales y herramientas como la mediación. Esto protege a las víctimas y evita que los conflictos escalen a niveles judiciales, algo que puede perjudicar tanto al trabajador como a la organización.

De igual modo, identifica ciertos factores organizativos que pueden propiciar estas situaciones, como estructuras jerarquizadas, competitividad extrema, inestabilidad en el empleo o la falta de mecanismos eficaces para gestionar abusos. Abordar estas cuestiones desde un enfoque preventivo es clave para minimizar riesgos y evitar consecuencias graves para las víctimas.

En esencia, el documento busca promover un entorno laboral respetuoso con la dignidad de los trabajadores, ya que pretende proteger a quienes sufren estas situaciones e, igualmente, garantizar un ambiente que favorezca la productividad y unas relaciones laborales saludables, en beneficio tanto de los empleados como de las empresas.

El valor de dicho Acuerdo radica en que establece un marco conceptual que puede servir para interpretar las conductas de acoso laboral en el contexto de los casos que los tribunales españoles puedan juzgar.

Este Acuerdo también fue reflejado en la prórroga de 2008 del Acuerdo Nacional para la Negociación Colectiva (ANC), y se mencionó nuevamente en el III Acuerdo para el Empleo y la Negociación Colectiva, estableciendo que, aunque no sea vinculante a nivel estatal, sirve como referencia para los convenios colectivos. Por lo tanto, el Acuerdo es directamente aplicable solo en aquellas empresas y sectores productivos que hayan decidido integrar sus principios en los convenios colectivos. Esto significa que, a pesar de no tener carácter obligatorio en el derecho español, su contenido puede ser utilizado para orientar la interpretación del acoso laboral en el ámbito empresarial y laboral.

Más en este sentido, sirve como criterio para empresas en su tarea de evaluar los riesgos laborales, la clasificación de los riesgos psicosociales, según el Grupo Europeo para la Gestión del Riesgo Psicosocial (PRIMA), que clasifica los siguientes puntos:

- Contenido del trabajo: tareas repetitivas, sin sentido o fragmentadas, con poca variedad, y que generan rechazo debido a su naturaleza desagradable.
- Carga y ritmo de trabajo: sobrecarga o falta de trabajo, presión constante por cumplir plazos ajustados o enfrentarse a tiempos limitados.
- Tiempo de trabajo: jornadas laborales excesivamente largas, horarios impredecibles, trabajo a turnos o nocturno o falta de desconexión digital.
- Participación y control: falta de involucramiento en la toma de decisiones, escaso control sobre el propio trabajo (como los métodos, ritmos, horarios o el entorno laboral).
- Cultura organizacional: comunicación deficiente, falta de apoyo frente a problemas o necesidades de desarrollo personal, y objetivos mal definidos.
- Relaciones personales: aislamiento, relaciones superficiales o conflictivas, y conductas inapropiadas entre los compañeros.
- Rol: confusión o ambigüedad en las funciones asignadas, conflictos de rol o responsabilidad sobre otras personas.
- Desarrollo personal: baja valoración social del trabajo realizado, inseguridad laboral, y falta o exceso de oportunidades de promoción.
- Interacción casa-trabajo: dificultades para equilibrar las exigencias del trabajo con las de la vida personal, y los problemas derivados de la «doble presencia».

Todas las conductas señaladas, son comunes en organizaciones con estructuras de trabajo deficientes, falta de apoyo de superiores, carencia de colaboración, problemas en la definición de roles y mala gestión de conflictos.

En definitiva, el acoso laboral implica una presión psicológica constante ejercida por superiores o compañeros, con frecuencia respaldada por la dirección. Su finalidad es minar la dignidad y reputación de la víctima, afectando su desempeño y empujándola a autoexcluirse. Se sustenta en relaciones de poder desequilibradas marcadas por dominio, rivalidad o resentimiento.

En virtud de lo señalado, factores como la competitividad extrema, estructuras jerarquizadas y la ausencia de responsabilidad ante abusos favorecen su aparición. Además, la precariedad laboral, la incompetencia en cargos directivos y las condiciones laborales estresantes son elementos clave que agravan esta problemática, con consecuencias devastadoras para quienes lo sufren.

En caso de demandas por supuestas víctimas de *mobbing*, es tarea de los tribunales, en base a las pruebas e indicios, estimar o no las conductas constitutivas de acoso en aras de acreditar, en cada caso, la situación de acoso, determinante de la vulneración de los derechos fundamentales de los trabajadores o para solicitar la extinción voluntaria e indemnizada de la relación laboral (ex art. 50.1 ET).

3

LA DIFICULTAD PARA CATALOGAR EL RIESGO PSICOSOCIAL DADA SU ETIOLOGÍA MULTICAUSAL Y PRESENCIA DE FACTORES SUBJETIVOS

El acoso laboral, sea este sexual, por razón de sexo, moral o psicológico, es un fenómeno de honda preocupación en las actuales relaciones laborales. Se le denomina de diferentes maneras, entre otras: *mobbing*, acoso psicológico, acoso moral, hostigamiento laboral, hostigamiento psicológico o psicoterror.

Este riesgo psicosocial ocurre generalmente en el ámbito laboral, aunque esta afirmación se realiza de forma amplia, siempre enmarcada en dicho contexto. Tampoco debe subestimarse el acoso laboral virtual, conocido como *«network mobbing»*. Esto resulta especialmente relevante en la actualidad, donde la falta de desconexión digital es una constante y muchos trabajadores pueden experimentar situaciones de acoso a través de herramientas digitales. El acosador no limita su conducta a medios tradicionales, como los encuentros presenciales con comportamientos ya conocidos, sino que también utiliza medios más modernos y tecnológicos, como WhatsApp. Uno de los retos para abordar el riesgo psicosocial, es definirlo y medirlo. A diferencia de otros tipos de violencia, como la doméstica, el acoso en el trabajo, a menudo, depende de percepciones subjetivas.

En este terreno, el Derecho español carece de una definición clara de la figura del acoso en el trabajo, o incluso moral. Aunque se mencionan con frecuencia en textos legales, no existen definiciones precisas al respecto. Debido a esto, los tribunales españoles del orden social, han tenido que integrar esta figura en categorías y tipos jurídicos reconocibles o identificables con el sistema legal español. Ejemplos de esta normativa, aunque en menor medida criterios, los presenta de forma profusa Asenjo Pinilla[10] (2020).

10. *Vid.* Asenjo Pinilla, J. L. (2020). «El acoso laboral. La ausencia de una definición normativa en nuestro ordenamiento jurídico. La necesidad de cánones interpretativos». *Revista de la Comisión de lo Social de Juezas y Jueces para la Democracia*, (212), julio.

Se trata de un concepto originalmente acuñado por el etólogo Konrad Lorenz, hacía referencia al comportamiento de ciertos animales que, a pesar de su menor tamaño, se agrupaban para atacar a uno más grande. En 1996, el investigador Heinz Leymann aplicó el término al contexto laboral, definiéndolo como una forma de violencia psicológica extrema ejercida de manera sistemática y recurrente hacia uno o varios trabajadores. Este tipo de acoso busca deteriorar la comunicación, reputación y el bienestar de la víctima hasta que abandone su empleo.

En España, acotando la búsqueda por «acoso» a través del Diccionario de la Lengua Española de la Real Academia Española (RAE); a fecha de 10 de diciembre de 2024, se define como perseguir, importunar, hostigar, molestar o asediar; lo que implica acciones continuas e insistentes destinadas a perjudicar a una persona . El término ya señalado *«mobbing»* proviene del inglés *«to mob»*, que significa atacar o agredir en grupo.

El acoso es, por definición, un acto pluriofensivo que afecta a varios intereses jurídicos entre los que destaca la dignidad de la persona trabajadora como positivización del derecho a la vida y a la integridad física, psíquica y moral. La afectación a la dignidad, con todo, no impide que un acto de estas características pueda generar igualmente un daño a otros intereses jurídicos distintos tales como, la igualdad y la prohibición de discriminación, el honor, la propia imagen, la intimidad, la salud etc. pero aun y con ello será siempre por definición contrario a la dignidad. Contiguo a estas líneas, cabe decir que los motivos del acoso pueden ser diversos, desde represalias hasta intentos de mejorar la productividad mediante intimidación, o incluso provocar la renuncia del trabajador para evitar el pago de una indemnización por despido. En el ámbito público, el acoso puede manifestarse a través de la marginación profesional y, en algunos casos, se emplea como castigo o represalia, una situación que el Consejo de Europa condena como atentado contra el «derecho a la dignidad en el trabajo». De igual modo, el acoso sexual y el acoso por razón de sexo genera siempre una afectación a la dignidad de quien lo sufre y es constitutivo de discriminación por razón de sexo.

Así mismo, los tipos de comportamientos sufridos por el trabajador que ha sufrido el hostigamiento y la finalidad del mismo, son muy importantes para diferenciar el acoso psicológico (moral o *mobbing*) de otros fenómenos concomitantes, pero esencialmente distintos como son:

- La violencia en el trabajo.
- El síndrome del trabajador desgastado emocionalmente (o «quemado» en el trabajo), conocido bajo el anglicismo burnout.
- La persecución sindical.
- El trato discriminatorio por razones concretas (etnia, género, orientación sexual, ideario político, religión, etc.).

En este mismo orden, la violencia en el trabajo es toda acción ejercida en el ámbito del trabajo que manifieste abuso de poder por parte del empleador, del personal jerárquico, de quien tenga la función de mando, de un tercero vinculado directa o indirectamente con él o de quien tenga influencias de cualquier tipo sobre la superioridad.

Luego, el síndrome de *«burnout»* (del inglés *«to burn out»*, que metafóricamente significa «hacer salir por medio del fuego» y equivaldría a quemarse, consumirse, extinguirse, etc.) tampoco se corresponde exactamente con la figura del *mobbing* o acoso psicológico en el trabajo. La investigadora Maslach (1981) definió el término como un síndrome de fatiga emocional, despersonalización y logro personal reducido que puede ocurrir entre los individuos que trabajan directamente cara al público. Esta «quemazón» resultante sería la respuesta a una tensión emocional crónica, fruto de la interacción profesional o laboral entre la persona que recibe la ayuda o prestación y quien la da.

A continuación, el término persecución sindical hace referencia inequívoca a aquellos comportamientos de acoso que se pueden producir en el ámbito laboral, pero también en otros contextos más amplios, en los cuales se persigue injustamente una determinada persona o grupo de personas exclusivamente por su significación sindical de hecho o de derecho (especialmente en el segundo caso) y que supone, por tanto, una flagrante vulneración de las leyes y reglamentos que protegen la práctica del ejercicio del derecho fundamental de libertad sindical. La sanción de estos comportamientos delictivos, por tanto, tiene, al igual que en el caso anterior, su propio cauce legal, por otras vías específicamente establecidas por el legislador.

Y, finalmente, un trato discriminatorio o excluyente en el trabajo por razones concretas que al discriminar o excluir a una persona frente a otras por razón de su género, credo religioso, etnia, orientación sexual, ideario político u otras similares, vulnere de este modo los principios consagrados en la Constitución Española, supone una clara violación de los derechos fundamentales amparados en la Carta Magna con un procedimiento preferente y sumario perfectamente delimitado en su modus operandi, que encuentra así un adecuado cauce legal específicamente establecido por el legislador para este tipo de delitos.

Con todo, debido a su gran complejidad, el acoso u hostigamiento psicológico en el trabajo es, por tanto, muy difícil de definir exhaustivamente en el limitado cuerpo de cualquier definición, proyectada o existente al uso, que persiga capturar concisamente la realidad fenomenológica del acoso psicológico en el trabajo en tan solo unas cuantas líneas comprimidas. Precisamente por eso la mayoría de autores recurren a anexar separadamente en los correspondientes listados a que hubiere lugar, en atención a la extensión de los comportamientos descritos, una relación o nómina de comportamientos típicos de que debe ser objeto la víctima para que el comportamiento en cuestión pueda ser calificado como de acoso psicológico en el trabajo[11].

---

11. Comisiones Obreras. (s.f.). *El acoso psicológico en el trabajo o mobbing*. Recuperado de https://sanidad.ccoo.es/7d2e587db41179b5eea708e7cd0690a4000058.pdf pp. 14 y ss.

Como se refleja en líneas posteriores, el acoso en el trabajo es un problema complejo que puede manifestarse de diversas formas, quizás por eso, es un fenómeno laboral que motiva una alta litigiosidad. Sea como fuere, el acoso se puede manifestar de las siguientes maneras:

1. Acoso moral: se puede definir como toda conducta, práctica o comportamiento realizado de forma sistemática o recurrente en el tiempo, en el seno de una relación de trabajo, que suponga directa o indirectamente un menoscabo o atentado contra la dignidad de la persona, a la cual se intenta someter emocional y psicológicamente de forma intimidatoria, degradante, humillante, violenta u hostil y que persigue anular su capacidad, promoción profesional o su permanencia en el puesto de trabajo, afectando negativamente al entorno laboral de la persona trabajadora en sus funciones diarias. En su vertiente laboral, incluye prácticas como imponer presiones excesivas, críticas injustificadas o sabotaje del trabajo. En esencia, se trata de un abuso de poder que puede llevar a un deterioro significativo del ambiente laboral y afectar gravemente la productividad.
2. *Mobbing*: se refiere a conductas repetitivas que buscan intimidar, humillar o desestabilizar emocionalmente a un trabajador. Heinz Leymann en el año 1996 define el *mobbing* como una forma de terror psicológico que ocurre sistemáticamente durante un periodo prolongado, afectando la salud mental y física de la víctima. De esta forma, en términos generales, el *mobbing* se trata de una conducta hostil y carente de ética que una persona o grupo dirige sistemáticamente a otra, colocando a esta última en una situación de indefensión o abandono. Según la psicología, se trata de una situación en la que se ejerce una violencia psicológica extrema de forma constante sobre otra persona durante un tiempo prolongado. Además, se considera un atentado contra la dignidad o la integridad física o psíquica de la víctima, lo que pone en peligro su empleo o degrada el ambiente laboral (Hirigoyen). Este fenómeno puede tomar diversas formas, como el acoso vertical o el horizontal[12], y manifestarse mediante actos de aislamiento, insultos o difusión de rumores. Tanto compañeros como superiores pueden perpetrar estas acciones, caracterizadas comúnmente por una relación de poder asimétrica.
3. Acoso sexual: se define como cualquier comportamiento, verbal o físico, de naturaleza sexual que tenga el propósito o produzca el efecto de atentar contra la dignidad de una persona, en particular cuando se crea un entorno intimidatorio, degradante u ofensivo. En efecto,

12. A mayor abundamiento en cuanto a este tipo de acoso moral, *Vid*. 1) El estudio doctrinal de Galán Vela, M. J. (2005). «Acoso moral: Mobbing horizontal». *Revista Doctrinal Aranzadi Social*, 17 y; 2) Sánchez Acereda, P., Alcalá Galve, M., López López, L. P., Quintilla Campodarve, L., Peralta Nicolás, I., & Klaas Fábregas, D. (2024). «Mobbing horizontal en enfermería». *Revista Sanitaria de Investigación*, 5(7).

el acoso sexual incluye cualquier conducta de naturaleza sexual no deseada que afecta la dignidad de una persona en el trabajo. Según la OIT, esto puede abarcar desde comentarios sexuales hasta tocamientos inapropiados. Estudios como los de Fitzgerald et al. (1997) han destacado cómo estas conductas pueden crear un ambiente laboral intimidante y hostil.

4. Acoso por razón de sexo: se entiende como tal, cualquier comportamiento realizado en función del sexo de una persona, con el propósito o el efecto de atentar contra su dignidad y de crear un entorno intimidatorio, degradante u ofensivo. Este tipo de acoso se refiere a comportamientos discriminatorios basados en el sexo de una persona, sin necesidad de tener connotaciones sexuales directas. La Unión Europea, en su Directiva 2006/54/CE, define este acoso como cualquier forma de discriminación que perjudique la igualdad de trato entre hombres y mujeres en el ámbito laboral. De acuerdo con la mencionada norma, constituye acoso por razón de sexo cualquier comportamiento[13] realizado en función del sexo de una persona con el propósito o el efecto de atentar contra su dignidad y de crear un entorno

13. A modo de ejemplo, y sin ánimo excluyente o limitativo, las que siguen son una serie de conductas concretas que, cumpliendo los requisitos puestos de manifiesto en el punto anterior, podrían llegar a constituir acoso por razón de sexo en el trabajo de producirse de manera reiterada. 1) Ataques con medidas organizativas: juzgar el desempeño de la persona de manera ofensiva, ocultar sus esfuerzos y habilidades; poner en cuestión y desautorizar las decisiones de la persona; no asignar tarea alguna o asignar tareas sin sentido o degradantes; negar u ocultar los medios para realizar el trabajo o facilitar datos erróneos; asignar trabajos muy superiores o muy inferiores a las competencias o cualificaciones de la persona, o que requieran una cualificación mucho menor de la poseída; órdenes contradictorias o imposibles de cumplir; robo de pertenencias, documentos, herramientas de trabajo, borrar archivos del ordenador, manipular las herramientas de trabajo causándole un perjuicio, etc.; amenazas o presiones a las personas que apoyan a la persona acosada; manipulación, ocultamiento, devolución de la correspondencia, las llamadas, los mensajes, etc., de la persona; negación o dificultades para el acceso a permisos, cursos, actividades, etc. 2) Actuaciones que pretenden aislar a su destinataria: cambiar la ubicación de la persona separándola de sus compañeros/as (aislamiento); ignorar la presencia de la persona; no dirigir la palabra a la persona; restringir a compañeras/os la posibilidad de hablar con la persona; no permitir que la persona se exprese; evitar todo contacto visual con la persona; eliminar o restringir los medios de comunicación disponibles para la persona (teléfono, correo electrónico, etc.). 3) Actividades que afectan a la salud física o psíquica de la víctima: amenazas y agresiones físicas; amenazas verbales o por escrito; gritos y/o insultos; llamadas telefónicas atemorizantes; provocar a la persona, obligándole a reaccionar emocionalmente; ocasionar intencionadamente gastos para perjudicar a la persona; ocasionar destrozos en el puesto de trabajo o en sus pertenencias; exigir a la persona realizar trabajos peligrosos o perjudiciales para su salud. 4) Ataques a la vida privada y a la reputación personal o profesional: manipular la reputación personal o profesional a través del rumor, la denigración y la ridiculización; dar a entender que la persona tiene problemas psicológicos, intentar que se someta a un examen o diagnóstico psiquiátrico; burlas de los gestos, la voz, la apariencia física, discapacidades, poner motes, etc.; críticas a la nacionalidad, actitudes y creencias políticas o religiosas, vida privada, etc.

intimidatorio, degradante u ofensivo. A este mismo propósito, todo acoso por razón de sexo se considerará discriminatorio. Para apreciar que efectivamente en una realidad concreta concurre una situación calificable de acoso por razón de sexo, se requiere la concurrencia de una serie de elementos conformadores de un común denominador, entre los que destacan:

a) Hostigamiento, entendiendo como tal toda conducta intimidatoria, degradante, humillante y ofensiva que se origina externamente y que es percibida como tal por quien la sufre.

b) Atentado objetivo a la dignidad de la víctima y percibido subjetivamente por esta como tal.

c) Resultado pluriofensivo. El ataque a la dignidad de quien sufre acoso por razón de sexo no impide la concurrencia de daño a otros derechos fundamentales de la víctima, tales como el derecho a no sufrir una discriminación, un atentado a la salud psíquica y física, etc.

d) Que no se trate de un hecho aislado.

e) El motivo de estos comportamientos debe tener que ver con el hecho de ser mujeres o por circunstancias que biológicamente solo les pueden afectar a ellas (embarazo, maternidad, lactancia natural); o que tienen que ver con las funciones reproductivas y de cuidados que a consecuencia de la discriminación social se les presumen inherentes a ellas. En este sentido, el acoso por razón de sexo también puede ser sufrido por los hombres cuando estos ejercen funciones, tareas o actividades relacionadas con el rol que históricamente se ha atribuido a las mujeres, por ejemplo, un trabajador hombre al que se acosa por dedicarse al cuidado de menores o dependientes.

El condicionamiento de un derecho o de una expectativa de derecho a la aceptación de una situación constitutiva de acoso por razón de sexo se considerará también acto de discriminación por razón de sexo. El acoso por razón de sexo puede llevarlo a cabo tanto superiores jerárquicos, como compañeros o compañeras o inferiores jerárquicos, tiene como causa los estereotipos y roles de género y, habitualmente, tiene por objeto despreciar a las personas de un sexo por la mera pertenencia al mismo, especialmente a las mujeres, minusvalorar sus capacidades, sus competencias técnicas y destrezas.

1. El acoso por identidad de género afecta principalmente a personas cuya identidad de género no coincide con el sexo asignado al nacer.
2. El acoso por orientación sexual. Este tipo de acoso implica conductas ofensivas hacia alguien debido a su orientación sexual. Estas personas LGBTQ+ a menudo son objeto burlas, exclusión y discriminación en sus lugares de trabajo, lo que afecta su bienestar emocional y profesional.

Estas formas de acoso vulneran derechos fundamentales y tienen impactos negativos en la salud mental y física de las víctimas, así como en la productividad laboral, tal y como se pondrá de relieve en el Bloque II.

Por su parte, estos tipos de acoso pueden tener consecuencias graves para las víctimas, incluyendo estrés, ansiedad y disminución del rendimiento laboral. Resulta básico que las empresas, siempre desde el punto de vista de la seguridad y salud en el trabajo, implementen políticas efectivas para prevenir y abordar el acoso en todas sus formas.

Como hubo ocasión de señalar, estas conductas hostiles suelen expresarse a través de acciones de aislamiento, agresiones verbales o críticas constantes, lo que puede generar efectos negativos como ansiedad, estrés, baja autoestima y, en muchos casos, el abandono del empleo. El Parlamento Europeo, en 2001, advirtió sobre el incremento del acoso en los lugares de trabajo, poniendo claramente de relieve sus efectos nocivos sobre la salud y el riesgo de enfermedades relacionadas con el estrés.

En concordancia con lo señalado, cabe señalar que, a menudo, el acoso laboral es confundido o utilizado como sinónimo de acoso moral; se mezcla en ocasiones de manera indistinta en los debates doctrinales y jurisprudenciales. Un claro ejemplo de esto son las resoluciones de la Sala de lo Social del Tribunal Supremo (TS), donde se analizan casos laborales utilizando ambos términos en una misma sentencia (Sentencia del Tribunal Supremo (STS), de 25 de febrero de 2015, Sala de lo Social, n.° 1549/2015, n.° de recurso 3330/2015. ECLI:ES:TS:2015:1549) o, incluso, refiriéndose exclusivamente al acoso psicológico cuando en realidad el debate se centra en el acoso laboral en su sentido estricto, como ahora las sentencias del TS de 14 de abril de 2015, Sala de lo Social, n.° 2600/2015, n.° de recurso 2085/2014, ECLI:ES:TS:2015:2600; STS de . 1729/2016;14 de junio de 2018, Sala de lo Social, n.° 2618/2018, n.° de recurso 1729/2016, ECLI:ES:TS:2018:2618, STS de 11 de octubre de 2018, Sala de lo Social, n.°3841/2018, n.° de recurso 2605/2016, ECLI:ES:TS:2018:3841 o; la STS de 16 de octubre de 2018, Sala de lo Social, n.° 3872, n.° de recurso 1766/2016, ECLI:ES:TS:2018:3872). Sobre esta base, el acoso laboral debe considerarse una subespecie del acoso moral mencionado inicialmente como señaló el TSJ de Andalucía en su sentencia de 4 de abril de 2019 (sede de Sevilla, Sala de lo Social, n.° 3517, n.° de recurso 1012/2018, ECLI:ES:TSJAND:2019:3517).

Además, cabe distinguir el acoso sexual del que es lo es por razón de sexo y que se vincularía con el acoso moral. En este terreno, igualmente, es importante distinguir el acoso discriminatorio, ya que es conceptualmente diferente. Este puede basarse en motivos como el sexo, regulado en los números 2 y 3 del artículo 7 de la Ley Orgánica 3/2007, de 22 de marzo, para la igualdad efectiva de mujeres y hombres (LOI), que incorpora al Derecho Español el artículo 2.1.c) de la Directiva 2006/44/CE, o en el origen racial o étnico, la religión, la discapacidad, la edad o la orientación sexual del trabajador. En este sentido, se deben mencionar los artículos 28.1.d) de la Ley 62/2003, de

30 de diciembre, de medidas fiscales, administrativas y del orden social, el artículo 4.2.e) del Estatuto de los Trabajadores (ET) y los artículos 4 y 7.a) del Real Decreto Legislativo 1/2013, de 29 de noviembre, por el que se aprueba el Texto Refundido de la Ley General de derechos de las personas con discapacidad y de su inclusión social.

Una de las contribuciones más relevantes a la definición y comprensión del acoso laboral proviene de la Comunicación de la Comisión Europea al Consejo y al Parlamento Europeo, fechada el 8 de noviembre de 2007. En esta comunicación, se insiste en las características del acoso en el ámbito laboral, especificando que se trata de un maltrato repetido y deliberado, ya sea por parte de un trabajador o directivo, con el objetivo de intimidar, amenazar o humillar a la víctima en un contexto laboral. Se destaca, en particular, que este tipo de comportamientos deben ser recurrentes y vinculados directamente a las circunstancias del trabajo, lo que refuerza el carácter laboral del acoso y su conexión con el entorno profesional.

Asimismo, el Grupo de Estudio de Violencia en el Trabajo de la Comisión Europea, en su informe del 29 de noviembre de 2001, aporta una definición que caracteriza el acoso como un comportamiento negativo dirigido por compañeros o superiores jerárquicos hacia una persona, con el objetivo de someterla a un ataque sistemático durante un largo periodo de tiempo. Este comportamiento puede ser directo o indirecto, y su fin es aislar socialmente a la víctima. La persistencia de este tipo de conductas crea un entorno de trabajo hostil y perjudica la dignidad de la persona afectada, lo que refuerza la idea de que el acoso laboral involucra comportamientos agresivos, sin desdeñar el aislamiento y la exclusión social de la víctima.

En este sentido, la Agencia Europea para la Seguridad y Salud en el Trabajo (EU-OSHA) también ha aportado una visión del acoso laboral que se asemeja a la del Grupo de Estudio, describiéndolo como un comportamiento reiterado y desproporcionado hacia un trabajador o grupo de trabajadores. Este comportamiento puede tener como objetivo discriminar, humillar o amenazar a la persona acosada, debilitando su autoestima y creando un ambiente de trabajo negativo. La agencia determina que el acoso laboral puede ser tanto individual como grupal, y resalta que un sistema de trabajo mal organizado o mal gestionado puede ser un medio a través del cual se ejerce el acoso, afectando tanto la salud física como mental del trabajador, incluido su aislamiento social.

En línea con lo anterior, también es relevante la Resolución del Parlamento Europeo sobre el acoso moral en el trabajo de 20 de septiembre de 2001, que pone de relieve los efectos negativos de una mala organización del trabajo, la falta de información interna y la deficiente gestión de los equipos. Estos problemas organizativos, si se prolongan y no se resuelven, pueden convertirse en un lastre para los grupos de trabajo y, en algunos casos, desembocar en la búsqueda de chivos expiatorios, donde la víctima del acoso es utilizada como responsable de los fracasos organizativos. La resolución también subraya el impacto económico del acoso en las empresas, destacando que genera absentismo, reduce la productividad y aumenta los costos laborales, como las indemnizaciones a los trabajadores acosados.

Posteriormente hubo otra Resolución del Parlamento Europeo de 11 de septiembre de 2018, sobre medidas para prevenir y combatir el acoso psicológico en el lugar de trabajo, que aborda de manera más detallada las medidas legislativas y de política pública necesarias para combatir el acoso laboral. En sus epígrafes 23 a 39, se profundiza en la importancia de implementar mecanismos de prevención y protección para los trabajadores, destacando la necesidad de un marco legal adecuado a nivel de la Unión Europea (UE) para abordar de manera efectiva el acoso laboral y garantizar la seguridad y el bienestar de los trabajadores en sus lugares de trabajo.

En fin, aunque estos documentos y acuerdos no tienen un carácter vinculante directo en el ordenamiento jurídico español, son de gran utilidad a nivel interpretativo. Su valor radica en ofrecer definiciones, orientaciones y criterios que pueden ser utilizados por los tribunales para abordar casos de acoso laboral, y su relevancia se ve reflejada en la legislación nacional y en la negociación colectiva, especialmente en sectores que han integrado sus principios en los convenios laborales.

4

EL ACOSO EN EL TRABAJO CONCRETADO REITERADAMENTE POR LA DOCTRINA JUDICIAL. NO TODO CONFLICTO LABORAL ES CONSTITUTIVO DE *MOBBING*

La casuística de la doctrina judicial sobre el fenómeno es vasta y diversa. De este modo, se ha de concretar el riesgo laboral para diferenciarlo claramente de otros conflictos y definirlo de forma acorde. Este análisis no establece un concepto único de acoso moral, pero establece parámetros mínimos para su valoración en el ámbito laboral, que deben ser considerados por el legislador y las autoridades judiciales y administrativas.

En este punto, se torna esencial distinguir entre el acoso laboral y un uso abusivo de las facultades empresariales, ya que en el acoso se violan derechos fundamentales, mientras que el abuso directivo afecta solo derechos laborales específicos. Pese a que se analizarán en los distintos casos del Bloque II y además de forma reiterativa, conviene analizar aunque sea de forma breve cómo se ha ido manifestando la jurisprudencia en España.

Para abordar esta cuestión, hay que comenzar por exponer la doctrina que los tribunales del orden social han venido desarrollando en relación con el acoso laboral o *mobbing*, como mecanismo de vulneración de los derechos fundamentales de los trabajadores.

Así, pese a que más adelante de forma profusa se hará un recorrido jurisprudencial con casos reales y con respuestas de la judicatura, en este punto se va a tratar la amplia casuística de la doctrina judicial que existe sobre el fenómeno.

En efecto, en la presente obra, de forma amena, teórica y práctica con casos reales, se va a poder apreciar cómo se trata de un riesgo psicosocial que comprende una serie de comportamientos y conductas abusivas dirigidas a degradar psicológicamente a un trabajador, minándole la autoestima y la moral, mediante un hostigamiento y una situación de violencia psicológica continuada. Esta violencia, que llega a producir una lesión de la dignidad y de la integridad del trabajador, está muy presente en sede judicial con una alta litigiosidad. Motivo por lo cual, se hacía necesario un estudio profuso acerca del sentido que están adoptando los jueces sobre determinadas situaciones sucedidas en el ámbito laboral, constitutivas de acoso y, otras en cambio, de simples conflictos laborales.

En España, la legislación establece que, en casos en los que la supuesta víctima del acoso en el trabajo alegue discriminación o vulneración de derechos fundamentales, corresponde al demandado (por lo general, la empresa aunque también pueden ser altos cargos o compañeros), justificar con pruebas la objetividad y proporcionalidad de las medidas adoptadas.

Por consiguiente, el causante del *mobbing* puede ser otro empleado de la empresa, quien puede lesionar el derecho fundamental a la integridad moral del trabajador hostigado, pues los derechos fundamentales operan en el ámbito de las relaciones laborales (STC) de 13 de diciembre de 1999 n.° 224/1999, recurso 892/1995, ECLI:ES:TC:1999:224; y de 16 de abril de 2007, n.° 74, n.° de recurso 4124/2007, ECLI:ES:TC:2007:74), siendo responsable la empresa en el caso de tolerar la conducta del empleado directamente causante, siendo en estos casos responsables solidarios ésta y el trabajador de la misma directo causante del acoso

Así, se ha de saber de acuerdo con la doctrina judicial que, para que un comportamiento sea considerado acoso, debe ser sistemático; los actos aislados, por graves que sean, no son acoso según el Acuerdo Marco Europeo de 2007 sobre acoso y violencia en el trabajo.

El Tribunal Constitucional (TC), en su sentencia del 6 de mayo de 2019, n.° 56/2019, n.°. rec. 56/2019 en el recurso de amparo núm. 901-2018, promovido por don Jaime Nicolás Muñiz contra ECLI:ES:TC:2019:45; establece que el acoso laboral se caracteriza por el estrés laboral recurrente, el cual degrada las condiciones de trabajo y compromete la integridad del trabajador. Esta relevante sentencia del TC, reflexiona sobre el concepto de acoso laboral, su recepción normativa, su carácter pluriofensivo tal y como se ha señalado con anterioridad, sus elementos constitutivos y los derechos fundamentales afectados, a saber: artículos 10, 15, 18 de la Constitución Española (CE). De este modo, admite que «el concepto de acoso laboral que establezca la legalidad ordinaria bien puede ser más amplio que los de «trato degradante» y lesión de la «integridad moral», por ejemplo, si el legislador quiere dispensar al trabajador más tutela de la resultante del artículo 15 CE, o más estricto, por ejemplo, si el legislador penal quiere castigar más severamente determinados comportamientos hostigadores».

Desde esta perspectiva, para valorar si se ha producido una violación de la integridad moral (art. 15 CE), el TC atiende a los siguientes elementos constitutivos «hay que determinar, atendiendo a las circunstancias del caso, si la conducta enjuiciada es deliberada o, al menos, está adecuadamente conectada al resultado lesivo (elemento intención); si ha causado a la víctima un padecimiento físico, psíquico o moral o, al menos, encerraba la potencialidad de hacerlo (elemento menoscabo) y si respondió al fin de vejar, humillar o envilecer o era objetivamente idónea para producir o produjo efectivamente ese resultado (elemento vejación).

Faltando este último elemento, no habrá trato 'degradante', pero solo podrá descartarse la vulneración del artículo 15 CE si la conducta enjuiciada incuba cobertura legal (legalidad), responde a un fin constitucionalmente legítimo (adecuación), constituye la alternativa menos restrictiva (necesidad) y produce más beneficios sobre otros bienes o valores que perjuicios en el derecho fundamental a la integridad moral (proporcionalidad en sentido estricto)».

A mayor abundamiento, el TC limita el alcance de la pluriofensividad en los casos de acoso laboral, al no mencionar otros derechos fundamentales como la igualdad y no discriminación (art. 14 CE) ni reconocer la posible vulneración del derecho a acceder en condiciones de igualdad a funciones públicas (art. 23.2 CE), como ocurrió en la STC 81/2018. Aunque el TC no niega la conexión entre acoso laboral y derechos fundamentales, sostiene que el derecho a la ocupación efectiva no se fundamenta en el artículo 23.2 de la CE. Ahora bien, en su Sentencia 56/2019, consideró que marginar a un trabajador sin justificación legítima y mantenerlo sin funciones definidas constituye abuso de poder, vulnerando su derecho a la integridad moral. Esta situación, que se prolongó durante un año y medio, puede causar perjuicios psicológicos al trabajador, constituyendo acoso laboral *(mobbing).* Tal comportamiento infringe derechos fundamentales como la ocupación efectiva y la dignidad, en línea con el Criterio Técnico 69/2009 de la Inspección de Trabajo y de la Seguridad Social. En conclusión, todos los trabajadores tienen derecho a un entorno libre de acoso, y las instituciones deben proteger su integridad moral[14].

El TC también desarrolla una doctrina clave sobre el concepto de acoso moral, centrada en tres elementos fundamentales para valorar la vulneración del derecho a la integridad moral y psicofísica (art. 15 CE): la «intención» de la conducta, el «menoscabo» causado a la víctima, y la «vejación» o humillación. Además, acentúa que, incluso si no se cumplen todos estos elementos, la conducta podría vulnerar el derecho si carece de cobertura legal, no persigue un fin legítimo, o causa más perjuicios que beneficios.

Así, no se requiere la producción de un daño o perjuicio concreto, pero es necesario que las conductas consideradas como acoso tengan entidad suficiente para causarlo. Se podría decir que se trata de una conducta de peligro concreto, y no de resultado, aunque, como es obvio, pueda producirlo, siendo en tal caso un daño o perjuicio indemnizable e independiente de otras indemnizaciones derivadas según los artículos 50.2 y 56 del ET.

14. *Vid*. Bloque II ● ACOSO LABORAL: AUSENCIA DE FUNCIONES Y RESPONSABILIDADES EN EL PUESTO DE TRABAJO Y UN SUPUESTO DE ACOSO POR FALTA DE OCUPACIÓN EFECTIVA

Como se afirma en la sentencia de 23 de diciembre de 2003 de la Sala de lo Social del TSJ del País Vasco (STSJ, de 23 de diciembre de 2003, Sala de lo Social, n.º5108, n.º de recurso 2336/2003, ECLI:ES:TSJPV:2003:5108), la psicología ha definido el acoso laboral como situaciones de hostigamiento a un trabajador frente al que se desarrollan actitudes de violencia psicológica de forma prolongada y que conducen a su extrañamiento social en el marco laboral, le causan alteraciones psicosomáticas de ansiedad, y en ocasiones consiguen el abandono del trabajador del empleo al no poder soportar el estrés al que se encuentra sometido.

Ahondando en esta línea, el TSJ de Extremadura en su sentencia de 15 febrero de 2023 (STSJ de Extremadura, de 15 de febrero de 2023, Sala de lo Social, n.º 148/2003, n.º de recurso 789/2022, ECLI:ES:TSJEXT:2023:148) el acoso en el trabajo es una forma de agresión sistemática o reiterada de una o varias personas contra otra u otras en el contexto laboral, integrada por acciones u omisiones que persigan el efecto o produzcan el resultado de atentar contra la dignidad del trabajador o de crear un entorno intimidatorio, hostil, degradante, humillante u ofensivo. Las notas características propias del acoso moral son, por tanto:

1. La existencia de conductas lesivas, no deseadas, susceptibles de producir un daño, manifestada en actos, gestos o palabras de muy amplia y variada casuística, tales como aislar a la víctima en su trabajo o de su entorno profesional, desprestigiarla personal o profesionalmente, ofensas verbales o físicas, etc.
2. Debe producirse un menoscabo de la dignidad personal sin perjuicio, dado el carácter pluriofensivo del acoso, de que concurran vulneraciones de otros derechos fundamentales, como el de la no discriminación, la integridad física y moral, la intimidad, el derecho al honor o a la propia imagen, etc.
3. La habitualidad o reiteración. Debe de tratarse en todo caso de una pluralidad de acciones, de un proceso y no de una conducta aislada o puntual, sin que no obstante quepa fijar un lapso de tiempo determinado para su producción.
4. Que la conducta acosadora se produzca en lugar de trabajo o con ocasión del mismo y por parte de personal de la empresa entendido en un sentido amplio (dependencia orgánica o funcional) pudiéndose hablar de acoso vertical o ascendente, cuando se produce por parte de superiores jerárquicos, u horizontal o descendente[15], cuando acosador y acosado se encuentran al mismo nivel jerárquico o incluso cuando el acosador es un subordinado.

15. En cuanto al acoso moral descendente existen estudios que tratan este particular, *Vid.* Trascasas García, A. (2006). «Vulneración del derecho a la integridad física y moral por acoso psicológico descendente e indemnización por daños materiales y morales». *Revista Doctrinal Aranzadi Social*, (9), párrafo 31.

5. No es necesaria la constatación de una intencionalidad específica del agresor de atentar contra la dignidad del agredido.

En consecuencia, lo determinante es que las conductas atenten contra la dignidad del trabajador o creen un entorno humillante y ofensivo, de forma que sea cual fuere la intencionalidad del sujeto activo, si su conducta atenta de manera efectiva contra la dignidad del trabajador nos hallaremos en presencia de acoso laboral, pues como indica el TC, este elemento intencional es irrelevante, bastando constatar la presencia de un nexo de causalidad adecuado entre el comportamiento antijurídico y el resultado prohibido por la norma.

Por su parte, la sentencia del TSJ de Aragón de 13 de junio de 2012 (STSJ de Aragón, de 13 de junio de 2012, Sala de lo Social, n.° 658/2012, n.° de recurso 270/2012, ECLI:ES.TSJAR:2012:658) señala que los elementos fundamentales de este fenómeno son los siguientes:

1. El bien jurídico protegido, que no es otro sino el derecho a la dignidad personal del trabajador, de ahí su directo enlace con el derecho constitucional tutelado en el art. 15 de la CE.
2. La forma en que se produce la lesión de ese derecho, lo que implica por parte del sujeto activo (empresario u otros trabajadores compañeros del ofendido) una conducta caracterizada por:
   a) un acoso u hostigamiento a un trabajador mediante cualquier conducta vejatoria o intimidatoria de carácter injusto;
   b) reiteración en el tiempo de dicha conducta, siguiendo una unidad de propósito;
   c) perseguir una finalidad consistente de modo específico en minar psicológicamente al acosado, logrando así de modo efectivo algún objetivo que de otro modo no hubiera conseguido el acosador.
3. La intención de dañar, ya sea del empresario o de los directivos, ya sea de los compañeros de trabajo.
4. La producción de un daño en la esfera de los derechos personales más esenciales.

Respecto al *mobbing*, para ser considerado como tal y diferenciado de otras situaciones que son meros conflictos internos o incluso del señalado *burnout*[16] o síndrome del trabajador quemado, debe cumplir con ciertos requisitos:

1. Violencia psicológica: debe tratarse de actos de violencia psicológica, como los comportamientos descritos por Leyman, con una intencionalidad clara de destruir a la víctima y atacar su dignidad personal y profesional.

16. *Vid.* punto 5 del libro «Salud mental en el trabajo y burnout».

2. Repetición sistemática: los comportamientos deben ser repetitivos, ocurriendo al menos una vez por semana durante un período de al menos seis meses.
3. En el ámbito laboral: la agresión debe ocurrir en el entorno de trabajo, con la finalidad de expulsar a la víctima de la empresa.

Consecuencias: los efectos de esta violencia psicológica incluyen ansiedad, estrés postraumático y daño general a la salud mental de la víctima.

Atinente a la interpretación de los tribunales, la sentencia del TSJ de Castilla La Mancha, Social del 24 de mayo de 2021, recoge que el acoso laboral es un maltrato persistente y deliberado por parte de varios miembros de la organización hacia un individuo, con el objetivo de eliminarlo. Estos actos de hostigamiento, ya sean verbales o físicos, atentan contra la personalidad y dignidad de la víctima.

La jurisprudencia señala que la intencionalidad y la sistemática repetición de la presión son elementos clave para calificar una situación como acoso laboral, siendo necesario demostrar tanto la intención de dañar como los efectos reales del daño causado. Sin embargo, no toda situación de tensión laboral puede considerarse acoso moral.

Además, en la STSJ de Cataluña, de 27 de enero de 2015 (Sala de lo Social, n.° 2368/2015, n.° de rec 6887/2014, ECLI:ES:TSJCAT:2015:2368) se afirma que: el acoso moral en el trabajo somete al trabajador a un trato degradante, conculcando el principio de igualdad de trabajo como se define en los artículos 3, 4 y 5 de la Directiva Comunitaria 76/2007, el derecho a la integridad moral e interdicción de tratos degradantes que protege el artículo 15 de la CE, así como el artículo 4.2. e) del ET (derecho básico a la consideración debida a la dignidad), constituyendo sin duda causa justa para que el trabajador pueda ejercitar, entre otras, la oportuna acción rescisoria, solicitando la extinción de su contrato [art. 50.1 a) y c) del ET].

Dicho de otra manera, la jurisprudencia señala que la intencionalidad y la sistemática repetición de la presión son elementos clave para calificar una situación como acoso laboral, siendo necesario demostrar tanto la intención de dañar como los efectos reales del daño causado. Sin embargo, no toda situación de tensión laboral puede considerarse acoso moral.

Así mismo, como se analiza en estas líneas, una adecuada delimitación de la figura del *mobbing* o acoso moral exige diferenciarlo de otras realidades con las que puede guardar ciertas semejanzas.

A este nivel, ciertamente, no todo abuso de autoridad constituye acoso, siendo necesario demostrar la intención de causar daño psicológico y la existencia de efectos clínicos en la salud psíquica del afectado. Así, la línea que marca entre el acoso y un simple conflicto laboral, ciertamente, es muy estrecha y delgada: razón por lo cual, se están dando constantemente en sede judicial, casos en los que se desestima el *mobbing* por existir únicamente un malentendido o un conflicto menor. Esta cuestión será principal en el estudio del Bloque II con casos reales, consecuencias y respuestas de los distintos tribunales en España.

Más en este sentido, la sentencia del TSJ de Galicia de 12 de septiembre de 2002 (STSJ de Galicia, de 12 de septiembre de 2002, Sala de lo Social, n.° 5475/2002, n.° de recurso 3806/2002, ECLI:ES:TSJGAL:2002:5475) afirma que es necesario distinguir entre lo que propiamente es hostigamiento psicológico con el defectuoso ejercicio —abusivo o arbitrario— de las facultades empresariales pues, mientras en el primero se agreden derechos fundamentales de la persona. El segundo se limita a comprometer estrictos derechos laborales; diferencia que extiende a la motivación para significar cómo mientras que en el hostigamiento se aprecia intención de perjudicar al trabajador, en el ejercicio indebido de la actividad directiva prima el mal entendido interés empresarial. La misma Sala, en sentencia del 19 de abril de 2013 (STSJ de Galicia, de 19 de abril de 2013, Sala de lo Social, n.° 3944/2013, n.° de recurso 725/2013, ECLI:ES:TSJGAL:2013:3944), define el acoso laboral o *mobbing* como un conjunto de conductas abusivas o de violencia psicológica reiterada en el ámbito laboral, que impactan la dignidad y salud mental de la persona afectada.

Son muchos los casos reales que se abordan en la monografía y que se incardinan en esta cuestión, pero brevemente, ha de saberse que, por lo general, no constituye acoso en el trabajo el mero ejercicio arbitrario o desviado (antijurídico) del poder directivo del empresario, ni cualquier situación de tensión o conflicto derivado del contexto laboral que incluso pudiera estar en el origen de patologías presentes en el trabajador.

Como se podrá apreciar en el Bloque II con ejemplos reales, en la categoría de *mobbing* se incardinan conductas tales como la persecución del trabajador mediante órdenes caprichosas, la imposición de sanciones infundadas, la asignación al trabajador de un entorno desproporcionadamente incómodo para realizar su trabajo, la encomienda de trabajos impropios de la categoría profesional o de imposible realización, la utilización selectiva de comunicaciones para reprender o amonestar sin motivo, el establecimiento de diferencias de trato (determinados controles selectivos, desigualdad remunerativa, satisfacer el salario con un retraso injustificado), la modificación de jornada aduciendo motivos técnicos y organizativos que no han sido acreditados, la modificación arbitraria y sin sentido del sistema de organización del trabajo, la denegación injustificada de las fechas de disfrute de vacaciones pretendidas, la intensificación de los controles sobre las actividades cotidianas del trabajador y sobre su rendimiento, el llevar a cabo amonestaciones frecuentes, proferir expresiones denigrantes y ofensivas para el trabajador con ánimo de dañar la consideración del mismo, el realizar comentarios desfavorables a terceros ante el trabajador, la alteración de las funciones atribuidas al trabajador, la congelación del salario, la denegación injustificada de permisos, el cambio de horario injustificado, el trato laboral despectivo y degradante, el hostigamiento empresarial y de sus compañeros, el menoscabo de la intimidad o dignidad con finalidad discriminatoria, etc.

En la práctica, como se refleja en el recorrido de sentencias del Bloque II pueden citarse conductas constitutivas como acoso laboral, como ahora modificaciones sustanciales de puesto y jornada que han obligado al trabajador a acudir al auxilio judicial, reproches personales y profesionales, asignación al trabajador de errores sin comprobar si había sido él, no remunerar horas extras, eliminarle de grupos de WhatsApp. Ahora bien, se han de alegar con indicios suficientes y demostrar en todo caso que son, comportamientos reiterados que han ido ejerciendo poco a poco una presión en el trabajador con el único objetivo de obtener su cese en la empresa, pudiendo desembocar tal presión en una inmersión del trabajador en un proceso de incapacidad temporal.

Sin embargo, no puede confundirse el *mobbing* con los conflictos laborales que puedan originarse por defender los sujetos de la relación laboral intereses contrapuestos, ni con el estado de agotamiento provocado por el estrés profesional, ni con manifestaciones de maltrato esporádico o de sometimiento a inadecuadas condiciones de trabajo. En consecuencia, debe diferenciarse el acoso laboral de las situaciones de mera conflictividad en el ambiente de trabajo. En este sentido, en la anteriormente citada sentencia de 27 de enero de la Sala de lo Social del TSJ de Cataluña se razona en los siguientes términos:

«Ahora bien, según explica también la doctrina más autorizada, el conflicto y el acoso moral no son realidades correlativas. Por un lado, todo conflicto no es manifestación de un acoso moral, de donde se desprende que la existencia de acoso moral no se prueba con la simple existencia de un conflicto. Por otro lado, la ausencia de un conflicto explícito no elimina la existencia de acoso moral, al resultar factible su manifestación externa en un conflicto larvado, aunque unido a otros indicios; y por último la existencia de un conflicto explícito puede ser un indicio de la existencia de acoso moral.

No toda falta de consideración que pueda tener lugar en el marco de las relaciones laborales, puede identificarse con un ataque a la dignidad de la personal y al derecho constitucional reconocido en el artículo 10 de la CE, pues para que ello fuera así, sería necesario que tal atentado estuviera dotado de una intensidad suficiente, cualitativa o cuantitativamente que lo hiciera intolerable. Lo mismo se puede decir respecto de las ofensas verbales que se producen en las relaciones interpersonales, de modo que, a efectos de determinar su gravedad, es necesario ponderar una serie de circunstancias como son el modo y el lugar en que se producen la propia entidad de las palabras emitidas, la persistencia de las ofensas, etc. Por tanto, no toda actitud de tensión en el desarrollo de la actividad laboral, puede merecer el calificativo de acoso moral. Hemos de distinguir lo que es una conducta de verdadera hostilidad, vejación y persecución sistemática, de lo que puede ser la exigencia rigurosa de un determinado comportamiento laboral. Y del mismo modo, no puede confundirse el acoso moral, con los conflictos, enfrentamientos y desentendidos laborales en el seno de la empresa, por defender los sujetos de la relación laboral intereses contrapuestos. El conflicto, que tiene sus propios cauces de solución en el Derecho del Trabajo, es inherente a éste, al menos en una concepción democrática de las relaciones laborales».

De igual manera, al calor del artículo 2.1 del protocolo de actuación frente al acoso laboral en la Administración General del Estado, no tienen la consideración de acoso psicológico:

> «a) Aquellas conductas que se producen desde una relación simétrica y definen un conflicto entre las partes en el ámbito del trabajo, bien sea de carácter puntual, en un momento concreto, o más permanente. Evidentemente, todo conflicto afecta al ámbito laboral, se da en su entorno e influye en la organización y en la relación laboral; pero no puede considerarse *mobbing* si no reúne las condiciones de la definición;
>
> b) Las acciones de violencia en el trabajo, realizadas desde una posición prevalente de poder respecto a la víctima, pero que no sean realizadas de forma reiterada y prolongada en el tiempo. Puede tratarse de auténticas situaciones de 'maltrato psicológico en el trabajo', similares a las incluidas en el *mobbing*, pero sin el componente de repetición y duración que se requiere en aquél, ya sea porque son realmente esporádicas o porque sean denunciadas en una fase precoz. Como tales conductas violentas deben ser igualmente prevenidas y/o abortadas cuanto antes y, en su caso, sancionadas de acuerdo a la normativa propia de cada organización; pero no como *mobbing*, por no reunir las características esenciales de éste y;
>
> c) aquellas que, aun pudiendo incluirse aparentemente en la definición, se concluya que por sus características no constituyen comportamientos violentos (por ejemplo, las amonestaciones 'fundadas' por no realizar bien el trabajo, cuando no contengan descalificaciones improcedentes) o bien, cuando las pruebas presentadas no sean consistentes, sin ser falsas».

Aunque, ciertamente, el Convenio 190 de la OIT ratificado en España designa la expresión y violencia y acoso en el mundo del trabajo como *«un conjunto de comportamientos y prácticas inaceptables, o de amenazas de tales comportamientos y prácticas, ya sea que se manifiesten una sola vez o de manera repetida»*. Luego, las empresas en sus protocolos de actuación frente al acoso deberían amoldarse a dicha definición, así como los tribunales españoles.

Así, el acoso en el trabajo, en todas sus vertientes no se le debería aplicar la teoría gradualista, que en otros casos podría matizar la gravedad de las conductas. En este contexto, el reproche social actual y la gravedad de los actos aunque simples y puntuales que sean, deberían justificar la consideración del acoso con las consecuencias hiladas a ello: procedencia del despido como sanción máxima, por ejemplo.

Como se aprecia en la presente obra, por ejemplo, la sentencia del TSJ de Cataluña 7605/2024, de 14 de octubre de 2024 (N.° rec. 2818/2024[17], ECLI:ES:TSJCAT:2024:7605), para un caso de acoso sexual, se rechaza también la doctrina del TC de 1999, que requería permanencia y complejidad en las conductas para calificarlas como acoso. Esta interpretación se considera superada por la sensibilidad social actual. En ese caso particular, la conducta del trabajador que acosó sexualmente a una compañera de trabajo cumplió con los elementos esenciales del hostigamiento. Luego, el despido fue procedente, conforme a los hechos acreditados y la normativa aplicable y no procedía una calificación distinta ni sanción inferior al despido.

17. *Vid.* ⚠ EN CASO DE DESPIDO POR ACOSO SEXUAL EN EL TRABAJO, NO CABE APLICAR LA TEORÍA GRADUALISTA

5

EL MARCO NORMATIVO DEL ACOSO EN EL TRABAJO. UNA CLARA DISPERSIÓN DEL FENÓMENO EN EL ORDENAMIENTO JURÍDICO ESPAÑOL

La regulación del acoso laboral en España presenta un vacío normativo que es notable, considerando la gravedad del problema. A pesar de su relevancia, no se ha implementado un tratamiento legal específico para este fenómeno, lo que genera dificultades tanto para los trabajadores afectados como para los tribunales. Desde este prisma, los jueces han recurrido a la analogía para abordar los casos de acoso, dado que no existe una normativa que lo regule de manera directa.

Este enfoque contrasta con la situación en otros países europeos, donde existen regulaciones específicas sobre el acoso moral. Desde esta perspectiva, los trabajadores víctimas del *mobbing* tienen una dificultad añadida en la amplia gama de opciones sustantivas y procesales que tienen para impetrar justicia social contra una patología socio-laboral tan bárbara y arbitraria como lo es el acoso moral en el trabajo. Sea como sea, pese a la ausencia de una normativa concreta, los mecanismos legales existentes pueden ser utilizados para abordar la cuestión.

Algunos fallos judiciales han comenzado a reconocer esta laguna normativa, evidenciando que la falta de definición y regulación clara sobre el acoso laboral genera obstáculos para los trabajadores que buscan justicia. Esta falta de una definición normativa del acoso laboral en nuestro ordenamiento jurídico obliga a los tribunales a recurrir a categorías, prescripciones y tipos jurídicos reconocidos en el sistema legal. Este vacío normativo ha llevado a una interpretación más amplia, apoyada en un análisis exhaustivo de la normativa internacional, europea, comunitaria y nacional, que proporciona los marcos necesarios para establecer los criterios interpretativos sobre el acoso laboral.

Un ejemplo significativo es la sentencia del TSJ de Cataluña de 2 de marzo de 2011, que destaca que «al no regularse de forma expresa en ninguna norma la obligación empresarial de prevención y tutela de los riesgos psicosociales ni las medidas que deben observarse para que ese concreto daño no se produzca, el riesgo de acoso no puede preverse, y en consecuencia, no le son exigibles al empresario medidas preventivas al respecto». Esto pone de manifiesto las dificultades por las que pasa un trabajador que denuncia ser víctima de acoso, quien a menudo se encuentra con obstáculos legales en su búsqueda de reparación.

Dada la ausencia de una definición legal en España, se recurre al Instituto Nacional de Seguridad y Salud en el Trabajo (INSST[18]), que clasifica el acoso como hostigamiento psicológico. Este término se refiere a situaciones en las que una persona o un grupo ejerce violencia psicológica extrema de forma sistemática y prolongada sobre otra en el entorno laboral. De manera similar, el citado INSST define el riesgo psicosocial como un fenómeno en el que hay una relación asimétrica de poder, donde una o más personas ejercen violencia psicológica extrema contra otra.

Pese a la ausencia de tratamiento específico, en el ordenamiento jurídico nacional y comunitario, sí existe normativa básica de referencia sobre acoso laboral y derechos en el ámbito laboral está compuesta por diversos textos legales y Directivas.

Desde la óptica constitucional, cabe apreciar, como primera aproximación, que las situaciones de acoso laboral, en la medida en que tienen por finalidad o como resultado atentar o poner en peligro la integridad del trabajador conciernen el reconocimiento constitucional de la dignidad de la persona, su derecho fundamental a la integridad física y moral y la prohibición de los tratos degradantes (arts. 9.2, 10, 14, 15, 18.1 y 35.1 CE).

Ahora bien, las situaciones de acoso laboral son tan multiformes que pueden involucrar también otros derechos fundamentales. El precitado protocolo de actuación se ha referido a este carácter pluriofensivo del acoso laboral al afirmarse como desarrollo de la Constitución, que «reconoce como derechos fundamentales de los españoles la dignidad de la persona (art. 10), así como la integridad física y moral sin que, en ningún caso, puedan ser sometidos a torturas ni a penas o tratos inhumanos o degradantes (art. 15), y el derecho al honor, a la intimidad personal y familiar y a la propia imagen (artículo 18); y encomienda al tiempo a los poderes públicos, en el artículo 40.2, el velar por la seguridad e higiene en el trabajo».

Sin embargo, desde la perspectiva de la protección debida al trabajador hostigado, el propio Tribunal Constitucional, advierte en su sentencia de 6 de mayo de 2019 (rec. núm. 56/2019, rec. amparo 901/2018) que, tales conceptos constitucionales representan un mínimo insoslayable para el legislador

18. *Vid*. INSTITUTO NACIONAL DE SEGURIDAD Y SALUD EN EL TRABAJO (INSST). (1999). *El hostigamiento psicológico en el trabajo (mobbing)* (NTP 476). https://www.insst.es/documentacion/colecciones-tecnicas/ntp-notas-tecnicas-de-prevencion/14-serie-ntp-numeros-471-a-505-ano-1999/ntp-476-el-hostigamiento-psicologico-en-el-trabajo-mobbing

que 19, de 6 de mayo de 2019 (rec. de amparo núm. 901/2018), que no le corresponde «elaborar un concepto de «acoso laboral», debiendo limitarse a «interpretar, en su proyección sobre las relaciones laborales o funcionariales, el concepto constitucional de "trato degradante" y el más amplio de lesión de la "integridad moral" (art. 15 CE)», por lo que «ciertamente, desde la perspectiva de la protección debida al trabajador hostigado, tales conceptos constitucionales representan un mínimo insoslayable para el legislador que establece y para el órgano judicial que interpreta y aplica un concepto normativo de "acoso laboral", no obstante lo cual el concepto de "acoso laboral" que establezca la legalidad ordinaria bien puede ser más amplio que los de "trato degradante ante" o "lesión de la integridad moral" previstos por la Constitución. De esta forma, puede abarcar aquellas conductas que, sin llegar a constituir un trato degradante o una violación directa de la dignidad, generen un entorno laboral hostil o que atenten contra la libertad y el bienestar del trabajador de forma reiterada y significativa».

En el ámbito español, destacan la LOI, en cuyos artículos 48 y 62 se abordan medidas de prevención, y la Ley Orgánica 10/2022, de 6 de septiembre, de garantía integral de la libertad sexual, que establece disposiciones en sus artículos 12 y 13. También es relevante la Ley Orgánica 10/1995, del Código Penal, que tipifica el acoso laboral como delito en el artículo 173.1 cuando se lleva a cabo mediante actos hostiles y reiterados en abuso de superioridad. Por otro lado, el Real Decreto Legislativo 5/2015, que aprueba el texto refundido de la Ley del Estatuto Básico del Público (arts. 14 h) y 95 b) del Real Decreto Legislativo 5/2015, de 30 de octubre, por el que se aprueba el texto refundido de la Ley del Estatuto Básico del Empleado Público —EBEP—), y el Real Decreto Legislativo 2/2015, que regula el ET (arts. 4.2 c), 17, 28 y 54.2 g)), complementan el marco normativo. Además, la Ley 31/1995 de Prevención de Riesgos Laborales (LPRL) también tiene un impacto en la regulación de la seguridad y salud en el trabajo. En cuanto al ámbito del sector público, el acoso laboral está tipificado como falta grave en el EBEP (art. 95.2 o), mientras que el Código Penal lo considera delito en el caso de acoso reiterado y abuso de superioridad.

La normativa que regula a los trabajadores de la Administración General del Estado, es decir, el EBEP, aborda el acoso moral en el entorno laboral. En su artículo 14 h) del Estatuto, se menciona el acoso moral, considerándolo una violación a la dignidad del trabajador, aunque no se define explícitamente. Este reconocimiento lleva a clasificar dichas conductas como faltas muy graves en el régimen disciplinario, según el artículo 95.2 b). En relación con el acoso laboral, se destaca la importancia de proteger la intimidad, la orientación sexual, la propia imagen y la dignidad de los trabajadores. Este tipo de acoso, ya sea por razones de origen racial, étnico, religión, discapacidad, edad u orientación sexual, o relacionado con el acoso moral y sexual, está considerado como falta muy grave y puede ser sancionado, incluso con despido.

A nivel de la Administración Pública, son muchos los casos de acoso en el trabajo que se dan a nivel comunitario, tal y como refleja la Resolución del Parlamento Europeo sobre el acoso moral en el lugar de trabajo, núm. 2001/2339 (INI)[19], y la comunicación de la Comisión Europea sobre cómo adaptarse a los cambios en la sociedad y en el mundo del trabajador: una nueva estrategia comunitaria de la salud y la seguridad, COM (2002).

Además, el protocolo de actuación contra el acoso laboral, aprobado en 2011, establece pautas concretas para investigar y corregir situaciones de acoso en la Administración General del Estado, asegurando la protección y los derechos de los trabajadores.

Por su parte, la legislación española, a través de la Ley 62/2003, de 30 de diciembre, de medidas fiscales, administrativas y del orden social, incorpora el concepto de acoso, definiéndolo como toda conducta no deseada relacionada con el origen racial, la religión, la discapacidad, la edad o la orientación sexual, cuyo objetivo es atentar contra la dignidad de la persona y crear un entorno intimidatorio, humillante u ofensivo.

El ordenamiento jurídico español, como trasposición de las Directivas comunitarias sobre igualdad de trato y no discriminación en el trabajo, ha introducido en el artículo 28 de la Ley 62/03, de 30 de diciembre, el concepto de acoso señalando, que lo es «toda conducta no deseada relacionada con el origen racial o étnico, la religión o convicciones, la discapacidad, la edad o la orientación sexual de una persona, que tenga como objetivo o consecuencia atentar contra su dignidad y crear un entorno intimidatorio, humillante u ofensivo».

Así mismo, el acoso también se menciona en el artículo 177 de la Ley 36/2011, de 10 de octubre, reguladora de la jurisdicción social (LRJS), que protege a las víctimas de *mobbing* a través de un proceso de tutela de derechos fundamentales, cubriendo así los casos en los que el acoso laboral tiene causas discriminatorias.

A pesar de esta falta de regulación específica, se dio un paso significativo hacia la inclusión de este tema en el ordenamiento jurídico español con la Ley 51/2003, de 2 de diciembre, que trataba sobre la igualdad de oportunidades y la no discriminación de las personas con discapacidad. En su artículo 7, se definían conductas que resultaban discriminatorias, incluyendo aquellas que atentaban contra la dignidad del trabajador o creaban un ambiente hostil. Aunque esta ley fue posteriormente derogada por el Real Decreto Legislativo 1/2013, que regula los derechos de las personas con discapacidad y su inclusión social, la definición de acoso contenida en la Ley 51/2003 se

19. *Vid*. EUROPEAN UNION. (2020). *The European Labour Authority: A new pillar of the European social model* (Publication No. D8F9CEA5-F1F1-45C9-8941-F9E39B912D10). https://op.europa.eu/es/publication-detail/-/publication/d8f9cea5-f1f1-45c9-8941-f9e39b912d10

mantuvo. Esto la convierte en la primera definición aplicable en el ámbito laboral español, estableciendo un precedente para el tratamiento del acoso laboral en el país.

También debe destacarse que la nueva Ley 2/2023 de 20 de febrero, reguladora de la protección de las personas que informen sobre infracciones normativas y de lucha contra la corrupción, extiende su ámbito de aplicación más allá de la protección de las personas físicas que informen sobre infracciones penales, pues su artículo 2.1b) de la norma incluye las «acciones u omisiones que puedan ser constitutivas de infracción administrativa grave o muy grave», lo que incluye las actuaciones de acoso, consideradas «infracciones graves» de acuerdo con el artículo 8.13 bis del Real Decreto Legislativo 5/2000, de 4 de agosto, por el que se aprueba el texto refundido de la Ley sobre Infracciones y Sanciones en el Orden Social (LISOS), máxime cuando el acoso puede afectar a otras personas de la plantilla.

Por otro lado, la Ley de Discapacidad, a través de su artículo 81.4 a), clasifica como infracción muy grave cualquier conducta de acoso vinculada a la discapacidad, lo cual refuerza la necesidad de que las empresas adopten medidas claras contra este tipo de comportamientos. Esta norma se enmarca en un contexto más amplio de políticas que buscan combatir la discriminación, destacando la importancia de la dignidad de las personas en el entorno laboral.

Desde la entrada en vigor de la LOI, la protección contra el acoso ha recibido un notable refuerzo. Aunque la ley se centra en el acoso sexual y por razón de género[20] (Lousada, 2003), es fundamental que las políticas empresariales aborden todos los tipos de acoso, ya sea moral, sexual o por motivos de género. De esta manera, las empresas cumplen con las obligaciones legales, y, a la par, crean un ambiente de trabajo más seguro y respetuoso.

Posteriormente, desde el 23 de diciembre de 2010, con la aprobación de la Ley Orgánica 5/2010, el acoso laboral ha sido tipificado como un delito en el Código Penal español. Esta reforma, que sigue el modelo francés, establece que el acoso se considera una infracción contra la integridad moral cuando una persona, aprovechándose de su posición de superioridad, realiza de forma reiterada actos hostiles o humillantes que constituyen un grave acoso hacia la víctima, sin llegar a ser trato degradante.

En este contexto, la Ley Orgánica 5/2010 marca un avance significativo en la protección de los trabajadores al tipificar el acoso laboral como delito

20. Particularmente respecto a este tipo de acoso moral, debe apuntarse tanto el trabajo de 1) Lousada Arochena, J. F. (2003). «El acoso moral por razón de género». *Revista Doctrinal Aranzadi Social*, 15, como también, en aras de aclarar las diferencias básicas, el estudio doctrinal 2) *Diferencias entre acoso sexual y acoso por razón de sexo en el ámbito laboral*. (2023). *Gestión práctica de riesgos laborales: Integración y desarrollo de la gestión de la prevención* (215), 125-131.

en el marco del ordenamiento jurídico penal español[21]. Esta legislación reconoce específicamente dos modalidades de acoso: el acoso moral laboral (no sexual) y el acoso inmobiliario. Cabe señalar que, aunque las formas de violencia psicológica predominan en el entorno laboral, la normativa también reconoce prácticas de violencia física, aunque estas no necesariamente deben causar un daño directo a la salud o la integridad física de la víctima.

Junto a lo anterior, la reforma de 2010 representa la intención del legislador español de perseguir de manera más efectiva las conductas de maltrato más graves en los lugares de trabajo. El nuevo delito de acoso moral en el trabajo se define como un atentado específico contra la integridad moral, tipificándose en el artículo 173 del Código Penal. Este artículo establece que aquellos que, en el ámbito de cualquier relación laboral o funcionarial, realicen de forma reiterada actos hostiles o humillantes contra otra persona, aprovechándose de su posición de superioridad, serán castigados con penas de prisión de seis meses a dos años.

Por otro lado, por lo que respecta a la gestión de datos personales, lo que incluye aquellos datos sensibles (origen racial, convicción religiosa, datos relativos a la salud, orientación sexual, etc.), también están sujetos a condiciones de tratamiento específicas [arts. 4 y 9 Reglamento General de Protección de Datos (RGPD) 2016/679], tal y como destaca el considerando 51 del citado RGPD: «especial protección merecen los datos personales que, por su naturaleza, son particularmente sensibles en relación con los derechos y las libertades fundamentales, ya que el contexto de su tratamiento podría entrañar importantes riesgos para los derechos y las libertades fundamentales».

La especial protección de los datos personales y especialmente sensibles (orientación sexual) y el cumplimiento del principio de confidencialidad se alzan como elementos sustanciales en la gestión del protocolo, pues de otro modo se incurriría en una revictimización de la propia persona denunciante de acoso, convirtiéndose el procedimiento en un calvario para la víctima, con un claro efecto disuasorio para quien se atreva a denunciar *ad futurum*, lo que contraviene frontalmente los objetivos expuestos a los que debe responder

21. En este marco y desde la doctrina española destaca: Cruz Márquez, B. (2010). «La aplicabilidad del delito de trato degradante cometido por particulares (art. 173.1 del CP) frente al acoso moral en el trabajo». *Revista Doctrinal Aranzadi Social*, 7/2010-8/2010, Paraf. 25/2010; Blanco Barea, M. J., & López Parada, J. (2001). «La vía penal integrada en el tratamiento de urgencia del acoso moral en el trabajo. Sentencias del TSJ y AP y otros Tribunales, (22/2001)», *Parte Comentario*. Cizur Menor: Editorial Aranzadi, S.A.; Fernández Paloma, R. (2010). «Comentario al acoso laboral e inmobiliario de los arts. 172.1 y 173.1 CP». En *Monografías: La reforma penal de 2010: Análisis y comentarios*. Cizur Menor: Editorial Aranzadi, S.A; Pomares Cintas, E. (2009). «¿Existe dificultad de encontrar un acomodo típico-penal para el acoso laboral? Comentario a la Sentencia de la Audiencia Provincial de Lleida (Sección 1ª), de 20-10-2008, núm. 360/2008». *Actualidad Jurídica Aranzadi*, 780. Pamplona: Editorial Aranzadi o; Villegas Fernández, J. M. (2007). «Presente y futuro del delito de acoso laboral». *Actualidad Jurídica Aranzadi*, (731). Pamplona: Editorial Aranzadi.

un eficaz protocolo de acoso que, lejos de prevenir y erradicar situaciones de acoso, acabaría invisibilizando tales situaciones que proliferarían desde la clandestinidad con mayor fuerza, ante los perjuicios personales anudados a la denuncia.

Además, los datos relativos a la esfera sexual de la persona y su orientación sexual, son elementos que forman parte de la vida privada de la persona protegida por el art. 8 del CEDH, valorándose la orientación sexual como algo inherente a la persona y no aislable de la misma (STEDH 7 de mayo de 2024-Caso A.K. vs. Rusia).

En suma, la evolución normativa en España ha llevado a un marco legal más robusto para la protección de los trabajadores contra el acoso laboral. Sin embargo, es esencial que las empresas cumplan con la ley y adopten un enfoque proactivo en la creación de entornos laborales seguros y respetuosos, donde se fomente el bienestar integral de todos los trabajadores.

6

EL ACOSO EN EL TRABAJO TRATADO A NIVEL COMUNITARIO E INTERNACIONAL

La legislación nacional sobre acoso y violencia en el trabajo varía significativamente en función del contexto de cada país. En general, los términos utilizados incluyen «violencia», «acoso», «intimidación» *(bullying)*, «agresión» y «comportamiento abusivo», lo que refleja diferentes prácticas y regulaciones a nivel global. En España como se ha señalado, no existe una normativa específica sobre el acoso moral en el trabajo.

En contraste, países como Suecia fueron pioneros en regularlo a través de la Ley «Victimization at work[22]» de 1993, la primera en Europa en abordar el tema desde una perspectiva legal (Psychological Harassment, n.d.). Esta ley establece que el empresario debe adoptar una planificación y organización laboral que minimice los riesgos de acoso psicológico, y hacer explícita la prohibición de conductas de hostigamiento.

Adicionalmente, la ley sueca también requiere que el empresario disponga de procedimientos efectivos para gestionar problemas de acoso, actuando de inmediato y realizando análisis de los posibles problemas organizativos que puedan estar contribuyendo a la situación. Además, es responsabilidad del empresario brindar apoyo inmediato a los trabajadores afectados por acoso y mantener un ambiente de trabajo saludable, utilizando su poder disciplinario para erradicar cualquier conducta de hostigamiento o abuso.

Paralelamente, en 2003, Francia incorporó el acoso laboral como un delito en su Código Penal (artículo 225-14), estableciendo penas de prisión de hasta cinco años y multas que pueden ascender a 150.000 euros para quienes sean condenados por estas conductas. Además, el sistema legal francés ofrece a las víctimas la opción de iniciar un procedimiento de mediación, en el cual se selecciona un mediador de una lista oficial que no pertenece a la empresa, garantizando así la imparcialidad en el proceso. Este mediador, designado por el Estado y en colaboración con agentes sociales, tiene como objetivo

22. *Vid*. «Psychological Harassment». (n.d.). *Laws regarding psychological harassment in Sweden*. http://www.psychologicalharassment.com/laws-sweden.htm

facilitar el diálogo y alcanzar un acuerdo entre las partes involucradas o, en su defecto, poner fin al acoso.

Por que respecta a los enfoques adoptados en países como Suecia y Francia, podrían servir de modelo para una futura regulación en España sobre el acoso laboral. Si bien este problema se manifiesta en todos los entornos laborales a nivel mundial, es fundamental reconocer que su prevalencia y naturaleza están fuertemente influenciadas por la cultura local y por cómo los individuos, tanto acosadores como víctimas, expresan sus emociones. Por esta razón, cualquier estudio comparativo sobre este fenómeno debe tener en cuenta las particularidades culturales y sociales que pueden variar entre diferentes países.

A nivel comunitario, la creciente preocupación por la seriedad del acoso laboral ha llevado a la definición de conceptos y a la elaboración de normativas específicas para abordar estas conductas.

En este sentido, el Tratado de la Unión Europea en sus artículos 2 y 3, que abogan por la igualdad y el respeto de los derechos fundamentales. De manera complementaria, la Directiva 2006/54/CEE del Parlamento Europeo y el Consejo, de 5 de julio de 2006, regula la aplicación del principio de igualdad de oportunidades y trato entre hombres y mujeres en el empleo, mientras que las resoluciones del Parlamento Europeo de 2001 (sobre el acoso moral en el trabajo) y de 2018 (sobre medidas para prevenir y combatir el acoso sexual y psicológico en diversos ámbitos) refuerzan el compromiso de la UE en este sentido.

Por otro lado, la Carta Social Europea revisada, adoptada el 3 de mayo de 1996, menciona el acoso moral como «actos condenables o hostiles» que se dirigen de manera reiterada contra los trabajadores en el entorno laboral. Expresamente, determina que el acoso laboral atenta contra el «derecho a la dignidad en el trabajo», debiendo las partes signatarias «adoptar todas las medidas apropiadas para proteger a los trabajadores» (art. 26).

Así mismo, en 2001, la Comisión Europea, en el contexto de su investigación sobre la violencia en el trabajo, subrayó que una característica central del acoso es que involucra «ataques sistemáticos y prolongados, tanto de forma directa como indirecta».

Más recientes en el tiempo, las Directivas del Consejo números 2000/43/CE, de 29 de junio, y 2000/78/CE, de 27 de noviembre, relativas a la igualdad de trato, han obligado a los Estados miembros a adoptar medidas contra los supuestos de acoso relacionados con la discriminación, entre otras, «garantizar que corresponda a la parte demandada demostrar que no ha habido vulneración del principio de igualdad de trato» (arts. 8.1 y 10.1, respectivamente).

Ambas Directivas abordan el acoso moral desde la perspectiva de la igualdad de trato en el empleo, considerándolo una forma de discriminación que atenta contra la dignidad de las personas. Coinciden al afirmar que tal comportamiento, genera un ambiente de trabajo que resulta intimidante, hostil, degradante, humillante y ofensivo, independientemente del origen étnico de la víctima. Además, la Resolución del Parlamento Europeo, adoptada el 20 de septiembre de 2001, sobre el acoso moral en el lugar de trabajo, instó a la Comisión Europea a desarrollar un Libro Verde sobre esta problemática, con el fin de fomentar acciones efectivas para combatir y erradicar el acoso laboral. Esta resolución también destacó los devastadores efectos del acoso en la salud física y mental de las víctimas, así como en sus familias, que a menudo requieren atención médica y psicológica, y que, en muchos casos, se ven obligadas a ausentarse del trabajo por incapacidad o a renunciar.

En consonancia con esta resolución, la Comisión Europea, en una comunicación de marzo de 2002 en Bruselas, estableció directrices dentro de su agenda de política social. Uno de los objetivos centrales de estas directrices fue la necesidad de regular y tipificar los denominados riesgos psicosociales, que abarcan tanto el acoso laboral, como también condiciones como la depresión y la ansiedad. La Comisión se comprometió a evaluar la pertinencia y el ámbito de aplicación de un instrumento comunitario destinado a abordar el acoso psicológico y la violencia en el trabajo. La complejidad de estos fenómenos, que se manifiestan en el acoso moral, se ha evidenciado en otros países cercanos a España, como Bélgica y Noruega[23] (Cuyper, Notelaers, & De Witte, 2009). Por lo tanto, es esencial que la normativa no se limite únicamente al acoso moral, aunque esto represente un avance importante, sino que también contemple la protección de los trabajadores frente a los efectos sistémicos que pueden ser la causa o la consecuencia de situaciones de acoso en el ámbito laboral.

En resumen, la Unión Europea ha adoptado directivas que obligan a los Estados miembros a tomar medidas contra el acoso laboral, garantizando el principio de igualdad de trato y la evidencia de su cumplimiento. Este tipo de conductas se opone al principio de igualdad de trato, amparado en la Directiva 76/207[24], y atenta contra derechos como la integridad moral (art. 15 CE) y el respeto a la intimidad y dignidad de los trabajadores (art. 4.2.e) ET).

Desde un marco internacional, es de destacar la OIT que define el acoso laboral como una «acción verbal o psicológica de índole sistemática, repetida o persistente por la que, en el lugar de trabajo en conexión con el trabajo, una persona o un grupo de personas hiere a una víctima, la humilla, ofende o amedrenta».

23. *Vid*. De Cuyper, N., Notelaers, G., & De Witte, H. (2009). «Job insecurity and employability in fixed-term contractors, agency workers, and permanent workers: Associations with job satisfaction and affective organizational commitment». *Journal of Occupational Health Psychology*, 14(2), 193.

24. *Vid*. European Union. (1976). Directiva 76/207/CEE del Consejo, de 9 de febrero de 1976, relativa a la aproximación de las legislaciones de los Estados miembros sobre la igualdad de trato entre hombres y mujeres en el acceso al empleo, la formación y la promoción profesionales, y en las condiciones de trabajo.
EUR-Lex. https://eur-lex.europa.eu/legal-content/ES/TXT/?uri=CELEX:31976L0207

La Conferencia General de la OIT adoptó el 21 de junio de 2019 en Ginebra su Convenio número 190 sobre la violencia y el acoso, una medida significativa para establecer derechos fundamentales en el trabajo y erradicar prácticas abusivas. Este Convenio reconoce que el derecho a un entorno de trabajo seguro y libre de violencia es esencial para la dignidad y la igualdad de oportunidades de todos los trabajadores, y reafirma la necesidad de crear una cultura laboral de respeto y tolerancia cero frente a la violencia.

De manera complementaria, el Convenio 190 va acompañado de la Recomendación 206, que orienta sobre cómo implementar medidas concretas para erradicar el acoso y la violencia en el entorno laboral, promoviendo la colaboración entre gobiernos, empresarios y sindicatos.

Junto a lo anterior, el Convenio establece que la violencia y el acoso, ya sea físico, psicológico, sexual o económico, son inaceptables en cualquier forma, y puede ocurrir tanto una sola vez como de forma repetida. En particular, se señala que el acoso y la violencia por razón de género también deben ser eliminados.

Una de sus características más relevantes es que presenta un concepto único para describir tanto la violencia como el acoso en el trabajo. Estos comportamientos buscan causar daño físico o psicológico y además, pueden afectar la dignidad de la persona y crear un entorno de trabajo intimidante, humillante o degradante. El Convenio aboga por una prevención efectiva y un enfoque integral que incluya medidas para identificar y eliminar los factores que pueden generar estos comportamientos, como la organización deficiente del trabajo o la falta de formación.

Así, el Convenio redefine «violencia y acoso» en el trabajo como un conjunto de comportamientos y prácticas inaceptables, o de amenazas de tales comportamientos y prácticas, ya sea que se manifiesten una sola vez o de manera repetida, que tengan por objeto, que causen o sean susceptibles de causar, un daño físico, psicológico, sexual o económico, e incluye la violencia y el acoso por razón de género. En el ámbito laboral, el acoso puede manifestarse en conductas como críticas persistentes, comentarios humillantes, aislamiento, degradación de tareas o reducción de responsabilidades sin justificación.

Como es de verse, incluye también la violencia y el acoso de género, subrayando que el comportamiento es inaceptable independientemente de su origen o intención. La aplicación del Convenio abarca cualquier lugar y momento relacionado con el trabajo, como oficinas, hogares, espacios públicos, alojamientos proporcionados por el empresario, y durante los desplazamientos y momentos de descanso o comida. También se aplica a trabajadores de todos los sectores, tanto públicos como privados, incluyendo a quienes realizan trabajos informales o están en situación de búsqueda de empleo, así como a voluntarios, becarios, aprendices y empresarios. Su adopción por parte de la OIT tiene valor como marco de referencia para la interpretación judicial y como base para futuras políticas y normativas en el ámbito laboral. Así, pone la lupa sobre la eliminación de la violencia y el acoso en el ámbito laboral. Este acuerdo, busca responder a la preocupación creciente sobre el acoso en el trabajo, un fenómeno que afecta la integridad psicológica y física de las personas.

En cuanto a la situación en España, país comprometido con estos principios, aunque con cierta espera, ha avanzado hacia su implementación. En una decisión refrendada por las Cortes Generales conforme al artículo 94.1 de la Constitución Española, el 8 de marzo de 2022, el Rey Felipe VI formalizó la adhesión de España a este Convenio. En el acto de ratificación, se recordó la importancia del Convenio en tanto aborda el impacto profundo de la violencia y el acoso, especialmente en mujeres, y reconoce que estos actos vulneran derechos humanos y afectan a la calidad del empleo y a la productividad. También señala la importancia de factores como los estereotipos de género y la discriminación interseccional, resaltando el rol de empresas y gobiernos en la prevención y el combate de estos problemas. Asimismo, el convenio se enfoca en la violencia doméstica, considerando su influencia en el rendimiento laboral y en la seguridad de los trabajadores.

En su conjunto, resulta un Convenio que se encuentra vigente en España desde el 25 de mayo de 2023 y que representa un paso relevante para asegurar un entorno de trabajo justo y seguro, alineado con los derechos laborales internacionales y los valores de igualdad y respeto en el ámbito profesional. Tanto el propio Convenio como su Recomendación núm. 206, sobre prevención y erradicación de la violencia y el acoso en el mundo del trabajo, integran la protección contra la violencia y el acoso dentro de un derecho social humano a un ambiente libre de los riesgos psicosociales, como parte de la gestión de la seguridad y salud en el trabajo en todo contexto de denuncia de situaciones de conductas inapropiadas (art. 1) proclives a provocar daños y susceptibles, de no prevenirse adecuadamente, de escalar en conflictos típicos de violencia y/o acoso (art. 9 b), de manera que debe prestarse especial atención a los peligros y riesgos que, entre otros, se deriven de la organización del trabajo y de la gestión de los recursos humanos (art. 9 c).

7

LA PREVENCIÓN DEL *MOBBING* COMO RIESGO PROFESIONAL

En el ámbito de las empresas, tanto privadas como públicas, así como en la vida moderna, emergen con frecuencia los riesgos psicosociales, identificados en muchas ocasiones como estrés laboral. Este fenómeno se traduce en una presión constante o percibida en el entorno laboral, que puede derivar en saturación física o mental, afectando no solo la salud del trabajador, sino también su equilibrio entre la vida laboral y personal. Las causas pueden residir en la propia dinámica del trabajo o en la percepción que el trabajador tiene de sus funciones, lo que puede llevar a somatizar dicha presión.

La relación entre trabajo y salud es estrecha y compleja. La salud, según la Organización Mundial de la Salud (OMS), no se limita a la ausencia de enfermedad, sino que implica un estado de bienestar físico, mental y social completo. En este sentido, las condiciones laborales, incluidas la ocupación, el empleo y la posición jerárquica, tienen un impacto directo en la salud del trabajador. Las condiciones de trabajo abarcan un conjunto de variables que definen tanto la tarea como el entorno en que se desarrolla, siendo determinantes para evaluar los riesgos a los que se expone el trabajador.

Entre los riesgos psicosociales destaca, el acoso moral en el trabajo y el síndrome de *burnout* o síndrome de estar quemado por el trabajo; ambos con efectos significativos en la salud del trabajador. Este síndrome se caracteriza por una evolución progresiva que puede culminar en la incapacidad para desempeñar la actividad habitual. Un síndrome que es frecuente en profesiones que requieren dedicación y atención a terceros, como la enseñanza, la salud y los servicios sociales. Los síntomas comunes incluyen la falta de energía desde el inicio de la jornada, frustración, irritabilidad, dificultad para concentrarse y sensaciones de desbordamiento emocional, acompañadas de dolencias físicas como cefaleas, insomnio y problemas gastrointestinales. Las causas suelen estar asociadas a entornos laborales exigentes, con sobrecarga emocional, largas jornadas de trabajo y recursos insuficientes para afrontar las tareas.

Como se ha señalado, el acoso laboral, también conocido como *mobbing*, constituye otro riesgo psicosocial de gran relevancia. Se define como una conducta hostil, sistemática y prolongada en el tiempo, dirigida hacia uno o varios trabajadores con la intención de causarles daño psicológico o profesional. Puede manifestarse a través de críticas constantes, humillaciones, aislamiento social, sobrecarga de trabajo intencionada u obstaculización de tareas. Las consecuencias del acoso laboral incluyen ansiedad, depresión, pérdida de autoestima, trastornos psicosomáticos y, en muchos casos, la incapacidad para continuar trabajando en condiciones saludables.

La prevención de riesgos psicosociales es fundamental para garantizar entornos laborales saludables. Esto implica implementar políticas de promoción del bienestar, como la evaluación periódica de riesgos laborales con un enfoque en la carga emocional, la organización del trabajo y las relaciones interpersonales. Además, resulta esencial establecer canales de comunicación efectivos entre los trabajadores y la dirección, para identificar problemas y resolverlos de manera oportuna. La formación y sensibilización de los equipos sobre los riesgos psicosociales también son herramientas clave para prevenir y mitigar problemas como el estrés, el *burnout* y el acoso laboral.

Otro aspecto preventivo relevante consiste en promover prácticas laborales equitativas y justas, fomentando un clima laboral positivo que priorice el respeto mutuo y la inclusión. La implementación de jornadas laborales equilibradas y el ajuste de las cargas de trabajo a las capacidades del equipo son medidas que contribuyen significativamente a reducir el estrés y el agotamiento. Asimismo, la creación de protocolos específicos para la detección y gestión del acoso laboral puede garantizar un entorno seguro, donde los trabajadores se sientan respaldados en caso de enfrentarse a situaciones adversas.

La prevención de riesgos laborales ha de ser vista como una herramienta estratégica que mejora la productividad y el bienestar de las personas.

Desde este marco, ha de destacarse que el derecho a la salud del artículo 43 de la CE, debe interpretarse conforme a las garantías del sistema multinivel de protección de conformidad con los artículos 10.2 y 96 de la Carta Magna, en relación con la consideración del derecho a la seguridad y salud en los entornos de trabajo como un derecho humano fundamental [Declaración de la OIT relativa a los principios y derechos fundamentales en el trabajo (1998), en su versión enmendada en 2022].

Hablar de riesgos laborales implica considerar todos los tipos de riesgos, incluidos los psicosociales, siendo el acoso moral uno de los más destacados dentro de esta categoría. Aunque el acoso no es algo nuevo, ha existido a lo largo de la historia de la humanidad, su definición psicológica y jurídica ha tomado forma en tiempos más recientes.

Sobre esta base, las empresas, las administraciones públicas y las universidades tienen la responsabilidad de respetar y promover los derechos fundamentales y la dignidad de los trabajadores, tal como se establece en la Declaración Universal de los Derechos Humanos. Esto implica la necesidad de establecer sistemas y procedimientos que prevengan el acoso en todas sus formas y que permitan sancionar adecuadamente a los acosadores. La prevención del acoso laboral debe integrarse en la gestión de riesgos psicosociales más amplios, que incluyen el estrés laboral, la carga de trabajo excesiva, un mal ambiente de trabajo y el síndrome de quemado, entre otros. Estos factores que contribuyen a problemas de salud mental y física, pueden dificultar la identificación de casos de acoso. Por lo tanto, es esencial que las empresas implementen protocolos claros para la prevención y detección del acoso laboral, asegurándose de que exista un compromiso firme por parte de la dirección de no tolerar comportamientos abusivos y de sancionar a quienes los perpetúan.

Hoy en día, no se discute la inclusión de los riesgos psicosociales dentro de la protección laboral, como establece el artículo 15 de la LPRL. Esto implica que la prevención de los riesgos psicosociales, que abarca situaciones de acoso, es ahora una obligación para garantizar la seguridad y bienestar de los trabajadores.

Por otro lado existe, también, una dimensión constitucional en toda situación de acoso, por los derechos fundamentales comprometidos (art. 10, 14, 15, 18.1 CE). Tal impacto constitucional se ha puesto de relieve en diversas sentencias dictadas por el TC (sentencias n.º224/1999, ECLI:ES:TC:224:1999; 62/2007, ECLI:ES:TC:20077:62; 160/2007, ECLI:ES:TC:2007:160 o 250/2007, ECLI:ES:TC:2007:250). En base a lo anterior, el propio TC ya se ha pronunciado en torno a la tutela preventiva en casos de riesgo psicosocial, tal y como se recoge en su sentencia n.º 160/2007 de 2 de julio (STC, de 2 de julio de 2007, n.º 160, n.º de recurso 714/2004, ECLI:ES:TC:2007:160), en cuya fundamentación se recoge lo siguiente:

> «Hemos recordado recientemente en nuestra STC 62/2007, de 27 de marzo, que el art. 15 CE ampara de forma autónoma el derecho fundamental a "la integridad física y moral", y que, en relación con tal derecho, este Tribunal ha tenido ocasión de señalar que su ámbito constitucionalmente garantizado protege "la inviolabilidad de la persona, no sólo contra ataques dirigidos a lesionar su cuerpo o espíritu, sino también contra toda clase de intervención en esos bienes que carezca del consentimiento de su titular" (SSTC 120/1990,de 27 de junio, FJ 8, y 119/2001,de 24 de mayo, FJ 5); que estos derechos, destinados a proteger la "incolumidad corporal" (STC 207/1996,de 16 de diciembre, FJ 2), han adquirido también una dimensión positiva en relación con el libre desarrollo de la personalidad, orientada a su plena efectividad, razón por la que se hace imprescindible asegurar su protección no sólo frente a las injerencias ya mencionadas, sino también frente a los riesgos que puedan surgir en una sociedad tecnológicamente avanzada (STC 119/2001,de 24 de mayo, FJ 5); y que además de ello, en efecto, el derecho a que no se dañe o perjudique la salud personal queda también comprendido en el derecho a la integridad personal (STC 35/1996,de 11 de marzo, FJ 3), aunque no todo supuesto de riesgo o daño para la salud implique una vulneración del derecho fundamental, sino tan sólo aquél que genere un peligro

grave y cierto para la misma (SSTC 5/2002,de 14 de enero, FJ 4, y 119/2001,de 24 de mayo, FJ 6).

Esta última concreción de la tutela propia de la integridad personal, en consecuencia, no implica situar en el ámbito del art. 15 CE una suerte de cobertura constitucional frente a cualquier actuación o conducta que en abstracto, apriorística o hipotéticamente pudiera estar contraindicada para la salud, sino que supone únicamente admitir que una determinada acción u omisión podría comportar, en ciertas circunstancias, un riesgo o daño para la salud de la persona trabajadora cuya desatención conllevara la vulneración del derecho fundamental citado. En concreto, como precisó la propia STC 62/2007, de 27 de marzo, tal actuación u omisión podría afectar al ámbito protegido por el art. 15 CE cuando tuviera lugar existiendo un riesgo constatado de producción cierta, o potencial pero justificado *ad casum,* de la causación de un perjuicio para la salud, es decir, cuando se genere un riesgo o peligro grave para ésta.

Precisamente por esa razón añadíamos aún que «para apreciar la vulneración del art. 15 CE en esos casos no será preciso que la lesión de la integridad se haya consumado, lo que convertiría la tutela constitucional en una protección ineficaz ex post, bastando por el contrario que se acredite un riesgo relevante de que la lesión pueda llegar a producirse (en este sentido, SSTC 221/2002, de 25 noviembre, FJ 4, y 220/2005, de 12 de septiembre, FJ 4, entre otras)».

También la sentencia del TC 62/2007 de 27 de marzo (STC, de 27 de marzo de 2007, n.º 162/2007, n.º de recurso 1623/2002, ECLI:ES:TC:2007:162) insiste en la tutela constitucional preventiva, en relación al derecho fundamental a la integridad física y moral de la trabajadora:

«Ello no implica situar en el ámbito del art. 15 CE una suerte de cobertura constitucional frente a cualquier orden de trabajo que en abstracto, apriorística o hipotéticamente pudiera estar contraindicada para la salud, y en concreto para el desarrollo sin trastornos peligrosos de la gestación, pero sí supone admitir que una determinada actuación u omisión de la empleadora en aplicación de su facultades de especificación de la actividad laboral podría comportar, en ciertas circunstancias, un riesgo o daño para la salud cuya desatención conllevara la vulneración del derecho fundamental que aquí se invoca. En particular, desde la perspectiva constitucional que nos compete, tal actuación u omisión podría afectar al ámbito protegido por el art. 15 CE cuando tuviera lugar existiendo un riesgo constatado de producción cierta, o potencial pero justificado *ad casum*, de la causación de un perjuicio para la salud de la trabajadora o del feto, es decir, cuando se generara con la orden de trabajo un riesgo o peligro grave para la salud de aquélla o para el del hijo en gestación. Precisamente por esa razón, para apreciar la vulneración del art. 15 CE en esos casos no será preciso que la lesión de la integridad se haya consumado, lo que convertiría la tutela constitucional en una protección ineficaz ex post, bastando por el contrario que se acredite un riesgo relevante de que la lesión pueda llegar a producirse (en este sentido, STC 221/2002, de 25 noviembre, FJ 4, y 220/2005, de 12 de septiembre, FJ 4, entre otras), factor que, como razonaremos en breve, resulta decisivo en el presente caso. (...)»

Asentado lo anterior, se ha de partir del derecho a la protección eficaz y completa de la salud del trabajador dentro de su lugar de trabajo y, por otro lado, la obligación empresarial de vigilar y prevenir riesgos laborales.

Los riesgos psicosociales y la violencia psicológica en el trabajo derivan de deficiencias estructurales y organizativas asociadas a las disfunciones generadas por los modelos de dirección dominantes en las empresas modernas que, al fin, son verdaderas redes de relaciones interpersonales marcadas por criterios de producción económica y de jerarquía laboral. Este conjunto de variables y factores de índole psicosocial asociados a la actividad profesional pueden provocar serios daños a la salud de los trabajadores/as al poner en peligro su integridad física y psíquica.

Por otro lado, la consideración del riesgo psicosocial está más dirigida al objetivo de alcanzar un bienestar personal y social de los trabajadores/as y una calidad de vida en el empleo que la clásica perspectiva de seguridad y salud en el trabajo de evitar la producción de accidentes y enfermedades profesionales. Esta visión resulta coherente con el concepto amplio de salud acogido por la OMS.

La intervención necesaria para afrontar los riesgos psicosociales con la intención de su disminución ha sufrido un cambio hasta llegar a la conclusión de que es necesaria una actuación integral sobre todos los factores que puedan generar peligro a los trabajadores; el contexto de referencia es la organización empresarial, compuesta de diversos factores, recursos económicos, humanos y técnicos, pero también de relaciones interpersonales.

Por esta razón, para llegar a niveles preventivos óptimos de estos riesgos, no se les puede considerar de forma separada. De hecho, el artículo 15.1.g) de la LPRL, establece que, al planificar la prevención, la empresa deberá buscar «un conjunto coherente que integre en ella la técnica, la organización del trabajo, las condiciones de trabajo, las relaciones sociales y la influencia de los factores ambientales». He aquí donde encaja el protocolo de actuación frente al acoso laboral.

En relación con ello, la Resolución 2339/2001, del Parlamento Europeo, de 20 de septiembre de 2001, sobre el acoso en el lugar del trabajo, destacó la importancia de investigarlo con mayor detalle en relación, no sólo con aspectos de la organización del trabajo, sino también con factores como la edad, el sexo, el sector y la profesión. Asimismo, aconsejó la práctica de políticas de prevención empresariales eficaces, a partir de un sistema de intercambio de experiencias, definiendo procedimientos adecuados para proporcionar una solución a las víctimas de acoso y evitar su repetición recomendando, con esta finalidad, el desarrollo de la información y la formación de los trabajadores en todos los niveles, de los interlocutores sociales y de los médicos especialistas en Medicina del Trabajo. En la misma línea se sitúa el Acuerdo Marco Europeo sobre el acoso y la violencia en el trabajo de 8 de noviembre de 2007.

La inescindible relación entre el acoso laboral como riesgo psicosocial y el derecho a la protección eficaz y completa de la salud de la persona trabajadora (art. 14 LPRL) es a estas alturas incuestionable, el acoso es en esencia un acto pluriofensivo.

Por otro lado, la normativa española sobre prevención de riesgos laborales (LPRL) incluye los riesgos psicosociales, entre los cuales se destacan el acoso laboral en el trabajo y la violencia laboral. El acoso moral y la violencia en el ámbito laboral son problemáticas que afectan la salud y bienestar de los trabajadores, y su consideración dentro del marco normativo es esencial para garantizar un entorno de trabajo seguro y saludable. Sin embargo, aunque la LPRL no establece de forma explícita la regulación de la violencia laboral, la OIT ha hecho hincapié en la importancia de abordar estos riesgos a nivel internacional.

En el contexto de la LPRL, el objetivo primordial es promover la seguridad y salud de los trabajadores mediante la implementación de medidas y la realización de actividades destinadas a prevenir los riesgos derivados del trabajo (art. 2 LPRL). Esta normativa establece claramente las obligaciones de los empresarios en relación con la seguridad laboral, exigiendo que estos planifiquen adecuadamente la acción preventiva. Es fundamental que los empresarios adopten medidas necesarias para eliminar o, al menos, minimizar los efectos del acoso moral en el entorno laboral. En este sentido, el artículo 14 de la LPRL destaca que el empresario tiene la responsabilidad de garantizar la seguridad y salud de sus trabajadores, debiendo implementar todas las medidas que sean necesarias para este fin. Esto incluye la adopción de un sistema de gestión que contemple la planificación de actividades preventivas, así como la utilización de recursos y medios adecuados para abordar los riesgos psicosociales.

El artículo 15 de la LPRL establece que la planificación de la prevención debe ser un proceso coherente que integre diversos elementos, como la técnica, la organización del trabajo, las condiciones laborales y las relaciones sociales. Asimismo, es importante que se considere la influencia de los factores ambientales en el trabajo. Una parte clave de esta planificación implica la adaptación del puesto de trabajo a las características del trabajador. La normativa también hace hincapié en la necesidad de proteger de manera especial a grupos más vulnerables, como menores de edad, trabajadores temporales, inmigrantes, teletrabajadores y mujeres embarazadas. Estos colectivos presentan mayores probabilidades de experimentar situaciones de acoso en su entorno laboral. En este sentido, la jurisprudencia ha exigido que, al realizar la evaluación de riesgos laborales, se tomen en cuenta las particularidades de estos grupos, ya que poseen características que pueden hacerlos más susceptibles a sufrir riesgos psicosociales.

En relación con el acoso laboral, el artículo 25 de la LPRL subraya la importancia de establecer una regulación específica para la protección de los trabajadores que se encuentren en «situaciones transitorias que no respondan a las exigencias psicofísicas de los respectivos puestos de trabajo». Esto implica que el empresario tiene la obligación de identificar y eliminar los riesgos, incluyendo el acoso moral, así como evaluar los riesgos que no se pueden evitar. En función de esta evaluación, se deben aplicar las medidas resultantes mediante una acción planificada que busque la prevención de estos riesgos.

Resulta, finalmente, evidente que el acoso laboral puede prevenirse y que su existencia afecta la dignidad de los trabajadores. De igual modo, no cabe duda de las repercusiones que tiene en la integridad física y mental de la población trabajadora. Por lo tanto, se estima procedente que la LPRL incorpore explícitamente el riesgo psicosocial relacionado con el acoso moral en su artículo 4, apartado 2, como una medida para fortalecer la protección de los trabajadores en este ámbito. El análisis de las obligaciones del empresario en España revela que la jurisprudencia ha comenzado a abordar la inclusión de la responsabilidad de controlar las enfermedades psíquicas en algunas decisiones judiciales, como la sentencia del TSJ de Cantabria[25] (STSJ de Cantabria, de 3 de julio de 2006, Sala de lo Social, n.°. 679/2006, n.° de recurso 1422/2016, ECLI:ES:TSJCANT:2006:679). En este sentido, se ha establecido que el empresario debe «adecuar las condiciones del puesto de trabajo a las condiciones personales y al estado biológico del trabajador» (arts. 15.1.d) y 25 LPRL). Además, es fundamental que se lleven a cabo actividades de prevención con el apoyo de expertos debidamente formados, quienes pueden desempeñar roles como trabajadores designados o integrarse en un servicio de prevención, ya sea propio o ajeno, que colabore con la empresa en la evaluación y diagnóstico de riesgos psicosociales (arts. 30 y 31 LPRL).

Además, la obligación de vigilar la salud de los trabajadores para la detección de enfermedades psíquicas es otro aspecto relevante que se encuentra regulado en el artículo 29 de la LPRL. Esta vigilancia permite a los empresarios identificar posibles problemas de salud mental en sus trabajadores, lo que contribuye a una intervención oportuna y a la implementación de medidas preventivas adecuadas.

Como conclusión, la prevención de lesiones y trastornos psíquicos es parte de las responsabilidades del empresario en virtud de la LPRL. La normativa establece la obligación de prevenir el acoso moral, dado que esta conducta

25. STSJ de Cantabria, (Sala de lo Social, Sección1ª) núm. 679/2006 de 3 julio (rec. núm. 505/2006). A propósito de la inclusión entre las obligaciones empresariales del control de las enfermedades psíquicas. Así, en este sentido «(...) adecuar las condiciones del puesto de trabajo a las condiciones personales y al estado biológico del trabajador [arts. 15.1.d) y 25 LPRL] o llevar a cabo las actividades de prevención valiéndose de expertos con la formación adecuada, y que puedan desempeñar el papel de trabajadores designados por la empresa o integrarse en un servicio de prevención propio a ajeno concertado con la empresa, donde tendrá que haber expertos en la evaluación y diagnóstico de riesgos psicosociales (arts. 30 y 31 LPRL). Asimismo, la obligación de vigilancia de la salud para la detección de enfermedades psíquicas (art. 29 LPRL)».

puede tener un impacto significativo en la salud y bienestar de los trabajadores. Dado que el acoso laboral a menudo surge de deficiencias organizativas en el trabajo, es esencial que se evalúen y corrijan los procedimientos existentes para abordar esta problemática de manera efectiva. Así, se reafirma el papel fundamental del empresario en la creación de un entorno laboral seguro y saludable, donde se prevengan situaciones de acoso moral y se protejan los derechos y la dignidad de todos los trabajadores.

7.1. La obligación de activar los protocolos de actuación frente al acoso en la empresa

Como es de verse, España ha avanzado considerablemente en la prevención del acoso laboral, un problema que se reconoce como un riesgo psicosocial que afecta la dignidad y el bienestar de los trabajadores. En este sentido, este tipo de acoso, que puede tener repercusiones graves tanto en la salud física como psicológica de los trabajadores, requiere que los empresarios tomen medidas efectivas para proteger a su personal. Una de las acciones fundamentales que deben llevar a cabo es el desarrollo e implementación de un protocolo de actuación específico para abordar situaciones de acoso dentro de la empresa. Este protocolo de acoso en el trabajo impuesto como formalismo legal, coadyuva a ser una herramienta esencial para construir un entorno de trabajo donde se respeten los derechos y la dignidad de todas las personas.

Sin embargo, estos protocolos forman parte de las medidas preventivas para evitar que una situación termine en acoso, aunque su simple existencia no implica que el acoso se haya producido. A pesar de ello, su existencia o reconocimiento como tal no ha garantizado la eliminación del acoso en los ámbitos en los que se implementan. En muchos casos, se observan problemas en su aplicación, especialmente cuando los trabajadores desconocen su existencia o cuando no se activan cuando es necesario. En otros casos, la empresa no pone en marcha el protocolo cuando debería, lo cual puede ser evaluado negativamente y llevar a sanciones administrativas[26].

De hecho, cada empresa, ya sea grande o pequeña, e incluso los autónomos con trabajadores a su cargo, están obligados a implementar un mecanismo que prevenga, detecte y gestione situaciones de acoso. Cabe destacar que esta obligación no depende del número de trabajadores ni del tipo de contratos, ya que el deber de proteger abarca a toda la plantilla, incluidos quienes realizan prácticas, voluntariado o están en formación. De igual modo, este marco de protección no se limita al espacio físico y tradicional de la oficina, sino que se extiende a cualquier contexto relacionado con la

26. *Vid.* Protocolo de acoso que aísla a la víctima y protege al acosador e Incumplimiento de protocolo antiacoso en el lugar de trabajo. La empresa revictimiza a la trabajadora al ignorar medidas cautelares: 20.000 € de indemnización

actividad laboral, como viajes de negocios, eventos corporativos o incluso descansos en espacios privados asociados al trabajo. Por último, con el auge del teletrabajo y la digitalización, el ciberacoso también debe considerarse dentro de este protocolo.

A este propósito, el Código de Conducta sobre medidas para combatir el acoso sexual[27] (Unión Europea, 2000) elaborado en cumplimiento de la Resolución del Consejo de Ministros de 20 de mayo de 1990 (90/C167/02), relativa a la protección de la dignidad de la mujer y del hombre en el trabajo, sirvió de base para que muchos convenios colectivos propusieran los protocolos de actuación, a vistas de prevenir el acoso e impulsar los procedimientos de reacción frente al mismo.

La obligatoriedad de este protocolo se virtualiza en el ET y la Ley Orgánica 3/2007 para la igualdad efectiva entre mujeres y hombres (LOI). Ambas normativas reconocen el derecho de los trabajadores a un entorno libre de discriminación y acoso. Como extensión de dicho derecho, refuerzan la responsabilidad de las empresas en prevenir cualquier conducta que ponga en riesgo la integridad física, psicológica o moral de los trabajadores. El ET, en su artículo 4, determina la obligación de garantizar el respeto a la dignidad y la intimidad de los trabajadores, protegiéndolos frente al acoso por razón de sexo, raza, edad, orientación sexual, identidad de género o cualquier otro motivo discriminatorio. Esta responsabilidad no se limita a reaccionar ante una denuncia, sino que también implica anticiparse a las situaciones de riesgo mediante políticas activas de prevención.

Diseñar un protocolo de lucha frente al acoso laboral[28], no es una tarea que pueda delegarse sin más ni limitarse a una plantilla estándar descargada de Internet (Sierra, 2024). Se trata de un proceso que debe adaptarse a la realidad de cada empresa y que comienza con la designación de los responsables de su elaboración y aplicación. En las empresas de más de 50 trabajadores, esta tarea suele recaer en la comisión encargada del Plan de Igualdad, mientras que en las organizaciones más pequeñas puede asignarse a una persona instructora. Esta figura, o grupo de trabajo, deberá desarrollar el protocolo y garantizar su implementación efectiva, supervisar las denuncias recibidas y realizar el seguimiento necesario para evitar que las medidas queden en «papel mojado».

---

27. *Vid.* European Union. (2000). «Code of practice to clamp down on sexual harassment at work». *EUR-Lex*. https://eur-lex.europa.eu/ES/legal-content/summary/code-of-practice-to-clamp-down-on-sexual-harassment-at-work.html#:~:text=A%20ra%C3%ADz%20de%20la%20Resoluci%C3%B3n%20del%20Consejo%20de,trabajadores%20para%20prevenir%20el%20acoso%20sexual%20y%20g

28. *Vid.* Sierra Hernaiz, E. (2024). «Los protocolos por acoso sexual y por razón de sexo como modelo de canal de denuncia en la empresa». *Revista Penal*, (52), 245–259. Recuperado a partir de https://revistapenal.tirant.com/index.php/revista-penal/article/view/85

Así las cosas, las empresas deben establecer protocolos anti-acoso como parte de sus estrategias para prevenir el acoso laboral. Esto implica crear una declaración de principios que prohíba expresamente este tipo de comportamientos, lo que ayuda a fomentar un entorno de trabajo seguro. Además, es fundamental implementar mecanismos que permitan a los trabajadores presentar quejas y sugerencias. Un buzón de quejas visible y accesible, que garantice la confidencialidad, puede ser un recurso efectivo para abordar conflictos en el lugar de trabajo.

El protocolo frente al acoso laboral es un documento que todas las empresas deben implementar para garantizar un entorno de trabajo seguro y respetuoso. Su objetivo principal es prevenir, identificar y erradicar cualquier conducta de acoso dentro del ámbito laboral, ya sea moral, sexual, por razón de sexo, identidad de género o cualquier otra forma de discriminación. Este protocolo establece las medidas preventivas necesarias. Así mismo, ha de ser, en todo caso, un procedimiento claro para gestionar denuncias y resolver situaciones conflictivas, asegurando así la protección de todos los trabajadores.

Esta herramienta tiene una doble finalidad. Por un lado, busca proteger a las personas trabajadoras, velando por su bienestar físico y psicológico. Por otro, beneficia a la propia empresa, ya que el acoso laboral puede derivar en bajas médicas, absentismo, pérdida de productividad, deterioro de la reputación y, en casos extremos, sanciones legales. Además, un entorno laboral libre de acoso promueve relaciones laborales saludables y mejora la cohesión dentro del equipo.

La normativa vigente en España[29] establece que todas las empresas y personas autónomas que cuenten con trabajadores por cuenta ajena están obligadas a implementar este protocolo, independientemente del tamaño de su plantilla. Esto incluye desde grandes corporaciones hasta microempresas e incluso negocios con un solo empleado. La obligatoriedad se aplica incluso a aquellas empresas que no están obligadas a contar con un Plan de Igualdad. Es importante destacar que la falta de un protocolo frente al acoso puede ser considerada una infracción administrativa grave, con multas y sanciones que podrían afectar significativamente a la empresa.

Es frecuente preguntarse si esta obligación aplica en algunas situaciones específicas, tales como cuando toda la plantilla es del mismo sexo. La respuesta es sí. El acoso puede darse tanto entre personas del mismo sexo como de distinto sexo. Además, en un contexto donde la identidad de género

29. Es decir: 1) la Ley Orgánica 3/2007, de 22 de marzo, para la igualdad efectiva de mujeres y hombres; 2) el Convenio 190 de la OIT sobre violencia y acoso; 3) la Ley Orgánica 10/2022, de 6 de septiembre, de garantía integral de la libertad sexual; 4) la Ley 4/2023, de 28 de febrero, para la igualdad real y efectiva de las personas trans y para la garantía de los derechos de las personas LGTBI; 5) También es importante tener en consideración la Ley 2/2023, de 20 de febrero, reguladora de las personas que informen sobre infracciones normativas y de lucha contra la corrupción.

y la orientación sexual son cada vez más diversas, el protocolo debe contemplar todas las posibles formas de acoso, incluyendo aquellas relacionadas con estas variables.

La normativa que sustenta esta obligación tiene su base en la LOI. Posteriormente, el Real Decreto 901/2020 reforzó la necesidad de contar con protocolos claros en las empresas que tengan Plan de Igualdad. Más recientemente, la Ley Orgánica 10/2022, conocida como la Ley de Garantía Integral de la Libertad Sexual, amplió la definición de conductas de acoso, incorporando, entre otras, las realizadas en entornos digitales. Además, en 2023 entró en vigor en España el Convenio 190 de la OIT, que establece un marco internacional para eliminar la violencia y el acoso en el mundo laboral.

Por su parte, el protocolo debe incluir medidas que aborden todas las conductas que atenten contra la dignidad de las personas. Estas pueden ser físicas, como el contacto no deseado; psicológicas, como la intimidación o manipulación; verbales, como insinuaciones o comentarios ofensivos; no verbales, como gestos inapropiados; o incluso digitales, mediante el uso de tecnologías para acosar o intimidar. Además, es capital que las empresas garanticen la imparcialidad y confidencialidad en el manejo de denuncias. En el caso de microempresas, donde estas condiciones pueden ser más difíciles de asegurar, se recomienda recurrir a recursos externos, como servicios de prevención ajenos o profesionales especializados en derecho laboral. Esto mejora la eficacia del protocolo y refuerza la confianza de los trabajadores en los procedimientos establecidos.

Con respecto a la protección del personal, cabe decir que éste, queda protegido en su totalidad frente al acoso laboral, sin importar su tipo de contrato, la naturaleza de su empleo, la categoría laboral, el centro de trabajo o el lugar donde preste sus servicios. De igual modo, esta protección se extiende a los trabajadores por cuenta ajena, con inclusión de personas en periodo de formación o prácticas, voluntarios y quienes se encuentren en situaciones equiparables. Como medida de refuerzo, la Inspección de Trabajo y de la Seguridad Social (ITSS) tiene la facultad de requerir documentación adicional relativa al protocolo de acoso, como la formación específica de las personas encargadas de gestionar las denuncias e iniciar los trámites necesarios.

En cuanto al proceso de elaboración e implantación del protocolo contra el acoso, ha de saberse que varía según el tipo de empresa. En aquellas con un Plan de Igualdad, ya sea obligatorio o voluntario, la negociación se realiza mediante una Comisión Negociadora. Por el contrario, en empresas sin este plan, el protocolo debe ser negociado con la representación legal de los trabajadores o con la representación sindical correspondiente. Además, el protocolo debe ajustarse a las pautas del convenio colectivo aplicable en la materia.

La redacción del protocolo se llevará a cabo por unos responsables, que serán designados del siguiente modo: las empresas con 50 o más empleados deben nombrar una comisión instructora compuesta por tres personas titulares y una suplente, designadas durante la negociación del Plan de Igualdad. Por su parte, en empresas con menos de 50 empleados, se designará a una persona instructora y su suplente durante el proceso de negociación del protocolo contra el acoso. En ambos casos, quienes integren estas instancias deben cumplir requisitos como imparcialidad y abstenerse de participar si tienen relaciones de consanguinidad, amistad íntima o enemistad manifiesta con las partes involucradas.

Además, el ámbito de aplicación del protocolo no se limita al centro de trabajo. También incluye situaciones ocurridas en espacios y momentos relacionados con la actividad laboral, como eventos corporativos, viajes de trabajo, transporte, vestuarios, comedores y descansos. Asimismo, se considera el ciberacoso como una forma de acoso laboral.

Finalmente, es esencial habilitar un canal de denuncias interno, como un buzón o una dirección de correo electrónico, que sea confidencial, rápido y accesible para las víctimas y las personas que tengan conocimiento de hechos de acoso. Este canal debe permitir la activación del protocolo de forma garantista, protegiendo la identidad de los denunciantes y previniendo represalias.

En este marco, la entrada en vigor de la Ley 2/2023, de 20 de febrero, reguladora de la protección de las personas que informen sobre infracciones normativas y de lucha contra la corrupción, ha supuesto un cambio significativo en el funcionamiento de los canales de denuncias previstos en los protocolos de acoso laboral. Esta normativa extiende su aplicación a acciones u omisiones que puedan constituir infracciones administrativas graves o muy graves, incluyendo aquellas relacionadas con el ámbito laboral, lo que obliga a revisar y adaptar estos sistemas internos de información.

Entre las principales novedades, la Ley establece la obligatoriedad de implementar un canal de denuncias interno en empresas del sector privado con cincuenta o más trabajadores, así como en organizaciones empresariales y fundaciones que reciban o gestionen fondos públicos. También alcanza a entidades sujetas a regulaciones específicas de la Unión Europea, como las relacionadas con servicios financieros, prevención del blanqueo de capitales, seguridad del transporte o protección del medio ambiente, independientemente del tamaño de su plantilla.

Antes de su implementación, la normativa exige cumplir con ciertos requisitos laborales. A saber: necesidad de realizar una consulta previa a la representación legal de los trabajadores, asegurando que el canal sea accesible para toda la plantilla y proporcionando información clara sobre su uso y garantía de indemnidad para los trabajadores que denuncien, protegiendo su posición profesional frente a cualquier tipo de trato desfavorable o desventaja derivada de su condición de informantes.

Un aspecto relevante de la Ley 2/2023 es la posibilidad de formular denuncias de manera anónima. Aunque garantizar el anonimato en situaciones de acoso laboral puede resultar complejo, se contemplan soluciones tecnológicas, como software específico que permita realizar denuncias sin revelar la identidad del denunciante. Sin embargo, es necesario hacer énfasis en la necesidad de que estas herramientas garanticen la protección de la información recibida y la restricción de acceso únicamente a las personas encargadas de la investigación.

Además, la Ley también permite la comunicación verbal de irregularidades. Para estos casos, es imprescindible que las empresas dispongan de protocolos adecuados que incluyan la grabación o transcripción completa de las declaraciones, previa autorización del informante, tal como dispone el artículo 7.2. No obstante, la protección frente a represalias queda reservada a aquellos denunciantes que se identifiquen en algún momento del proceso.

En conclusión, la Ley 2/2023 refuerza las garantías para los trabajadores en el ámbito de las denuncias de acoso, destacando la importancia de proteger el anonimato como medida clave para fomentar la comunicación de conductas indebidas. La adaptación de los sistemas internos a estas nuevas exigencias normativas implica el cumplimiento de obligaciones legales y constituye una herramienta fundamental para promover entornos laborales seguros y libres de hostigamiento.

En consonancia con estas obligaciones, la empresa tiene la obligación de divulgar el Protocolo frente al acoso laboral y asegurar que todo su personal esté informado sobre su contenido. Resulta evidente que es inútil contar con un protocolo si no se comunica adecuadamente a las personas que forman parte del ámbito de su aplicación. Por tanto, se debe garantizar que todas las medidas, canales y procedimientos para prevenir y gestionar el acoso sean conocidos por todo el personal, independientemente de su departamento o puesto de trabajo. Para ello, se pueden emplear diversos métodos, como la publicación en la página web de la empresa, en su intranet, en tablones de anuncios, a través de correos electrónicos o entregando copias físicas del protocolo, que deben ser firmadas por los trabajadores una vez leídas. Además, es recomendable que el contenido del protocolo también sea comunicado a las empresas proveedoras o colaboradoras que mantengan relación con la organización.

Por otra parte, la LOI establece que las empresas deben promover un entorno laboral que evite la comisión de delitos o conductas que atenten contra la libertad sexual y la integridad moral en el trabajo, especialmente el acoso sexual y por razón de sexo, incluyendo los acosos en el ámbito digital. En este sentido, para cumplir con esta obligación, las empresas pueden implementar medidas como la creación de códigos de buenas prácticas, campañas informativas y acciones de formación, que deben ser negociadas con los representantes de los trabajadores.

En cuanto a la formación en la prevención de violencia y acoso laboral, la LOI, inicialmente, no obligaba a las empresas a impartir formación a sus trabajadores, pero sí a informarles sobre cómo actuar en caso de sufrir acoso y proporcionar las herramientas necesarias para prevenirlo. No obstante, si la empresa dispone de un Plan de Igualdad, la formación en materia de igualdad y prevención de acoso se considera una medida incluida en dicho plan, y el Real Decreto 901/2020 establece la obligación de realizar acciones formativas en igualdad de género. Además, la Ley Orgánica 10/2022, de garantía integral de la libertad sexual, introdujo la obligación de ofrecer formación contra la violencia sexual a toda la plantilla, independientemente de su tipo de contrato.

Así las cosas, la empresa deberá sensibilizar y formar a todo su personal para protegerlo contra las violencias sexuales y debe incluir esta formación en su valoración de riesgos laborales. A pesar de que las empresas con un número reducido de trabajadores no están obligadas a contar con un Plan de Igualdad, deben cumplir con la obligación de sensibilizar e informar sobre la igualdad y la prevención del acoso. Por tanto, en la práctica, es recomendable que las empresas realicen y documenten formación en estas materias para evitar posibles sanciones o requerimientos en el futuro.

Además, la ITSS mantiene una campaña activa en la que solicita a las empresas que presenten su Protocolo de prevención del acoso laboral. En este marco, la ITSS cuenta con una Guía específica y un Protocolo de actuación para abordar factores psicosociales en el entorno laboral. Dicha guía establece pautas y criterios para la actuación de la Inspección desde la perspectiva de la salud laboral y la prevención de riesgos. Entre otros aspectos, en el Protocolo, se incluyen preguntas clave que buscan determinar si la empresa ha realizado una evaluación adecuada de los riesgos psicosociales, tales como: 1) ¿La empresa ha implementado procedimientos para identificar situaciones de acoso moral o psicológico y otras formas de violencia laboral?; 2) ¿Se facilita a los trabajadores la comunicación confidencial sobre situaciones de violencia en el trabajo?; 3) ¿La empresa cuenta con medidas organizativas para responder a estas situaciones?

Sin embargo, tener el documento no es suficiente para cumplir con la normativa. Es necesario que la empresa realice una labor informativa para difundir el protocolo entre el personal, garantice su implementación efectiva y realice un seguimiento de las actuaciones para activar el protocolo cuando sea necesario. Además, la Inspección puede exigir que las personas encargadas de gestionar el canal de denuncias reciban formación en materia de acoso y que se inicien los trámites según lo establecido en el protocolo.

En caso de que la empresa no disponga de un protocolo o este no se implemente correctamente, la ITSS puede imponer sanciones. De esta forma, se sancionará tanto la ausencia del protocolo, como si se trata de un simple modelo estándar sin adaptarlo a la realidad de la empresa, si no se difunde adecuadamente, o si no se cumple con las medidas establecidas. El protocolo debe ser considerado una herramienta para prevenir el acoso, y, en caso de que la prevención falle, debe existir un mecanismo interno para denunciar, tramitar y erradicar este tipo de situaciones.

Cuando estas situaciones de acoso son investigadas y se determina que son ciertas, la Comisión o la persona encargada de la instrucción deberá instar a la dirección de la empresa a adoptar las medidas sancionadoras correspondientes. En cuanto a la sanción, esta dependerá de la gravedad de la conducta, que puede clasificarse en faltas leves, graves o muy graves, calificación de la cual se derivarán las debidas responsabilidades.

Sin embargo, que se haya demostrado la existencia de acoso no implica, en todos los casos, el despido del agresor. La decisión sobre el despido, por tanto, dependerá de las circunstancias específicas de cada caso, así como de la gravedad de los hechos. En aquellos casos en los que el despido no sea la medida adoptada, la empresa deberá implementar otras acciones preventivas y correctivas, tales como la vigilancia para evitar la repetición de la situación, el refuerzo de las acciones de sensibilización y la protección de la salud de la víctima. Entre las medidas a adoptar se incluyen, por ejemplo, el apoyo psicológico, la modificación de las condiciones de trabajo o la realización de nuevas acciones formativas y de concienciación dirigidas al personal.

En cuanto a las consecuencias para las empresas que no cumplan con la obligación de implantar un protocolo contra el acoso, la ley establece sanciones administrativas que varían en función de la gravedad de la infracción. Estas pueden ir desde multas de 7.501 a 30.000 euros para infracciones leves, hasta multas de 120.006 a 225.018 euros en los casos de infracciones muy graves. Además, si la empresa no cumple con la normativa, puede ser denunciada ante los tribunales, lo que podría conllevar indemnizaciones por daños a la víctima. Asimismo, la empresa podría perder ayudas o bonificaciones de programas de empleo, con la posibilidad de no poder acceder nuevamente a estos beneficios hasta transcurrido un determinado periodo.

Por otro lado, la Ley 4/2023, de 28 de febrero, para la igualdad real y efectiva de las personas trans y la garantía de los derechos de las personas LGTBI, establece en su artículo 15 la obligación para las empresas con más de 50 trabajadores de adoptar medidas específicas para promover la igualdad real y efectiva de las personas LGTBI en el ámbito laboral. Aunque el desarrollo reglamentario de esta norma aún no estaba disponible al momento de su entrada en vigor, los agentes sociales acordaron que las empresas deberán modificar sus protocolos existentes para incluir medidas que protejan de manera expresa a este colectivo.

Entre las medidas que deberán adoptarse figuran la formación y sensibilización, la eliminación de sesgos en los procesos de selección y promoción, y la creación de un régimen sancionador específico para los casos de discriminación, todo ello con el objetivo de lograr un entorno laboral más igualitario para las personas trans y el colectivo LGTBI.

Después de todo, el protocolo frente al acoso es más que una obligación legal. Es una herramienta esencial para construir un ambiente de trabajo respetuoso, seguro y comprometido con los derechos de las personas. Su implementación previene conflictos laborales y fortalece la cultura organizativa y promueve un entorno donde todos puedan desarrollar su labor en condiciones óptimas. Estos protocolos de acoso se alzan como una herramienta imperativa en las empresas para la prevención y actuación frente a situaciones de acoso y pretende la protección eficaz de las personas trabajadoras frente a riesgos psicosociales en los centros de trabajo. Da cumplimiento a los artículos 46.2 y 48 de la LOI, el Real Decreto 901/2020 de 13 de octubre, por el que se regulan los planes de igualdad y su registro que modifica el Real Decreto 713/2010, de 28 de mayo, sobre registro y depósito de convenios y acuerdos colectivos de trabajo y el artículo 14 de la Ley 31/1995, de 8 de noviembre, de prevención de riesgos laborales.

Por tanto, integrar el protocolo de acoso en la prevención de riesgos laborales no es una opción sino una obligación legal para todas las empresas, con independencia de su dimensión y, de igual modo es una obligación activarlo cuando se presentan denuncias. Además, abarca la implantación de un instrumento formal, el cual, debe acompañarse de un procedimiento sencillo, rápido, accesible y confidencial que permita a las víctimas presentar sus quejas.

Con respecto al contenido del protocolo de *mobbing*, cabe señalar que debe ser integral y abordar tres aspectos fundamentales. En primer lugar, las medidas preventivas, que incluyen la declaración de principios, la identificación de conductas constitutivas de acoso y la definición de pautas claras para evitar su aparición. En segundo lugar, las medidas proactivas, que establecen los procedimientos para tramitar denuncias, implementar acciones cautelares y garantizar una respuesta adecuada y efectiva. Por último, las medidas reactivas, que contemplan el régimen disciplinario aplicable en caso de que se confirmen situaciones de acoso. Todo ello debe estar respaldado por un canal de comunicación interno que permita a los trabajadores reportar cualquier incidente de manera confidencial y segura.

Más allá de contar con el protocolo, es imprescindible divulgarlo entre la plantilla y formar a los trabajadores en su contenido y utilidad. Las empresas deben adoptar un enfoque proactivo, asegurándose de que todos los trabajadores conocen sus derechos y los pasos a seguir si son víctimas o testigos de una conducta inapropiada. Esto puede lograrse a través de sesiones informativas, talleres o incluso materiales digitales que expliquen de forma clara y accesible cómo funciona el protocolo. Cuanto mayor sea el compromiso de la organización con la formación y la sensibilización, más efectivos serán estos mecanismos para prevenir y gestionar el acoso.

No implementar un protocolo de acoso laboral expone a las empresas a sanciones pecuniarias según la LISOS. Así mismo, dicho incumplimiento las hace responsables de los daños que puedan sufrir sus trabajadores. Las situaciones de acoso son consideradas riesgos laborales y, como tal, la empresa tiene la obligación de actuar tanto en prevención como en corrección. Esta responsabilidad es amplia al incubar todo lo que sucede en el ámbito laboral, es decir, lo que ocurre dentro del horario laboral o en el centro de trabajo, como también cualquier conducta que, aunque ocurra fuera de estos límites, esté relacionada con el contexto laboral. Las cenas de empresa, las reuniones fuera del trabajo e incluso los mensajes enviados a través de plataformas digitales deben estar contemplados dentro del protocolo.

En relación al protocolo de acoso, aunque en referencia al protocolo frente al acoso sexual y al acoso por razón de sexo, se abunda en relación al procedimiento a seguir en el RD 901/2020 de 13 de octubre por el que se regulan los planes de Igualdad, y específicamente en el ANEXO de la norma («Disposiciones aplicables para la elaboración de la norma»), en su apartado 7 (Prevención del acoso sexual y por razón de sexo), se refiere explícitamente a la necesidad de incluir en los procedimientos de actuación frente al acoso que deben responder a los siguientes principios:

a) «Prevención y sensibilización del acoso sexual y por razón de sexo. Información y accesibilidad de los procedimientos y medidas.

b) Confidencialidad y respeto a la intimidad y dignidad de las personas afectadas.

c) Respeto al principio de presunción de inocencia de la supuesta persona acosadora.

d) Prohibición de represalias de la supuesta víctima o personas que apoyen la denuncia o denuncien supuestos de acoso sexual y por razón de sexo.

e) Diligencia y celeridad del procedimiento.

f) Garantía de los derechos laborales y de protección social de las víctimas».

En esta misma línea, el Protocolo de actuación frente al acoso laboral de la Administración General del Estado, aprobado en 2011, establece un procedimiento ante situaciones de acoso laboral. Define el acoso laboral como una violencia psicológica intensa, dirigida de forma reiterada y prolongada por una o más personas desde una posición de poder. Esta violencia crea un entorno hostil o humillante, afectando la vida laboral de la víctima y atentando contra su dignidad y salud.

Por otro lado, INSST también define el acoso psicológico como violencia psicológica prolongada en el tiempo, que constituye un riesgo importante para la salud. La Dirección General de la Inspección de Trabajo y Seguridad Social identifica varias modalidades de acoso, como el abuso del poder de los mandos, el maltrato entre trabajadores sin jerarquía y el acoso discriminatorio.

Además, como es sabido, la LPRL establece que los trabajadores tienen derecho a una protección eficaz en materia de seguridad y salud en el trabajo. Esto incluye la prevención de riesgos derivados de la organización del trabajo y la protección de los trabajadores más sensibles debido a sus características personales, discapacidad o estado biológico.

De igual modo, la LISOS, aunque no menciona directamente el acoso laboral, establece sanciones por actos del empresario que contravengan el respeto a la intimidad y dignidad de los trabajadores, lo que incluye el acoso laboral como una infracción grave o muy grave en el ámbito de la prevención de riesgos laborales.

Este conjunto normativo pone de manifiesto la gravedad del acoso laboral y la necesidad de una actuación legal y preventiva para garantizar el respeto a la dignidad y salud de los trabajadores en su entorno laboral.

También es importante mencionar la Ley Orgánica para la Igualdad Efectiva de Mujeres y Hombres (LOI). Esta Ley incluye un artículo 62 que establece un protocolo de actuación contra el acoso sexual y por razón de sexo para los trabajadores de las Administraciones Públicas. Además, la Disposición Final Sexta requiere que se implementen medidas preventivas específicas para los trabajadores de la Administración General del Estado en relación con el acoso sexual y por razón de sexo, fortaleciendo así un marco legal que promueva un ambiente laboral respetuoso y seguro.

En resumidas cuentas, aunque no existe una norma que ofrezca protección individual específica contra el acoso moral, los trabajadores en España tienen derecho a un ambiente laboral libre de acoso y, en casos extremos, de violencia física. La Ley 31/1995, de 8 de noviembre, de Prevención de Riesgos Laborales (LPRL), establece la obligación de las empresas de prevenir cualquier forma de acoso, en cumplimiento de su responsabilidad general según el artículo 14.

Como se refleja en esta obra, ha habido un cambio positivo en la creación de protocolos para abordar este tipo de acoso. Estos protocolos suelen estar incluidos en los convenios colectivos o relacionados con ellos, pero también pueden ser elaborados de manera unilateral por la empresa. Sirven como una herramienta interna para tratar situaciones que puedan surgir dentro de la organización, siempre respetando la confidencialidad y la dignidad de las personas involucradas. Es por esto por lo que los tribunales les otorgan gran relevancia al analizar las circunstancias de cada caso.

La activación de un protocolo de acoso laboral, que podría incluir el acoso sexual, resulta esencial para prevenir posibles incumplimientos en la normativa de prevención de riesgos psicosociales. Sin embargo, contar solo con estos protocolos no siempre es suficiente para evitar problemas graves.

Recientemente, se aceptó una demanda de indemnización presentada por una trabajadora que sufrió acoso laboral. En este caso, la situación se originó por una ruptura sentimental entre la trabajadora y su superior, lo que provocó un nivel significativo de estrés en su entorno laboral. A pesar de que la trabajadora reportó su malestar en varias ocasiones, la empresa no tomó medidas. Esta falta de atención fue evidente incluso cuando la trabajadora comenzó a sufrir múltiples bajas por incapacidad temporal debido a su ansiedad. La situación cambió cuando la trabajadora, a través de su abogada, notificó a la empresa sobre el acoso. Fue en ese momento cuando la empresa decidió activar su protocolo de acoso, aunque este no logró confirmar la existencia de conductas de hostigamiento. Ante esta circunstancia, la trabajadora solicitó la extinción de su contrato de trabajo por incumplimiento de la empresa en proteger su integridad física y mental, invocando el artículo 50 del ET[30].

Como ya se ha mencionado a lo largo de esta obra, demostrar la existencia de acoso en el contexto de riesgos psicosociales puede ser complicado. En este caso, el tribunal determinó que no había pruebas suficientes para respaldar las alegaciones de acoso laboral o sexual, ya que no se presentaron los elementos necesarios.

Sin embargo, es importante considerar que si un trabajador se siente acosado, esto puede indicar que la empresa no ha cumplido con su deber de prevenir riesgos psicosociales. La decisión del tribunal subraya que, aunque no se hayan realizado actos de acoso, la empresa no reaccionó adecuadamente ante los primeros síntomas de ansiedad de la trabajadora. Esto significa que no se le proporcionó la protección necesaria para garantizar su seguridad y salud en el trabajo. Así, el tribunal concluyó que simplemente tener un protocolo de acoso no es suficiente si no se complementa con medidas preventivas efectivas, como evaluaciones médicas que incluyan la atención a la salud mental.

A grandes rasgos, esta sentencia es relevante y puede influir en futuras decisiones judiciales sobre el tema. Aunque se recomienda que las empresas implementen protocolos para prevenir el acoso laboral y sexual, es esencial que estos protocolos funcionen de manera efectiva para cumplir con su propósito.

La extinción del contrato de trabajo por razones relacionadas con la prevención de riesgos laborales puede clasificarse en varias formas. Estas incluyen el despido por causa objetiva, que puede incluir la ineptitud sobrevenida, lo que conlleva una indemnización de 20 días por año trabajado, con un límite de 12 mensualidades. También está el despido disciplinario, que se basa en incumplimientos graves y reiterados del trabajador, sin derecho a indemnización. Además, puede darse la extinción del contrato a instancias del trabajador, en casos de incumplimiento grave por parte del empresario, donde el trabajador tiene derecho a las indemnizaciones por despido improcedente.

En muchos casos, los trabajadores fundamentan su decisión de abandonar la empresa en situaciones que consideran acoso laboral. Estas circunstancias suelen estar vinculadas a un incumplimiento en la prevención de riesgos laborales, particularmente en relación con los riesgos psicosociales.

30. *Vid.* ⚠ 🗎 💰 Acoso laboral y extinción voluntaria indemnizada (Parte I) y 🎯 ‼ Extinción de contrato e indemnización por sobrecarga laboral (Parte II)

Sin embargo, la tendencia de la jurisprudencia ha sido desestimar las reclamaciones de los trabajadores. Esto se debe, por un lado, a la falta de pruebas que demuestren que las dolencias, generalmente bajas por ansiedad o depresión, tienen un origen laboral. Por otro lado, a menudo no se puede comprobar la existencia de acoso laboral o *mobbing*, ya que estos casos suelen confundirse con problemas personales, malas relaciones con compañeros o superiores, o tensiones derivadas de la presión laboral.

Por tanto, implementar estos protocolos se torna fundamental para que las empresas respondan de manera efectiva a conductas que puedan constituir acoso moral. Al desarrollar y poner en práctica estas medidas, las empresas identifican y visibilizan los comportamientos dañinos y establecen un enfoque preventivo. Los protocolos definen claramente el procedimiento que deben seguir las víctimas para presentar sus denuncias. Esto permite a la empresa actuar rápidamente y evitar que el acoso se extienda, lo que podría resultar en un daño aún mayor para la salud de la víctima.

Reforzando lo señalado en líneas precedentes, es fundamental a nivel normativo, el artículo 15.1 de la LPRL al establecer principios fundamentales para la implementación de las medidas que corresponden al deber empresarial de prevención. Estos principios incluyen la eliminación de riesgos desde su origen, la adaptación del trabajo a las capacidades de las personas y la adecuación de los métodos y puestos de trabajo para reducir su impacto en la salud. Además, como se ha afirmado, el artículo 14.2 de la LPRL pone el acento en la responsabilidad de adoptar todas las medidas necesarias para garantizar la salud de los trabajadores en todos los aspectos relacionados con su actividad laboral. Esto implica una obligación de acción constante que incluye evaluaciones de riesgo, información adecuada y el cumplimiento de otras obligaciones que se detallan en los artículos siguientes.

Con este marco normativo y los protocolos establecidos, se busca abordar el acoso en la génesis del conflicto. Un protocolo eficaz y efectivo coadyuvará a que exista a nivel empresarial un entorno laboral más seguro y respetuoso, donde los derechos y la dignidad de cada trabajador sean protegidos.

En suma, las empresas deben establecer protocolos de actuación contra el acoso laboral y garantizar que se implementen de manera efectiva. La falta de respuesta adecuada ante señales de problemas psicosociales afecta la salud de los trabajadores. De igual modo, puede provocar consecuencias financieras significativas para la empresa, con alta rotación de trabajadores.

7.2. Responsabilidades por falta de medidas preventivas frente al acoso

Las obligaciones preventivas de los empresarios son esenciales para proteger y evaluar adecuadamente los puestos de trabajo, con el objetivo de evitar que los trabajadores enfrenten situaciones de acoso moral o violencia física. No obstante, resulta capital reconocer las responsabilidades que surgen cuando hay incumplimientos o falta de implementación de las medidas preventivas necesarias.

En el contexto del acoso moral, cuando se produce una ruptura entre el empresario y el agresor, se plantea la necesidad de revisar las responsabilidades que pueden exigirse y las acciones legales que se pueden emprender en defensa del trabajador agredido. La responsabilidad del empresario puede derivarse de su papel tanto como autor de actos de acoso, como también de su condición de empresario. En este sentido, si un trabajador sufre acoso por parte de otro sujeto dentro de la empresa y el empresario no actúa frente a esta conducta, se configura una responsabilidad. La doctrina judicial establece que esta responsabilidad puede alcanzar al empresario ya sea por participar activamente en los actos de acoso o porque, al conocer la situación, no ha tomado las medidas necesarias para impedirla o mitigar sus efectos. Este principio se encuentra sustentado en el apartado 13 bis del artículo 8 de la Ley de Infracciones y Sanciones del Orden Social (LISOS).

La LPRL, específicamente en su artículo 14, establece el derecho de los trabajadores a recibir una protección efectiva en materia de seguridad y salud laboral. Este derecho implica que el empresario tiene la obligación correlativa de garantizar la protección de sus trabajadores frente a los riesgos laborales. De hecho, las normativas legales, reglamentarias y las cláusulas normativas de los convenios colectivos en materia de seguridad y salud en el trabajo asignan al empresario la responsabilidad de cumplir con estas disposiciones, actuando como garante de la seguridad de sus trabajadores. De este modo, la seguridad de los trabajadores se convierte en parte integral del deber de protección que el empresario tiene hacia ellos.

Por otro lado, el Derecho del Trabajo otorga al empresario un poder de dirección, que le permite organizar el trabajo según lo considere apropiado, así como dar órdenes e instrucciones sobre cómo, cuándo y dónde debe realizarse el trabajo. Además, el empresario cuenta con el poder disciplinario, que le faculta para imponer sanciones a los trabajadores que no acaten sus órdenes. No obstante, esto implica que el empresario debe poner en marcha todos los recursos y medidas necesarias para asegurar que los trabajadores, al seguir sus instrucciones, no sufran daños a su salud o seguridad. En caso de incumplimiento, se estará violando las normativas establecidas y, en consecuencia, asumirá las responsabilidades legales que correspondan.

Es igualmente importante destacar la ampliación de responsabilidades a otros actores, como las empresas de trabajo temporal (ETT) y las empresas usuarias. Ambas pueden incurrir en responsabilidades civiles, penales, administrativas y en materia de Seguridad Social, dependiendo de las obligaciones que les correspondan.

En este marco, la responsabilidad que tienen la empresa usuaria y la ETT respecto a los trabajadores cedidos es de suma importancia. Para garantizar que los trabajadores cedidos estén protegidos en términos de seguridad y salud, al mismo nivel que los trabajadores contratados directamente, la empresa usuaria debe informar a la ETT sobre las características del puesto de trabajo, las tareas a desempeñar y los riesgos asociados, así como las aptitudes y calificaciones profesionales necesarias. Además, la empresa usuaria tiene la obligación de informar al trabajador sobre los riesgos específicos de su puesto y las medidas de prevención correspondientes.

Por su parte, la ETT tiene la responsabilidad de asegurarse de que el trabajador cuente con la formación teórica y práctica en materia de prevención de riesgos laborales antes de ser asignado a la empresa usuaria. En caso contrario, si el trabajador no dispone de esta formación, la ETT está obligada a proporcionársela antes de que comience a prestar servicios en la empresa usuaria. En caso de que la ETT no brinde la formación necesaria y el trabajador sufra un accidente o enfermedad como resultado de esta omisión, será responsable de la indemnización correspondiente, incluso si esto ocurre debido a que la empresa usuaria no proporcionó la información adecuada que permitiera a la ETT cumplir con sus obligaciones.

Durante la prestación de servicios, la empresa usuaria también tiene la responsabilidad de garantizar la prevención de riesgos laborales para los trabajadores cedidos. Además, es responsable del recargo de prestaciones de Seguridad Social en caso de que ocurra un accidente laboral o una enfermedad profesional en su centro de trabajo durante la vigencia del contrato de puesta a disposición, especialmente si estos incidentes son consecuencia de la falta de medidas preventivas. De este modo, la interrelación de responsabilidades entre empresarios, ETT y empresas usuarias resalta la importancia de un enfoque integral en la gestión de la seguridad y la salud laboral, donde todos los actores deben cumplir con sus deberes para proteger adecuadamente a los trabajadores.

En cuanto a las empresas que actúan como contratistas o subcontratistas en relación con obras o servicios de la empresa principal, estas pueden asumir responsabilidades significativas. En términos generales, el incumplimiento de estas empresas respecto a sus obligaciones en materia de prevención de riesgos laborales puede acarrearles responsabilidades administrativas. Asimismo, también podrían hacer frente a consecuencias penales y civiles derivadas de los daños y perjuicios que resulten de tales incumplimientos, según lo establecido en el artículo 42.1 de la LPRL.

Además, cuando la empresa principal celebra un contrato de prestación de servicios con una contratista o subcontratista, tiene la obligación de informar a los representantes legales de sus trabajadores sobre las medidas adoptadas para coordinar actividades en relación con la prevención de riesgos laborales, conforme al artículo 42.4 e) del ET. Esto asegura que todas las partes involucradas tengan conocimiento sobre las estrategias de prevención y seguridad en el lugar de trabajo.

Por otra parte, tanto la empresa principal como las empresas contratistas y subcontratistas están sujetas a obligaciones de coordinación de actividades empresariales. Esta responsabilidad está respaldada por el artículo 24 del ET y se desarrolla más detalladamente en el Real Decreto 171/2004, de 30 de enero, por el que se desarrolla el artículo 24 de la Ley 31/1995, de 8 de noviembre, de Prevención de Riesgos Laborales, en materia de coordinación de actividades empresariales, que establece normas para garantizar que las actividades de prevención se lleven a cabo de manera efectiva entre las diferentes empresas involucradas en un mismo proyecto.

Además, en el contexto de la responsabilidad administrativa, también pueden ser considerados responsables aquellos que operan como servicios de prevención ajenos o externos, así como entidades auditoras y formativas, promotores y propietarios de obras, y trabajadores autónomos. Estos actores son responsables si no cumplen con las obligaciones que les impone la LPRL o sus normas reglamentarias correspondientes.

Por su parte, el artículo 42.1 de la LPRL detalla que el incumplimiento de las obligaciones en materia de prevención de riesgos laborales puede resultar en diversas responsabilidades. Estas incluyen responsabilidades administrativas, penales y civiles por los daños que puedan surgir. La regulación de estas responsabilidades se encuentra en la LISOS, específicamente en su Capítulo II (Sección 2.ª), así como en el Código Penal y el Código Civil.

Desde el punto de vista de las consecuencias, el marco general de responsabilidades se divide en dos categorías principales. Por un lado, están aquellas que tienen un carácter punitivo, que incluyen las sanciones administrativas (regidas por la LISOS) y las consecuencias penales (regidas por el Código Penal). Por otro lado, existen las responsabilidades que buscan reparar los daños causados, que se contemplan en el ámbito del derecho civil (tanto contractual como extracontractual), en el derecho laboral (extinción de la relación laboral e indemnización), en el derecho administrativo (ejecución y/o indemnización) y en el ámbito de la Seguridad Social (accidentes de trabajo o enfermedades profesionales y recargos de prestaciones).

En el contexto español, es importante destacar el papel de la Inspección de Trabajo y de la Seguridad Social (ITSS) en lo que respecta a la responsabilidad administrativa. Esta entidad tiene la facultad de actuar en casos de hostigamiento psicológico que puedan surgir en el entorno laboral, ya sea proveniente de la dirección de la empresa o de sus representantes. En tales situaciones, los inspectores de trabajo pueden optar por realizar un requerimiento a la empresa para corregir la situación o, en casos más graves, iniciar un procedimiento sancionador. Por ejemplo, si se determina que el empresario ha fomentado o tolerado el acoso hacia un trabajador, esto podría dar lugar a sanciones.

Respecto a la ITSS, ésta cuenta con dos criterios técnicos para ayudar a detectar el acoso y actuar frente a él, en aras de minimizarlo. Estos son: el criterio técnico 34/2003 sobre las actuaciones de la ITSS ante las conductas de acoso moral en el trabajo y el criterio técnico 69/2009 de 19 de febrero de 2009, sobre las actuaciones de la Inspección de Trabajo y Seguridad Social en materia de acoso y violencia en el trabajo.

La señalada Guía de la Inspección subraya que, aunque el citado criterio técnico 34/2003 establece que los casos de acoso moral se considerarán infracciones en el ámbito de las relaciones laborales, también se aclara que, en situaciones excepcionales donde la salud del trabajador se vea comprometida, tales conductas pueden ser clasificadas como infracciones en materia de prevención de riesgos laborales. Esto refleja un enfoque más amplio y serio respecto a la protección de los trabajadores en situaciones de riesgo, priorizando su bienestar y la integridad del entorno laboral.

Cuando la dirección no actúa o toma una postura pasiva ante el acoso por parte de compañeros de trabajo, se generan dos infracciones en el ámbito de la prevención de riesgos laborales. En primer lugar, si se ha detectado el riesgo y la situación de acoso sin realizar una evaluación, esto se considera una falta grave según el artículo 12.1 b) de la LISOS, que establece que es una infracción grave «no llevar a cabo las evaluaciones de riesgos y, en su caso, sus actualizaciones y revisiones». En segundo lugar, si no se adoptan medidas preventivas para controlar este riesgo, también se incurre en infracción grave conforme al artículo 12.6 de la misma ley, que establece como infracción grave «incumplir la obligación de efectuar la planificación de la actividad preventiva que derive como necesaria de la evaluación de riesgos».

Si el acoso reviste gravedad, la vía penal también puede ser utilizada. Por su parte, la víctima puede iniciar acciones penales contra el agresor, ya sea la dirección, sus representantes o compañeros de trabajo. Desde la reforma del Código Penal en 2010 (Ley Orgánica 5/2010), existe un tipo penal específico para el acoso laboral, señalado en el artículo 173.1, que sanciona actos reiterados de hostigamiento en una relación laboral o funcionarial cuando se basan en una relación de superioridad y generan un grave acoso contra la víctima.

Así, al amparo del CP, se comete un delito quien inflige a otra persona un trato degradante que menoscabe gravemente su integridad moral. Este artículo también se extiende a aquellos que, dentro del ámbito laboral o funcionarial, abusan de su posición de superioridad para realizar de forma reiterada actos hostiles o humillantes contra otro, aunque no lleguen a constituir un trato degradante. Este tipo de comportamientos, si bien no alcanzan el nivel del trato degradante, son considerados grave acoso hacia la víctima. Este enfoque resalta la importancia de proteger la dignidad y los derechos fundamentales de los trabajadores, sancionando conductas que, aunque no sean tan extremas como el maltrato físico, generan un daño considerable en el bienestar psicológico y emocional de la persona afectada.

En este contexto, se requiere que los actos se realicen aprovechándose de una posición de superioridad, que sean reiterados y que, aunque no constituyan trato degradante, sí impliquen un grave acoso. Es importante mencionar que el acoso horizontal[31] (entre compañeros de igual rango) queda excluido de este tipo penal, dado que se exige una relación de superioridad para que proceda la acción penal.

De nuevo, ha de recalcarse que, para que una situación se considere *mobbing*, deben concurrir varios factores:

- Presión: que la víctima sienta una presión constante, explícita o implícita, que implique miradas, palabras despectivas o incluso el aislamiento de la víctima.
- Laboral: la presión debe derivar de la actividad laboral en el centro de trabajo y por miembros de la empresa.
- Tendenciosa: debe haber un plan destinado a hacer la vida laboral imposible a la víctima, con el fin último de que abandone la empresa, lo cual debe demostrarse y ser valorado en función de los indicios probatorios.

Con la reforma del Código Penal y el artículo 31 bis, los representantes legales y trabajadores de la empresa pueden ser penalmente responsables por casos de acoso. Esta reforma incrementa la necesidad de las empresas de vigilar y prevenir activamente este tipo de riesgo psicosocial mediante controles a supervisores y trabajadores, evitando así que ocurran estos eventos.

La responsabilidad penal[32] lleva aparejada una responsabilidad civil cuando del delito se derivan daños y perjuicios. En casos de acoso laboral en todas sus modalidades (también sexual[33] [Muñoz, 2024]), el empresario puede ser civilmente responsable si no previno el riesgo y el causante del acoso, de haberlo, también lo sería. Cuando ambas responsabilidades coinciden, la responsabilidad es solidaria. Igualmente, si el acosador es el empresario o su

31. Existen trabajos que analizan este tipo de acoso laboral: Galán Vela, M. J. (2005). «Acoso moral: Mobbing horizontal». *Revista Doctrinal Aranzadi Social*, 17. Reincidiendo en este tipo de acoso, la experta francesa Hirigoyen, M. F. *(«El acoso moral, el maltrato psicológico en la vida cotidiana»)* indica también la posibilidad de «un acoso horizontal que desde su comienzo puede contar con el apoyo expreso o tácito del superior jerárquico o del empresario». En consecuencia, teniendo en cuenta esta perspectiva, ello conllevaría responsabilidades administrativas y laborales, no penales pues, como se ha expuesto, la situación jerárquica superior del acosador es uno de los elementos por lo que se identifica la vía penal.

32. En esta materia de responsabilidad penal, es de significar la STS (Sala de lo Penal) núm. 154/2016, de 29 de febrero de 2016 (rec. casación núm. 10011/2015 P) al resultar ser pionera en tanto que el fallo del Alto Tribunal, ofrece, por primera vez, una interpretación judicial sobre las pautas a seguir por empresas e instituciones en materia de cumplimiento normativo o compliance laboral si quieren evitar ser condenadas.

33. Muñoz Ruiz, Josefa. 2024. «Acoso Sexual En El Trabajo Y Responsabilidad Penal De Las Personas jurídicas Tras La Ley orgánica 10/2022». *Estudios De Deusto* 72 (1), 229-70. https://doi.org/10.18543/ed.3106

representante directo, se aplicará la responsabilidad contractual por incumplimiento de sus obligaciones, lo que implica indemnización por daños y perjuicios.

Por otro lado, en el ordenamiento español, se prevé indemnización por la pérdida del empleo y por los daños psicológicos sufridos por la víctima de acoso laboral. En este contexto el artículo 50 del ET permite una extinción voluntaria indemnizada como si fuese por despido improcedente (33 días de salario por año de servicio), mientras que los daños psicofísicos se compensan a través de la Seguridad Social. Además, es posible reclamar una indemnización por daños derivados del acoso, compatible con la indemnización por despido. Cabe destacar que, en casos graves, el Tribunal Supremo ha avalado la posibilidad de reclamar diferentes indemnizaciones.

Así mismo, si el trabajador es despedido a consecuencia del acoso y este despido es declarado nulo, podrá optar entre la readmisión con salarios de tramitación o una indemnización por despido improcedente con derecho a prestación por desempleo.

Por otro lado, bajo la Ley Reguladora de la Jurisdicción Social (LRJS), el trabajador acosado puede presentar una demanda de tutela de derechos fundamentales, en la que puede dirigir su reclamación tanto contra el empresario como contra otros responsables. En este procedimiento, puede solicitar indemnización por daños y perjuicios económicos y morales, además de la extinción indemnizada del contrato en casos graves de acoso.

Durante el proceso judicial, el trabajador puede solicitar medidas cautelares que incluyen el cambio de puesto de trabajo, horario o incluso centro, así como la suspensión de la relación laboral. Estas medidas buscan evitar que la víctima y el acosador coincidan en el mismo entorno laboral y proteger la efectividad de una sentencia futura.

Por último, es importante subrayar que, en la mayoría de los casos, corresponde al trabajador probar la existencia real del acoso, lo que exige que aporte pruebas suficientes para sostener su reclamación ante el tribunal competente.

8

REFLEXIÓN SOBRE LA VIOLENCIA EN EL LUGAR DE TRABAJO

En España, los trabajadores están protegidos en sus lugares de trabajo frente a situaciones de acoso y, en casos más extremos, frente a la violencia laboral. Este tipo de riesgo requiere una atención equiparable al acoso moral, ya que en muchos casos las conductas de acoso prolongadas pueden terminar desencadenando violencia física en el trabajo si no se abordan de forma adecuada y en el momento oportuno.

El actualmente denominado Ministerio de Trabajo y Economía Social, por su parte, ha definido distintos tipos de violencia psicológica en el ámbito laboral mediante el citado Criterio Técnico 69/2009 de la Inspección de Trabajo y Seguridad Social. Este documento establece que la violencia psicológica en el trabajo puede presentarse en varias formas:

- Acoso sexual: involucra conductas de naturaleza sexual, ya sean verbales o físicas, cuyo objetivo o efecto es vulnerar la dignidad de la persona, en especial cuando se genera un ambiente intimidante, hostil o degradante.
- Acoso moral: se refiere a los abusos de poder por parte de superiores o responsables, así como a maltratos entre compañeros sin relación jerárquica. Estas conductas vejatorias o de maltrato suelen ser persistentes y minan la autoestima y salud del afectado.
- Acoso discriminatorio: este tipo de violencia psicológica se basa en el desprecio o rechazo hacia una persona debido a su origen étnico, creencias religiosas, discapacidad, edad u orientación sexual.

La violencia laboral, entendida tanto en forma de amenazas como de violencia física, es un problema persistente en el entorno laboral español. Según estudios recientes, un 85 % de las empresas no están cumpliendo adecuadamente con su deber de prevenir este tipo de violencia. Este fenómeno puede presentarse de varias formas, desde amenazas hasta agresiones físicas.

De acuerdo con la Encuesta Europea de Condiciones de Trabajo 2021 (Eurofound, 2021), el 12,8 % de las mujeres y el 10,8 % de los hombres afirman haber sido objeto de discriminación en su entorno laboral. Sin embargo, esta percepción varía según el nivel educativo, observándose una disminución en la proporción de personas que consideran haber sido discriminadas a medida que aumenta el nivel de estudios. Así, un 16,4 % de quienes solo han completado la educación primaria señalan haber experimentado discriminación, porcentaje que desciende al 12,4 % entre los que han cursado estudios secundarios y al 10,6 % en quienes poseen formación superior.

En cuanto a las ocupaciones, son las ocupaciones elementales las que experimentan mayores índices de discriminación, con un 17,6 % de afectados, mientras que los técnicos y profesionales científicos e intelectuales presentan la menor incidencia, con solo un 8,2 %.

En relación con otros tipos de violencia laboral, el 6,6 % de los encuestados manifiesta haber sufrido ofensas verbales o amenazas, y un 0,3 % indica haber sido víctima de atención sexual no deseada. El género resulta un factor determinante en la incidencia de conductas violentas: el 8,5 % de las mujeres reporta haber sido objeto de tales conductas, frente al 4,8 % de los hombres, diferencia que es estadísticamente significativa. Además, todos los casos de atención sexual no deseada fueron sufridos por mujeres.

Por otro lado, el 3,1 % de los participantes en la encuesta señala haber experimentado abuso, acoso o violencia en el lugar de trabajo. Las mujeres presentan una mayor proporción de casos (3,9 %), en comparación con los hombres (2,4 %), aunque esta diferencia no es estadísticamente significativa. Los datos también determinan que el abuso, acoso o violencia disminuye con la edad: el 3,7 % de los jóvenes de hasta 30 años reportan haber sufrido alguna de estas situaciones, frente al 3,2 % de las personas entre 31 y 50 años, y el 2,3% de los trabajadores de 51 o más años, sin que estas diferencias alcancen significación estadística.

Junto a lo anterior, el nivel educativo también influye en la prevalencia de abuso, acoso o violencia, aunque de manera no significativa. Un 2,4 % de las personas con estudios primarios reportan haber sido víctimas de estas conductas, cifra que asciende al 2,9 % entre aquellos con estudios secundarios y al 3,3 % en quienes tienen formación superior. Sin embargo, las diferencias entre estos grupos no resultan ser estadísticamente significativas.

En términos generales, los resultados revelan la persistencia de situaciones de discriminación y violencia laboral, con un fuerte componente de género. Ello se traduce en que las personas con menor nivel educativo y las más jóvenes son más vulnerables a experimentar estas conductas.

Como es sabido, la LPRL obliga a los empresarios a garantizar la seguridad y salud de sus trabajadores en todos los aspectos relacionados con el trabajo, lo que incluye la prevención de la violencia laboral. No obstante, los riesgos psicosociales, como el acoso moral y la violencia laboral, suelen ser menos visibles en comparación con otros riesgos, lo que lleva a que no se evalúen con la misma rigurosidad que aquellos más evidentes y que provocan accidentes de trabajo. Este aspecto plantea la necesidad de que la negociación colectiva en España asuma un papel relevante en la tarea de visibilizar estos riesgos dentro de las empresas, facilitando su identificación y gestión eficaz.

En este sentido, el trabajo coordinado entre la ITSS, la normativa de la LPRL y la negociación colectiva, son esenciales para mejorar las condiciones laborales y asegurar un entorno de trabajo respetuoso y seguro para todos los trabajadores.

9

EL CIBERACOSO EN EL ÁMBITO LABORAL: UNA MODALIDAD DE ACOSO EN AUGE

El ciberacoso laboral o *network mobbing* se refiere a una forma de violencia laboral que se caracteriza por el uso de tecnologías digitales para hostigar a los trabajadores. A diferencia del acoso presencial, el ciberacoso permite a los agresores utilizar múltiples herramientas electrónicas para acosar, menospreciar o perjudicar a una persona de forma continua o puntual, incluso cuando no comparten un mismo espacio físico.

El contexto de la pandemia de COVID-19 impulsó el teletrabajo y, con él, el uso generalizado de las tecnologías de la información en las empresas. Este cambio, si bien facilitó nuevas formas de trabajo remoto, también trajo consigo una mayor exposición al ciberacoso. Las agresiones pueden darse a través de múltiples medios, como correos electrónicos, mensajes instantáneos, publicaciones en redes sociales, videollamadas o incluso imágenes y vídeos que circulan en plataformas digitales. El ciberacoso, por su parte, puede abarcar desde el hostigamiento profesional o el desprestigio de la persona hasta el acoso sexual o por motivos de género, religión, raza o ideología[34] (Martínez, 2024).

Al calor de lo anterior, el Convenio sobre la violencia y el acoso de la Organización Internacional del Trabajo (OIT), adoptado en 2019 (núm. 190), junto con la Recomendación 206, ofrecen un marco de protección laboral ante situaciones de acoso y violencia, incluyendo aquellas que se dan en el entorno digital. Este Convenio y su recomendación están en vigor en 23 países y se implementarán en 13 más a lo largo de 2024. Su alcance incluye todos los espacios en los que ocurren interacciones laborales, tanto en persona como mediante medios digitales. Esto implica que el ciberacoso está reconocido como una forma de violencia laboral y está cubierto por la normativa internacional. En esta línea, la expansión de las herramientas digitales en el trabajo,

34. *Vid*. Martínez Jiménez, M. M. (2024). «El ciberacoso en el trabajo como riesgo emergente: claves de su régimen jurídico preventivo en las leyes y convenios colectivos más recientes». *Revista De Estudios Jurídico Laborales Y De Seguridad Social (REJLSS)*, (8), 235–261. https://doi.org/10.24310/rejlss8202418760.

como grupos de mensajería, videoconferencias y correos electrónicos, obliga a las empresas a gestionar su uso para prevenir el ciberacoso. Estas herramientas son esenciales en el entorno laboral actual, pero también pueden ser utilizadas para intimidar o discriminar a otros. En consecuencia, las empresas deben implementar protocolos de prevención y actuación, y mantenerlos actualizados para abordar el ciberacoso de manera adecuada, al igual que lo hacen con otros tipos de acoso o discriminación. Además, estos protocolos deben facilitar la identificación, reporte y seguimiento de estas conductas para proteger a los trabajadores.

En este sentido, la expansión de las herramientas digitales en el trabajo, como grupos de mensajería, videoconferencias y correos electrónicos, obliga a las empresas a gestionar su uso para prevenir el ciberacoso. Estas herramientas son esenciales en el entorno laboral actual, pero también pueden ser utilizadas para intimidar o discriminar a otros. En consecuencia, las empresas deben implementar protocolos de prevención y actuación, y mantenerlos actualizados para abordar el ciberacoso de manera adecuada, al igual que lo hacen con otros tipos de acoso o discriminación. Además, estos protocolos deben facilitar la identificación, reporte y seguimiento de estas conductas para proteger a los trabajadores.

Por su parte, la comprensión del acoso laboral ha cambiado significativamente desde la definición de Heinz Leymann en 1996, que lo describe como violencia psicológica extrema y recurrente. En este terreno, el Convenio 190 de la OIT[35] amplía esta perspectiva y define el acoso laboral como un conjunto de comportamientos y prácticas inaceptables que pueden incluir un solo acto significativo o actos repetidos y que generen o sean susceptibles de generar un daño físico, psicológico, sexual o económico (Altés, 2022). Así mismo, la nueva definición también contempla la violencia y el acoso de género, lo cual amplía la responsabilidad de empresas y tribunales en cuanto a la protección de los trabajadores. Este enfoque destaca que incluso una única acción de suficiente gravedad puede constituir acoso, lo cual debe ser tenido en cuenta por los jueces, los trabajadores y las empresas al abordar conflictos relacionados con el ciberacoso y otros tipos de violencia laboral.

Efectivamente, el Convenio de la OIT ha redefinido el concepto de acoso laboral, eliminando la necesidad de que los comportamientos abusivos se extiendan en el tiempo para ser sancionados. Un insulto o falta de respeto puntual, como llamar «inútil» a un trabajador, puede ser suficiente para que se considere acoso laboral. Lo anterior supone un avance significativo en la protección de los trabajadores frente a conductas que afectan su bienestar en el entorno de trabajo.

35. *Vid*. Altés Tárrega, J.A. (2022). «El Convenio 190 OIT y la tutela administrativa de la violencia y el acoso en el trabajo». *Revista Crítica de Relaciones de Trabajo*, Laborum. núm. 4, 97-121.

Así las cosas, el reconocimiento explícito de los insultos como infracción grave tiene un impacto directo en las empresas, que pueden enfrentarse a multas o sanciones pecuniarias mínimas de 7.500 euros por este tipo de actos, de conformidad con la LISOS. Más allá de las sanciones económicas, el Convenio pone de relieve la necesidad de fomentar un ambiente laboral respetuoso y libre de abusos.

Así mismo, la nueva definición también contempla la violencia y el acoso de género, lo cual amplía la responsabilidad de empresas y tribunales en cuanto a la protección de los trabajadores. Este enfoque destaca que incluso una única acción de suficiente gravedad puede constituir acoso, lo cual debe ser tenido en cuenta por los jueces, los trabajadores y las empresas al abordar conflictos relacionados con el ciberacoso y otros tipos de violencia laboral.

El ciberacoso, además, elimina las barreras de tiempo y espacio, ya que los agresores pueden hostigar a sus víctimas más allá de la jornada laboral y desde cualquier ubicación. Este aspecto obliga a las empresas a implementar medidas rápidas y efectivas cuando se detecta una situación de ciberacoso, sea por un acto puntual o por conductas reiteradas. En estos casos, la activación inmediata de los protocolos de actuación en estos casos es esencial para proteger a los trabajadores afectados.

En resumidas cuentas, el empresario tiene el deber de garantizar la seguridad y salud de sus trabajadores, lo cual incluye la adopción de todas las medidas necesarias para evitar cualquier situación de ciberacoso en el trabajo. Entre las formas de ciberacoso pueden incluirse ataques contra la reputación o la dignidad, acciones que afecten la capacidad laboral, la manipulación de la información o la comunicación, la imposición de aislamiento social, o comportamientos de abuso, agresión física o asignación de tareas físicas intensas. Por esta razón, es fundamental que las empresas adopten medidas preventivas efectivas para evitar que los trabajadores sufran cualquier tipo de acoso, tanto físico como digital. El respeto al derecho a la desconexión digital es también un aspecto clave para frenar conductas hostigadoras en el ámbito laboral, ayudando a proteger el bienestar de los trabajadores ante posibles abusos tecnológicos.

10

CONSIDERACIÓN DEL *MOBBING* COMO PATOLOGÍA DE ORIGEN PROFESIONAL

Tal y como se abordará en el recorrido jurisprudencial del Bloque II, en España, el acoso laboral puede ser reconocido como accidente de trabajo cuando sus efectos se relacionan directamente con la actividad y el entorno laboral del afectado. No obstante, esta clasificación no se aplica a cualquier conducta en el trabajo; debe demostrarse que se trata de un riesgo profesional genuino, lo cual requiere pruebas claras.

En este sentido, merecen las enfermedades no listadas como profesionales la consideración de accidente de trabajo cuando su causa exclusiva sea la ejecución del trabajo. Es decir que, para que una determinada patología pueda merecer esa calificación, no basta con que esté relacionada, de manera más o menos directa, con la actividad laboral, sino que es indispensable que derive únicamente del ejercicio profesional, lo que excluye aquellos supuestos en que ha podido interactuar con otros agentes en su aparición.

La prueba de la existencia de una conexión causal con la intensidad exigida, le corresponde a la parte que aduce su existencia, la cual puede cumplir esa carga mediante prueba directa o aportando hechos concluyentes a partir de los cuales pueda llegarse a la presunción, mediante un enlace preciso y directo según las reglas del criterio humano, en cuanto que el trabajo fue la causa exclusiva de la aparición de la enfermedad. En tal sentido se pronuncia el Tribunal Supremo en su sentencia de 19 de mayo de 1986 (STS, de 19 de mayo de 1986, Sala de lo Social, n.° 12809, ECLI:ES:TS:1986:12809), al afirmar que para acreditar la relación causal entre las secuelas clínicas y su origen cabe valerse de la *«praesumptio hominis»*.

Con respecto al acoso en el trabajo y el *burnout*, como se apreciará con casos reales más adelante, es cierto que el hecho de que un trastorno psíquico se revele como reactivo al trabajo, no permite atribuirle, sin más, la condición de accidente laboral, siendo necesario además que concurra algún factor estimulante externo relacionado con el quehacer profesional que pueda determinar un estado psíquico susceptible de provocar tal desequilibrio.

A este nivel, se ha de tener en cuenta que las alteraciones de esa naturaleza no sólo pueden derivar de circunstancias externas que, por sí solas, justifiquen su aparición, como el estrés laboral, la tensión y la conflictividad laboral, o el hostigamiento psicológico en el trabajo, sino que también pueden traer causa de causas subjetivas, extrañas a la actividad laboral objetivamente considerada, como la sensación de que no se recibe el trato merecido o se dedica demasiado tiempo al trabajo, o la vivencia negativa de una situación laboral en la que no concurre ningún factor objetivo que explique el afloramiento de la sintomatología, siendo factores internos, como la estructura de la personalidad, la forma de ser, la especial sensibilidad, o la manera de relacionarse con otras personas, los que determinan una reacción que, en otro caso, no se produciría.

Así, para dicha consideración de accidente de trabajo se debe encontrar un nexo causal entre el trabajo y el acoso en el trabajo o el trastorno adaptativo con ansiedad *(burnout)* padecido por el trabajador que determine de forma indubitada que la baja objeto del conflicto sobreviene por accidente de trabajo. Solamente ha de tener tal calificación cuando el riesgo psicosocial padecido por el trabajador haya sido por el entorno o las circunstancias de la relación laboral; las que influyan en el acoso o en la patología.

Para encuadrar el acoso laboral como riesgo psicosocial dentro de la normativa de la Ley General de la Seguridad Social (LGSS), es necesario observar los artículos 156 y 157 de esta ley, que establecen las condiciones para considerar un accidente o una enfermedad como laborales[36]. En su artículo 156, se define accidente de trabajo como «toda lesión corporal que el trabajador sufra con ocasión o por consecuencia del trabajo que ejecute por cuenta ajena». En esta definición, la expresión «toda lesión» incluye tanto daños físicos como psíquicos, lo que permite que el acoso laboral pueda ser catalogado como accidente laboral si se cumplen ciertos requisitos de relación directa con el trabajo. La clave es demostrar una conexión causal entre el acoso y las circunstancias laborales del afectado.

36. Es amplia la doctrina iuslaboralista española sobre este particular. Existen numerosos trabajos relativos a determinar el acoso moral en el trabajo como enfermedad profesional. En este sentido destacan: GÓMEZ MILLÁN, M. J. (2009). «El acoso como enfermedad laboral en el ordenamiento jurídico español». En *Proyecto coordinado I+D+I: El tratamiento laboral, preventivo y de Seguridad Social de las enfermedades derivadas del trabajo* (DER2009-12887-C02-C01); MONTOYA MELGAR, A. (2008). «El acoso en el trabajo y su encuadramiento jurídico». *Revista Española de Derecho del Trabajo*, 140; FOTINOPOULOU BASURKO, O. (2010). «La delimitación del concepto de acoso laboral como presión laboral tendenciosa». *Aranzadi Social*, (21); GRAU PINEDA, G. (2007). «El acoso moral en el trabajo como riesgo profesional de nueva generación: El empresario como principal deudor de Seguridad Social». *Actualidad Laboral*, 4(2), febrero; OLARTE ENCABO, S., «Acoso moral y enfermedades psicolaborales: un riesgo calificable de accidente de trabajo. Progresos y dificultades», *Temas Laborales*, núm. 80, 2005; SÁNCHEZ TRIGUEROS, C., & KAHALE CARRILLO, D. (2015). «Las enfermedades psicosociales y su consideración como enfermedad del trabajo». *Anales de Derecho*, 3(2).

Por su parte, el artículo 156 de la LGSS establece los criterios para la calificación de un accidente como contingencia profesional. Este precepto es integral y no se limita solamente a las lesiones físicas resultantes de fuerzas externas, sino que también abarca lesiones de naturaleza interna o aquellas que se manifiestan de manera progresiva. Este enfoque permite incluir diversas patologías, destacando en particular las enfermedades profesionales, que son aquellas que surgen a raíz de la actividad laboral.

Es importante señalar que el texto de la norma es amplio y flexible, lo que posibilita una interpretación que recoja una variedad de situaciones. Entre ellas, se pueden mencionar enfermedades profesionales que no están explícitamente catalogadas, así como condiciones de origen común en las que el entorno laboral puede actuar como un factor que las desencadena. Esto incluye enfermedades que pueden aparecer de manera repentina, como infartos, derrames cerebrales o hernias de esfuerzo, así como trastornos de carácter psicosocial que surgen en contextos de tensión laboral, tales como el estrés, la ansiedad, el acoso y el burnout.

En efecto, se considera accidente laboral cuando una enfermedad preexistente empeora debido a un accidente de trabajo, lo cual incluye enfermedades latentes que se desencadenan por un esfuerzo o tensión vinculados a la actividad laboral. En estos casos, el accidente puede actuar como factor que agrava o desencadena una patología ya presente.

Además, la normativa admite que la lesión se produzca «por ocasión» o «como consecuencia» del trabajo desempeñado. Esto significa que el trabajo debe ser la causa directa del accidente que origina el daño. Sin embargo, en la práctica judicial, no es raro que los tribunales tengan que apartarse de la interpretación literal de la norma al evaluar las circunstancias de una enfermedad psicológica para determinar si se califica como accidente laboral. En muchos casos, es suficiente demostrar que la actividad laboral ha influido significativamente en el desarrollo del trastorno, especialmente si no se encuentran evidencias de causas ajenas que puedan haberlo provocado. A pesar de que la mayoría de los tribunales adoptan una postura flexible al respecto, también hay sentencias que niegan la calificación de un accidente como laboral por la falta de pruebas suficientes que establezcan un vínculo claro con el trabajo.

Ante situaciones de acoso, la recopilación de pruebas es clave. Las grabaciones de audio o video, realizadas sin necesidad de autorización, son válidas siempre que su objetivo sea demostrar la existencia de un comportamiento abusivo. La legislación protege al trabajador en estos casos, priorizando su derecho a defenderse frente a cualquier afectación a la privacidad del acosador.

En caso de *mobbing*, los trabajadores tienen opciones legales claras. Una de las más contundentes es la solicitud de extinción de contrato, que permite acceder a indemnización y a las prestaciones por desempleo. Este mecanismo protege a las personas afectadas, ofreciendo una salida digna de un entorno laboral insostenible.

Por otro lado, explorar los factores internos de cada individuo presenta problemas interpretativos, ya que diversos elementos, como la personalidad del trabajador y su contexto social y familiar, influyen en la manifestación de estos trastornos. En este sentido, si se partiera únicamente de estos aspectos subjetivos, sería complicado reconocer las enfermedades psicológicas como accidentes laborales, ya que suelen verse afectadas por factores extralaborales, como la dinámica familiar y el estrés social. Por ello, los resultados pueden variar considerablemente de un caso a otro.

Dicho lo cual, el artículo 156.1 de la LGSS define como accidente de trabajo cualquier daño corporal que un trabajador sufra en el desempeño de sus labores por cuenta ajena, ya sea de carácter físico o psíquico. Este daño no se limita al trauma físico; incluye cualquier menoscabo corporal que afecte el funcionamiento general de la persona. Así lo establece la Sentencia del Tribunal Supremo de 27 de octubre de 1992 (STS, de 27 de octubre de 1992, Sala de lo Social, n.° 8003/1992, n.° de recurso 1901/1991, ECLI:ES:TS:1992:8003).

Por su parte, la jurisprudencia también amplía el concepto de lesión constitutiva de accidente, no solo a los daños provocados por un agente externo, sino también a enfermedades cuyo proceso interno pueda originarse en el entorno laboral, ya sea de manera rápida o paulatina. En este sentido, los fallos de las SSTS de 18 de marzo de 1999 (STS, de 18 de marzo de 1999, Sala de lo Social, n°1888/1999, n.° de recurso 5194/1997, ECLI:ES:TS:1999:1888) y 27 de febrero de 2008 (STS, de 27 de febrero de 2008, Sala de lo Social, n.° 1172/2018, n.° de recurso 2716/2006, ECLI:ES:TS:2008:1172) consideran que una conexión entre trabajo y lesión puede operar de manera amplia, incluyendo no solo casos en que el trabajo sea causa directa, sino también aquellos en que actúe como un factor o condición sin la cual no habría ocurrido la lesión.

Además, en casos donde existe cierta conexión entre la patología y la actividad laboral, es suficiente una concurrencia causal, sin necesidad de que el trabajo sea la causa exclusiva o principal, como señala la sentencia del Tribunal Supremo (TS) de 26 de abril de 2016 (STS de 26 de abril de 2016, Sala de lo Social, n.° 2230/2016, n.° de recurso 2108/2014, ECLI:ES:TS:2016:2230). Sin embargo, la relación entre el trabajo y la lesión se considera interrumpida únicamente si hay evidencia clara de una causa ajena al trabajo que rompa dicho vínculo.

En consecuencia, determinar la causalidad entre el trabajo y una lesión es un proceso específico que varía según las circunstancias de cada caso. En este sentido, los trastornos mentales o emocionales han sido reconocidos como accidentes de trabajo en ciertos supuestos, siempre que exista una conexión directa entre la patología y la actividad laboral. Así, el estrés laboral puede ser considerado un desencadenante cuando la carga de trabajo genera una lesión física o psicológica.

Por ejemplo, en casos específicos como el estrés por adaptación a nuevas tecnologías, también llamado «tecnoestrés», o como derivada el factor de riesgo conocido como fatiga informática derivada de la falta de desconexión digital[37], se ha reconocido un vínculo con el trabajo en supuestos donde esta adaptación provoca patologías relacionadas con el uso de sistemas informáticos, que pueden llevar a problemas de salud como tendinitis, síndrome del túnel carpiano o fatiga visual (Peña, 2023).

Sin embargo, para que una enfermedad común pueda considerarse accidente de trabajo, es necesario demostrar una relación directa con el trabajo, no permitiéndose que el nexo sea indirecto o concausal; esta conexión debe probarse sin ambigüedades.

De manera similar, en el caso del estrés laboral, se ha considerado accidente de trabajo cuando existe una conexión directa entre el estrés y las condiciones laborales. En este contexto, situaciones como el síndrome de desgaste profesional *(burnout)* o el acoso en el trabajo han sido reconocidas como causantes de accidentes laborales tal y como se aprecia más adelante en la presente obra, con diversos ejemplos.

Igual sucede en otros ejemplos, como se señala en el Bloque II en los que ha habido casos en los que no se prueba un acoso moral y solo hay conflictividad laboral, no se ha considerado accidente laboral. En estas decisiones se concluye que una baja por ansiedad inespecífica, cuando no es exclusiva del trabajo, no se considera accidente laboral.

Además, el artículo 156.3 establece una presunción de accidente de trabajo si se produce en el lugar y el tiempo laboral, y también se contempla el reconocimiento de enfermedades adquiridas debido al trabajo si se comprueba que su causa exclusiva es la labor desempeñada (art. 156.2 e), LGSS). Sin embargo, en la práctica, esta prueba no siempre resulta sencilla, lo que ha llevado a casos judiciales donde los tribunales deben valorar la relación entre el entorno laboral y el acoso sufrido.

La señalada presunción legal del artículo 156.3 de la LGSS se activa en circunstancias específicas donde coinciden el tiempo y el lugar de trabajo. Esto significa que, en primer lugar, corresponde al demandante demostrar que la lesión ocurrió en el contexto laboral, es decir, en el horario y lugar de trabajo establecidos. Si el trabajador logra proporcionar esta prueba, la circunstancia que se presume se considera válida. En este sentido, si alguien se opone a los efectos de esta presunción, esa persona tiene la carga de probar que no hay relación entre el hecho que causó el daño y el trabajo del afectado.

A caballo de lo anterior, la identificación de la contingencia que causa la lesión no debe basarse exclusivamente en la sensibilidad o la capacidad del trabajador para tolerar los riesgos y la presión típicos de su actividad laboral. Es necesario que se presente evidencia de una situación particular que se desvíe de lo común, lo que permitirá que el juzgador aplique la regla de

37. *Vid.* Peña Cuellar, D., & Vidal Lasso, A. (2023). «La desconexión laboral y el acoso laboral». *Revista Jurídica Mario Alario D'Filippo*, 15(29), 126-146. https://doi.org/10.32997/2256-2796-vol.15-num.29-2023-4231

inversión de la carga de la prueba. Una simple manifestación subjetiva por parte del trabajador no es suficiente para sustentar esta carga; el trabajador debe demostrar la existencia de condiciones adversas como conflictos prolongados, un aumento significativo en la carga de trabajo, o la asunción de responsabilidades adicionales que alteren de manera considerable su rendimiento habitual. Estas condiciones deben generar una respuesta razonable de deterioro físico y mental como resultado del estrés ocasionado por la carga de trabajo inusualmente alta.

Aunque se reconoce la autonomía entre los apartados 156.1 y 156.2 e) de la LGSS, es fundamental interpretar ambos preceptos de manera coherente y teleológica. Para calificar una enfermedad como laboral, basta con que la patología esté vinculada a la actividad laboral, sin necesidad de que sea la causa principal del trastorno. Esto implica que la enfermedad no tiene que ser la única razón del daño, pero sí debe ser un factor determinante en la aparición del mismo.

En definitiva, si se puede demostrar la existencia de una situación de *mobbing* y, por ende, de enfermedad profesional, se podrían aplicar las disposiciones del artículo 156.2.e) de la LGSS. Aquí, se han de tratar los riesgos psicosociales asociados al desempeño laboral. Desde esta perspectiva, la jurisprudencia española ha establecido de forma reiterada, de acuerdo como se detalla más adelante con casos recientes, que los síndromes ansioso-depresivos causados por acoso laboral deben tratarse como accidentes de trabajo si estos son provocados por agresiones externas derivadas del entorno laboral.

En este contexto, no es inusual que los tribunales adopten un enfoque más comprensivo, donde la predisposición, percepción o sensibilidad del trabajador, incluso en casos extremos como el suicidio, no se consideran elementos que impidan establecer un nexo causal con la actividad laboral. Esto demuestra una tendencia a valorar el contexto laboral como un elemento clave en la evaluación de la relación entre el trabajo y la salud del trabajador.

Respecto a la consideración de enfermedad profesional, el artículo 157 de la LGSS recoge un cuadro específico de enfermedades que se consideran laborales siempre que estén directamente causadas por el tipo de trabajo realizado. Estas enfermedades deben originarse por elementos o sustancias relacionadas con la labor descrita en el cuadro de enfermedades profesionales. En cuanto al acoso laboral, aunque existe un debate en la doctrina sobre si el *mobbing* ha de ser clasificado como enfermedad laboral, en la práctica administrativa y judicial, se tiende a calificar los efectos del acoso como accidente de trabajo, en lugar de enfermedad profesional. Tampoco ayuda que el acoso laboral quede excluido del Real Decreto 1299/2006, de 10 de noviembre, por el que se aprueba el cuadro de enfermedades profesionales en el sistema de la Seguridad Social y se establecen criterios para su notificación y registro[38].

38. *Vid*. Bloque II El cuadro legal de enfermedades profesionales en España: necesidad urgente de reformar para incluir los riesgos psicosociales

En este terreno resulta esencial conocer el concepto de accidente de trabajo, dado que se establece a partir de ciertos elementos específicos: una lesión corporal, la condición de trabajador dependiente, y la existencia de una relación de causalidad entre el trabajo y la lesión. Así, la víctima del acoso ha de alegar con indicios claros que su crisis de ansiedad podría estar vinculada al desarrollo de la actividad laboral. Es decir, ha de demostrar la conexión causal que justificaría considerarla como accidente de trabajo.

Como se ha señalado, el artículo 156.3 de la LGSS, se presume que ciertas enfermedades pueden ser consideradas accidentes de trabajo si tienen una posible relación con las actividades laborales. Sin embargo, esta presunción no se aplica a patologías que, por su naturaleza, no puedan tener un origen laboral; es decir, debe existir algún elemento de causa laboral que justifique la conexión.

Desde esta perspectiva, puede rechazarse dicha conexión en casos, por ejemplo, en que la crisis de ansiedad descrita por la supuesta víctima del acoso en el trabajo es transitoria y no posee una entidad suficiente para justificar una incapacidad temporal. Si así sucede, dicha patología no tiene un origen laboral que permita clasificarla como accidente de trabajo, ya que el nexo causal entre el trabajo desempeñado y la ansiedad generalizada diagnosticada no está suficientemente sustentado. Existen casos en los que las empresas y las mutuas se acogen de igual modo a las evidencias médica presentadas, así como al testimonio del médico del centro de salud a fin de reforzar su postura, esta es: que el incidente descrito por la supuesta víctima sea la causa de una patología más allá de una crisis temporal.

Asimismo, los efectos del acoso en el bienestar físico y psicológico de los trabajadores pueden resultar en síntomas como dolores musculares, de cabeza, problemas de audición o visión, trastornos del sueño, y, en casos extremos, hasta tendencias suicidas. Estas afectaciones frecuentemente derivan en bajas prolongadas por enfermedad, que representan un costo importante tanto para el trabajador como para la empresa. En este marco, para las víctimas de acoso laboral, la calificación del incidente como accidente de trabajo puede suponer una diferencia significativa, ya que las enfermedades laborales suelen cubrir el 100 % del salario y el coste total del tratamiento, a diferencia de las enfermedades comunes.

Por otra parte, en términos generales, cuando un accidente laboral provoca una baja médica, el trabajador tiene derecho a recibir prestaciones por incapacidad temporal. En relación con la indemnización por daños y perjuicios, si el accidente se debe total o parcialmente a la falta de medidas de seguridad por parte de la empresa, el trabajador tiene derecho a reclamar dicha indemnización. Además, si se demuestra que el accidente no es atribuible al trabajador, sino que resulta de una omisión de seguridad por parte del empresario, este último será responsable de compensar al trabajador por los daños sufridos.

Por otro lado, el acoso laboral que genera una enfermedad vinculada a las prestaciones de Seguridad Social se considera como contingencia profesional, ya que la causa principal radica en la actividad laboral del trabajador. Asimismo, el acoso moral en el trabajo puede dar lugar a un derecho a indemnización si se demuestra que el empresario ha incurrido en responsabilidad por acciones u omisiones que contribuyeron a la situación.

A este respecto, la doctrina judicial española resalta que en estos casos lo determinante no es evaluar si el accidente o la enfermedad podrían haberse evitado por causas externas, sino si las consecuencias dañinas para el trabajador se habrían reducido de no haberse incumplido alguna obligación preventiva por parte de la empresa. Si se responde afirmativamente a esta cuestión, se concluye que el incumplimiento de esa obligación ha sido un factor causal en el accidente o enfermedad laboral, lo que implica que el empresario debe reparar los daños ocasionados por su conducta negligente.

En casos de acoso laboral comprobado como accidente de trabajo, la empresa incumplidora puede sufrir recargos en las prestaciones económicas[39], que pueden oscilar entre un 30 % y un 50 %, dependiendo de la gravedad de las infracciones a las medidas de seguridad laboral (art. 164.1, LGSS) (García, 2008). La responsabilidad de estos recargos recae directamente en el empresario cuando se demuestra que no cumplió con sus obligaciones preventivas, ya sea por negligencia o por omisión. Así, perfectamente puede justificarse el recargo de prestaciones, por ejemplo, cuando un trabajador sufre el acoso laboral debido a una serie de decisiones organizativas y directivas toleradas por la empresa, lo cual desembocó en una patología psiquiátrica severa.

En el Bloque II se aprecian casos en los que los tribunales españoles se han pronunciado sobre los efectos jurídicos de la falta de clasificación del acoso como accidente de trabajo. En una sentencia reciente[40], se consideró que un episodio de ansiedad generalizada desencadenado por el estrés laboral debería clasificarse como accidente laboral, dado que surgió de una situación laboral concreta. En este tipo de casos, la Ley 36/2011, de 10 de octubre, reguladora de la jurisdicción social (LJS), en su artículo 193 c), permite rectificar errores en la clasificación de las bajas laborales para reconocer el derecho del trabajador a recibir las prestaciones correspondientes al accidente laboral.

En el contexto actual, caracterizado por la creciente presión sobre los trabajadores y el miedo a perder el empleo en un país donde la destrucción sistemática de puestos de trabajo es cada vez más común y menos costosa,

---

39. García Ortega, J. (2008). «El recargo de prestaciones por accidente de trabajo y enfermedad profesional: Determinación de la falta de medidas de seguridad por riesgo psicosocial (acoso moral horizontal) y la compatibilidad del recargo con la indemnización por daños morales». *Revista Doctrinal Aranzadi Social*, 2, paraf. 6.

40. Vid. Bloque II ✎ STSJ Andalucía 14707/2016, 23/11/2016 N° rec. 3151/2015.

no resulta sorprendente que situaciones como estas generan un malestar psíquico que, en última instancia, puede desencadenar episodios tan trágicos como el que se ha presentado.

Por todo lo anterior, resulta fundamental que la legislación y la normativa de prevención consideren adecuadamente estos riesgos psicosociales, ya que el impacto que tienen sobre la salud mental de los trabajadores es significativo y puede llevar a consecuencias devastadoras. Además, la falta de atención a estos factores en el ámbito laboral afecta el bienestar individual, sin obviar que repercute en la productividad y en la cohesión de las empresas.

En virtud de lo señalado, en estos casos, es fundamental investigar en cada caso si existe algún incumplimiento por parte del empresario en sus deberes preventivos que haya resultado decisivo para que el trabajador sufriera el accidente o enfermedad laboral en cuestión.

En fin, el reconocimiento del acoso laboral como accidente de trabajo abre la puerta a que las víctimas puedan acceder a prestaciones laborales completas y a que el empresario, si no cumple con sus responsabilidades preventivas de conformidad con la LPRL y la normativa de desarrollo, pueda tener que hacer frente a recargos en las prestaciones económicas. El recargo supone una pena para la empresa que no ha adecuado su política de prevención de riesgos laborales. Una cuantía que busca proteger la salud de los trabajadores, así como incentivar a las empresas a mejorar sus medidas de seguridad y prevención para evitar situaciones de acoso laboral.

10.1. Dificultades para establecer el vínculo causal entre acoso laboral y entorno de trabajo en la valoración del riesgo psicosocial

Para considerar las dolencias derivadas del acoso en el trabajo como un accidente laboral bajo el reiterado artículo 156 de la LGSS, es fundamental establecer una relación causal entre las actividades laborales y las afecciones experimentadas por el trabajador. Esto implica que serán los jueces quienes, en última instancia, determinan si la conducta hostil fue la causa directa de la enfermedad o si simplemente jugó un papel secundario en su aparición.

A diferencia de los accidentes que ocurren en el lugar de trabajo, que cuentan con una fuerte protección gracias a la presunción general de la LGSS, en estos casos es necesario probar la conexión entre la dolencia y el trabajo realizado. Esta prueba resulta complicada, especialmente en situaciones donde las enfermedades pueden ser de tipo psicológico, como el estrés o la depresión.

En esta línea, para que la víctima acceda al sistema de protección de la Seguridad Social, es esencial contar con un informe médico que respalde la relación de causa y efecto entre el acoso y las patologías sufridas. En ausencia de esta prueba, lo habitual es que se desestime la solicitud de protección[41] (Barreiro, 2006). Los tribunales[42] han indicado que, si la supuesta víctima de acoso presenta bajas médicas por estrés y síndrome ansioso-depresivo, pero no se acompaña de un informe que demuestre que estas condiciones son consecuencia de un acoso laboral, las lesiones pueden ser atribuibles a otras causas. Por lo tanto, resulta capital un vínculo verificable que confirme la relación entre el acoso y las dolencias.

Además de la prueba pericial, es importante considerar los documentos médicos (conocidos como P-10) emitidos por el médico de atención primaria. Estos pueden incluir la declaración del trabajador acerca de su experiencia de acoso moral, aunque su validez como prueba del riesgo psicosocial es limitada. Para calificar el acoso, se necesita evidencia de las circunstancias que lo rodean en la empresa. No obstante, junto a esta prueba, la patología médica asociada al estrés o la depresión resultante de un acoso prolongado puede fortalecer la solicitud de la víctima. Un informe favorable de un especialista puede ser determinante para demostrar la existencia de daño moral.

En el ámbito nacional, es importante diferenciar entre conductas de acoso y órdenes empresariales, de este modo, no todo abuso de poder puede considerarse acoso y que los motivos que llevan a un empresario a actuar arbitrariamente son diferentes de aquellos que impulsan al acosador a hostigar a la víctima. Por lo tanto, quien alegue sufrir acoso moral debe demostrar que la intención del empresario era perjudicar su integridad psíquica, lo que requiere evidencia clínica de la patología.

A partir de un análisis de la jurisprudencia en el país, se pueden identificar cuatro elementos constitutivos del acoso laboral: 1) la víctima debe ser objeto de múltiples conductas que en su conjunto configuran un patrón de maltrato; 2) las acciones del acosador deben ser graves y tener un alto grado de intensidad; 3) la situación debe ser prolongada en el tiempo y sistemática; y 4) la finalidad debe ser dañar psicológicamente al trabajador, marginándolo en su entorno laboral.

Sin embargo, es importante tener en cuenta que, debido a la amplia difusión del concepto, a menudo se presentan casos en los que trabajadores intentan ampararse en la confusión que rodea el acoso moral para obtener

---

41. Vid. Barreiro González, G. (2006). Las enfermedades del trabajo: nuevos riesgos psicosociales y su valoración en el derecho de la protección social. León: Universidad de León.

42. Al respecto, los Tribunales indican que cuando «el demandante aporta bajas médicas con diagnóstico de estrés y síndrome ansioso depresivo, pero ninguno de estos diagnósticos se acompaña de una pericial determinante de que las patologías descritas sean el resultado de un hostigamiento en el trabajo. Ambas lesiones bien pueden responder a causas distintas y hubiera sido preciso un enlace verificador de esa relación causa-efecto que no ha quedado demostrada». SJS Social núm. 238/2001 Madrid, Comunidad de Madrid (Núm. 33), de 18 junio. Procedimiento núm. 298/2001.

compensaciones cuando las consecuencias del estrés se deben a factores ajenos a su trabajo. En este contexto, la doctrina española reconoce esta situación como «*mobbing* subjetivo o falso», donde las percepciones del trabajador no coinciden con datos objetivos. Por lo tanto, el demandante debe proporcionar una descripción objetiva de los comportamientos que califica como acoso.

Además, no todas las acciones se consideran acoso laboral; es necesario analizar las conexiones entre las distintas modalidades de acoso y las acciones justificadas profesionalmente que, aunque puedan parecer arbitrarias, no constituyen un proceso de hostigamiento. La problemática se complica aún más cuando se observa un abuso del poder directivo del empresario.

Por último, es menester señalar que el Parlamento Europeo también ha abordado este asunto en su Resolución 2001/2339[43], que advierte que «las falsas acusaciones de acoso moral pueden convertirse en un poderoso instrumento de acoso».

43. *Vid*. Parlamento Europeo. (2001). Resolución del Parlamento Europeo sobre el acoso moral en el lugar de trabajo (2001/2339(INI). https://www.europarl.europa.eu/doceo/document/TA-5-2001-0477_ES.html

11

POSIBILIDAD DE SOLICITAR LA EXTINCIÓN DE LA RELACIÓN LABORAL POR INCUMPLIMIENTO DEL EMPRESARIO

Las presuntas víctimas del acoso laboral pueden acudir a la vía del artículo 50.1 apartado c) del Estatuto de los Trabajadores (ET) y del artículo 183.1 de la Ley 36/2011, de 10 de octubre, reguladora de la jurisdicción social (LRJS), así como de la jurisprudencia a este respecto.

Ello es así porque cuando se puede alegar un incumplimiento empresarial que afecte a la dignidad del trabajador, procede solicitar la extinción indemnizada del contrato de trabajo. En efecto, una de las formas más habituales de ataque a la dignidad del trabajador y lesiva del derecho a la integridad moral, es la conducta constitutiva de acoso laboral o *mobbing*.

Así, se pueden dar casos favorables de extinción de contratos laborales cuando el acoso vulnera derechos fundamentales del trabajador. Por ejemplo, se han documentado casos en los que los trabajadores han sido degradados a funciones de menor categoría, controlados de forma constante, y sometidos a aislamiento persistente, lo cual se ha interpretado como acoso laboral que justifica la extinción voluntaria indemnizada de la relación laboral.

A este nivel, si el supuesto trabajador hostigado ha de acudir a la jurisdicción social y alegar con indicios claros que se cumplen los requisitos para la extinción indemnizada del contrato de trabajo, indicando que al haberse producido una situación de acoso laboral puede solicitar una indemnización al amparo del artículo 183.1 de la LRJS.

En este caso, ha de ejercitar la acción que se recoge en el citado artículo 50 del ET de conformidad con el cual «1. Serán causas justas para que el trabajador pueda solicitar la extinción del contrato: c) Cualquier otro incumplimiento grave de sus obligaciones por parte del empresario, salvo los supuestos de fuerza mayor, así como la negativa del mismo a reintegrar al trabajador en sus anteriores condiciones de trabajo en los supuestos previstos en los artículos 40 y 41, cuando una sentencia judicial haya declarado los mismos injustificados.

Por tanto, desde la óptica jurídico material o sustantiva, en la causa de extinción contractual del artículo 50.1.c) del ET por comportamientos empresariales que ataquen al derecho básico del trabajador que consagra el artículo 4.2.e) del ET, tienen cabida tanto las conductas patronales atentatorias al derecho fundamental a la integridad física y moral en que se materializa el fenómeno del acoso laboral, como también aquellas otras que aunque no sean subsumibles en dicho concepto o no agredan a ninguno de los derechos constitucionales incluidos en el ámbito de aplicación de la norma, conlleven un menoscabo del derecho del trabajador de configuración estrictamente legal a ser tratado en el curso de la relación de trabajo con el respeto y la consideración debida a su dignidad, siempre y cuando, claro está, en estos casos, el incumplimiento empresarial sea grave, debiendo valorar casuísticamente en atención a las particulares circunstancias concurrentes en cada supuesto si la infracción empresarial en la materia alcanza las cotas de gravedad legalmente requeridas para justificar la rescisión contractual a instancias del trabajador.

En este marco, se trataría de conductas especialmente graves de carácter pluriofensivo merecedoras del mayor de los reproches al afectar a los derechos fundamentales relacionados. Pero para llegar a la conclusión de la existencia de acoso laboral deberíamos contar con un relato histórico que especificara las conductas vejatorias, degradantes, intimidatorias o de hostigamiento que evidenciaran o de las que cupiera deducir las vulneraciones denunciadas. Es necesario determinar, por tanto, si existe o no una conducta de acoso, lo que debe hacerse desde los hechos conocidos y reflejados como probados, sin estar en disposición de poder atender a una nueva valoración de la prueba por los estrechos límites de actuación que permite el recurso de suplicación.

En tales casos, el trabajador tendrá derecho a las indemnizaciones señaladas para el despido improcedente. Como ejemplo de ello se encuentra la sentencia del TSJ de Madrid 10372/2024, (STSJ de Madrid, de 14 junio de 2024, Sala de lo Social, n.º 6905, n.º de recurso 58/2024, ECLI:ES:TSJM:2024:6905[44]).

44. *Vid*. Bloque II ‼ EXTINCIÓN DE CONTRATO E INDEMNIZACIÓN POR SOBRECARGA LABORAL (PARTE II).

BLOQUE II

PUBLICACIONES SIGUIENDO LA MECÁNICA DE LINKEDIN

1

INTRODUCCIÓN

En este Bloque, se realiza un estudio exhaustivo de más de cien pronunciamientos judiciales en España, analizando casos reales y respuestas que se han dado, recientemente, frente a estos tipos de conflictos laborales. Dicho de otra forma, se exploran aspectos prácticos del acoso laboral y otros riesgos psicosociales; todo ello, a través de un análisis riguroso y contundente sobre una realidad que, aunque silenciosa, está afectando cada vez más a los trabajadores: el acoso en el trabajo, bien sea moral o *mobbing*, sexual o por razón de género.

El acoso moral, psicológico, laboral o *mobbing* constituye un riesgo psicosocial que afecta la salud laboral. Reconocido como tal por la Organización de las Naciones Unidas (ONU) y tipificado por la OIT, además de ser considerado un delito, este fenómeno, aunque antiguo, no comenzó a describirse ni investigarse de manera sistemática hasta los años ochenta. En el siglo XXI, su prevención y tratamiento siguen siendo temas de debate.

Es ampliamente reconocido como uno de los desafíos más preocupantes en la gestión de personas. A pesar de estar en pleno siglo XXI, las mujeres continúan siendo las principales víctimas de este tipo de abusos y, como tal, queda patente en el apartado 5, con el estudio de diversos pronunciamientos judiciales españoles que debaten acerca del acoso sexual.

Así las cosas, el contenido del presente Bloque II, se compone de cinco puntos clave. En la «Introducción», se presentan publicaciones que explican conceptos básicos sobre el *mobbing*, su impacto en la salud mental y la importancia de evaluar los riesgos psicosociales en el trabajo. También se discute el marco legal de las enfermedades profesionales en España y la necesidad de una reforma que incluya estos riesgos.

En el segundo apartado, titulado «Despidos y conflictos laborales», se analizan diversos casos de despidos, algunos considerados improcedentes o nulos, y otros evaluados como procedentes, proporcionando claridad sobre la interpretación de estas situaciones en el ámbito judicial. Esta sección destaca los matices de la legislación sobre despidos y su relación con el acoso.

Luego, en el tercer apartado, «Acoso laboral *(mobbing)* y salud mental», se clasifican los casos en los que se ha reconocido *mobbing* y aquellos en los que no, proporcionando ejemplos que ilustran cómo se evalúa el acoso en los tribunales. En efecto, en este apartado, se divide el análisis en dos subcategorías: casos en los que el acoso es reconocido por los tribunales y casos en los que no se logra demostrar. En el primer grupo, se presentan ejemplos que ilustran cómo el acoso puede ser comprobado, gracias a evidencia como informes médicos, y abarcan desde sentencias en empresas hasta situaciones en política o en cuerpos de seguridad, como la policía portuaria. En los casos en los que no se reconoce el *mobbing*, se recogen ejemplos en los que, pese a la denuncia, no se consigue establecer la causalidad entre la situación laboral y el acoso, diferenciando así, los conflictos laborales del acoso propiamente dicho.

De igual modo, como se ha afirmado, se hace lo propio en el cuarto apartado, haciendo hincapié en el acoso sexual y, finalmente, en el quinto apartado, se aborda el burnout y otros efectos en la salud mental derivados del entorno laboral, destacando la necesidad de que las empresas implementen medidas preventivas. En este punto, se ofrecen casos de diagnósticos de ansiedad y depresión como riesgos psicosociales. También se discuten herramientas de diagnóstico y se analiza el debate sobre el burnout como accidente laboral, enfatizando la importancia de que las empresas adopten medidas preventivas para proteger la salud mental de sus trabajadores.

Como se ha dicho, la obra no desoye al síndrome del trabajador quemado (burnout), el cual, a menudo se confunde con el acoso en el trabajo, es una llamada de atención sobre cómo el riesgo psicosocial que es el hostigamiento en el entorno laboral, mina la salud mental y el bienestar de los trabajadores. A este nivel, se trata de un riesgo psicosocial en el trabajo que demanda un marco jurídico firme y protocolos claros en las empresas. Uno de los aspectos más destacados que tendrán cabida en este Bloque, consiste en las sentencias que resaltan la complejidad de demostrar el vínculo entre el acoso y el entorno laboral; ello subraya la necesidad de contar con un marco jurídico sólido y protocolos claros que aborden este riesgo psicosocial.

El texto se presenta con un enfoque innovador al analizar casos judiciales utilizando la dinámica de la red profesional *LinkedIn*. Esto incluye el uso de emoticonos y una estructura clásica que hace el contenido más ilustrativo y ameno. De este modo, el lector puede acceder a ejemplos prácticos que obedecen a la complejidad de los conflictos laborales y las responsabilidades empresariales.

Además, en la mayoría de los apartados se respeta el límite de 3.000 caracteres, característico de las publicaciones en *LinkedIn*. Esta brevedad facilita una síntesis clara y efectiva del contenido de las sentencias, logrando que sean más comprensibles para el público general, dado que las resoluciones judiciales suelen ser extensas y, en ocasiones, complejas.

La estructura utilizada combina claridad y rigor jurídico, lo que permite al lector captar de manera ágil el sentido y evolución del concepto de acoso laboral en el ámbito judicial. Esta temática, de alta litigiosidad en el derecho laboral, requería un enfoque práctico y accesible como el que se desarrolla en este análisis.

El señalado carácter ilustrativo con imágenes de Inteligencia Artificial, se reafirma con las imágenes de Inteligencia Artificial que acompañan a todos los puntos del presente Bloque. En este sentido, *LinkedIn* se presenta como una vía innovadora para divulgar y aprender sobre este riesgo: permite sintetizar comentarios de sentencias complejas con un lenguaje claro y accesible, facilitando a todo interesado en esta materia laboral, una comprensión más práctica y cercana del problema. De este modo, se pretende conseguir una guía que llegue a facilitar la comprensión del problema a empresarios, trabajadores y demás personas interesadas en un asunto tan capital en el actual marco de relaciones laborales.

Este Bloque presenta una valiosa recopilación de publicaciones que traducen los complejos matices de los pronunciamientos judiciales a un lenguaje claro y accesible. Con ello, se fomenta una mayor conciencia y comprensión sobre el acoso laboral y su impacto en el entorno de trabajo, ofreciendo una visión práctica y pedagógica que conecta la teoría jurídica con la realidad laboral.

Antes de entrar en profundidad en los cinco apartados que componen este Bloque de la obra, huelga señalar determinados aspectos que se hacen necesarios, en forma de premisa, para entender mejor el procedimiento laboral que existe en estos casos.

De esta forma, sucintamente, la supuesta víctima del acoso laboral ha de iniciar el procedimiento de tutela frente a la vulneración del derecho fundamental por las actitudes hostigadoras bien de un compañero, bien de un superior jerárquico. De igual modo, en estos casos, se suele acumular la pretensión indemnizatoria de una cantidad económica euros vinculada a la estimación de la demanda de vulneración de derechos fundamentales.

En este sentido, se ha de analizar el marco normativo; tarea que se puede realizar desde una doble división: esto es, diferenciando, por un lado, entre las normas que afectan a la regulación del acoso laboral (normas sustantivas) y, por otro lado, las que se refieren al cauce procesal para la tutela de derechos fundamentales.

Primeramente, con arreglo a lo señalado en líneas precedentes, el acoso laboral o *mobbing* no tiene una definición legal definitiva o consolidada. Consecuencia de ello, ha tenido que ser la doctrina científica y los pronunciamientos judiciales quienes se han encargado de fijar con claridad, exactitud y precisión el significado de dicha palabra. En este orden de cosas, se han ido perfilando los contornos, notas, requisitos, circunstancias definitorias, para su adecuada configuración.

Como destaca la jurisprudencia social reciente *«la figura del mobbing o acoso laboral que no está definido legalmente, y ha sido la doctrina y la jurisprudencia quien ha ido delimitando las notas configuradoras del mismo»* (Sentencias TSJ Galicia, de 1 del 27 de abril de 2020 - ROJ: STSJ GAL 1762/2020 - y de 15 de mayo de 2020 - ROJ: STSJ GAL 2006/2020-).

En la Resolución del Parlamento Europeo sobre el acoso en el lugar de trabajo (2001/2339 (INI), publicada mediante Acta del 20 de septiembre de 2001[45], el Parlamento Europeo, hace una serie de consideraciones sobre el acoso moral en el lugar de trabajo, así como una serie de llamamientos tanto a empresarios, a la Comisión y al Consejo, a los Estados miembros y en general a las instituciones comunitarias ante la creciente alarma social que la situación del acoso psicológico en el lugar de trabajo está generando, poniendo de relieve las consecuencias perniciosas que tal situación genera en la salud, desembocando a menudo en enfermedades relacionadas con el estrés. Indica que se trata de un comportamiento negativo entre compañeros, o entre superiores e inferiores jerárquicos, a causa del cual el afecto es objeto de acoso y ataques sistemáticos y durante mucho tiempo, de modo directo o indirecto, por parte de una o más personas, con el objetivo y/o el efecto de hacerle el vacío.

Y como indican las sentencia del TSJ de Galicia antes señaladas (STSJ de Galicia de 27 de abril de 2020, Sala de lo Social, n.° 1762/2020, n.° de recurso 433/2020, ECLI:ES:TSJGAL:2020:172- y STJS de Galicia, de 15 de mayo de 2020, Sala de lo Social, n.° 2006/2020, n.° de recurso 144/2020, ECLI:ES:TSJGAL:2020:2006), a los fines de su delimitación conceptual, «... han sido los distintos órganos judiciales los que acudiendo a estudios doctrinales como los de Leymann e Hirigoyen, han ido delimitando las notas que delimitan esta figura como la conducta abusiva que se ejerce de forma sistemática sobre una persona en el ámbito laboral, manifestada especialmente a través de reiterados comportamientos, palabras o aptitudes que lesionan su dignidad o integridad psíquica y que pongan en peligro o degraden sus condiciones de trabajo; actitudes de hostigamiento que conducen al aislamiento del interesado en el marco laboral, produciéndole ansiedad, estrés, pérdida de autoestima y alteraciones psicosomáticas y determinando, en ocasiones, el abandono del empleo por resultarle insostenible la presión a que se encuentra sometido».

A nivel del ordenamiento jurídico europeo, la Carta Social Europea de 3 de mayo de 1996, al referirse al acoso, habla de «actos condenables o explícitamente hostiles dirigidos de modo repetido contra todo asalariado en el lugar de trabajo», mientras que la Comisión Europea, en fecha 14 de mayo de 2001, señala, también como característica esencial del acoso laboral, «los

45. *Vid*. Parlamento Europeo. (2001). Resolución del Parlamento Europeo sobre el acoso moral en el lugar de trabajo (2001/2339(INI). https://www.europarl.europa.eu/doceo/document/TA-5-2001-0477_ES.html

ataques sistemáticos y durante mucho tiempo de modo directo o indirecto». A su vez, las Directivas de la Unión Europea, la 43/2001, de 29 de junio, y la 78/2001, de 27 de noviembre, al referirse al acoso laboral, desde la perspectiva jurídica de la igualdad de trato en el empleo y con independencia del origen étnico, lo consideran como «una conducta de índole discriminatoria que atenta contra la dignidad de la persona y crea un entorno intimidatorio, hostil, degradante, humillante y ofensivo».

A nivel español, la Ley 62/2003, de 30 de diciembre, de medidas fiscales, administrativas y del orden social., en su artículo 28.1, d) define el acoso como «toda conducta no deseada relacionada con el origen racial o étnico, la religión o convicciones, la discapacidad, la edad o la orientación sexual de una persona, que tenga como objetivo o consecuencia atentar contra su dignidad y crear un entorno intimidatorio, humillante u ofensivo». Así mismo, dentro del ordenamiento jurídico interno, es de significar la Ley Orgánica de Igualdad, artículo 7, no lo definía como vulneración autónoma sino en función o por razón de sexo. Por su lado, la Ley General de Derechos de las personas con discapacidad y su inclusión social, en su artículo 2.f), al tratar del acoso en relación con la discapacidad de las personas lo define como «toda conducta no deseada relacionada con la discapacidad de una persona que tenga como objetivo o consecuencia atentar contra su dignidad o crear un entorno intimidatorio, hostil, degradante, humillante u ofensivo».

Desde un punto de vista transversal (con proyección en las distintas ramas del ordenamiento jurídico), la Ley 15/2022, de 12 julio, integral para la igualdad de trato y la no discriminación, delimita el contenido del derecho a la igualdad de trato y no discriminación, y el art.4, apartado 1, dispone: «Queda prohibida toda disposición, conducta, acto, criterio o práctica que atente contra el derecho a la igualdad. Se consideran vulneraciones de este derecho la discriminación, directa o indirecta, por asociación y por error, la discriminación múltiple o interseccional, la denegación de ajustes razonables, el acoso, la inducción, orden o instrucción de discriminar o de cometer una acción de intolerancia, las represalias o el incumplimiento de las medidas de acción positiva derivadas de obligaciones normativas o convencionales, la inacción, dejación de funciones, o incumplimiento de deberes».

En este mismo marco, inserta en las definiciones legales, la Ley 15/2022 antes citada, en su artículo 6 expresamente se refiere al «acoso discriminatorio» definiéndolo en los siguientes términos:

> «4. Acoso discriminatorio: constituye acoso, a los efectos de esta ley, cualquier conducta realizada por razón de alguna de las causas de discriminación previstas en la misma, con el objetivo o la consecuencia de atentar contra la dignidad de una persona o grupo en que se integra y de crear un entorno intimidatorio, hostil, degradante, humillante u ofensivo».

Evidentemente, a nivel español, también ha de citarse el ET que, en su artículo 4.2, reconoce el derecho de todo trabajador a ser respetado en su intimidad, a la consideración debida a su dignidad, incluyendo la protección frente al acoso por cualquier circunstancia o condición de las personas.

Luego, la Constitución Española garantiza su protección (art. 53.2), en cuanto suponen manifestación del derecho a la vida y a la integridad física o moral (art. 15), del derecho al honor, a la intimidad personal y familiar y a la propia imagen (art. 18).

En los pronunciamientos judiciales se ha venido a destacar como la Sala Cuarta del Tribunal Supremo no ha llegado todavía a conceptuar el acoso moral, no tanto por una reticencia sino por la naturaleza propia del recurso de casación y la dificultad de encontrar supuestos esencialmente equiparables a nivel de contradicción.

Faltando una definición normativa, la doctrina judicial de suplicación ha ido perfilando un modelo del acoso moral en el trabajo en que, para su estimación, es requerida la concurrencia de varios elementos básicos configuradores de dicha reprobable conducta, que además deben concurrir de forma conjunta (entre otras, en STSJ del País Vasco de 20 de abril de 2002; STSJ de Canarias/Las Palmas de 28 de abril de 2003; STSJ de Madrid de 14 de junio de 2005; STSJ de Cataluña de 6 de septiembre de 2005; STSJ de Extremadura de 6 de marzo de 2007; STSJ de Asturias de 20 de abril de 2007; STSJ Andalucía /Sevilla de 16 de febrero de 2011; STSJ Madrid 18 diciembre 2020 y 10 de septiembre 2021), fundamentalmente, en su configuración, se atiende a un doble elemento:

1. Un elemento objetivo, constituido por comportamientos o conductas de hostigamiento, que se realizan de forma prolongada o tienen permanencia temporal suficiente, y así se habla de «sistematicidad, reiteraciones, permanencia» (STS Galicia 7-12-2010 y 17-12-2010).
2. Un elemento intencional o subjetivo, que es la finalidad de causar aquel daño, que perjudica al trabajador en su dignidad o integridad.

De no confluir dichos elementos, se facilitará o se permitirá diferenciar de situaciones que no merecen la consideración de acoso laboral. Eso ocurre con el estrés laboral o *burnout* (síndrome del trabajador quemado emocionalmente), en los que se aprecia un cansancio emocional, un sentimiento de inadecuación o frustración profesional; o en el llamado *mobbing* subjetivo en el que las percepciones del trabajador no se corresponden con datos o elementos (objetivos-subjetivos) de su relación laboral.

Asentado lo anterior, seguidamente, como premisa a las publicaciones del presente Bloque II, se hace necesario resaltar el marco procesal a seguir en estos asuntos. En este nivel, el artículo 177 de la Ley 36/2011, de 10 de octubre, reguladora de la jurisdicción social (LRJS), en atención a lo previsto en el artículo 53.2 de la CE, dispone que «cualquier trabajador o sindicato que, invocando un derecho o interés legítimo, considere lesionados los derechos de liberta sindical, huelga u otros derechos fundamentales y libertades públicas, incluida la prohibición de tratamiento discriminatorio y del acoso, podrá recabar su tutela a través de este procedimiento».

Se trata de un procedimiento de cognición limitada y así se infiere del artículo 178.1 de la LRJS al establecer que «el objeto del presente proceso queda limitado al conocimiento de la lesión del derecho fundamental o libertad pública, sin posibilidad de acumulación con acciones de otra naturaleza o con idéntica pretensión basada en fundamentos diversos a la tutela del citado derecho o libertad».

En España, en atención a la tramitación del procedimiento, en el artículo 181.2 de la LRJS el legislador establece un mecanismo de defensa del derecho fundamental relativo a la prueba según el cual «en el acto del juicio, una vez justificada la concurrencia de indicios de que se ha producido violación del derecho fundamental o libertad pública, corresponderá al demandado la aportación de una justificación objetiva y razonable, suficientemente probada, de las medidas adoptadas y de su proporcionalidad».

En relación con la distribución de la carga de la prueba, también hay que tener en cuenta la posición del trabajador frente al empresario, dentro del criterio de facilidad probatoria o accesibilidad a los medios de prueba con arreglo al artículo 217 de la Ley 1/2000, de 7 de enero, de Enjuiciamiento Civil (LEC).

En el estudio de las más de cien sentencias que se han recopilado, se ha de apreciar, en cada caso, si concurren de forma suficiente los elementos objetivos e intencionales para afirmar la existencia del acoso laboral. Un ataque que, en todo caso, es hacia un derecho fundamental, a saber: el derecho del trabajador a su integridad moral e interdicción de tratos degradantes que protege el artículo 15 de la CE y el artículo 4.2.e) del ET.

Para ello, ha de saberse que, en virtud de lo antedicho, el acoso moral en el trabajo o *mobbing* supone la existencia de una conducta en la que por medio de agresiones verbales, aislamiento en el trabajo o en el entorno social, difusión de críticas o rumores sobre el trabajador, u otras actitudes/comportamientos del que es responsable o permisivo el empleador, se crea un entorno laboral, intimidatorio, hostil y/o humillante para quien lo padece, llegando incluso a conductas como el vaciado de la prestación no obstante existir una relación laboral, conculcando el derecho del trabajador a su integridad moral.

Si así se da, como se aprecia en varios ejemplos de la obra (punto 3.1. Casos en los que se reconoce el *mobbing*) y se afirma la existencia del ataque al citado derecho fundamental, procedería estimarse la demanda y, en cada caso, con ello, la pretensión indemnizatoria acumulada.

En lo atinente a la indemnización, si bien el perjuicio moral es de difícil cuantificación, hay parámetros suficientes para considerar ajustada (siempre que no sea excesiva) la cantidad que pueda solicitar la víctima del hostigamiento en el trabajo. A este fin, ha de saberse que se toma como parámetro lo establecido en Real Decreto Legislativo 5/2000, de 4 de agosto, por el que se aprueba el texto refundido de la Ley sobre Infracciones y Sanciones en el Orden Social (LISOS). Así, en su artículo 8, punto 12, califica como infracción muy grave «12. Las decisiones unilaterales de la empresa que impliquen discriminaciones directas o indirectas desfavorables por razón de edad o discapacidad o favorables o adversas en materia de retribuciones, jornadas, formación, promoción y demás condiciones de trabajo, por circunstancias de sexo, origen, incluido el racial o étnico, estado civil, condición social, religión o convicciones, ideas políticas, orientación e identidad sexual, expresión de género, características sexuales, adhesión o no a sindicatos y a sus acuerdos, vínculos de parentesco con otros trabajadores en la empresa o lengua dentro del Estado español, así como las decisiones del empresario que supongan un trato desfavorable de los trabajadores como reacción ante una reclamación efectuada en la empresa o ante una acción administrativa o judicial destinada a exigir el cumplimiento del principio de igualdad de trato y no discriminación».

Adicionalmente, con arreglo al artículo 40.1.b) de la LISOS (tomado a los solos fines orientativos de cuantificación), el legislador establece que dicha infracción puede ser sancionada en los siguiente términos «las muy graves con multa, en su grado mínimo, de 7.501 a 30.000 euros; en su grado medio de 30.001 a 120.005 euros; y en su grado máximo de 120.006 euros a 225.018 euros».

En todo caso, por razones de congruencia y parámetros a tener en cuenta, los jueces toman en consideración el tiempo transcurrido hasta la resolución y demás perjuicios para considerar la indemnización solicitada justificada para cuantificar el daño moral. Además, en todo caso, la indemnización impuesta a la empresa ha de cumplir una función disuasoria en la evitación de futuros incumplimientos. En efecto, la compensación que se establece, en cada caso, variará en función de los daños causados, considerando la gravedad del acoso, su impacto en la salud y, como se decía, la finalidad disuasoria de evitar futuras conductas similares.

NOTAS SOBRE EL ACOSO LABORAL O *MOBBING*

El acoso laboral, conocido como *«mobbing»* o acoso psicológico, es un fenómeno psicosocial preocupante.

Este riesgo psicosocial es alarmante, ya que estadísticas indican que el 80 % de la población trabajadora ha sufrido acoso laboral en algún momento de su vida laboral.

Sin embargo, solo un 5 % denuncia esta situación, debido al miedo a represalias o a perder su empleo.

Las situaciones de acoso han aumentado con los años, incluyendo la eliminación de funciones o la falta de ocupación efectiva, lo que puede acarrear problemas de salud para el trabajador.

La magnitud del acoso laboral es evidente, con más de 2 millones de víctimas en España, lo que representa el 15 % de los trabajadores activos.

La Organización Internacional del Trabajo (OIT) señala que el colectivo femenino y los trabajadores temporales son los más afectados.

La investigadora Marie-France Hirigoyen lo define como conductas abusivas que atentan contra la dignidad de una persona, mientras que Heinz Leymann describe el acoso como un proceso de destrucción a través de acciones hostiles repetidas, aunque aplicando la definición de acoso del actual Convenio 190 de la OIT basta con un simple acto hostigador.

Los tribunales españoles consideran el riesgo psicosocial como conductas que degradan las condiciones de trabajo y pueden poner en peligro la integridad del trabajador.

Para que se considere acoso, debe ser un hostigamiento persistente, ocurrir al menos una vez por semana o como se ha señalado puntual según el vigente Convenio 190.

Esto puede provocar ansiedad, estrés, depresión y otros problemas de salud en la víctima.

La principal dificultad radica en la acreditación de los hechos, ya que estas situaciones suelen presentarse con normalidad y sin pruebas escritas.

Se sugiere seguir jurisprudencia, como la Sentencia del Tribunal Supremo del 20/11/2014 para recopilar pruebas que acrediten el acoso laboral. Así, no cabe citar sentencias de Tribunales Superiores de Justicia, ya que no constituyen jurisprudencia a invocar a través de este motivo de recurso pues a tal efecto debe estarse a lo que señala el artículo 1.6 del Código Civil en cuanto a lo que se entiende por jurisprudencia.

A pesar de la gravedad del problema, España carece de una regulación legal específica sobre el acoso laboral, a diferencia de países como Suecia y Francia, que han avanzado en la legislación contra este riesgo psicosocial.

⚖ En el Código Penal se tipifica como delito el acoso contra la integridad moral en el ámbito laboral, sancionando actos hostiles y humillantes que impliquen grave acoso contra la víctima.

🔒 Desde la Ley Orgánica 5/2010, se reconocen modalidades de acoso, incluyendo el moral laboral, con penas de prisión para los culpables.

🔍 Los trabajadores tienen dificultades para probar el acoso y el nexo causal con su estado de salud, lo cual es esencial para el éxito de una demanda.

🚧 Sin embargo, pueden encontrar información útil en la web de la Inspección de Trabajo y de la Seguridad Social (buzón lucha fraude de ley), sobre cómo proceder en una denuncia anónima ante una situación de acoso laboral.

LA DELGADA LÍNEA ENTRE ACOSO LABORAL Y CONFLICTOS LABORALES COMUNES

El concepto de acoso laboral *(mobbing)* no puede ser objeto de una interpretación amplia, sin que pueda ser confundido con una situación de conflicto en las relaciones entre empresario y el trabajador.

Ha de tenerse en cuenta que cualquier conflicto no determina la presencia de un hostigamiento laboral.

Los elementos esenciales que caracterizan el *mobbing* son:

1.° El hostigamiento, persecución o violencia psicológica contra una persona o conjunto de personas.

En este sentido, el acoso no hay que confundirlo con una mera situación de tensión en el trabajo o mal clima laboral, tampoco concurre este elemento por el hecho de que se adopten por parte del trabajador determinadas decisiones que vulneren derechos laborales del trabajador, tales como traslado de puesto de trabajo, modificación de condiciones de trabajo, cambio de funciones, etc., movilidad geográfica, traslados, etc. Estas actuaciones empresariales, aunque sean declaradas como no ajustadas a derecho, no constituyen por sí solas maltrato psicológico.

Para que concurra este primer elemento, es necesario que la víctima sea objeto de un conjunto de actuaciones que configuran, en su conjunto, un panorama de maltrato psíquico o moral, una denigración o vejación del trabajador, a aislar al trabajador de su ámbito laboral, privándole de trabajo efectivo o asignándole tareas excesivas o manifiestamente imposibles de realizar, para agobiarlo, desacreditando al trabajador como inútil o incompetente, impidiéndole la comunicación con sus compañeros de trabajo, privándole de los medios de trabajo, deteriorando su entorno físico, como mantenerle en una estancia inadecuada y aislada del resto, etc.

2.° El carácter intenso de la violencia psicológica, que sea prolongada en el tiempo, esto es, no basta con que la violencia se manifieste como un mero episodio aislado o de forma esporádica.

3.° Que tenga como finalidad dañar psíquica o moralmente al trabajador, para marginarlo de su entorno laboral.

Por tanto, el *mobbing* o acoso en el trabajo, para diferenciarlo de otras situaciones debe contener estos elementos:

a) Se debe de tratar de actos de violencia psicológica (Leyman describe 45 comportamientos) y debe existir un elemento de intencionalidad, en cuanto que el acosador pretende la destrucción de la víctima, atacar su dignidad personal y profesional, rebajándola en la consideración que merece ante sus jefes y compañeros.

b) Se debe tratar de comportamientos repetitivos de manera sistemática (Leyman refiere como media una vez por semana durante un periodo de seis meses; por ejemplo, al mantenimiento de la intimidación psicológica por un periodo mínimos de 6 meses, reiterándose con una frecuencia de una o varias veces a la semana).

c) Estos comportamientos intimidatorios agresivos se producen en el ámbito laboral y están orientados a destruir a la víctima y su expulsión de tal ámbito de la empresa.

d) La consecuencia es que el acosador niega en todo momento el conflicto, causando en el acosado una ansiedad, un estrés postraumático, en esencia le produce un daño.

De este modo, no basta con que la supuesta víctima del *mobbing* alegue en sede judicial la existencia de vulneración del artículo 15 de la CE (derecho a la vida y a la integridad física y moral), debe probar la existencia de indicios en los que fundamenta la violación alegada de derechos fundamentales, carga de la prueba que corresponde a la parte actora.

En efecto, tal y como establece la jurisprudencia del Tribunal Constitucional, un indicio no consiste en la mera alegación de la vulneración de derechos fundamentales, sino que debe permitir deducir la posibilidad de que aquélla se haya producido (así, SSTC 166/1987, 114/1989, 21/1992, 266/1993, 293/1994, 180/1994 y 85/1995).

Con todo, el acoso moral debe tener siempre unos perfiles objetivos como son la sistematicidad, la reiteración y la frecuencia y, al propio tiempo, otros subjetivos como son los de la intencionalidad y el de la persecución de un fin. Por tanto, tres son los elementos esenciales del acoso moral: 1) la existencia de comportamientos hostiles hacia el trabajador; 2) su reiteración o sucesión a lo largo de un periodo más o menos largo de tiempo (dependiendo de las circunstancias concretas del caso y de la intensidad de la conducta) y; 3) la producción de un efecto lesivo de la integridad moral de la persona y degradante de su ambiente u otras condiciones de trabajo.

La doctrina especializada en esta materia incluye en esta categoría de *mobbing* conductas tales como la persecución del trabajador mediante órdenes caprichosas, la imposición de sanciones infundadas, la asignación al trabajador de un entorno desproporcionadamente incómodo para realizar su trabajo, la encomienda de trabajos impropios de la categoría profesional o de imposible realización, la utilización selectiva de comunicaciones para reprender o amonestar sin motivo, el establecimiento de diferencias de trato (determinados controles selectivos, desigualdad remunerativa, satisfacer el salario con un retraso injustificado), la modificación de jornada aduciendo motivos técnicos y organizativos que no han sido acreditados, la modificación arbitraria y sin sentido del sistema de organización del trabajo, la denegación injustificada de las fechas de disfrute de vacaciones pretendidas, la intensificación de los controles sobre las actividades cotidianas del trabajador y sobre su rendimiento, el llevar a cabo amonestaciones frecuentes, proferir expresiones denigrantes y ofensivas para el trabajador con ánimo de dañar la consideración del mismo, el realizar comentarios desfavorables a terceros ante el trabajador, la alteración de las funciones atribuidas al trabajador, la congelación del salario, la denegación injustificada de permisos, el cambio de horario injustificado, el trato laboral despectivo y degradante, el hostigamiento empresarial y de sus compañeros, el menoscabo de la intimidad o dignidad con finalidad discriminatoria, etc.

✗ Pero no puede confundirse el *mobbing* con los conflictos laborales es que puedan originarse por defender los sujetos de la relación laboral intereses contrapuestos, ni con el estado de agotamiento provocado por el estrés profesional, ni con manifestaciones de maltrato esporádico o de sometimiento a inadecuadas condiciones de trabajo.

Por otro lado, tal como se recoge en la Sentencia del Tribunal Superior de Justicia de 13 de noviembre de 2015, encontrándonos ante un proceso en el que se denuncia la vulneración de derechos fundamentales, la parte actora tiene que aportar indicios suficientes para que opere el mecanismo inversor de la carga de la prueba y también lo es que quien invoca el acoso debe acreditar las prácticas ofensivas en las que fundamente su pretensión, pues como quiera que se está analizando una agresión a la integridad física o moral de la persona y puesto que el artículo 15 de la Constitución Española contempla la integridad personal como un bien que ya posee el ciudadano por sí mismo, resulta que de lo que se le protege es de los ataques exteriores que contra la misma se puedan producir, y por tanto ello exige necesariamente acreditar al menos la existencia de esos atentados producidos en el contexto de esa relación, con lo que el debate se ha centrar no en determinar si una conducta o medida es razonable, sino en la existencia misma de la agresión, de suerte que no basta con aportar indicios sino que hay que demostrar el hecho cierto del acoso y en este sentido el Tribunal Constitucional en su sentencia 136/01 ha declarado que «*... sin descartar la realidad psicológica del acoso que la actora dice haber sufrido, los hechos psicológicos sólo pueden probarse a través de hechos físicos ...*».

Calma, solo te estoy diciendo lo que tienes que hacer, no te alteres por favor

NETWORK *MOBBING*: UN NUEVO TIPO DE HOSTIGAMIENTO LABORAL

El ciberacoso en el trabajo *(network mobbing)* cobra especial importancia por la publicación del Convenio sobre la violencia y el acoso, 2019 (núm. 190) de la International Labour Organization y de la Recomendación (núm. 206) que lo complementa.

El Convenio 190 —ratificado por España— se aplica a todo tipo de trabajador ante situaciones laborales de violencia y acoso que ocurren durante el trabajo, en relación con el trabajo o como resultado del mismo y, entre otras situaciones:

«d) en el marco de las comunicaciones que estén relacionadas con el trabajo, incluidas las realizadas por medio de tecnologías de la información y de la comunicación» (art. 3).

El *network mobbing* se configura como una nueva modalidad de violencia laboral, el cual es relativamente reciente e inexplorado, y del que las empresas han de REVISAR sus POLÍTICAS de bienestar laboral y adoptar medidas y protocolos específicos para contrarrestar este tipo de violencia en el trabajo.

Son más que necesarias la adopción de medidas efectivas para que las personas trabajadoras no sufran acoso mediante las TIC (como ahora el teléfono móvil por medio de programas de mensajería). Sin desdeñar que, en estos casos, se hace más que necesario el derecho a la desconexión digital como freno a conductas hostigadoras fuera del horario del trabajo.

En definitiva, son totalmente inaceptables fuera de la jornada pactada los mensajes con contenido laboral y, obviamente, aquellos con contenido vejatorio u hostigador.

IMPORTANCIA DE LA EVALUACIÓN DE RIESGOS PSICOSOCIALES EN EL LUGAR DE TRABAJO: EL CASO DE UN SUICIDIO EVITABLE

Germán, un trabajador que se sintió como el chivo expiatorio de un conflicto laboral, fue despedido por la empresa debido a una serie de hechos considerados como incumplimientos graves, como son: ataques a las relaciones sociales y a la vida privada de un compañero de trabajo.

Además, Germán fue sancionado por la empresa con 3 días de suspensión de empleo y sueldo y trasladado a otra tienda como medida disciplinaria. Este traslado fue percibido por Germán como un castigo, a pesar de que la empresa intentó presentarlo como una medida para evitar conflictos con otra persona trabajadora.

Tras una serie de incidentes, incluyendo una reunión tensa con su superior jerárquico, Isidoro, Germán se quitó la vida. Este trágico suceso puso de manifiesto la importancia de la evaluación de riesgos psicosociales en el lugar de trabajo.

En el juicio, Sara, argumentó que se vulneraron los derechos fundamentales del trabajador, específicamente el derecho a la dignidad, el derecho al honor y el derecho a la propia imagen. Por otro lado, la empresa defendió la legalidad de la sanción impuesta a Germán y la adecuación de sus actuaciones a la normativa laboral vigente.

La instancia desestimó la demanda presentada por Sara en la que solicitaba que se declarase que las prestaciones de viudedad y orfandad derivaban de contingencia profesional.

Sin embargo, el recurso presentado al Tribunal Superior de Justicia (TSJ) estableció que existió una clara conexión o relación de causalidad relevante entre la acción suicida de Germán y el trabajo, es decir, que el trabajo o las circunstancias en las que se desarrollaba su prestación de servicios laboral es lo que está en la base de la decisión de quitarse la vida.

El acta de la Inspección de Trabajo y Seguridad Social (ITSS) en el caso es relevante, ya que concluyó que existía un nexo causal entre la situación laboral estresante y el suicidio de Germán, considerando este como un accidente de trabajo.

Además, la ITSS propuso un recargo a la empresa por falta de medidas de seguridad del 45 % debido a la falta de evaluación de los riesgos psicosociales y la falta de adopción de medidas preventivas adecuadas para eliminar o reducir y controlar el riesgo psicosocial. En el acta también se menciona que se impuso una sanción económica a la empresa, la cual fue impugnada y posteriormente rebajada.

🧠 Lo anterior hace indicar que la ITSS identificó deficiencias en las medidas de prevención de riesgos laborales (PRL) en el entorno de trabajo de Germán, lo que podría haber contribuido a su situación emocional y al desenlace trágico de su suicidio. En estos casos, es necesaria una adecuada evaluación y gestión de los riesgos psicosociales en el lugar de trabajo para prevenir este tipo de tragedias

📌 Sentencia TSJ Cantabria 128/2023, de 27/02/2023 N.° Recurso: 798/2022.

EL CUADRO LEGAL DE ENFERMEDADES PROFESIONALES EN ESPAÑA: NECESIDAD URGENTE DE REFORMAR PARA INCLUIR LOS RIESGOS PSICOSOCIALES

El Real Decreto 1299/2006, de 10 de noviembre, por el que se aprueba el cuadro de enfermedades profesionales en el sistema de la Seguridad Social y se establecen criterios para su notificación y registro, se trata de un reglamento que desarrolla la Ley General de la Seguridad Social. Su contenido no responde a las nuevas realidades laborales. No en vano, su listado actual y vigente está basado en riesgos de la segunda revolución industrial, por lo que se puede afirmar que se queda corto ante los desafíos actuales. En la era de Internet y las energías renovables, los riesgos psicosociales como el estrés laboral requieren atención, con especial incidencia en el acoso laboral o *mobbing* y el síndrome del trabajador desgastado emocionalmente o *burnout.*

La Organización Internacional del Trabajo (Recomendación 194) y la Organización Mundial de la Salud (OMS) recomiendan incluir trastornos mentales y del comportamiento en el cuadro de enfermedades profesionales, algo que el decreto actual omite. Un ejemplo claro de ello, es el relativo al síndrome del trabajador desgastado emocionalmente ya que la OMS a través de su Asamblea celebrada el día 25 de mayo de 2019, reconoció desde inicios de 2022 el «burnout» como enfermedad profesional. Particularmente, dicho estrés crónico lo ha incluido dentro de la guía de enfermedades asociadas al trabajo en la Clasificación Internacional de Enfermedades (CIE-11), con el código QD85, definiéndolo como *«síndrome conceptualizado como resultado del estrés crónico en el lugar de trabajo que no se gestionó con éxito».*

La dificultad para catalogar los riesgos psicosociales radica en su etiología multicausal y la presencia de factores subjetivos.

Las sentencias actuales ya tratan ciertos casos psíquicos como contingencias profesionales, lo que abre la puerta a su reconocimiento formal.

No hay barreras significativas para incluir trastornos psiquiátricos causados por riesgos psicosociales en el cuadro reglamentario. Es hora de actualizar nuestras leyes para reflejar la realidad laboral moderna.

En este terreno, diferenciar entre enfermedad profesional y enfermedad asimilada a accidente de trabajo es clave.

Preventivamente, incluir una enfermedad en el cuadro reglamentario obliga a las empresas a implementar medidas de prevención específicas, como exámenes médicos periódicos y ajustes en el puesto de trabajo si se diagnostica la enfermedad.

Reparatoriamente, la inclusión facilita la identificación de responsables y la prueba de causalidad laboral, beneficiando al trabajador. En cambio, si no está incluida, la carga de la prueba recae en el empresario.

💡 En virtud de lo antedicho, resulta básico actualizar el cuadro reglamentario para reflejar las realidades actuales del entorno laboral y garantizar tanto la prevención como la reparación adecuadas. Máxime cuando la jurisprudencia ya lo está haciendo. Por lo tanto, efectivamente, es necesario, actualizar el RD 1299/2006, que ya tiene muchos años y no contempla una de las primeras causas por las cuales los trabajadores están cogiendo bajas y ya incluso se están declarando incapacidades permanentes por estas causas, como contingencias profesionales (en especial, como accidentes de trabajo, vía la jurisprudencia en aplicación del art. 152.2 del Real Decreto Legislativo 8/2015, de 30 de octubre, por el que se aprueba el texto refundido de la Ley General de la Seguridad Social. —LGSS—).

APLICACIÓN DEL CRITERIO TÉCNICO NÚM. 104/2021 DE LA INSPECCIÓN DE TRABAJO Y SEGURIDAD SOCIAL EN RIESGOS PSICOSOCIALES EN EL ENTORNO LABORAL ACTUAL

La digitalización está transformando nuestros lugares de trabajo a una velocidad sin precedentes. Con ella, surgen nuevos desafíos, especialmente en lo que respecta a los riesgos psicosociales.

La sobreexposición a la tecnología digital puede llevar a un aumento en las cargas de trabajo y, con ello, a un incremento en el estrés y otros problemas de salud mental para nuestros trabajadores.

Es hora de actuar y proteger el bienestar de los trabajadores. El Criterio Técnico n.° 104/2021 de la Inspección de Trabajo y Seguridad Social ofrece una guía esencial para abordar estos riesgos.

Este criterio puede ayudar a las empresas a implementar medidas preventivas efectivas, desde combatir el tecnoestrés hasta promover la desconexión digital.

Con la sobreexposición a la tecnología digital, los trabajadores enfrentan un aumento exponencial en las cargas de trabajo. Esto ha llevado a la aparición de factores psicosociales que pueden dañar la salud mental de los trabajadores.

El estrés, la violencia y el acoso en el trabajo son problemas serios que pueden surgir bajo el abrigo de la tecnología. Por ello, es esencial considerar la vertiente digital en las evaluaciones de riesgos de las empresas para cumplir con las obligaciones preventivas.

Es fundamental poner freno tanto a la fatiga informática como al tecnoestrés en todas sus variantes, desde la tecnofobia hasta la tecnoansiedad

Para ayudar en la evaluación de riesgos psicosociales, la Inspección de Trabajo y de la Seguridad Social (ITSS) publicó el Criterio Técnico 104/2021 el 14 de abril de 2021. Este criterio es una herramienta vital para que las empresas adopten medidas preventivas necesarias en relación con la carga y el ritmo de trabajo, así como el acoso y hostigamiento en su vertiente digital.

En el artículo que enlazo, evalúo la idoneidad del Criterio, su impacto en los agentes sociales y su importancia para prevenir accidentes y enfermedades profesionales en la Industria 2.0. Además, se relaciona con el derecho de desconexión digital en el trabajo en España. Siguiendo el Criterio y sus indicaciones, las modalidades de desconexión digital serán más eficaces, eficientes y garantistas para la salud mental de los trabajadores.

Las empresas han de priorizar la salud mental en el trabajo.

Revista de Derecho Laboral vLex (RDLV), ISSN-e 2696-7286, N.°. 6, 2022 https://vlex.es/vid/imperiosa-aplicacion-criterio-tecnico-910658795

IN LIGTINAL
D1EVENACTION
PRROTECT YOL YOJR

2

DESPIDOS Y CONFLICTOS LABORALES

DESCONOCIMIENTO DE BAJA MÉDICA DE TRABAJADORA: DESPIDO IMPROCEDENTE PERO NO NULO

Melisa camarera desde el 01/10/2021.

El 11/07/2023 fue diagnosticada con trastornos de ansiedad y pasó a situación IT.

El 17/09/2023 recibió el alta por solicitud de la Mutua, pero el 18/09/ fue nuevamente declarada en IT por su médico.

El 21/09/2023 la empresa le envió un burofax exigiendo su reincorporación en 24 horas, citando el convenio colectivo (art. 50) que considera una falta muy grave faltar más de 3 días trabajo, siendo sancionable incluso con el despido.

El 26/09/2023, le comunicaron el despido disciplinario, alegando que no acudió al trabajo los días 18, 19, 20, 21, 22 y 25/09 ni justificó su ausencia, a pesar de haber recibido el burofax del 21/09 solicitando su reincorporación en 24 horas. Esto se considera una falta grave según el art. 54.2.a) del ET y el art. 50.1 del Convenio.

El 11/10/2023 Melissa solicitó un acto de conciliación y la empresa reconoció la improcedencia del despido ofreciendo la remisión, pero no la nulidad.

Demanda a fin de impugnar su despido solicitando su nulidad, alegando que ocurrió mientras estaba de baja por IT y que, por represalia, la empresa vulnera su garantía de indemnidad, solicitando una indemnización de 10.000 €.

La empresa se opone, argumentando que tras recibir el alta médica el 15/09 no justificó su ausencia ni proporcionó explicación alguna, lo que motivó el despido.

El debate se centra en la procedencia o no de la nulidad del despido.

La jurisprudencia indica que si hay indicios de vulneración de un derecho fundamental, corresponde a la empresa probar que el despido no tuvo relación con el ejercicio de esos derechos. No obstante, una reclamación o una IT no protegen al trabajador si la falta que justifica el despido es real.

Melisa fue dada de alta el 15/09, y tras su inasistencia al trabajo, la empresa le envió un burofax solicitando explicaciones. La empresa desconocía que había sido nuevamente dada de baja médica.

En el juicio, Melisa menciona en las conclusiones una situación de acoso laboral *(mobbing)*, aportando dos informes médicos como defensa. Sin embargo, esta alegación no la acepta la instancia por no estar incluida en la demanda inicial ni mencionarse antes en el juicio, lo que impidió a la empresa responder o aportar pruebas.

‼ Además, los informes médicos solo recogían las declaraciones de la trabajadora, no las conclusiones de los médicos, quienes diagnosticaron un trastorno adaptativo.

En fin, el despido no vulnera derechos fundamentales. Se desestima la nulidad solicitada y se declara la improcedencia del despido, tal como reconoció la empresa.

La empresa optó por la readmisión de Melisa, con abono de salarios de tramitación desde el despido hasta la notificación de la sentencia, a razón de 47,40 €/día, descontando el período de IT, durante el cual no se devengan salarios sino prestaciones.

SJSO Oviedo 993/2024, 29/02/2024, núm. rec. 810/2023.

Melisa
Burofax

DESPIDO PROCEDENTE POR MENTIR EN JUICIO

Clemente trabajó desde 1998 en la categoría de peón de limpieza viaria.

El 02/09/2016 presentó una denuncia acusando a su encargado de acoso laboral.

El 12/03/2018 la empresa le informó sobre la instalación de una cámara de seguridad tras una denuncia por robo y para controlar la actividad laboral.

El 16/04/2018, despidieron a Eldemiro, otro trabajador por motivos disciplinarios tras ser grabado cometiendo actos inapropiados como orinar en los carros de compañeros y dañar material.

Durante el juicio por el despido de Eldemiro, Clemente declaró como testigo y afirmó que no reconocía a la persona que aparecía en las imágenes del video presentado como prueba.

En el interrogatorio, se le preguntó si el video mostraba a Eldemiro, a lo que respondió que «no», argumentando tenía barba y pelo largo en ese momento, una afirmación que fue negada por la empresa.

La sentencia de despido de Eldemiro consideró poco creíble su declaración concluyendo que era extraño que no reconociera a un compañero de su mismo turno.

El 07/11/2019 Clemente presentó alegaciones a su carta de despido, ya que las acusaciones de la empresa carecían de fundamento, ya que no había una sentencia firme sobre el juicio de Eldemiro.

El 08/11/2019 aún con ello, la empresa le despidió por mentir deliberadamente bajo juramento en el juicio, lo que perjudicó los intereses de la empresa.

Según la carta de despido, había cometido una falta muy grave al mentir sobre la identidad de la persona en el video y sobre la apariencia de Eldemiro, quebrantando la confianza y la buena fe contractual.

Clemente demandó, pero la instancia declaró procedente su despido.

Recurrió al considerar que la empresa no había presentado pruebas suficientes para demostrar que su testimonio en el juicio era falso. Así, sus declaraciones eran interpretaciones subjetivas de las imágenes y no una falta deliberada de veracidad.

Consideró su despido una represalia por la denuncia de *mobbing* en 2016 y pidió solicitando la nulidad de su despido por violación de derechos fundamentales.

Según el TSJ, las pruebas aportadas por la empresa, las grabaciones y las contradicciones en su testimonio, eran suficientes para demostrar que faltó a la verdad de manera deliberada.

👀 La relación laboral se basa en la confianza mutua y que mentir en un proceso judicial relacionado con la empresa es una grave transgresión de esa confianza. Sus afirmaciones sobre la apariencia física de Eldemiro fueron inexactas y fácilmente refutables con pruebas objetivas.

⚖ Sobre la vulneración de derechos fundamentales, según el TSJ, no había pruebas suficientes que establecieran una relación entre la denuncia de *mobbing* y el despido. El despido no fue por represalia, sino por conducta procesal durante el juicio.

✖ En fin, el TSJ desestimó el recurso y confirmó la instancia.

📌 STSJ Andalucía 513/2024 08/02/2024 N.° rec. 368/2022.

‼ NEGATIVA A PROPORCIONAR DNI Y PERMISO DE CONDUCIR NO JUSTIFICA DESPIDO DISCIPLINARIO

Abilio trabaja como repartidor desde 2019.

Presentó demandas anteriores contra la empresa, resultando en sentencias favorables en mayo de 2022 creando un contexto previo a la demanda actual.

Estuvo en IT por problemas de salud, incluyendo un accidente de trabajo y enfermedades comunes, desde mayo de 2021 hasta abril de 2022.

Entre el 12 y el 22 de abril de 2022, no recibió asignación de trabajos por parte de la empresa, lo que precedió a su despido.

El 21/04/2022 la empresa le solicitó por Telegram que enviara fotos de su DNI y permiso de conducir. Se negó argumentando que no estaba obligado a hacerlo.

Al día siguiente, la empresa le notificó su despido disciplinario por pérdida de confianza, transgresión de la buena fe contractual, desobediencia e indisciplina por su negativa a proporcionar la documentación.

La demanda para la extinción de la relación laboral por voluntad del trabajador resultó en la declaración de despido como improcedente. La empresa fue condenada a readmitirle o indemnizarle.

Abilio y la empresa recurrieron. Abilio alegó una aplicación incorrecta del art. 50 del ET. La empresa se basó en el art. 54 sobre despido disciplinario.

La sentencia priorizó la resolución del contrato a petición del trabajador, ya que ocurrió antes que el despido disciplinario.

Abilio alegó acoso laboral, incluyendo:

- Reiterado impago de salarios.
- Incorrecta aplicación del Convenio Colectivo.
- Imposición de sanciones.
- Exigencia de instalar un GPS en su móvil particular.
- Solicitud de documentos por Telegram, violando su intimidad y protección de datos.

El TSJ concluyó que sus alegaciones no constituyeron *mobbing* ni menoscabo de su dignidad, desestimando su demanda de extinción contractual.

✕ Las acciones de la empresa no son de acoso laboral, ya que no se demostraron hechos o palabras continuas que desacreditaran al trabajador.

El trabajador ha de seguir las órdenes del empresario, siempre y cuando estén dentro del marco legal y no representen un riesgo para su dignidad o seguridad. La desobediencia puede afectar la confianza en la relación laboral, pero no siempre justifica un despido.

🎯 Aquí, la empresa le despidió por negarse a proporcionar documentación. Esto no constituye un despido disciplinario, reafirmando la improcedencia.

🚫 No se constató incumplimiento que justificara la extinción del contrato por voluntad del trabajador.

✖ El TSJ rechazó el recurso de la empresa. La negativa a aportar el permiso de conducir no era lo suficientemente grave para justificar un despido disciplinario, considerando que la situación parecía derivarse de tensiones laborales.

✖ Se rechazó el recurso de Abilio por un error de transcripción que no afectaba su derecho a la tutela judicial efectiva.

✖ Al no haber vulneración de derechos fundamentales, no procede indemnización adicional.

📌 STSJ Asturias 19/2023, 17/01/2023 N.° rec. 2495/2022.

⊖ DESPIDO IMPROCEDENTE Y CONFLICTO LABORAL

Modesta trabajó desde 1992 como oficial administrativa en varios departamentos, asumiendo diferentes funciones.

En marzo de 2018, intercambió correos recriminatorios con una compañera, comportamiento que también se evidenció en correos enviados a otros compañeros en 2016 y 2017.

Tuvo varias bajas médicas entre mayo de 2018 y julio de 2022, relacionadas con una enfermedad común.

En junio de 2019, tras realizarse entrevistas, la Unidad de Prevención concluyó que el problema se debía a una carga de trabajo general en la unidad, sin encontrar evidencia de trato diferencial o acoso laboral hacia Modesta.

En julio de 2021, solicitó activar el protocolo de acoso laboral. Un agente externo concluyó en octubre de 2021 que no existía *mobbing*, sino un conflicto personal entre las trabajadoras.

En mayo de 2022, la empresa le notificó la extinción de su contrato por ineptitud sobrevenida, basándose en un informe de riesgos psicosociales que identificó problemas de desmotivación y falta de implicación y se consideró inviable su reubicación en otro puesto.

En el mismo mes, Modesta y la empresa firmaron un acuerdo en el que ella aceptó la improcedencia del despido y recibió una indemnización de 50.000 €. En este acuerdo, desistió de reclamar la nulidad del despido y cualquier daño o perjuicio adicional.

Sin embargo, Modesta impugnó el despido, argumentando que fue discriminada por discapacidad. La instancia desestimó su demanda, afirmando que no se vulneraron derechos fundamentales y que el acuerdo transaccional previo era válido.

Formalizó un recurso solicitando que su despido se declarara improcedente o nulo por discriminación debido a discapacidad.

Argumenta que la decisión de despido no estaba justificada y que había indicios de discriminación. La empresa negó la discriminación y argumentó que no se acreditó ninguna discapacidad. La jurisprudencia establece que se requiere evidencia sólida para probar discriminación. Modesta no aportó pruebas suficientes.

También que se infringió la normativa sobre despido y derechos fundamentales debido a que el acuerdo transaccional no fue ratificado judicialmente ni se cumplieron las condiciones establecidas, como el pago de indemnización. La empresa defendió que el acuerdo era válido y cumplía con los requisitos legales.

Según el TSJ la indemnización no se puso a disposición en la fecha de la comunicación escrita, incumpliendo el requisito formal del art. 53.1 b) del ET. La notificación escrita se realizó el 25/05/2022 y la indemnización se abonó hasta el 09/06/2022; esto provoca la improcedencia (ex art 53.4 ET).

El recurso se estima y se califica el despido como improcedente. La empresa debe optar entre indemnizarla con 69.988,88 € (deduciendo la indemnización ya abonada) o readmitirla con el abono de los salarios devengados desde el despido hasta la readmisión.

STSJ Cataluña 4680/2024, 28/06/2024, N.° rec. 1416/2024.

RIESGOS PSICOSOCIALES: EMPRESA CUMPLE, TRABAJADOR NO

Julio trabajaba como teleoperador desde 2019.

En junio de 2022 inició una baja por ansiedad laboral, reincorporándose el 24/09/2023 tras el alta médica.

Tras su reincorporación, solicitó vacaciones y posteriormente una excedencia especial aprobada hasta el 28/11/2023.

Desde el 29/11/2023 no justificó sus ausencias. El 27/11/2023 comunicó una nueva baja por recaída, sin aportar la documentación requerida inicialmente.

La empresa solicitó en varias ocasiones justificantes de las ausencias, advirtiendo medidas disciplinarias si no se regularizaba.

El 19/12/2023 fue despedido por faltas graves y reiteradas de asistencia injustificada, conforme al convenio colectivo (art. 74.3).

Julio demandó solicitando:

Resolución contractual por incumplimientos empresariales graves (art. 50.1 c ET).

Despido improcedente (art. 56 ET), alegando justificación de las ausencias por recaída.

Indemnización de 25.000 € por vulneración de derechos fundamentales.

⚠ Alega que la empresa no le efectuó un estudio de cómo podría resultar afectada su salud por las exigencias que comporta el puesto de trabajo, al tratarse de un puesto en el que la atención es directa con el cliente y que la empresa tiene la obligación impuesta por el art. 19.3 del ET de tener una política adecuada de prevención, lo que en caso contrario, sirve de base para la extinción de la relación laboral, según el art. 50.1 c) del ET en relación con el 4.2 d) del ET.

Según el art. 32.1 ET, al acumular acciones por despido y resolución contractual, se prioriza la acción basada en el conflicto inicial.

Se probó que Julio incurrió en faltas graves al no justificar ausencias entre el 29/11 y el 3/12/2023.

Un reconocimiento médico del 23/11/2023 le declaró apto y no justificó adecuadamente sus ausencias.

No se acreditaron incumplimientos graves empresariales ni perjuicio significativo ex art. 50.1 c ET.

No se ha probado que la empresa le haya vulnerado sus derechos. Su baja médica de junio de 2022 fue por contingencia común, y no consta que la haya impugnado.

La empresa había realizado evaluaciones de riesgos psicosociales y de riesgos laborales en el puesto de teleoperador, incluyendo su centro de trabajo.

Se aportaron evaluaciones de 2019 y 2022, que incluyen los riesgos del puesto de trabajo del trabajador.

No consta que solicitara medidas adicionales ni denunciara ante la ITSS.

La empresa no podía relacionar su baja médica con su puesto de trabajo, ya que se trataba de una baja por contingencia común.

Según testimonio del Técnico de Prevención, las evaluaciones de riesgos fueron realizadas de manera colectiva y periódica, sin requerimientos por parte de la ITSS.

En fin, el despido disciplinario es procedente.

Se desestima la demanda: no justificó la resolución contractual ni la indemnización por vulneración de derechos fundamentales.

SJSO Albacete 1339/2024, 02/07/2024 N.º rec. 699/2023.

✕ ‼ DEMANDA POR CAMBIO DE PUESTO E INDEMNIZACIÓN DESESTIMADA

Víctor, graduado en empresariales, trabaja para Naturgy desde 2000 y salario fijo de 4.755,60 €.

Tras demandas por *mobbing* y modificación de condiciones, se llegó a una conciliación el 21/03/2017, integrándose como jefe de servicio.

Sus funciones incluían garantizar el desarrollo de proyectos, coordinar grupos de trabajo y proponer planes de acción.

Víctor estuvo de baja por trastorno depresivo desde agosto de 2019 hasta diciembre de 2020, momento en que ejecutó el acuerdo de su integración, sin que la adscripción a «Gestión de Cartera» supusiera un cambio en sus funciones.

Durante 2019 a 2022, presentó múltiples denuncias ante la ITSS por falta de ocupación efectiva, diferencias retributivas, incumplimiento de normas de PRL, entre otras.

El 04/12/2023 fue convocado por la empresa para asignarle el puesto de Técnico Especialista de Seguimiento Operativo, que rechazó por no ser el cambio solicitado.

Se le remitió un email para que se informara sobre el Comité de Compras, pero Víctor inició una nueva baja el 5 de enero y no llegó a ocupar el puesto.

Durante sept. de 2021 y 2023, comunicó su disposición para aceptar un puesto con ocupación efectiva.

Demanda y reclama la nulidad o injustificación de su cambio de puesto de trabajo y una indemnización de 15.002 € o 7.500 € según el caso.

La instancia considera que el cambio de puesto de trabajo propuesto por la empresa, al pasar a jefe de Servicio a Técnico Especialista de Seguimiento Operativo, no fue una modificación arbitraria o injustificada.

La empresa justificó dicho cambio como una reorganización necesaria debido a la evolución de los proyectos y la estructura interna, de acuerdo a lo establecido en el art. 41 del ET.

Aquí la empresa no ha vulnerado su derecho del trabajador a la ocupación efectiva, ya que el nuevo puesto mantenía el nivel de responsabilidad y retribución correspondiente.

Víctor alegó que, a pesar de su disposición para reincorporarse, no se le asignaron tareas reales en consonancia con su categoría profesional, lo que ocasionó un perjuicio psicológico.

Aquí, la empresa sí ofreció alternativas razonables y tareas acordes a su formación y trayectoria, como la gestión en el Comité de Compras, por lo que no se puede concluir una falta de ocupación efectiva.

⚖ Atinente a la reclamación de indemnización por vulneración de derechos, no se consideró que la empresa haya actuado de mala fe o con ánimo discriminatorio.

La indemnización de 15.002 € solicitada fue desestimada, así como la subsidiaria de 7.500 €, al no demostrarse perjuicio económico o moral suficiente que justificara tales cuantías.

🛇 Se desestima la demanda en su integridad. La empresa actuó de forma legítima.

No se condena a la empresa al pago de indemnización alguna, ni se reconoce la nulidad de la modificación de las condiciones laborales.

📌 SJSO Vigo 642/2024, 04/04/2024 N.º rec. 19/2024.

☑ 🎯 DESPIDO NULO A TRABAJADORA AL POCO DESPUÉS DE ESTAR DE BAJA POR ENFERMEDAD

🚐 Millaray trabajó desde 2018 como auxiliar en una empresa de inspección técnica de vehículos.

📧 En febrero y marzo de 2023 informó a la ITSS sobre irregularidades en su nómina y horario.

🕒 La empresa pasó de un registro manual de jornada a un sistema de fichaje electrónico en 2022.

? El 10/03/2023 la empresa intentó entregarle un cuadrante con su horario, el cual no firmó. Sin embargo, este documento fue utilizado como prueba en el proceso posterior.

🤕 Tres días después, el 13/03/2023, Millaray inició una baja por IT que se extendió hasta el 18 de julio de 2023. Su ausencia laboral fue por motivos de salud.

📨 El 21/07/2023, apenas días después de su reincorporación al trabajo, recibió un burofax con su carta de despido.

🏥 El 22/07/2023 apenas un día después de recibir el despido, solicitó una nueva baja médica por urgencias, lo que evidenció su delicado estado de salud en ese momento.

💼 La empresa la dio de baja en la Seguridad Social y le transfirió su finiquito, formalizando su desvinculación.

📄 El 24-07-2023 Millaray recibió un protocolo de acoso laboral, y el 25-07-2023 denunció más irregularidades en el pago de sus salarios.

📅 El 26-07-2023 la empresa informó que investigaría estas denuncias.

? La empresa reconoció la improcedencia del despido en el acto de conciliación, pero ella no aceptó la oferta y decidió continuar con la demanda.

📝 Millaray demandó buscando la declaración de despido nulo. La instancia lo declaró improcedente, condenando a la empresa a pagar 3.455 € o readmitirla.

🙏 Recurrió la sentencia, buscando la nulidad del despido y una indemnización por daños morales.

⚖️ El TSJ revisó su recurso y rechazó algunas peticiones por falta de pruebas suficientes.

🔍 Ella alegó que el despido vulneraba derechos fundamentales, pero no se encontraron pruebas suficientes de que estuviera relacionado con sus reclamaciones salariales o la enfermedad.

📄 Según el TSJ, la cercanía entre la baja médica y el despido era un indicio claro de discriminación por enfermedad.

Ella invocó la Ley 15/2022 de igualdad de trato y no discriminación y el ET, argumentando que su despido estaba relacionado con su baja por enfermedad, lo que violaría las normas de no discriminación.

La carta de despido hacía referencia a un incumplimiento de horario, pero no daba razones suficientes para justificar un despido disciplinario.

Solo pasaron unas horas entre su reincorporación y el despido, lo que refuerza los indicios de que la decisión estuvo motivada por su estado de salud.

La empresa no pudo justificar objetivamente su decisión de despido y reconoció su improcedencia en el juicio, lo que llevó a que se declarara nulo con las consecuencias legales pertinentes.

El TSJ aceptó una indemnización de 7.501 € por los daños morales sufridos por Millaray debido a su despido.

STSJ Madrid 7993/2024, 05/07/2024 N.º rec. 459/2024.

‼ DESPIDO COMO REPRESALIA TRAS DENUNCIA POR *MOBBING* (PARTE I)

Adela trabajó como cajera dependienta en un supermercado desde 2022.

El 21/07/2022 empezó una baja por IT debido a problemas de salud.

El 18/08/2022 la empresa le comunicó su despido disciplinario por una presunta infracción laboral grave.

Adela solicitó la nulidad del despido, ya que violaba sus derechos fundamentales, y pidió su readmisión, el pago de salarios no percibidos y una indemnización de 12.000 € por daños morales. Subsidiariamente, solicitó la improcedencia del despido... pero la instancia desestimó su demanda.

Recurrió la sentencia: el fallo de la instancia carecía de motivación suficiente y no se había detallado adecuadamente el salario regulador, ni se había considerado su denuncia de acoso laboral *(mobbing).*

Destacó que no se tuvieron en cuenta las pruebas documentales y testificales aportadas, como las declaraciones de una compañera que respaldaban su versión de los hechos. Así, mencionó e-mails que envió a la empresa, los cuales nunca fueron respondidos de forma adecuada (ver más siguiente punto).

La falta de consideración de estas pruebas violaba sus derechos y generaba indefensión, en contra del art. 24 de la CE.

Solicitó que se incluyeran elementos para demostrar el *mobbing*, como una baja médica certificada por trastorno de ansiedad desde julio de 2022.

Además, la empresa no activó el protocolo de acoso laboral, que exige investigar cualquier denuncia de hostigamiento y garantizar un entorno de trabajo seguro y respetuoso.

Pese a sus múltiples solicitudes, no recibió respuesta de la empresa a su solicitud de cambio de tienda debido a su ansiedad generada por el entorno laboral.

◇ Formalizó una denuncia interna contra las encargadas por trato irrespetuoso, gritos y actitudes hostiles que afectaban su bienestar psicológico y capacidad de trabajar.

‼ Dos días después de la denuncia, la empresa la despidió por faltas graves, sin haber sancionado previamente las conductas denunciadas; el despido podía haber sido una represalia directa por su denuncia de acoso.

✖ La empresa no activó el protocolo de acoso laboral ni investigó la denuncia, optando solo por el despido.

La proximidad temporal entre la denuncia y el despido refuerza la sospecha; contraviene la doctrina de la garantía de indemnidad, que protege a los trabajadores de represalias por ejercer sus derechos.

◇ En estos casos, la carga de la prueba recae sobre la empresa, que debe demostrar que el despido no fue una represalia, pero no pudo acreditar que fuera justificado por motivos objetivos.

Según el TSJ, el despido fue nulo por represalia: la empresa no pudo demostrar que los motivos disciplinarios eran verídicos. Se le condena a readmitirla y a abonarle los salarios dejados de percibir desde la fecha del despido.

Más una indemnización por daños morales de 7.501 € por el trato hostil y la falta de respuesta adecuada por parte de la empresa.

STSJ Cataluña 6912/2024, 30/09/2024 N.° rec. 1094/2024.

!! DETALLES DE E-MAILS EN EL DESPIDO POR REPRESALIA TRAS DENUNCIA DE *MOBBING* (PARTE II)

1. Mensaje del 23 de marzo de 2022 (primer correo).

«Escribo para solicitar un cambio de tienda a Cambrils si hay alguna vacante, puesto que me iría muchísimo mejor ya que son muchos kilómetros al día».

Adela se expresa de manera directa y educada, exponiendo su solicitud de cambio de tienda de forma clara.

Utiliza un tono amable y justifica su solicitud por la carga de kilómetros diarios, lo que muestra una preocupación genuina por el esfuerzo y el gasto en desplazamientos.

El lenguaje refleja cortesía y optimismo, dejando abierta la posibilidad de que su petición sea atendida

2. Mensaje del 26 de abril de 2022 (segundo correo).

«Escribo referente a un traslado a alguna tienda de Cambrils que solicité el mes pasado, es por si se sabe algo, puesto que gasto mucho en gasolina y no me sale a cuenta tener que ir cada día».

Adela sigue mostrando cortesía, aunque introduce un tono de urgencia y cierta frustración debido a la falta de respuesta.

Reitera la razón económica, esta vez con un matiz de necesidad financiera («no me sale a cuenta»), lo que significa que la situación comienza a impactar negativamente en su bienestar.

3. Mensaje del 11 de agosto de 2022 (tercer correo).

«Quería saber también si se sabe algo del cambio de tienda para hablar con la doctora y que me dé el alta».

En este e-mail, Adela menciona explícitamente que está bajo supervisión médica y que el cambio de tienda afectaría su alta médica.

Esta referencia a la doctora indica que su situación laboral tiene implicaciones en su salud.

Su tono es respetuoso, pero el mensaje refleja un vínculo claro entre su situación laboral y su bienestar físico, sugiriendo que el cambio de tienda es más necesario de lo que la empresa podría estar considerando.

4. Mensaje del 16 de agosto de 2022 (cuarto correo, 17:26).

«Mandé el otro día al portal del trabajador el justificante de la baja y preguntando si se sabe algo para darle el alta a la doctora, pero no he tenido respuesta y hoy me han llamado de la central diciendo que hoy finaliza mi contrato, pero yo soy fija por eso no entiendo que no se me cambie de tienda ni nada».

🔍 Aquí, el tono de Adela cambia significativamente.

😨 Muestra confusión y alarma, destacando que, a pesar de su contrato fijo, se le ha informado de la finalización de su contrato.

😵 Este e-mail refleja sentimientos de injusticia y desconcierto.

📄 La referencia al justificante de baja y la falta de respuesta subraya la falta de comunicación por parte de la empresa, lo que aumenta la frustración de Adela.

5. Mensaje del 16 de agosto de 2022 (quinto correo, 20:11).

📩 «Desde el principio las maneras de explicar o decir las cosas de dos de las 3 encargadas de la tienda no son las correctas... si pasa algo en la tienda aunque a mí no me sacaran de caja yo me comía la bronca... se me dijo que la empresa se adaptaba al trabajador en la medida de lo posible, pero en mi caso no ha sido así».

🔍 Adela expresa en este mensaje, por primera vez, detalles específicos sobre un trato que percibe como irrespetuoso y discriminatorio.

😔 Su tono es mucho más personal y emocional, describiendo episodios de reproches frente a clientes, una falta de apoyo en conciliación familiar y favoritismo hacia otros trabajadores.

😫 La expresión «me comía la bronca» y el uso de términos coloquiales dan al correo una carga emocional que indica su desgaste y agotamiento.

📝 Además, menciona episodios concretos (como el cumpleaños de su hijo) para justificar la seriedad de su situación, lo cual muestra la intensidad de su malestar y su necesidad de ser escuchada.

🚨 Este correo ya no es una simple petición de cambio de tienda; es una denuncia de un ambiente laboral tóxico y de un trato discriminatorio que afecta su vida personal y profesional.

📊 En conjunto, los correos revelan una evolución desde una solicitud educada y racional hasta una expresión de frustración y denuncia.

🧾 La literalidad de los mensajes muestra que Adela agotó las vías de comunicación disponibles, reiterando su solicitud y aportando justificaciones personales y de salud, sin recibir una respuesta satisfactoria.

⚠️ Esta serie de correos evidencia una falta de comunicación adecuada por parte de la empresa y un problema estructural en la gestión de personal, afectando la relación de Adela con sus superiores y su estabilidad emocional.

⚠ 📱 💰 ACOSO LABORAL Y EXTINCIÓN VOLUNTARIA INDEMNIZADA (PARTE I)

El ET dispone que, ante incumplimientos graves del empresario, el trabajador puede solicitar la rescisión del contrato, con derecho a indemnización equivalente al despido improcedente —33 días salario/año máximo 24 meses—, según su art. 50.

Conforme al TS, la aplicación del art. ha de ser particular y detallada, sin posibilidad de establecer reglas generales, enfocándose en la valoración específica de los hechos y circunstancias de cada caso. Esta individualización asegura que se respeten los derechos del trabajador de manera eficaz ante situaciones diversas y complejas.

Son causas justas para la rescisión del contrato: modificaciones sustanciales en las condiciones de trabajo o la falta de pago puntual o retrasos continuados en el salario pactado. También cualquier otro incumplimiento contractual del empresario (salvo casos de fuerza mayor). Sea como sea, ha de saberse que la gravedad de estos incumplimientos se evalúa objetivamente, sin requerir una intención maliciosa por parte del empresario.

Según el TC, cuando se alegue discriminación u otra violación de derechos fundamentales, el empresario debe demostrar la existencia de causas suficientes y razonables que justifiquen sus acciones. Esta carga probatoria es esencial para proteger los derechos constitucionales de los trabajadores.

El art. 24.1 de la CE garantiza la indemnidad en el ejercicio de acciones judiciales, protegiendo al trabajador de cualquier repercusión adversa en sus relaciones públicas o privadas como consecuencia del ejercicio de sus derechos.

Dicho lo cual, otro incumplimiento grave que puede incardinarse con el art. 50 ET es el acoso moral o *mobbing*. Un fenómeno caracterizado por conductas de violencia psicológica prolongada que pueden ocasionar enfermedades psicosomáticas severas, estados de ansiedad crónica y en casos extremos, inducir al trabajador a abandonar su empleo debido al estrés insostenible al que se ve sometido.

El *mobbing* implica un patrón de violencia psicológica sistemática y recurrente dirigida a destruir las redes de comunicación del afectado, afectar su reputación y perturbar su desempeño laboral con el objetivo de forzar su salida del trabajo.

EU La Comisión Europea lo define como un *«comportamiento negativo sostenido en el tiempo, donde una o varias personas acosan al trabajador de manera directa o indirecta buscando excluirlo del grupo laboral mediante ataques continuos».*

Desde una perspectiva jurídica, se considera *«cualquier presión laboral que tenga como finalidad la eliminación del trabajador a través de la denigración constante y prolongada en el ámbito laboral»*.

✊ Ante la falta de una definición legal específica la jurisprudencia ha ido interpretando y aplicando los principios generales del derecho para proteger a los trabajadores contra el *mobbing* y otras formas de acoso en el trabajo, asegurando así el respeto de los derechos fundamentales en el entorno laboral.

EXTINCIÓN DE CONTRATO E INDEMNIZACIÓN POR SOBRECARGA LABORAL (PARTE II)

Auxiliar administrativa desde 2020.

Su equipo gestiona siniestros para una aseguradora, con 3 personas inicialmente.

En 04/2021 gestionan 1.461 expedientes. Desde mayo, el volumen y las funciones aumentan considerablemente.

En 06/2021, el total sube a 1.740 y en 12/2022 alcanza los 4.411, incluyendo llamadas y tareas adicionales.

En 09/2021, en una reunión, las compañeras expresan que la carga de trabajo es insostenible. La empresa anuncia penalizaciones si las llamadas demoran más de 23 segundos.

Una compañera contratada en 02/2022 se marcha voluntariamente en octubre, señalando la presión laboral.

Recibe formación en *compliance* penal y protección de datos en 03/2022.

Es sancionada el 14/12/2022, afectando su estado emocional.

En IT desde el 05/01/2023, recibe tratamiento psiquiátrico desde 07/2021, con antecedentes desde 2010.

En 06/2023, se diagnostica ansiedad y depresión vinculadas a condiciones laborales abusivas y presunto acoso laboral *(mobbing).*

Sufre un empeoramiento de síntomas, con insomnio, ansiedad y miedo al futuro.

Demanda a la empresa y la instancia extingue la relación laboral (art. 50 c ET), con una indemnización de 5.646,95 € y 10.000 € por daños morales por vulneración de su integridad física y psíquica.

La sobrecarga laboral afectó su salud. La empresa no asignó más personal ni adoptó medidas preventivas, agravando su situación.

La formación en *compliance* penal y protección de datos fue insuficiente, contribuyendo a al daño en su salud. Se justifica la indemnización de 10.000 € para reparar, disuadir y prevenir futuros perjuicios.

Un auto del 14/11/2023 aclaró la sentencia y otorgó una indemnización adicional de 24.600,71 €.

La empresa presenta recurso.

Alega indefensión, ya que nunca se cuestionó formalmente la calificación profesional de la trabajadora, y que el aumento de expedientes no alcanzó el nivel señalado.

El TSJ lo desestima, ya que la carga de trabajo se volvió inasumible pese al aumento de personal.

! La empresa señala que la trabajadora nunca hizo uso del canal de denuncias existente y que la instancia no valoró el plan de prevención de acoso laboral con el que cuenta.

Ella formaba parte de un equipo que, desde 2021, tuvo un aumento de carga de trabajo significativo y riesgos psicosociales.

La sobrecarga laboral y el entorno excesivo afectaron su salud mental, con antecedentes de problemas psiquiátricos agravados por el trabajo.

Aquí hay una vulneración de su derecho a la integridad física, amparada en el art. 15 de la CE.

Según el TC, una carga de trabajo excesiva puede comprometer el derecho a la salud (STC 62/2007, de 27 de marzo y 160/2007).

✗ Se desestima el recurso de la empresa: la auxiliar tiene derecho a extinguir su contrato con indemnización, además de compensación por daños; la carga laboral vulnera su integridad física.

STSJ Madrid 10372/2024, 13/09/2024 N.° rec. 58/2024.

DESPIDO POR VIOLENCIA DE GÉNERO: LA RESPUESTA EMPRESARIAL ANTE LA CONDENA PENAL DE UN TRABAJADOR

Belarmino trabajó desde 2001 como responsable de área.

El 17/11/2022, el Juzgado de lo Penal dictó sentencia condenatoria contra Belarmino por la comisión de un delito de maltrato en el ámbito de la violencia de género. La condena incluyó la prohibición de acercarse a su compañera de trabajo, Serafina a una distancia inferior a 200 metros de su domicilio, lugar de trabajo o cualquier otro lugar que frecuente, y la prohibición de comunicar con ella por cualquier medio durante un año y seis meses. En la sentencia se declaraba probado que le había agredido físicamente en abril de 2021, causando golpes en varias zonas de su cuerpo.

El contenido de la sentencia condenatoria fue comunicado por Belarmino a la empresa el 25/01/2023, mediante correo electrónico, en el que solicitaba que se adoptaran las medidas pertinentes para evitar la coincidencia de ambos empleados en el mismo lugar de trabajo.

Serafina, quien era trabajadora de la empresa con la categoría de supervisora de tiendas, tenía que mantener contacto frecuente con Belarmino debido a la naturaleza de su puesto. Además, acudía con relativa asiduidad al centro de trabajo para realizar reuniones y tareas administrativas, lo que hacía imposible cumplir con la prohibición de acercamiento establecida por la sentencia.

La empresa le notificó la finalización de la relación laboral mediante una carta fechada el 22/03/2023, en la que se le comunicaba su despido disciplinario, con efectos a partir de esa misma fecha.

El despido se fundamentó en un delito de maltrato de obra en el ámbito de la violencia de género, en el que el trabajador fue condenado, y que implicaba una prohibición de acercamiento a la víctima, Serafina, quien también es trabajadora de la empresa.

La empresa alegó que esta situación afectaba la posibilidad de garantizar un entorno laboral seguro para ella, dado que ambos compartían el mismo centro de trabajo.

Belarmino presentó demanda contra la empresa por el despido, pero la empresa la desestimó considerando su despido procedente.

Frente a dicha sentencia, anunció un recurso de suplicación pretendiendo que su despido se declare nulo o, subsidiariamente, improcedente.

El recurso contiene dos motivos dedicados al examen de las infracciones de normas sustantivas o de la jurisprudencia, denunciando en el primero de ellos, para sustentar la pretensión de nulidad del despido, la de los arts. 24.1 de la CE, 4.2.g) del ET, 7 del Convenio 158 de la OIT y 2 de la Ley 15/22, de 12 de julio, integral para la igualdad de trato y la no discriminación.

⚖ Alega en primer lugar que con el despido se ha vulnerado su derecho a la tutela judicial efectiva porque se ha producido como reacción de la empresa a una supuesta solicitud de que «se adopten las diligencias pertinentes para evitar la coincidencia de ambos empleados en un mismo lugar», refiriéndose a la trabajadora por cuyo maltrato había sido condenado, pero, sobre la vulneración del derecho fundamental que denuncia se expone en las SSTS de 12 de abril de 2013, rec. 2327/2012 y 24 de febrero de 2016, rec. 371/14, entre otras muchas, [el «derecho a la tutela judicial efectiva no sólo se satisface... mediante la actuación de los Jueces y Tribunales, sino también a través de la garantía de indemnidad, que significa que del ejercicio de la acción judicial o de los actos preparatorios o previos a ésta no pueden seguirse consecuencias perjudiciales en el ámbito de las relaciones públicas o privadas para la persona que los protagoniza... En el ámbito de las relaciones laborales, la garantía de indemnidad se traduce en la imposibilidad de adoptar medidas de represalia derivadas de las actuaciones del trabajador encaminadas a obtener la tutela de sus derechos» (SSTC 14/1993, de 18/Enero; 125/2008, de 20/Octubre; y 92/2009, de 20/Abril, SSTS 17/06/08 -rcud 2862/07; y 24/10/08 -rcud 2463/07)], y esa petición no puede considerarse como un acto previo o preparatorio de la acción judicial.

🔍 Alega también para sustentar la nulidad de su despido que la empresa no ha cumplido con la exigencia de la audiencia previa al despido impuesta por el citado art. 7 del Convenio 158 OIT, pero tampoco tal alegación puede prosperar.

📅 En la reciente sentencia del mismo TSJ de 28 de octubre de 2024, rec. 444/24, se mantiene que no es exigible tal audiencia previa al despido, basándose en la jurisprudencia hasta entonces existente, pero es que la aún más reciente del TS de 18/11/2024, rec. 4735/2023, se ha cambiado de doctrina, manteniéndose en ella que «esta Sala sostiene que procede su aplicación directa al ser una disposición que debe calificarse de completa o aplicable en forma automática, sin precisar de normas de ejecución que deban dictarse por España ya que está suficiente y debidamente concretados sus términos» y se concluye: «En definitiva, el art. 7 del Convenio impone un derecho de audiencia del trabajador previa a la extinción por despido disciplinario que pueda adoptar el empleador y ello es exigible y debe ser cumplido», pero se añade después que «Llegados a este punto, en el que concluimos que, para la extinción de la relación laboral por despido disciplinario, que es lo que aquí se está debatiendo, es exigible la audiencia previa del trabajador, constando que en el caso presente no ha sido cumplida, no podemos olvidar que ese requisito va acompañado de una excepción ("a menos que no pueda pedirse razonablemente al empleador que le conceda esta posibilidad") por lo que también debe ser examinada», para concluir: «Y sobre este extremo y con ese amparo normativo, debemos indicar que, en el caso que nos ocupa es aplicable dicha excepción ya que no podía razonablemente pedirse al empleador que tuviera que conceder tal audiencia al trabajador en tanto que en el momento en que activó el despido no se le podía exigir ese requisito, tal y como precisamente se viene a decir en su escrito de interposición del recurso, cuando expresamente nuestra propia jurisprudencia venía manteniendo lo contrario de lo que aquí concluimos en los años ochenta, y que pacíficamente se ha venido manteniendo hasta la actualidad, generando un principio de seguridad jurídica en la materia que amparaba su modo de proceder, al no tomar en consideración lo que expresamente no se estaba exigiendo entonces y los beneficiados por ello ni tan siquiera venían demandando en vía judicial, permaneciendo dicho criterio pacífico en el tiempo hasta la actualidad que ha vuelto a resurgir y que por vía de la presente resolución y en este momento aquella doctrina se está modificando.

⚠ Con esta importante advertencia, sin duda válida para los despidos acaecidos antes de que se publique la presente sentencia, no estamos alterando la doctrina en relación con el alcance del cambio de jurisprudencia, estableciendo cánones de irretroactividad, propio de las leyes, sino, simplemente, aplicando la excepción de la propia norma objeto de análisis, que permite valorar la razón por la que el empleador no ha dado audiencia previa al trabajador y que, en estos casos, se encuentra razonablemente justificada en los términos que hemos expuesto».

✖ Por ello, como el despido de Belarmino se produjo antes de la publicación de esa Sentencia del TS no era razonable exigir a la empresa cumplir ese requisito y su ausencia no puede determinar ni la nulidad ni la improcedencia del despido.

🗐 Así mismo, en su recurso, sostiene que los incumplimientos que justifican el despido deben estar directamente relacionados con el contrato de trabajo y deben ser de naturaleza contractual. En este sentido, alega que la transgresión de la buena fe contractual, que constituye una de las causas de despido más frecuentes, debe demostrar que el trabajador ha incurrido en conductas que perturben gravemente la relación laboral. Aunque la transgresión de la buena fe se contempla en la ley, la empresa debe demostrar que el comportamiento del trabajador ha afectado directamente a la dinámica y funcionamiento del centro de trabajo, para que el despido sea considerado procedente.

🔗 El trabajador en cuestión fue condenado penalmente por maltrato a una compañera, lo que conllevó una medida de alejamiento que le prohíbe acercarse a la víctima, incluida la posibilidad de acceder al lugar de trabajo. Este tipo de medida resulta especialmente relevante, ya que hace imposible la reincorporación del trabajador a su puesto en las mismas condiciones previas al despido. La pregunta clave es si, antes de llegar a la decisión de despido, la empresa debió haber explorado otras medidas menos gravosas, como un cambio de puesto o una reasignación temporal, de manera que no se causara un daño tan directo a la relación laboral.

La jurisprudencia establece que el despido debe ser una medida proporcional, no punitiva. Es decir, la empresa debe demostrar que la medida adoptada es la más adecuada para garantizar el funcionamiento de la empresa, sin recurrir a sanciones excesivas o desproporcionadas. En este sentido, se argumenta que la empresa pudo haber considerado alternativas al despido, tales como una reubicación del trabajador en otro puesto que no implique contacto con la víctima o con el entorno laboral donde ella se encuentra. Este análisis de proporcionalidad es fundamental para determinar si la decisión de despido es realmente la opción más adecuada en este tipo de situaciones, especialmente cuando el trabajador tiene más de 20 años de antigüedad y carece de antecedentes disciplinarios.

En este caso, el núcleo del análisis radica en la conexión de la conducta del trabajador con su labor dentro de la empresa. Aunque el comportamiento del trabajador fuera del ámbito laboral es grave y ha sido sancionado penalmente, no necesariamente implica una infracción de las normas laborales o una transgresión de los deberes contractuales. Sin embargo, las restricciones impuestas por la medida de alejamiento afectan directamente a la posibilidad de que el trabajador continúe desempeñando sus funciones, ya que le impiden interactuar de forma normal con la víctima en el lugar de trabajo. Por lo tanto, la decisión de despido está justificada, aunque plantea la duda de si la empresa debió haber intentado medidas menos drásticas.

La jurisprudencia ha abordado casos similares en los que se cuestiona si una conducta fuera del ámbito laboral puede justificar un despido, como en la sentencia del TSJ de Castilla y León de 26 de octubre de 2016, que resalta que la severidad de una conducta no justifica por sí sola la imposición de un despido sin considerar su impacto directo en la relación laboral. Este enfoque resalta la necesidad de que las sanciones laborales sean proporcionales y se enfoquen en la naturaleza y la gravedad de la conducta en relación con el trabajo, no en una respuesta punitiva a la conducta del trabajador en su vida personal.

La sentencia en este caso concluye que, si bien la conducta del trabajador ha sido grave, las medidas adoptadas por la empresa son consideradas proporcionadas en función de las restricciones legales que le impiden seguir trabajando en las mismas condiciones. Sin embargo, la sentencia también reconoce que la empresa podría haber considerado otras alternativas menos perjudiciales antes de tomar la decisión de despido, como la reasignación del trabajador a otro puesto dentro de la empresa, sin necesidad de recurrir directamente al despido.

En este caso, el demandante fue condenado por maltrato a su compañera de trabajo, un delito que, en principio, podría justificar su despido según lo previsto en el artículo 54.2.c) del ET y el art. 70.C).9) del convenio colectivo aplicable.

No obstante, los hechos que llevaron a la condena ocurrieron fuera del ámbito laboral, específicamente en el domicilio que compartían. Esto plantea la cuestión de si esta condena puede tener repercusiones en la relación laboral, ya que, en virtud de la sentencia, se le impuso una prohibición de aproximarse a la víctima a menos de 200 metros de su domicilio, su lugar de trabajo o cualquier otro lugar que frecuente, lo que le impediría acudir a su centro de trabajo. Esta situación lleva a la juzgadora de instancia a concluir que el despido es procedente.

Sin embargo, en el recurso se argumenta que la empresa pudo haber adoptado otras medidas menos severas que el despido, ya que esta sanción es la más grave en el derecho laboral y debe ser interpretada de forma restrictiva. Además, el demandante llevaba más de 20 años prestando sus servicios para la empresa sin que constaran antecedentes de conductas inapropiadas en su desempeño laboral, lo que sugiere que se deberían haber considerado otras alternativas antes de proceder al despido.

En cuanto a la jurisprudencia, se cita una sentencia del TSJ de Castilla y León de 2016, en la que se analizó un caso similar, destacando que la cuestión fundamental es si la conducta del trabajador constituye un incumplimiento específicamente laboral, ya que, aunque el delito haya sido sancionado penalmente, no se debe utilizar la sanción laboral para reforzar las penales.

Además, se señala que cuando el autor y la víctima coinciden en el mismo centro de trabajo, como ocurre en situaciones de empresas que comparten instalaciones o trabajadores de contratas y subcontratas, existe una conexión con el ámbito laboral que puede justificar la sanción, incluso si la conducta se originó fuera del trabajo. Esta conexión se debe a que los trabajadores comparten el entorno laboral de forma cotidiana, lo que puede proyectar los efectos del conflicto fuera del trabajo en el desarrollo de la relación laboral.

También se recuerda que, en casos de acoso laboral, no es necesario que exista una relación jerárquica entre el acosador y la víctima. Basta con que el acoso ocurra en el entorno laboral, independientemente de la relación funcional u orgánica entre ambos. Esto se aplica incluso en el ámbito penal, donde el acoso sexual puede ser tanto ambiental (dentro de la relación laboral) como jerárquico (cuando el acosador tiene una posición de superioridad laboral).

A partir de la coincidencia en un mismo lugar y tiempo de trabajo, los actos de violencia o acoso entre compañeros, incluso fuera del tiempo de trabajo y por motivos extralaborales, pueden proyectarse en el ámbito laboral con gran verosimilitud, siendo difícil que la víctima y su agresor se alejen psicológicamente de sus roles por estar en un entorno laboral.

La situación será aún más grave que en otros entornos ajenos al trabajo, porque la necesidad de trabajar atará a ambos al lugar de trabajo, haciendo imposible que la víctima se aleje del agresor.

El despido disciplinario es una medida sancionadora, no preventiva, por lo que la empresa puede hacer uso de los arts. 40 y 41 del ET para imponer cambios en la prestación de servicios, no como sanción, sino para prevenir riesgos y evitar el encuentro entre agresor y víctima.

✕ Sin embargo, esto no convierte la conducta ajena al trabajo en una falta laboral susceptible de sanción.

En este caso, el despido debe ser declarado improcedente según los arts. 55.4 del ET y 108.1 de la LRJS, con las consecuencias correspondientes.

La sentencia recurrida debe ser revocada y la pretensión principal desestimada, aunque la subsidiaria solo se estima parcialmente, y no cabe la condena en costas a la empresa.

Se desestima la pretensión principal y se estima parcialmente la subsidiaria en el recurso de suplicación, revocando la sentencia recurrida.

Se declara improcedente el despido del demandante y se condena a la empresa a optar entre readmitir al trabajador en las mismas condiciones o indemnizarlo con 53.016 euros.

La opción debe ejercerse dentro de cinco días desde la notificación de la sentencia.

Si la empresa opta por la readmisión, deberá abonar los salarios de tramitación correspondientes hasta la notificación de la sentencia.

STSJ Extremadura 1482/2024 - 03/12/2024 N.º rec. 624/2024.

3

ACOSO LABORAL (*MOBBING*) Y SALUD MENTAL

3.1. CASOS EN LOS QUE SE RECONOCE EL *MOBBING*

ACOSO SILENCIOSO: EL PROGRESIVO AISLAMIENTO DE UNA TRABAJADORA

Ofelia trabajaba desde 2008 en el grupo 6.

Desde el 01/03/2016 hasta el 16/01/2023, disfrutó de reducción de jornada por guarda legal.

Tuvo una serie de conflictos por horarios.

Antes de la reducción, trabajaba semanas alternas con horarios establecidos.

El 30/01/2023, la empresa modificó unilateralmente su horario a jornada completa de 9:00 a 13:00 y de 14:00 a 18:00 h.

Ofelia impugnó la modificación, siendo declarada nula por el Juzgado de lo Social el 24/03/2023.

Pese a ello, la empresa insistió en modificar horarios, generando nuevos conflictos.

Conflictos internos:

Una compañera de trabajo, presentó quejas contra Ofelia ante la gerencia.

Ofelia respondió con sus propias quejas hacia la compañera.

La empresa le sancionó con 15 días de suspensión de empleo y sueldo por hechos relacionados con los conflictos.

Un informe del servicio de prevención sobre riesgos psicosociales concluyó que no hubo *mobbing*, sino conflictos interpersonales comunes en entornos laborales.

Vacaciones y permisos:

☞ La trabajadora solicitó vacaciones del 26/06/2023 al 25/07/2023, pero la empresa solo ofreció junio y agosto por necesidades organizativas.

☞ También pidió un permiso para el 21/02/2023, que fue denegado, aunque se le concedió para el 28/02/2023.

✚ Otras exclusiones:

☞ Ofelia no recibió la panera de Navidad ni fue invitada a la comida navideña organizada por la empresa.

⚖ La trabajadora, presentó demanda solicitando la extinción de su contrato laboral con la empresa, aplicando el art. 50 ET. La instancia acordó la extinción de la relación laboral y la empresa fue condenada a pagar: 48.740,99 € de indemnización por la relación laboral (45 días por año trabajado hasta 12/02/2012 y 33 días desde esa fecha hasta el 26/09/2023) y otra indemnización de 7.501 € por daños y perjuicios.

La empresa interpuso recurso de suplicación contra la sentencia, planteando motivos de revisión fáctica (art. 193.b LRJS) y censura jurídica (art. 193.c LRJS).

✍ Revisión del hecho probado 11.°: la empresa pidió añadir que «las vacaciones solicitadas no podían coincidir con las de otra persona del departamento». Sin embargo, esto no consta en el documento presentado, por lo que la pretensión fue rechazada.

Revisión del hecho probado 13.°: se propuso modificar que Ofelia no recibió la panera de Navidad por no cumplir objetivos. Al no aportar documento alguno que lo acredite, la solicitud fue desestimada.

Revisión del hecho probado 14.°: se aceptó incluir que la trabajadora no fue invitada a la comida de Navidad porque estaba en Incapacidad Temporal (IT), dado que esto consta en la fundamentación jurídica de la sentencia.

Como motivos de censura jurídica, la empresa plantea dos cuestiones principales: la infracción del art. 50 del ET, al considerar que no hay incumplimientos suficientemente graves para justificar la extinción, y la indemnización por daños y perjuicios, que se analiza subsidiariamente.

Solo los incumplimientos graves, sistemáticos y persistentes justifican la extinción indemnizada ex art. 50 ET, tal como recoge la jurisprudencia, incluyendo la STS de 2017, que define el acoso laboral como un comportamiento reiterado con clara intención de menoscabar la dignidad del trabajador.

Coincidiendo con la sentencia de instancia, se constata un aislamiento progresivo de la trabajadora, sustentado en varios actos:

☞ Imposición de un horario incompatible con una resolución judicial previa.

☞ Sanción disciplinaria sin expediente contradictorio tras un conflicto con otra empleada.

☞ Denegación de permisos y vacaciones sin justificación.

Exclusión de la comida y la panera de Navidad, lo que envía un mensaje de rechazo hacia la trabajadora.

Instrucciones explícitas al resto de trabajadores para limitar el contacto con la trabajadora.

Aunque algunos de estos hechos se recogen en la fundamentación jurídica y no en el relato fáctico, la doctrina permite considerarlos probados al estar debidamente fundamentados.

Coincide la Sala con el criterio de la magistrada de instancia sobre el caso analizado. De este modo, aunque los actos acreditados carecen de relevancia individual, su conjunto muestra un aislamiento progresivo de la trabajadora que justifica la extinción de la relación laboral.

Tras la reducción de jornada, surgieron discrepancias legítimas sobre el horario a realizar. Así, fue necesario un proceso judicial para fijarlo, estableciendo como hora de salida las 15:00 h en semanas de jornada intensiva.

La empresa requirió indebidamente una salida a las 15:30 h y ejerció potestad disciplinaria para imponerla; esto contradijo lo establecido judicialmente.

Ante un enfrentamiento laboral, la empresa sancionó únicamente a Ofelia. No tramitó un expediente contradictorio ni recabó más información o testimonios.

Se denegaron permisos y vacaciones sin justificar las causas concretas. La empresa no explicó por qué las fechas solicitadas no eran viables.

La trabajadora fue excluida de actos sociales de la empresa: no se le convocó a la comida de Navidad ni se le entregó la panera, lo que envió un claro mensaje de exclusión.

El encargado dio instrucciones para limitar al mínimo el contacto con la trabajadora. Tales indicaciones, acreditadas mediante grabaciones y testimonios, se consideran hechos probados pese a no figurar en el relato fáctico

La doctrina jurisprudencial confirma que hechos recogidos en fundamentación jurídica tienen valor probatorio. El TSJ concluye que los actos configuran un aislamiento sistemático, constitutivo de acoso y vulneración de la dignidad e integridad moral de la trabajadora.

La vulneración de derechos fundamentales presume un daño moral que no requiere acreditación específica, como establece la consolidada jurisprudencia del Tribunal Supremo. Basta con tomar como referencia las sanciones previstas en la LISOS.

✖ En fin, se desestima íntegramente el recurso de suplicación, confirmando la sentencia de instancia que acredita acoso laboral y vulneración de derechos fundamentales. La empresa pierde el depósito, se le condena en costas e incluye honorarios de la representación de la trabajadora.

STSJ Cataluña 1205/2024 - 22/02/2024, N.º rec. 6927/2023.

ACOSO LABORAL COMO ACCIDENTE DE TRABAJO

Encarna, nacida en 1951, trabajó como higienista dental en el Hospital Militar desde 1969. Al cerrarse el hospital, pasó a ser jefa de hostelería en una Residencia Militar en 2006-2007.

En los meses previos al 18 de mayo de 2010, su superior la insultaba frecuentemente, usando expresiones como «floja, vaga, inútil» y burlándose de ella. En una ocasión, la amenazó con «sorpresas» si no prestaba atención a su entorno. Estos hechos quedaron acreditados por sentencia del Juzgado de Instrucción que condenó a su superior.

Encarna inició una IT el 16/01/2013 por trastorno ansioso con síntomas de ansiedad, depresión, aislamiento y pensamientos de muerte. Fue atendida en la Unidad de Salud Mental y, debido a efectos secundarios de la medicación, se le recetó un tratamiento alternativo. Su primera IT terminó el 23/06/2014, pero fue renovada el 30/06/2014 hasta el 15/07/2014.

Solicitó al INSS una revisión para determinar la naturaleza de su IT, pidiendo que se calificara como derivada de accidente de trabajo.

Sin embargo, tras la evaluación del Equipo de Valoración de Incapacidades (EVI), el INSS concluyó que su dolencia era una enfermedad común. Presentó una reclamación previa que fue desestimada.

Presentó una demanda contra el INSS, la TGSS, la Mutua y la Residencia, pero fue desestimada.

Interpuso recurso de suplicación, solicitando la rectificación del contenido fáctico de la sentencia. Propuso incluir un nuevo hecho, argumentando que su sintomatología ansioso-depresiva se había intensificado tras recibir el alta laboral y regresar al entorno laboral estresante.

Argumentó que su IT debe ser considerada accidente de trabajo debido al hostigamiento sufrido desde 2007, citando el art. 115 —vigente 156.2 e)— de la LGSS.

Destacó que el cambio de trabajo en 2007, de higienista dental a jefa de hostelería, generó un gran esfuerzo de adaptación que, sumado al acoso laboral *(mobbing)* provocó su IT.

Su traslado implicó un cambio drástico de tareas, lo que aumentó su esfuerzo de adaptación considerable.

El TSJ consideró que este cambio por sí solo no justifica la IT.

Alegó que las humillaciones constantes de su superior, como insultos públicos y gritos, afectaron su salud mental, desencadenando patologías psiquiátricas.

Se confirmó que su superior la ridiculizaba públicamente con expresiones como «floja, vaga, inútil» e incluso amenazaba indirectamente, creando un ambiente hostil.

🧠 El TSJ consideró que el comportamiento de su superior configuraba *mobbing*, afectando su estabilidad emocional y dignidad.

🔄 Aunque la IT comenzó en 2013, el TSJ concluyó que el acoso desde 2010 deterioró su estado emocional, llevando a la ansiedad y depresión.

☑️ El TSJ estimó su recurso vinculando el acoso con la IT y considerándola un accidente de trabajo, revocando la instancia y condenando a la Mutua a pagar la prestación correspondiente.

📌 STSJ Andalucía 14707/2016, 23/11/2016 N.º rec. 3151/2015.

ACOSO LABORAL Y ACCIDENTE DE TRABAJO: LA DEMANDA DE MAITE CONTRA LA EMPRESA Y LA MUTUA

Maite, nacida en 1959, trabaja como contable en una pastelería.

El 23/02/2021, inició un periodo de IT por un diagnóstico de «trastorno de ansiedad generalizado», inicialmente considerado enfermedad común (EC). Insatisfecha con esta calificación, solicitó que se considerara como derivado de accidente de trabajo (AT). Esta petición fue desestimada por el INSS el 11/07/2022.

Antes de la baja médica, ocurrieron los siguientes hechos relevantes en la empresa:

- Entre el 22 y el 29 de diciembre de 2020, la empresa sufrió un sabotaje informático que eliminó numerosos archivos y paralizó las actividades. La empresa encargada del mantenimiento informático, inició una monitorización de la red mediante un programa tipo *«sniffer»*.
- El 30/12/2020, dicha empresa detectó un envío no autorizado de información desde el terminal de la demandante a una cuenta de correo externa. En respuesta al email del responsable de la empresa, Maite manifestó no haber autorizado el acceso a sus correos y respondió escuetamente.
- La trabajadora se negó inicialmente a proporcionar las claves de su usuario informático para instalar un programa de acceso remoto. Sin embargo, las introdujo personalmente cuando fue requerida.
- Finalizada la investigación, se identificó al responsable del sabotaje, ajeno al personal de la empresa.

En el verano de 2020, surgieron discrepancias entre Maite y dicha empresa respecto a la gestión informática, reflejadas en intercambios de emails.

La trabajadora promovió un procedimiento judicial en 2021 solicitando la resolución de su contrato por acoso laboral. El Juzgado desestimó su demanda, descartando la existencia de acoso laboral.

Su baja médica fue motivada por un trastorno ansioso-depresivo relacionado con los hechos ocurridos en la empresa. No presentaba antecedentes de esta dolencia antes del conflicto.

Maite presentó demanda contra el INSS, la TGSS, la empresa y la Mutua y la instancia declaró que su IT iniciada el 23/02/2021 tenía como contingencia un AT. Se condenó a las demandadas a asumir esta declaración y a la mutua a abonar la prestación correspondiente con atrasos y actualizaciones.

La Mutua anunció y formalizó recurso de suplicación contra esta sentencia, alegando dos motivos principales.

1. Modificación del hecho probado quinto:

Eliminación: se solicitó suprimir la frase «reactivo a la situación vivida en la empresa en los meses previos, situación descrita en el hecho probado tercero», argumentando que es predeterminante del fallo, ya que realiza una valoración de efectos jurídicos.

Adición: también se pidió incorporar dos párrafos tomados literalmente del informe médico presentado como prueba documental n.° 3 por Maite.

La Sala rechazó estas solicitudes:

- La redacción impugnada no se consideró predeterminante del fallo, ya que describe circunstancias relevantes para el caso.
- La incorporación literal del informe médico fue considerada innecesaria, pues su contenido ya había sido valorado por el Juzgador en primera instancia. No se identificó error alguno en esta valoración, y la solicitud se interpretó como un intento de sustituir el criterio judicial por el de la parte interesada.

2. Aplicación indebida del art. 156.2.e LGSS:

Argumento de la Mutua: alegaron que la causa de la baja fue un «trastorno por ideas delirantes», influido por factores de personalidad de la actora, sin exclusividad laboral en la génesis de la patología. También destacaron que las actuaciones de la empresa frente a los ataques informáticos fueron proporcionadas.

Conclusión del TSJ: se determinó que los hechos probados (tercero a quinto) muestran una relación directa entre la actividad laboral de la actora y el «trastorno de ansiedad generalizado» que motivó su baja. Además:

- No se encontraron antecedentes de dolencias psíquicas previas a esta situación laboral.
- No se identificaron factores externos al entorno laboral (familiares o vitales) que pudieran influir en la patología.
- La idoneidad y proporción de las actuaciones empresariales no modifican el carácter exclusivo del entorno laboral como causa desencadenante de la enfermedad.

En consecuencia, se confirmó que el caso se ajusta al supuesto del art. 156.2.e LGSS, que considera accidente de trabajo a enfermedades contraídas exclusivamente por la ejecución del trabajo.

En virtud del art. 235 LJS, la Sala confirmó, la desestimación del recurso de la Mutua y la imposición de costas a la parte vencida, incluyendo los honorarios de la representación letrada de la parte contraria, fijados en 750 €.

Se desestima el recurso interpuesto por la Mutua y se confirma la sentencia inicial que declaró la contingencia como AT, imponiéndole las costas.

STSJ Galicia 7893/2024 – N.° rec. 1576/2024.

ACOSO LABORAL Y RECONOCIMIENTO DE INCAPACIDAD TEMPORAL COMO ACCIDENTE DE TRABAJO

Salvadora, trabajaba desde 2018 como directora de una Residencia de tercera edad. Su jornada laboral era de 20 horas semanales.

El 14/12/2020, remitió un correo electrónico a un superior, denunciando una situación de acoso laboral *(mobbing)* expresando su malestar por calumnias y señalando el impacto que esto tenía en su salud. En el correo manifestó lo siguiente:

«Buenas noches. Después de que me informe el administrador de la reunión que mantuvisteis, **paso punto por punto a detallarle mi malestar, no duermo y esta situación me está generando ansiedad, me han recetado diazepam y no tengo por qué estar así, cuando mi único delito ha sido trabajar bastantes más horas y preocuparme porque todo funcione bien**. No volverá a pasar que tengamos una reunión, en gasolineras, ni bares, ni lugares por el estilo, las reuniones se realizarán con previo aviso por escrito, dado mi estado de nerviosismo actual a raíz de la reunión mantenida por el administrador por todas las mentiras dirigidas hacia a mí, me gustaría que esas reuniones este siempre el administrador.

Mi trabajo me lo tomo muy en serio y me ocupa gran parte de mis días, esté a la jornada que esté, una prueba más de ello es que en mi periodo de vacaciones, una vez más cancelé el vuelo y las mismas por quedarme en la Residencia, dado las circunstancias de la Residencia. Dinero que he perdido, no solo eso que te has dedicado a decir calumnias mías. Otra vez estando en mis días libres, sigues diciendo cosas que no tienen sentido. **No pienso consentir calumnias, ni a mi profesionalidad, ni a mi vida personal (es la última vez que se mete o intenta meterse en la misma) quien viva conmigo, quien duerma en mi casa o lo que haga en mi parcela privada es asunto exclusivamente mío, así que espero que cese con el acoso, y se centre exclusivamente en lo profesional** (...). Por último por favor deja de decir falsedades hacia mi persona y déjame tranquila, te lo pido por favor, **no sabes el daño que me estás haciendo, yo no meto en tus asuntos, ni me interesan, así que deja de hacerme daño sin merecérmelo** (...)».

Como es de verse, su estado emocional incluía nerviosismo y ansiedad, lo que le había llevado a tomar medicación.

Se relatan presiones laborales excesivas, reuniones en condiciones inapropiadas y conflictos relacionados con su vida personal.

Indica que estas situaciones habían afectado a su descanso y a su salud mental, incluyendo episodios de insomnio y ansiedad.

El administrador de la residencia, denunció en un burofax enviado el 08/09/2021 prácticas desleales de la junta de propietarios para forzar la dimisión de la trabajadora sin respetar sus derechos expresaba su oposición al despido de la directora, Salvadora, mencionando que había sido amenazada y manipulada para renunciar voluntariamente a su puesto, con el fin de evitar el pago de su cláusula de despido. También calificó la actuación de la Junta como amoral, indicando que la trabajadora tuvo que recurrir a una baja médica por razones psicológicas. El administrador dejó claro que no toleraría que se vulneraran los derechos de los trabajadores.

El 25/08/2021, Salvadora fue evaluada por una médica que confirmó un cuadro clínico de ansiedad reactiva. En el informe médico se destacó:

- Presión laboral extrema por parte de su jefa.
- Crisis de angustia recurrentes y alteraciones en el sueño.
- Tensiones emocionales derivadas directamente del entorno laboral.

El 27/08/2021, inició un período de Incapacidad Temporal (IT) por contingencia común, con diagnóstico de disnea y alteraciones respiratorias.

El 13/09/2021, el Servicio Público de Psiquiatría emitió un informe que diagnosticó a Salvadora con un trastorno adaptativo mixto, recetándole medicación como Diazepam, Mirtazapina y Lorazepam. El informe también señalaba la necesidad de seguimiento con una nueva cita programada para el 11/10/2021.

El 20/09/2021, la psicóloga emitió otro informe, detallando las graves alteraciones psicológicas de la trabajadora. El informe indicaba síntomas de ansiedad, trastorno de ansiedad generalizada, tristeza, pérdida de apetito, alteraciones en el sueño, llanto frecuente, irritabilidad y cansancio físico. Se especificó que estos síntomas afectaban gravemente todas las áreas de su vida, especialmente su rendimiento laboral.

El 25/10/2021, la psicóloga emitió un nuevo informe, confirmando que la trabajadora cumplía con los criterios del DSM-5 para el trastorno de ansiedad generalizada, debido a su elevada preocupación, irritabilidad, tensión muscular y alteraciones en el sueño. El informe también reflejó efectos psicológicos adicionales como alopecia, problemas alimenticios y una disminución significativa de su bienestar personal y laboral.

El 22/11/2021, Salvadora solicitó el inicio del Expediente Administrativo de Determinación de Contingencia, alegando que su baja por contingencia común fue resultado directo de las presiones y coacciones sufridas en su puesto de trabajo. En su solicitud, mencionó que fue forzada a firmar documentos sin leerlos y que se sentía como una marioneta en su puesto. Indicó que esta situación le provocó ansiedad reactiva, miedo y estrés, aportando grabaciones e informes médicos como pruebas de los hechos.

Así, solicitó que su IT, inicialmente clasificada como contingencia común, fuese reconocida como consecuencia de un riesgo profesional derivado del entorno laboral. Sin embargo, el INSS, basándose en informes del

EVI, resolvió mantener la calificación de contingencia común, alegando falta de evidencia causal directa entre el trabajo y su patología.

! El 3/12/2021, el INSS, tras la propuesta de resolución del EVI, dictó una resolución en la que declaraba el proceso de incapacidad temporal como derivado de una patología común. Se argumentó que no había evidencia clara que vinculara la baja médica de Salvadora con su trabajo, y que no se podía establecer un nexo causal entre su puesto y la patología respiratoria que padecía.

⚠ El 6/02/2023, la Inspección de Trabajo y de la Seguridad Social (ITSS), a solicitud del juzgado, emitió un informe en el que se constató una infracción grave por parte de la empresa, al vulnerar los derechos de la trabajadora. El informe documentó un patrón de acoso laboral hacia Salvadora, que se intensificó con la aparición de la pandemia de Covid-19. A pesar de su negativa a seguir ejerciendo su puesto formalmente, fue objeto de descalificaciones y amenazas de despido. El ambiente laboral empeoró, y varios testigos confirmaron que la directora fue humillada, insultada y maltratada verbalmente, lo que la llevó a sufrir un trastorno de ansiedad generalizada.

El acoso fue corroborado por varias trabajadoras, quienes testificaron que, tras el inicio de su baja laboral, el director de la residencia, les indicó que dejaran de contactar con ella y se refirió a ella de manera despectiva, incluso llamándola «loca». Además, varias grabaciones y testimonios de trabajadores confirmaron el trato vejatorio que sufrió la directora en su puesto de trabajo.

La trabajadora demandó en relación con una IT derivada de contingencias comunes; solicitando que se reconociera la IT que alegaba sufrir, relacionada con situaciones de estrés y ansiedad derivadas de su entorno laboral y la instancia la estimó, basándose en los antecedentes y pruebas aportadas al caso.

☑ La instancia consideró que las pruebas documentales y médicas aportadas por Salvadora acreditaban una relación causal entre las condiciones laborales y su estado de salud, lo que llevó a estimar la demanda. Se reconoció la conexión entre las condiciones laborales y los problemas de salud que había desarrollado. Se reconoce que la IT, iniciada el 27.08.2021, deriva de contingencia profesional (accidente de trabajo) y no de enfermedad común, condenando a la empresa y al INSS.

La empresa, el INSS y la TGSS recurrieron argumentando que no existía prueba de relación directa entre la ansiedad reactiva por acoso laboral y la patología diagnosticada.

◎ Alegan que el diagnóstico inicial de «disnea, alteración respiratoria» no justifica su origen laboral, pero la sentencia concluye que los síntomas físicos de la ansiedad, como la disnea, están clínicamente reconocidos.

El TSJ valoró los informes médicos, que indicaron ansiedad reactiva asociada al ambiente laboral: crisis de angustia, tratamiento psicológico semanal y diagnóstico de trastorno adaptativo mixto por psiquiatría, respaldado por informes posteriores que vinculaban los síntomas al hostigamiento laboral.

La ITSS levantó acta en 2022 por infracción grave de los derechos de Salvadora, constatando acoso laboral reiterado desde el inicio de su relación laboral, agravado durante la pandemia, con testimonios de trabajadores y denuncias del administrador.

Igualmente se tuvo en cuenta la denuncia formal del administrador sobre el ambiente hostil hacia la trabajadora.

El TSJ concluyó que no existían factores ajenos al trabajo que justificaran la clínica motivadora de la IT. Al no haber antecedentes médicos similares, confirmó que el proceso de IT fue laboral según el art. 156 LGSS, desestimando los recursos y confirmando la instancia.

No se identificaron otros factores que desencadenaran la patología, y la relación directa con el trabajo es evidente. Por ello, se confirma la contingencia profesional de la IT.

Se desestima el recurso del INSS, TGSS y la Residencia de Ancianos.

Se confirma la sentencia inicial, reconociendo la IT como derivada de accidente de trabajo.

STSJ Castilla-León 3799/2024 - 30/09/2024 N.º rec. 1312/2023.

ACOSO LABORAL HORIZONTAL: DESPIDO PROCEDENTE

Juan Pablo trabaja desde 2017 como conductor.

En marzo de 2022, denunció a su compañero Andrés por amenazas, acoso y comentarios falsos en el trabajo, iniciándose un procedimiento judicial por delito leve, en el que Andrés fue absuelto.

Un mes después, remitió un escrito a su empresa relatando su percepción del comportamiento del compañero y solicitando la reordenación del servicio. Posteriormente, interpuso una denuncia ante la ITSS, sin que se tomaran medidas.

El 13/09/2022, el mismo día que inició una baja por ansiedad, se le comunicó la apertura de un expediente sancionador, acusándolo de hostigamiento y desprestigio hacia Andrés.

Los testigos confirmaron que muchos trabajadores no querían trabajar con Andrés debido a los comentarios de Juan Pablo.

Juan Pablo presentó varias denuncias contra Andrés, que no prosperaron, y la empresa concluyó que sus acciones constituyeron *mobbing.*

Tras sus alegaciones, la empresa le despidió disciplinariamente el 10/10/2022, según el informe de conclusiones del protocolo de *mobbing*, que evidenciaba un ambiente laboral adverso generado por sus comentarios a Andrés, afectando negativamente la dinámica del equipo.

Demandó a la empresa y a Andrés por acoso laboral y represalias solicitando la nulidad del despido y su readmisión, alegando vulneración de derechos fundamentales, y una indemnización por daños de 25.000 €. Subsidiariamente, pidió la declaración de improcedencia del despido.

Los demandados alegaron que no hubo vulneración de derechos fundamentales y que el despido fue procedente y justificado.

Se analizó la jurisprudencia del TC sobre la garantía de indemnidad, que protege a los trabajadores de represalias por ejercitar acciones judiciales. Pero no aporta indicios razonables, y la empresa justifica sus acciones de manera objetiva y razonable.

No se encontró indicio de que su despido vulnerara su derecho a la indemnidad, ya que no había ejercido acciones contra la empresa, sino contra un compañero.

Las declaraciones patentizaron los hechos de la carta de despido, demostrando que sus comentarios generaron un ambiente laboral negativo hacia Andrés.

Su afirmación sobre la vulneración de su derecho a la integridad física por estar de baja en el momento del despido no prosperó, ya que la incapacidad temporal (IT) comenzó después del inicio del expediente sancionador.

La vulneración del derecho a la conciliación familiar también fue rechazada por falta de pruebas y coherencia con los demás motivos alegados.

✗ No demostró de manera suficiente que su despido estuvo motivado por su denuncia judicial previa contra Andrés. Por el contrario, se encontraron elementos que respaldaban la decisión de la empresa basada en la creación de un ambiente laboral negativo debido a sus comentarios sobre Andrés.

✗ Se desestima la demanda declarando procedente su despido.

Sentencia JSO 4296/2023 Albacete 05/09/2023 N.º rec. 873/2022.

😵‍💫 CONDENA A EMPRESA POR ACOSO, PERO EL ACOSADOR QUEDA SIN SANCIÓN

👨‍💼 Randy, desde 1998 trabajaba como delineante y comercial.

👀 Junto a él lo hacían cuatro personas, entre ellas su esposa, hija del empresario, y otro trabajador que estaba de baja.

💥 El 25/11/2022 ocurrió una fuerte discusión entre su superior Jaime y Randy, en la que intercambiaron insultos graves. Jaime intentó agredirle, aunque fue detenido por su esposa.

🗣️ Jaime le recriminó «...que el trabajo estaba mal», le dijo que «...un inútil ..», «...un vago...», le llama «...escoria...».

👮 Tras el incidente, la relación entre ambos fue extremadamente hostil, lo que llevó a Randy a llamar a la Guardia Civil.

🏥 Randy estuvo de baja por IT hasta el 10/02/2023 tras la cual cogió vacaciones. Al reincorporarse a su puesto, se encontró sin los recursos necesarios para desempeñar su trabajo: no tenía acceso a su email ni a los programas de dibujo necesarios, y había perdido funciones comerciales que fueron asumidas por Jaime.

🚐 También perdió el acceso a la furgoneta que utilizaba en su trabajo, ya que Jaime la retuvo tras una inspección en la ITV.

‼️ En efecto, tras el incidente, Randy sufrió acoso laboral, traducido en la falta de acceso a herramientas de trabajo esenciales, la pérdida de funciones que anteriormente desempeñaba y el uso de un ordenador distinto sin el software necesario.

😵 La relación entre Randy y Jaime siempre había sido hostil; el ambiente de trabajo se había deteriorado debido a tales acciones.

⚖️ La instancia estimó la demanda de Randy de la extinción indemnizada del art. 50 ET por incumplimientos graves de la empresa. Se condenó a la empresa y al acosador a pagarle solidariamente 61.128,59 € como indemnización + 7.501 € en concepto de daños y perjuicios por vulneración de derechos fundamentales.

🙏 Jaime presentó recurso de suplicación, por varios motivos, entre ellos la falta de motivación del Auto de aclaración de 30/11/2023 que añadió una condena solidaria sin justificación adecuada. Consideró que en el juicio no se debatió si Jaime debía ser responsable solidario de la extinción del vínculo laboral ex art. 50 ET.

🎯 La responsabilidad por la indemnización derivada de la extinción del contrato y por la vulneración de derechos fundamentales recae únicamente en la empresa demandada, no en Jaime personalmente (no tiene condición de empresario ni se le aplica doctrina del levantamiento de velo). La empresa como entidad legal es la responsable de las obligaciones derivadas del despido y de las condiciones laborales.

‼ Así, su condena solidaria era incorrecta por la falta de base y justificación en la instancia y a la falta de responsabilidad directa de Jaime en relación con la indemnización por despido.

En fin, la empresa exclusivamente deberá indemnizar a Randy con 61.128,59 €. La responsabilidad solidaria por daños y perjuicios de 7.501 € se reparte entre Jaime y la empresa.

STSJ Galicia 5406/2024, 24/07/2024 N.º rec. 2754/2024.

INDEMNIZACIÓN DE 30.000 € POR DAÑOS Y PERJUICIOS DERIVADOS DE *MOBBING*

Gema, ayudante de cocina, denunció a Maximiliano, su jefe, el 15/11/2019 por comportamientos injuriosos y falta de respeto, activando el protocolo de acoso laboral *(mobbing)*.

Previamente, el 11/04/2019, Gema y otras dos compañeras informaron a la empresa sobre estos hechos. Se inició un expediente con acciones correctoras que no surtieron efecto.

Para evitar más encuentros entre Gema y Maximiliano, la empresa cambió horarios y el sistema de elaboración de menús. Sin embargo, Gema presentó una segunda queja formal tras 7 meses, declarando ineficaces las medidas.

El 30/10/2019, Gema entró en incapacidad temporal por «estados de ansiedad». La relación laboral concluyó el 19/02/2020, con la empresa reconociendo la improcedencia del despido y pagando la indemnización correspondiente.

Gema reclama 30.000 € basándose en la infracción grave del art. 40.2 b) del Real Decreto Legislativo 5/2000, de 4 de agosto, por el que se aprueba el texto refundido de la Ley sobre Infracciones y Sanciones en el Orden Social (LISOS), el cual establece los importes de las sanciones por infracciones en materia de prevención de riesgos laborales, variando según el grado de la falta.

La instancia estima la demanda condenando a la empresa de forma solidaria con Maximiliano al abono de una indemnización de dicha cantidad en concepto de daños y perjuicios.

La empresa y Maximiliano recurren. Se alega que dicha cantidad es desproporcionada, considerando la antigüedad de Gema y su tiempo de vinculación con la empresa.

En TSJ analiza las obligaciones de la empresa en materia de prevención de riesgos laborales, tal como establece el artículo 16.2 de la Ley de Prevención de Riesgos Laborales (LPRL).

Si se produce un daño a la salud de los trabajadores o se detectan indicios de insuficiencia en las medidas preventivas, el empresario debe investigar para identificar las causas.

Aunque la empresa activó el protocolo de acoso, esto no fue suficiente para cumplir con sus obligaciones preventivas si las medidas resultaron insuficientes y la empresa actuó con pasividad.

!! La situación vivida por Gema es calificable como acoso laboral. La empresa tenía pleno conocimiento de los hechos y no actuó de manera adecuada para resolver la situación.

📃 El Tribunal Supremo establece que las indemnizaciones por daños morales deben ser prudentes y ajustarse solo si son excesivas. Deben considerar la antigüedad, la duración de la vulneración, la intensidad del daño, las consecuencias personales y sociales, reincidencia y el contexto de los hechos.

👀 La indemnización solicitada en demanda y reconocida en la sentencia se encuentra dentro del nivel medio de la horquilla prevista en el grado máximo. Este importe no se considera desorbitado, desproporcionado o irrazonable, dadas las circunstancias y la gravedad de los hechos acaecidos, como se expone en los fundamentos jurídicos previos.

❌ Los recursos de suplicación fueron desestimados.

📌 STSJ Castilla La Mancha 328/2024, de 15/02/2024, núm. rec. 2062/2022.

ACOSO LABORAL EN POLÍTICA: INDEMNIZACIÓN DE 30.000 € POR DAÑOS Y PERJUICIOS

Sergio, era el interventor general municipal del Ayuntamiento.

En 2023, emitió un informe crítico sobre las resoluciones tomadas por la alcaldía, desencadenando conflictos significativos. Las acciones del alcalde y otros funcionarios contra él fueron:

1. Manifestaciones en los plenos del Ayuntamiento que menospreciaban su capacidad laboral y afectaban a su prestigio personal, sin permitirle defenderse adecuadamente.
2. Negativa reiterada a concederle la palabra en los plenos cuando solicitaba intervenir para aclarar asuntos relacionados con su trabajo.
3. Publicación de comentarios negativos y descalificatorios en redes sociales, utilizando un formato serial para mantener la atención pública en el conflicto.

Sergio consideraba estas acciones como acoso laboral, ya que se tradujeron en una campaña sistemática y prolongada de desprestigio contra su figura de interventor. Experimentó cuadros de ansiedad y empeoramiento de su salud, requiriendo asistencias médicas.

El 18/04/2024, fue cesado de su puesto por el alcalde.

El 07/02/2024 presentó una demanda solicitando que se declarara el *mobbing*, se repararan las consecuencias derivadas de los actos vulneradores de sus derechos, se implementaran medidas preventivas y correctivas, y se le indemnizara con 150.000 € por daños psicosociales y morales.

El Ayuntamiento y el alcalde negaron las acusaciones de acoso, argumentando que se trataba de un conflicto motivado por la actuación de Sergio como interventor.

En el juicio, se apoyó en varias sentencias del TS y en la LPRL. Respecto a la prevención del acoso, se estableció que era obligatorio combatir los riesgos en su origen según el art. 15.1 c) de la LPRL. Bastaba con la presencia de una serie de actos que indicaran una intención de afectar la salud psíquica del trabajador para tomar medidas preventivas.

Se destacó la importancia de los protocolos de acoso y la diligencia requerida en su aplicación. Se señaló que las acciones del alcalde no podían ampararse en la libertad de expresión debido a su posición jerárquica y los deberes asociados a ella.

Se determinó que Sergio había sido sometido a un proceso de acoso con la finalidad de destituirlo de su cargo, al cumplirse todos los requisitos necesarios para ello, y no estar ante un mero conflicto.

En conclusión, se declaró nulo su cese, ya que el alcalde no tenía competencia para proceder al mismo de acuerdo con la normativa vigente. Se ordenó al Ayuntamiento y al alcalde reparar las consecuencias de los actos de **acoso laboral**, declarar la nulidad de los mismos, implementar medidas de PRL y pagarle de forma solidaria una indemnización de 30.000 € por los daños psicosociales y morales sufridos. Se resaltó la gravedad de las acciones perpetradas, su impacto en su salud y la vulneración de sus derechos fundamentales.

Sentencia JSO 410/2024, Ourense a 06/06/2024, núm. rec. 101/2024.

EVALUACIÓN Y ACTUALIZACIÓN DE RIESGOS PSICOSOCIALES

Cándida, gestora comercial, estuvo en Incapacidad Temporal (IT) por contingencias comunes de enero a septiembre de 2020.

El 27/02/2020, solicitó al BBVA un cambio de oficina debido a que la oficina actual estaba muy cerca de su domicilio, lo que provocaba constantes preguntas de vecinos fuera del horario laboral, generándole pánico y angustia.

La evaluación de riesgos psicosociales de su oficina de Cándida se actualizó el 06/02/2018 incorporando la revisión de los riesgos psicosociales correspondientes a los puestos de trabajo ocupados en dicha Oficina

El 07/01/2022, BBVA fue notificada por Acta de Infracción de la Inspección de Trabajo y Seguridad Social (ITSS) con propuesta de sanción de 2.045,10 € por supuesta infracción de los arts. 14, 15.1, 16 2 a) y b) de la LPRL tras una inspección el 04/10/2021.

BBVA presentó una demanda impugnando dicho acto, argumentando que las actas de la ITSS gozan de presunción de certeza salvo prueba en contrario y que contaba con un sistema de prevención de riesgos psicosociales. Sostiene, que cuenta con un sistema de evaluación de prevención de riesgos psicosociales del puesto de trabajo máxime cuando ha procedido a dar respuesta a lo peticionado por la trabajadora de cambio de oficina.

El Juzgado determinó que la evaluación de riesgos es una herramienta que la empresa utiliza para eliminar o reducir los riesgos y controlar las condiciones de trabajo. Esta evaluación debe actualizarse cuando cambien las condiciones de trabajo y revisarse si se producen daños para la salud. La evaluación de los riesgos psicosociales, al igual que el resto de los aspectos laborales relacionados con la salud de los trabajadores, debe responder a un proceso continuo y sistemático (art. 16 LPRL).

La actualización y/o revisión de la evaluación de riesgos puede convertirse, pasado un tiempo suficiente, en un sistema para verificar la eficacia de las medidas puestas en marcha. Deberán volver a evaluarse los puestos de trabajo que puedan verse afectados por cambios en las condiciones de trabajo, la incorporación de un trabajador cuyas características personales o estado biológico conocido lo hagan especialmente sensible a las condiciones del puesto, entre otros (art. 4.2 RSP).

! En fin, BBVA debía revisar la evaluación de riesgos psicosociales tras la comunicación de Cándida, dada la evidencia de problemas psicosociales y varios procesos de IT.

Existían indicadores que hacían sospechar de problemas de tipo psicosocial y BBVA no revisó la evaluación desde 2018, pese a los indicios de inadecuación de las medidas preventivas y que coincidían en el tiempo con el traslado de oficina, unido a la petición de Cándida que pone de manifiesto una situación vinculada con ocasión del trabajo que desempeñaba.

⊖ Se desestimó la demanda y se confirmó el acta de infracción de la ITSS.

Sentencia JSO 4588/2023, Ávila, 02/11/2023 núm. rec. 828/2022.

ACOSO LABORAL CONFIRMADO MEDIANTE INFORME PSIQUIÁTRICO Y PSICOLÓGICO

Carlos trabaja como OFICIAL 1.ª desde 1993.

Pedro es hijo del consejero delegado de la empresa.

Carlos es responsable de un equipo. Pedro tiene turno partido y lleva la dirección técnica del taller.

El 22/09/2022 Pedro le reprochó a gritos por coger una herramienta sin avisar.

El 17/11/2022 Carlos escribió un número en una máquina y Pedro lo amenazó con despedirlo.

Días después, inició un periodo de IT por «Fiebre/Malestar general» y «Abuso psicológico, confirmado». El informe constata años de problemas laborales, broncas y amenazas, afectando su alimentación y sueño.

Fue dado de alta el 16/12/2022.

El 26/01/2023 el informe psiquiátrico menciona ansiedad y presión en el pecho, diagnosticando «trastorno de ansiedad no especificado, relacionado con acoso laboral».

El 06/06/2023 Pedro le reprochó errores en una máquina y le dijo que sería el primero en ser despedido.

El 09/06/2023 Carlos inicia un nuevo período de IT con diagnóstico de «abuso psicológico confirmado».

El 23/11/2023 el psiquiatra diagnostica nuevamente trastorno de ansiedad relacionado con acoso.

El 27/12/2023 la psicóloga concluye que sufrió acoso moral, causando daños graves en su salud psicológica, recomendando no volver al trabajo.

Durante los periodos de IT, el consejero delegado le llamó para preocuparse por su salud y dar consejos sobre las relaciones con su hijo Pedro.

La instancia desestimó la demanda de Carlos, absolviendo a la empresa y a Pedro. Niega indicios de vulneración del derecho a la integridad moral.

Recurre e insta la extinción del contrato (ex art. 50 ET) por vulneración del derecho a la integridad física y moral (art. 15 CE). Solicita indemnización (ex art. 56 ET) y 75.000 € por daños y perjuicios.

Pide la revisión para incluir detalles sobre la IT y el diagnóstico de abuso psicológico. El TSJ la acepta.

Se acepta también un informe psicológico que confirma daños graves en su salud psicológica.

Considera que hay indicios de vulneración de su derecho a la integridad (art. 15 CE) por su historia clínica y pruebas contrarias de la empresa.

🔧 Tiene el *«derecho a su integridad física»* (art. 4 2 d ET) y el deber del empresario de considerar su dignidad.

🧠 Según la OMS, el *mobbing* es un comportamiento agresivo en el ámbito laboral. Los informes médicos confirman abuso psicológico y trastorno de ansiedad relativos al acoso.

⚖️ El comportamiento de Pedro atentó contra su dignidad e integridad causándole daños en su salud psíquica.

🚫 Se prueba el acoso laboral de forma fehaciente. El comportamiento justifica la extinción de la relación laboral y constituye una lesión de derechos fundamentales.

💰 Se condena solidariamente a la empresa y a Pedro a abonar al trabajador una indemnización adicional de daños y perjuicios de 7.501 €; y se condena a la empresa a que le indemnice 87.446,51 €.

📌 STSJ Madrid 6265/2024, 20/05/2024 N.º rec. 231/2024.

DESCONEXIÓN DIGITAL, ACOSO LABORAL Y PROTECCIÓN A DENUNCIANTES

En el entorno laboral actual, la desconexión digital se ha convertido en un tema crítico, especialmente cuando se trata de la relación entre trabajadores y superiores.

Un caso reciente (referencia sentencia a pie de post) ilustra cómo la comunicación constante más allá del horario laboral puede fundamentar una reclamación tanto del derecho a la desconexión digital como de la reclamación del pago por horas extraordinarias, aunque no siempre se traduce en una conducta de acoso laboral *(mobbing).*

En dicha situación particular, se evidenció que un superior mantenía una comunicación frecuente con un trabajador, incluso después de las 22:00 horas. Sin embargo, esta interacción, aunque puede apoyar una reclamación por falta de desconexión digital, no acredita un comportamiento de hostigamiento.

Las pruebas documentales muestran disculpas y acuerdos para reuniones, sin indicios de faltas de respeto de un superior. Las quejas del trabajador, que se refieren a estrés laboral y no a acoso, fortalecen esta perspectiva.

Por otro lado, es fundamental considerar las represalias hacia quienes denuncian irregularidades en el ámbito laboral.

La Sentencia del TSJ Madrid del 15/02/2019 (rec. 824/2018), aborda esta cuestión, señalando que las represalias hacia los denunciantes *(whistleblowers)* pueden constituir una forma específica de acoso moral.

Los *whistleblowers* a menudo enfrentan ostracismo, rumores y hostigamiento social que les afecta negativamente y que puede prolongarse durante meses.

Pese a la falta de una protección legal general para los *whistleblowers* en muchos contextos, la ética organizacional y la prevención de riesgos psicosociales exigen la protección de quienes denuncian irregularidades.

La denuncia beneficia tanto a la organización como a la sociedad, sacando a la luz problemas que necesitan ser resueltos. Un ejemplo de ello es el documento de la OIT «La ética en la oficina: la protección de los funcionarios que denuncian irregularidades».

En fin, mientras la desconexión digital y el reconocimiento de derechos laborales son esenciales para el bienestar integral de los trabajadores, también es básico proteger a los denunciantes de represalias y acoso

Las empresas han de fomentar un entorno donde se respeten estos derechos y se proteja a quienes valientemente exponen irregularidades. Así, habrá un clima de trabajo alejado de conductas contrarias a la dignidad e integridad física y mental de los trabajadores.

📌 Sentencia Juzgado de lo Social 827/2024 - 14/05/2024, N.º rec. 341/2022.

‼ AYUNTAMIENTO VULNERA LA INTEGRIDAD FÍSICA Y MORAL DE UN TRABAJADOR

Roberto trabajaba para el Ayuntamiento desde 1992, inicialmente como funcionario, pero fue declarado incapacitado permanentemente en 2007. Posteriormente, fue contratado como personal laboral temporal.

Disfrutó de permisos del 10 de abril al 5 de mayo y del 8 de mayo al 22 de mayo de 2023.

Participó en una Asamblea General de trabajadores el 28/04/2023.

A partir de su reincorporación, su jefe lo asignó a un sótano insalubre hasta la inspección de trabajo en enero de 2024.

Roberto se queja por escrito el 19 de junio y el 15 de septiembre de 2023, sin recibir respuesta.

El sótano presenta malas condiciones: aire cargado, poca ventilación, luz insuficiente, sin medidas de seguridad, sin servicios higiénicos y con un botiquín caducado.

La Inspección de Trabajo y de la Seguridad Social (ITSS) propone al Ayuntamiento reubicar inmediatamente al trabajador a un lugar adecuado.

Roberto presenta demanda el 25/10/2023 por vulneración de derechos fundamentales (integridad física, intimidad, secreto de las comunicaciones) y solicita indemnización.

Respecto al derecho a la integridad física y moral .

Su ubicación en un sótano con condiciones insalubres, sin ventilación adecuada, con iluminación insuficiente, sin medidas de seguridad apropiadas, y sin servicios higiénicos básicos representa una clara amenaza para su salud. Estas condiciones vulneran su derecho constitucional (art. 15 CE) e incumplen con la normativa laboral y de seguridad en el trabajo.

La ITSS verificó y documentó las condiciones del sótano, confirmando su exposición a un ambiente laboral inadecuado. Este dictamen oficial refuerza la evidencia de la transgresión del derecho a la integridad física.

El trabajador presentó quejas formales sobre las condiciones del sótano en dos ocasiones sin recibir respuesta del Ayuntamiento. La falta de acción de la empresa demuestra una negligencia en atender las preocupaciones de un trabajador, la cual, agrava la vulneración de sus derechos..

Sobre acoso laboral y dignidad en el trabajo, el destino permanente al sótano, sin antecedentes similares, y la falta de respuesta a las quejas de Roberto constituyen un acto de hostigamiento y acoso, menoscabando su dignidad (art. 10 CE).

La decisión de destinarle al sótano es una represalia por asistir a una Asamblea General, infringiendo normas de seguridad y salud laboral.

💶 Se reconoce una indemnización de 12,500 € según el art. 40 de la LISOS y la jurisprudencia del TS, considerando la pluralidad de derechos vulnerados y la conducta reactiva del Ayuntamiento.

⚖ Se declara la nulidad de la actuación empresarial y se restablece a Roberto en su puesto anterior.

💶 Se condena solidariamente al Ayuntamiento y jefe a pagarle una indemnización de 12,500 € por los daños causados.

📌 Sentencia JSO 245/2024 Mieres 07/03/2024 N.° rec. 775/2023.

EL TRABAJADOR HOSTIGADO ESTA VEZ GANA

La sentencia que cito a pie de post reafirma la instancia y considera que la situación padecida por un trabajador es acoso laboral (también conocido como *«mobbing»*) por varias razones específicas. Aquí los puntos clave:

Expresiones ofensivas y amenazantes por parte del superior jerárquico.

- «Hijo de puta, te vamos a echar a la puta calle».
- «Vas a ir a la puta calle, me tienes hasta los cojones».

‼ El tono de los superiores jerárquicos del trabajador era de menosprecio hacia él, lo cual fue constante y agravó su situación de empeoramiento.

Fue objeto de insultos y amenazas frecuentes por parte de su superior jerárquico. Estas expresiones eran ofensivas y también intimidantes, con el claro objetivo de crear un ambiente hostil y de miedo. Dichas frases denotan tanto desprecio, como también buscan amedrentar y desestabilizar emocionalmente al trabajador.

Testimonios que apoyan las alegaciones de acoso: los testigos que confirmaron haber oído las expresiones ofensivas mediante el «manos libres».

Las declaraciones de testigos sobre el tono despectivo utilizado por los superiores y el mal ambiente creado hacia el trabajador.

Evidencia médica: los informes de un psiquiatra y del Servicio de Urgencias que diagnostican al trabajador con crisis de ansiedad y nerviosismo, vinculados a la situación de acoso en el trabajo.

El juez utiliza una definición que destaca los siguientes elementos para considerar un caso como acoso laboral:

Existencia de una real y efectiva situación de presión: el *mobbing* se caracteriza por una situación continua y efectiva de presión psicológica sobre el trabajador.

Actos tendenciosos que se reiteran en el tiempo: es necesaria la repetición sistemática de conductas hostiles, no siendo suficiente con incidentes aislados.

Intencionalidad de desacreditar, desconsiderar y aislar al trabajador: las conductas están destinadas a erosionar la reputación del trabajador y perturbar su desempeño laboral.

Deterioro de la salud del trabajador: el acoso puede causar un daño progresivo y continuo a la dignidad y salud del trabajador, conduciendo eventualmente a su abandono del trabajo.

Relación asimétrica de poder: frecuentemente, el acoso se produce en un contexto de desigualdad de poder, como en este caso, donde los superiores jerárquicos hostigaban al trabajador. Se conoce como un acoso laboral de tipo vertical ascendente.

La conducta que sufre el trabajador no se considera aislada, sino que es un hostigamiento permanente que ha afectado gravemente su salud y dignidad.

El TSJ concluye que la situación descrita cumple con la definición de acoso laboral debido a la repetida y sistemática conducta de presión psicológica y menosprecio por parte de los superiores, que ha sido respaldada por testimonios y evidencia médica.

Indemnización por daño moral de 20.000 €.

STSJ Cantabria 76/2024 29/02/2024 Núm. rec. 899/2023.

ACOSO LABORAL DE GERENTE A PERSONA CON DISCAPACIDAD PSÍQUICA EN UN CENTRO ESPECIAL DE EMPLEO

Sebastián, un técnico auxiliar con un reconocido 34 % de discapacidad psíquica por trastorno bipolar, trabaja en un centro especial de empleo.

Teodulfo, el encargado, crea un grupo de WhatsApp llamado «Veguellinos<i>» el 13/02/2023, incluyendo a todos los trabajadores sin pedir consentimiento previo.

El 1 de agosto, expulsa a Sebastián del grupo tras enviarle un mensaje ofensivo en la madrugada. En el grupo, Teodulfo envía una serie de mensajes despectivos y humillantes, criticando la capacidad de los trabajadores para leer y realizar sus tareas correctamente. Algunos ejemplos:.

- «Hay que leer, creo que aparte de nuestras propias tareas, todos sabemos leer o eso creo».
- «¿Alguien tiene médico, juzgado, prisión u otra cosa que me pueda condicionar el horario?»
- «Lo único que ya me queda por decir es que si estamos GILIPOLLAS».

Además de los mensajes en el grupo, Teodulfo también envía insultos y humillaciones a Sebastián en privado. Los trabajadores reciben motes alusivos a sus discapacidades, y Teodulfo insulta y humilla a Sebastián delante de todos, incluyendo clientes.

- «Qué tal el partidillo de baloncesto de ayer por la tarde?».
- «Dale recuerdos a tu novia».

Debido a esta situación, Sebastián inicia una Incapacidad Temporal por ansiedad el 06/09/2023

Sebastián presenta una demanda contra la empresa y Teodulfo, alegando vulneración de derechos fundamentales y solicitando una indemnización de 10.000 € por daños morales. La empresa y Teodulfo niegan las acusaciones, y la Fiscalía considera que la conducta no es suficientemente grave para ser calificada como vulneración de derechos fundamentales.

La sentencia se basa en pruebas documentales y testificales que demuestran la relación laboral, la antigüedad, la categoría, el salario, el lugar de trabajo, la modalidad del contrato, la duración del contrato, la jornada, y la discapacidad del trabajador.

Sebastián sufre humillación constante y trato degradante, y la empresa no responde adecuadamente ante sus denuncias. Estos actos afectan la dignidad del trabajador y constituyen una violación de sus derechos fundamentales.

La empresa es responsable por no prevenir ni actuar contra el acoso, incumpliendo su obligación de proteger a sus trabajadores.

💰 Sebastián tiene derecho a una indemnización por los daños morales sufridos que se apoya en varios factores, incluyendo la naturaleza continua y persistente del acoso, las secuelas psicológicas y emocionales experimentadas, y la vulnerabilidad del trabajador debido a su estatus y la relación de poder con el encargado.

📢 Con todo, se declara la nulidad radical de la actuación que vulneró derechos y ordena su cese inmediato, el restablecimiento de Sebastián, y una indemnización de 10.000 €, que debe ser pagada solidariamente.

📌 Sentencia Juzgado de lo Social 268/2024 León 01/04/2024 núm. rec. 61/2024.

ACOSO HORIZONTAL EN UN SUPERMERCADO

Melisa trabajó en Alcampo como reponedora en 2020.

En noviembre de 2021, durante una comida organizada fuera del horario laboral, Luis, compañero de trabajo y de sección de Melisa, levantó su vestido, causando una situación incómoda y humillante.

Luis siguió con un comportamiento inapropiado, haciendo comentarios ofensivos y amenazantes hacia Melisa.

Melisa inició una baja por enfermedad común el 21/12/2021, regresó el 27/01/2022 y comenzó una nueva baja el 25/04/2022.

Mientras coincidía con Luis, Melisa se quejaba a sus compañeros de ataques de ansiedad y el comportamiento inapropiado de Luis, pero estas quejas no fueron comunicadas a los superiores.

El 14/03/2022, Melisa denunció formalmente el acoso y tentativa de agresión física a través del canal interno de la empresa, describiendo faltas de respeto, comentarios ofensivos y amenazas.

Incluso una compañera presenció a Luis dirigiéndose a Melisa diciéndole «eres lesbiana porque no lo has probado» y «aquí mando yo», «tienes que hacer lo que yo diga».

La empresa inició una investigación y constituyó una Comisión Instructora, solicitando a Melisa detalles adicionales sobre los hechos denunciados.

Luis presentó alegaciones negando los hechos. La Comisión Instructora concluyó que hubo *mobbing* por parte de Luis y recomendó medidas cautelares.

El 19/04/2022 Melisa presentó una denuncia ante la Policía Nacional. Se dictó una medida protectora que prohibió a Luis acercarse a Melisa y comunicarse con ella.

La empresa concedió al trabajador permiso retribuido de 4 días tras recibir las conclusiones de la Comisión. Melisa informó que Luis Pedro la atacó en la calle el 12 de mayo.

El 19/05/2022 la empresa le despidió por falta muy grave, incluyendo acoso moral y violación de la dignidad. El despido fue comunicado al comité de empresa y se impugnó, iniciando un procedimiento judicial.

Melisa está en tratamiento por estrés postraumático agudo y trastorno de ansiedad en la Unidad de Salud Mental, recibiendo apoyo farmacológico y psicológico.

Ambos, estaban al tanto de la carta ética de la empresa, el Protocolo de Buenas Prácticas, la Guía Ética y los protocolos de prevención y tratamiento de acoso.

La investigación interna de Alcampo corroboró el *mobbing*, encontrando pruebas de amenazas y comentarios violentos por parte de Luis.

⚖ La Comisión Investigadora recomendó la implementación de medidas para prevenir futuros casos similares.

🏢 El TSJ determinó que Alcampo no es responsable del acoso y actuó adecuadamente al llevar a cabo una investigación interna y tomar medidas disciplinarias contra Luis. Así, la empresa actuó correctamente y no tiene responsabilidad.

👨‍⚖️ La sentencia condena a Luis a cesar su conducta inapropiada y a pagar una indemnización de 30.000 euros a Melisa por daños morales.

📌 STSJ Comunidad Valenciana 6572/2023, 05/12/2023 N.º rec. 2001/2023.

ACOSO LABORAL: AUSENCIA DE FUNCIONES Y RESPONSABILIDADES EN EL PUESTO DE TRABAJO

El Tribunal Constitucional, en su Sentencia 56/2019 (Recurso de amparo 901-2018), concluyó que marginar deliberadamente a un trabajador, de forma continua y sin un objetivo legítimo, constituye abuso de poder o arbitrariedad por parte del empresario.

Esta conducta vulnera el derecho a la integridad moral del trabajador. Asignar un puesto sin responsabilidades ni funciones puede estar relacionado con un plan destinado a causar perjuicios psicológicos. Lo más grave, es que esta situación no fue puntual, sino que se prolongó cerca de un año y medio.

Se acreditó que este comportamiento es acoso laboral *(mobbing)*, afectando el derecho a la ocupación efectiva (art. 23.2 CE) y el derecho a la integridad moral (art. 15 CE), vinculado al derecho a la dignidad de la persona. Este enfoque también coincide con el Criterio Técnico 69/2009 de la Inspección de Trabajo, que considera acoso moral por abuso de actividad la práctica de dejar a un trabajador sin ocupación efectiva o incomunicado sin justificación.

En resumen, la STC reconoce el derecho de todo trabajador a un entorno laboral libre de acoso, destacando la obligación de garantizar su integridad moral y la responsabilidad de las instituciones para proteger este derecho fundamental.

Asignar a un trabajador un puesto de trabajo formal, pero sin funciones definidas, mantenerlo desocupado y sin información sobre sus tareas, y hacer caso omiso a sus peticiones de trabajo o traslado, son conductas que constituyen un claro caso de *mobbing*.

Sentencia del Tribunal Constitucional. Sala Primera. Sentencia 56/2019, de 6 de mayo de 2019. Recurso de amparo 901-2018. Promovido por don Jaime Nicolás Muñiz respecto de las resoluciones del subsecretario de Interior, el Tribunal Superior de Justicia de Madrid y la Sala de lo Contencioso-Administrativo del Tribunal Supremo que rechazaron sus reclamaciones en materia de acoso laboral. Vulneración del derecho a la integridad moral: marginación laboral deliberada, continuada y carente de un objetivo legítimo incursa en abuso de poder o arbitrariedad.

UN SUPUESTO DE ACOSO POR FALTA DE OCUPACIÓN EFECTIVA

Ángel, director comercial de un taller, contaba con poderes en la empresa, lo que le permitía realizar diversas funciones directivas como nombrar y separar personal, firmar contratos de trabajo, y participar en la discusión y firma de convenios colectivos.

Se le asignó un coche que utilizaba tanto para fines profesionales como privados. Pagaba la gasolina y las multas de tráfico en sus momentos privados, mientras que la empresa cubría la gasolina durante el uso profesional.

En una reestructuración, le pasan a un despacho en la planta baja y deja de recibir tareas significativas. Los tiempos de trabajo asignados fueron muy reducidos:

- Oct. 2022: menos de 10 minutos (').
- Nov. 2022: menos de 10'.
- Dic. 2022: 2 h y 53'.
- Ene. 2023: 20' y 16 segundos ('').
- Feb. 2023: 12' y 30''.
- Mar. 2023: 1' y 19''.
- Abr. 2023: 0'.

Ángel envió un mail a la empresa indicando que no se le habían comunicado sus funciones ni las tareas a realizar.

Luego, la empresa le entregó una carta de despido por pérdida de confianza.

En la instancia, solicita la extinción indemnizada de la relación laboral por vulneración de derechos fundamentales y despido con vulneración de derechos fundamentales.

La instancia condena a la empresa, primero a abonarle la indemnización de 50.022,35 € por considerar su relación laboral como especial y segundo por la vulneración de los derechos fundamentales del trabajador la condena a indemnizarle con 55.000 € por daños morales.

En suplicación, ambas partes recurren. Ángel solicita la nulidad de la sentencia por incongruencia *extra petita* o alternativamente, una indemnización por despido improcedente según el art. 50.2 del ET reclamando 197.258,40 € y no según el RD 1382/85, de relación laboral especial de alta dirección. La empresa busca anular la condena por daños morales o reducirla a 6.251 €.

El TSJ considera que la indemnización ha de ser conforme al ET, y no según el RD que prevé una indemnización de 7 días de salario/año de servicio.

☑ La sentencia reconoce vulneraciones de derechos fundamentales: 1) indemnización de 25.000 €. La empresa creó un ambiente laboral hostil, conocido por compañeros y clientes, con efectos continuados desde sept. 2022 hasta abril 2023; 2) Indemnización de 30.000 €. Se consideró que la empresa actuó en represalia contra Ángel. Así, se otorga una indemnización de 197.258,40 € considerando los parámetros de antigüedad (30 sept. 1997) y salario diario (273,97 €).

✕ El TSJ desestima el recurso de la empresa, ya que los razonamientos efectuados para la valoración e imposición de las indemnizaciones no pueden considerarse injustificados o arbitrarios. La indemnización por daños morales de 55.000 € se mantiene.

La relación laboral de Ángel es común, no de alta dirección, y la indemnización debe ser la de despido improcedente según ET (más beneficiosa de 33 días).

Sentencia TSJ Asturias 852/2024, 16/04/2024, núm. rec. 253/2024.

‼ ACOSO LABORAL A POLICIA PORTUARIA

Carmela, la única mujer Policía Portuaria (PP) en 2016, denunció un clima laboral hostil y discriminación en el puerto que afectaban su salud.

Escrito a Dirección y Prevención de Riesgos:

- Informó sobre un entorno laboral perjudicial, detallando discriminación y acoso laboral *(mobbing).*
- Denunció múltiples incidentes de trato desigual y comentarios ofensivos.

Incidentes de discriminación y acoso:

Su padre acudió al trabajo porque ella había perdido sus llaves, no por abandonar a su hija para salir de fiesta.

Fue criticada por aparecer en una publicación de Facebook tras tomar un permiso por enfermedad.

En 2016, tras una ausencia médica, le pidieron un justificante específico que no exigieron a otros compañeros.

Circulaban rumores falsos de que había agredido a un anciano.

Fue acusada falsamente de patrullar en solitario para tener encuentros sexuales.

Recibió comentarios denigrantes sobre su vestimenta y aspecto físico.

Se le atribuyeron relaciones sentimentales inexistentes.

Solicitó cambios de turno para cuidar a su hija, pero se le denegaron mientras otros compañeros los recibían.

Sufrió una lesión en el pie por el calzado de trabajo no reconocido como accidente laboral.

Fue continuamente vigilada por el responsable de la policía portuaria.

En caso de accidente se dieron sus datos personales en lugar de los de la empresa.

No recibió formación obligatoria que otros compañeros sí.

✖ Se le excluyó de servicios específicos para los que estaba cualificada.

No se le incluyó en un grupo de WhatsApp creado por el responsable.

Se le negó acceso a informes evaluativos importantes para contratos.

Fue cuestionada en su actuación profesional durante una intervención en un accidente.

Incluso estando de baja, se cuestionaban los motivos y su estado de salud

⚠ Evaluación de Riesgos Psicosociales.

- Evaluación de la Mutua: alto riesgo en participación y supervisión, y elevado en interés por el trabajo.
- Informe de Salud Mental de Asturias (2021): depresión mayor cronificada, y otro informe en sept. 2021 diagnosticó un cuadro depresivo severo e incapacitante.

👀 Delegada sindical.

⚖ Demandó ante el TSJ.

Reclamó 150,000 € por violación de derechos fundamentales.

🛡 Derecho a la integridad física y moral protegido por la CE.

Se cita Jurisprudencia clave sobre protección contra ataques al cuerpo y espíritu.

🔍 Según la empresa, los hechos eran rumores y afirmaciones genéricas. Informe del técnico de PRL confirmó rumores y comentarios ofensivos. Pero el TSJ acreditó *mobbing* y falta de protección por parte de la empresa.

📢 En fin

☞ Conducta de la empresa constitutiva de *mobbing.*

☞ Violación del derecho a la igualdad, integridad física y moral, dignidad personal, honor e intimidad.

☞ Ordena el cese inmediato del comportamiento y reposición de la situación.

☞ Indemnización daños morales por 20,000 €.

📌 SJSO 6912/2022 Avilés, 29/07/2022, N.º rec. 149/2022.

PORT
CABMELA

⚠ ACOSO LABORAL A JEFA DE POLICÍA: CONCEJAL Y ALCALDE CAUSANTES DEL HOSTIGAMIENTO

👮 Virginia trabaja desde 2004 como intendente jefe de la Policía Local, siendo la máxima responsable del cuerpo en el Concello de Ourense.

🏛 Desde 2017, Hilario, edil y concejal de Seguridad, comenzó una campaña de descrédito hacia Virginia, difundiendo publicaciones en redes sociales y realizando declaraciones en prensa que cuestionaban su profesionalidad y solicitaban su cese.

📣 En diversas publicaciones, Hilario calificó a Virginia de «inepta» e «incompetente», mientras publicaba caricaturas ofensivas y comentarios denigrantes dirigidos hacia ella.

📅 Algunas publicaciones clave realizadas por Hilario:

- 🎨 Marzo 2017: publicó una caricatura de Virginia desactivando una bomba frente a la Jefatura de la Policía Local.
- 📰 Abril 2017: difundió en prensa que la comisión de servicio de Virginia había caducado.
- 📢 Diciembre 2017: en redes sociales, la calificó de «inepta» e «incompetente».
- 🎨 Diciembre 2018: compartió otra caricatura ofensiva sobre su trabajo.
- 🏊 Enero 2019: afirmó en redes que Virginia trabajaba en pijama o bañador fuera de su puesto.
- 🚓 Abril 2019: criticó públicamente la gestión de Virginia al frente de la Policía Local.

📱 Las conversaciones de WhatsApp del edil revelaron actitudes despectivas hacia Virginia. En febrero de 2022, tras una reunión con RRHH, envió mensajes burlándose sobre un posible cese de Virginia, acompañados de emoticonos de carcajadas. Además, el mismo día, difundió noticias relacionadas con la reorganización de funciones dentro de la Policía Local, cuestionando nuevamente el papel de Virginia.

🏅 En diciembre de 2021, el sindicato SPPME elogió públicamente la labor de Virginia durante la pandemia, mientras que Hilario despreció este reconocimiento en sus redes y continuó sus ataques personales.

📜 En una conversación mantenida en marzo de 2022, Virginia confrontó a Hilario sobre su animadversión hacia ella y las trabas constantes para desempeñar sus funciones. Hilario negó hostilidad, pero insistió en que ella debía «cambiar el chip» para poder trabajar de manera más fluida.

📆 Entre abril y mayo de 2022, se intensificaron los conflictos:

- El 25 de abril, Virginia causó baja médica por migraña. Al día siguiente, Hilario solicitó las llaves de su despacho antes de que ella notificara formalmente su baja.
- El 13 de mayo, el edil accedió al despacho de Virginia con un cerrajero, retirando sus pertenencias. Virginia objetó esta actuación por escrito días después.

En junio de 2022, Virginia presentó una denuncia por acoso laboral ante el Concello de Ourense.

La sentencia en instancia reconoció los actos de acoso laboral cometidos por Hilario y responsabilizó al Concello por su inacción al no activar el protocolo de acoso. Se impuso una indemnización conjunta de 30.000 € por los daños sufridos.

El fallo destacó que la actitud de Hilario hacia Virginia era ampliamente conocida en el ámbito municipal, debido a su difusión en redes sociales, declaraciones en prensa y conductas en reuniones de trabajo. Además, se consideró que la retirada de sus pertenencias del despacho durante su baja médica constituyó un acto desproporcionado e innecesario.

El Concello interpuso un recurso de suplicación alegando que no era responsable de los hechos, ya que ocurrieron antes de la baja médica de Virginia y atribuían toda la responsabilidad al concejal. También argumentaron que no se vulneraron los artículos constitucionales ni los de procedimiento administrativo.

No es sostenible la alegación de que el Concello y el alcalde desconocieran lo ocurrido entre el concejal de Seguridad y la jefa de Policía Local, ya que la actitud del edil era conocida en el ámbito municipal. Sus manifestaciones se hicieron públicas en redes sociales, prensa y dependencias del Concello, incluyendo reuniones oficiales y juntas de área municipal.

Resulta especialmente llamativo que el alcalde no estuviera al tanto de la orden del concejal de entrar con un cerrajero al despacho de la jefa de Policía pocos días después de su baja médica por migraña, una dolencia prevista como breve. Esto, a pesar de que el burofax de la mujer trabajadora del 19 de mayo de 2022 informaba claramente sobre la gravedad de los hechos ocurridos el 13 de mayo.

Sorprendentemente, el Concello no adoptó ninguna medida tras recibir el mencionado burofax, mostrando absoluta pasividad frente a un desalojo forzoso que vulneraba el derecho de la jefa de Policía a ocupar su despacho, un derecho que no se extingue ni en vacaciones ni por incapacidad temporal. Esto fue correctamente argumentado por el Magistrado en el fundamento séptimo de la sentencia.

El Concello, al no actuar frente al desalojo ni ante la denuncia por acoso laboral, incumplió el artículo 14.1 de la Ley de Prevención de Riesgos Laborales (LPRL). Esta norma establece el derecho de todo trabajador a una protección eficaz en seguridad y salud, incluyendo la prevención frente a riesgos psicosociales como el acoso laboral.

📢 Tras la denuncia, tanto el concejal como el alcalde hicieron declaraciones públicas, permitiendo mofas y burlas hacia la denunciante en plenos municipales y redes sociales. Estas declaraciones, especialmente las del alcalde, resultan impropias de su cargo y afectan directamente a la dignidad de la jefa de Policía, sin que se activara en ningún momento el protocolo de acoso laboral existente.

☑ En vista de la vulneración acreditada de la normativa laboral y la pasividad reiterada del Concello, se confirma que la sentencia recurrida es ajustada a derecho. Por lo tanto, se desestima el recurso y se ratifica la resolución inicial por sus sólidos y acertados fundamentos.

✖ La Sala desestimó el recurso y ratificó la sentencia inicial. Subrayó que el Concello tenía la obligación de actuar ante cualquier denuncia de acoso, incluso si esta se consideraba infundada. Además, confirmó la existencia de acoso laboral y la responsabilidad del Concello por no tomar medidas preventivas.

📌 STSJ Galicia 7481/2024 - 30/10/2024 N.º rec. 3033/2024.

☑ SE CONFIRMA LA SANCIÓN DE SUSPENSIÓN DE EMPLEO Y SUELDO DE 10 DÍAS A UN TRABAJADOR QUE ACOSÓ A COMPAÑERAS

Isaac trabaja para una empresa de cementos y es delegado sindical.

Entre abril y julio de 2021 se llevó a cabo una investigación interna. Se concluyó que Isaac mostró un trato inadecuado y poco respetuoso hacia Esperanza, sus compañeros y superiores.

El propio Isaac justificó su comportamiento como «su forma de ser».

Esperanza, sin antecedentes de salud mental, acudió al psicólogo tras episodios de acoso laboral.

Fue diagnosticada con trastorno de estrés postraumático tras un seguimiento continuado.

Isaac, por su parte, también manifestó ansiedad debido al conflicto laboral pendiente.

El 18/10/2021, la empresa notificó la apertura de un expediente contradictorio. Se comunicaron los cargos al trabajador, y el delegado sindical fue informado. El expediente concluyó que Isaac había realizado comentarios y acciones irrespetuosas y perjudiciales.

Isaac expresó su disconformidad con las acusaciones, alegando indefensión.

El sindicato respaldó su posición, exigiendo que se respetaran sus derechos como delegado sindical. Así mismo, negó haber sido notificado sobre la apertura del expediente contradictorio.

El 22/11/2021, Isaac fue sancionado con suspensión de empleo y sueldo por 10 días. Los motivos incluyeron comentarios despectivos y conductas irrespetuosas hacia María Inés y otros compañeros.

La empresa consideró esto una falta muy grave, amparándose en el convenio colectivo.

Desde 2019, Isaac mostró animadversión hacia María Inés cuando fue contratada fija.

Sus actitudes incluyeron burlas, desprecios y cuestionamientos constantes hacia su compañera.

Estas conductas provocaron en María Inés episodios de ansiedad que derivaron en una baja laboral.

Tras la solicitud de conciliación en diciembre de 2021, presentó demanda a fin de que se declarara nula la sanción de suspensión de empleo y sueldo por 10 días, sin embargo, la instancia la validó la sanción impuesta al trabajador.

Isaac interpuso recurso de suplicación contra la sentencia. Se observan dos recursos presentados con idéntica representación, uno de ellos con membrete de Intersindical; ambos serán dirimidos por el TSJ.

Sostiene que no se han acreditado pruebas de las acusaciones, limitándose la sentencia a constatar una mala relación entre compañeros, por lo que solicita la nulidad de la sanción o su revocación subsidiaria.

‼ Denuncia, como primer motivo, la vulneración de los arts. 114.3, 115.c) y d) de la LRJS, junto con el art. 68.a) del ET. Señala que la instancia presenta discrepancias entre la valoración de las pruebas documentales, testificales y los hechos probados. Además, se alega que el comité de empresa no fue citado ni se le otorgó audiencia previa, incumpliendo dicho precepto del ET.

◇ La empresa argumenta que el motivo está mal formulado, ya que no se alude de manera precisa a pruebas documentales o periciales, solicitando su inadmisión.

Sin embargo, según el TSJ, no procede la revisión del relato de hechos probados al no cumplir con los requisitos establecidos por la jurisprudencia del TS para la revisión fáctica en recurso de suplicación.

Se rechaza la supresión de determinados hechos probados en la sentencia por no haberse presentado un redactado alternativo sustentado en pruebas documentales.

Como segundo motivo, Isaac denuncia la infracción de los arts. 114.3, 115.c) y d) de la LRJS, el artículo 68.a) del ET y el art. 10.30 de la Ley Orgánica de Libertad Sindical.

Argumenta que la empresa notificó al comité de empresa únicamente de manera oral, y fuera de plazo, además de no haber aportado el pliego de cargos ni cumplir con las disposiciones del convenio colectivo aplicable.

⌛ Señala que los hechos imputados estarían prescritos, ya que la empresa conocía los hechos desde abril de 2021, pero inició el expediente sancionador en octubre de 2021, excediendo el plazo de prescripción.

Por su parte, la empresa alega que el procedimiento contradictorio fue tramitado sin irregularidades, que no se incurrió en indefensión y que las normas invocadas son de carácter procesal, por lo que el motivo debería desestimarse.

Sobre el procedimiento contradictorio, la Sala concluye que fue cumplido correctamente, ya que el pliego de cargos fue trasladado de manera escrita a la representación de los trabajadores, como consta en los hechos probados.

⚖ Respecto a la prescripción, el TSJ considera que la conducta imputada constituye una falta muy grave y continuada. La empresa no excedió el plazo de prescripción de 60 días, establecido en el art. 60.2 del ET, ya que el conocimiento cabal de los hechos ocurrió cuando la trabajadora afectada inició su IT.

🛠 Los hechos probados incluyen comentarios irrespetuosos hacia una compañera, burlas sobre su manera de expresarse y críticas a su pareja, llegando incluso a rechazar de manera brusca sus propuestas laborales. Estos comportamientos provocaron que la trabajadora acudiera al médico por ansiedad y acabara en situación de IT.

🚫 La resolución concluye que la conducta del trabajador encaja en la falta muy grave prevista en el convenio colectivo aplicable, justificando la sanción de suspensión de empleo y sueldo durante 10 días.

❌ En consecuencia, el recurso de suplicación presentado por el trabajador es desestimado, confirmándose la instancia que validó la sanción impuesta por la empresa.

📌 STSJ Cataluña 7647/2024 - 04/10/2024 N.º rec. 772/2024.

SANCIÓN A EMPRESA POR NO EVALUAR RIESGOS PSICOSOCIALES

El trabajador y presidente del Comité de Empresa, inició un proceso de incapacidad temporal (IT) el 18/03/2019 por sobrecarga laboral. Solicitó que se declarara como accidente de trabajo y la instancia así lo hizo.

El 24/05/2021, la ITSS tras acudir a la empresa, levantó acta de infracción por inobservancia de las propuestas del servicio de prevención de riesgos psicosociales realizadas en reuniones de 2015. Se propuso una multa de 8.195 € por una infracción grave según el art. 12.1 de la LISOS.

La Dirección Provincial confirmó dicha sanción por infracción grave del art. 5.2 de la LISOS.

La empresa solicitó dejar sin efecto dicha sanción por no ser ajustada a derecho, o subsidiariamente, reducirla a una falta leve con una multa de 40 €. La infracción se basa en no adoptar medidas preventivas frente a riesgos psicosociales establecidas en la evaluación de dichos riesgos, lo que supone una infracción de lo dispuesto en los arts. 15.1b) y 16.2 b de la LPRL considerando infringido el art. 5.2 de la LISOS que considera como grave según su art. 12.1 b) el hecho de .

«No llevar a cabo las evaluaciones de riesgos y, en su caso, sus actualizaciones y revisiones, así como los controles periódicos de las condiciones de trabajo y de la actividad de los trabajadores que procedan, o no realizar aquellas actividades de prevención que hicieran necesarias los resultados de las evaluaciones, con el alcance y contenido establecidos en la normativa sobre PRL»

La empresa presentó demanda pidiendo la anulación de una sanción o su reducción a una falta leve con una multa de 40 €.

El acta de infracción detalló que, desde la visita de la ITSS del 16/12/2020, no se adoptaron las medidas preventivas indicadas en la evaluación de riesgos **psicosociales** de 2016. La ITSS volvió a pedir la revisión de riesgos psicosociales y medidas implantadas y en particular valoración de la carga de trabajo y resolución de conflictos interpersonales. Pero la empresa no cumplió con tales requerimientos.

El acta de infracción tiene presunción de veracidad y se concluyó que la empresa no ha adoptado las medidas preventivas necesarias desde 2016. Las pruebas documentales aportadas por la empresa no desvirtúan las afirmaciones del acta.

Con todo, el acta es concluyente en cuanto a la falta de adopción de medidas preventivas para proteger la seguridad y salud de los trabajadores. Así, la empresa ha de cumplir con las obligaciones de PRL y proteger la salud y seguridad de los trabajadores. No resolvió los conflictos ni evaluado adecuadamente las cargas de trabajo, exacerbando los riesgos psicosociales.

✗ Aunque existe un protocolo de ***mobbing***, no lo abordó adecuadamente la sobrecarga de trabajo y el estrés laboral.

☑ En fin, se confirma la infracción y sanción impuestas por la ITSS.

📌 Sentencia JSO 27/2024 Ciudad Real 11/01/2024, N.° rec. 481/2022.

MOBBING A TELEOPERADORA POR LIMITACIONES TÉCNICAS DE LA EMPRESA

Elisa teleoperadora especialista, disfrutó de excedencia por cuidado de menor del 08/07/2019 al 31/05/2021 solicitando reincorporación anticipada el 11/12/2020 con jornada reducida a 25 horas a la semana.

La empresa le notificó su reincorporación a tiempo completo el 22/02/2021, asignándole un puesto en el servicio ITB (servicio telefónico de información tributaria básica), inicialmente en modalidad online lo cual firmó como no conforme.

Vive a 45 km. del centro de trabajo y tuvo que recoger personalmente el equipo informático necesario para su trabajo en la Campaña de Renta. Previamente, había solicitado que el equipo se enviara a su domicilio debido a la distancia y al peso del equipo. A pesar de sus repetidas solicitudes, la empresa no resolvió los problemas técnicos que Elisa enumeró, que eran esenciales para poder comenzar a trabajar desde casa. Además, la empresa no rehabilitó su correo corporativo, por lo que todas las comunicaciones se enviaban a su correo privado.

✕ Posteriormente, la empresa cambió su modalidad de trabajo a presencial sin proporcionar una razón y sin ofrecer soluciones de transporte. La trabajadora tendría que llevar ella misma el equipo a su nuevo lugar de trabajo.

Envió un burofax a la empresa reclamando la falta de solución a los problemas informáticos y la asignación de un puesto presencial lejos de su domicilio. Interpretó estas acciones como una represalia por sus reivindicaciones, lo que la llevó a la baja médica.

En el burofax, solicitó expresamente la activación del Protocolo de prevención del **Acoso**; la empresa no lo activó pese a tenerlo.

En la Historia Clínica de Elisa se refieren problemas laborales como causa de su IT, según informes médicos.

Demanda y la instancia estimó extinguida la relación laboral de Elisa y condenó a la empresa a indemnizarla con 11.533,85 € más 3.000 € por daños morales.

La empresa anunció recurso de suplicación contra la sentencia. Sin embargo, el TSJ reconoce que la empresa ha cometido graves irregularidades que dificultaron a Elisa su trabajo, afectando su integridad emocional.

Con jornada reducida por cuidado de menor se vio obligada a recoger el equipo informático en Madrid para teletrabajar, pese a vivir a 45 km de distancia. La empresa ignoró sus peticiones de arreglo de deficiencias técnicas y reactivación de su correo corporativo. Finalmente, cambió su prestación de servicios a presencial sin ofrecer transporte alternativo y no activó el Protocolo de prevención del Acoso. Estos hechos llevaron a Elisa a una situación límite emocional, asociada a su baja laboral.

✘ Se desestima el recurso de la empresa ya que tales incumplimientos contractuales atentan contra los derechos fundamentales de la trabajadora y justifican la resolución del contrato de trabajo según el art. 50 ET

Sentencia TSJ Madrid 1041/2022, de 23/11/2022 núm. rec. 791/2022.

⚠ CÓMO EL ACOSO VULNERA DERECHOS FUNDAMENTALES

Leticia trabajó desde mayo de 2022 como asesora fiscal con un contrato en prácticas, convirtiéndose en indefinida en mayo de 2023, con un salario mensual de 2.304,72 €.

El 05/08/2023, recibió un mensaje del administrador y director general Germán, que informaba sobre la finalización de su relación laboral, con un tono ofensivo y despectivo.

Tras este mensaje, Leticia fue eliminada del grupo de WhatsApp de la empresa, donde compartía información con sus compañeros.

El 07/08/2023, la empresa le entregó una carta de despido disciplinario debido a su desempeño laboral, que incluía acusaciones como falta de conocimientos y desobediencia.

Germán, continuó enviando comunicaciones que incitaban a la trabajadora a la descalificación.

Leticia buscó asistencia psicológica debido a la ansiedad generada por la situación laboral.

La trabajadora presentó demanda. En ella, ejercitó una acción de despido por lesión de derechos fundamentales, como el honor y la integridad física, postulando la nulidad del despido y una indemnización adicional de 60.000 €, optando subsidiariamente por la improcedencia y la indemnización correspondiente según el art. 7 del Convenio OIT 158, además del abono de finiquito y la obligación de la empresa de publicar una nota pública.

Sin embargo, la instancia, la estimo parcialmente, declarando el despido improcedente, y la empresa fue condenada a readmitirla o indemnizarla con 3.125,58 €, además de abonar los salarios devengados desde el despido.

✕ Se desestimó la acción de reclamación de cantidad interpuesta por Leticia contra las empresas demandadas.

Leticia interpuso recurso de suplicación, articulando su recurso con un motivo de revisión fáctica y otro de censura jurídica, impugnado por los codemandados que se oponen a su estimación.

Solicita la modificación de un hecho probado relacionado con la falta de prueba sobre el pago, respaldado por documentos específicos, pero el TSJ destaca que no puede revisar la ponderación de la prueba, salvo que los documentos presenten un error claro.

La jurisprudencia exige requisitos estrictos para estimar este tipo de recursos, como la precisión en el hecho que se considera equivocado y la aportación de pruebas claras que evidencien el error.

La revisión solicitada no puede prosperar, ya que se basa en un hecho negativo que no se puede integrar en el relato fáctico de la sentencia, conforme a los principios establecidos por la jurisprudencia.

Con base en el art. 193 c) de la LRJS, solicita el examen de infracciones de normas sustantivas, en concreto, denuncia en el primer motivo la infracción de los arts. 96.1 y 181.2 de la LRJS, en relación con la aportación de indicios y la inversión de la carga de la prueba.

Sostiene que presentó indicios suficientes, a través de los mensajes de WhatsApp que describen un panorama indiciario de vulneración de sus derechos fundamentales.

Según ella, estos indicios deberían haber provocado la inversión de la carga de la prueba, lo que no ocurrió, ya que la empresa no pudo justificar la decisión extintiva del contrato.

En el segundo motivo de apelación, invoca una infracción por inaplicación del Convenio OIT 190 sobre violencia y acoso en el trabajo (art. 1), así como del art. 96 CE, y la infracción del art. 31 de la Ley 25/2014 sobre Tratados y Acuerdos Internacionales.

Argumenta que, según dicho convenio, basta con una manifestación de comportamiento empresarial de acoso o violencia para considerar vulnerados los derechos fundamentales del trabajador a la integridad física y moral.

Afirma que, incluso con los mensajes que la sentencia reproduce en el hecho probado octavo, ya se evidencia un clima de psicoterror laboral.

A su juicio, la sentencia no aplicó correctamente el Convenio 190 al interpretar el panorama indiciario, lo que debió haber influido en la apreciación de los hechos.

En el tercer motivo, también amparado en el art. 193 c) de la LRJS, se invoca la infracción del art. 18 de la CE, en relación con los arts. 10 y 15 de la CE.

Argumenta que la conducta empresarial, plasmada a través de los mensajes instantáneos reproducidos en los hechos probados segundo, sexto y octavo, vulnera su dignidad, honor e imagen de la trabajadora.

Estos mensajes fueron enviados de forma masiva a la plantilla, y su contenido denigrante atacó la integridad de la trabajadora, haciendo alusiones despectivas a su apariencia y capacidades.

En particular, los mensajes la llaman «entrometida», mencionan que no destaca por sus habilidades mentales sino por «otros elementos» que gratuitamente le «regaló Dios», la califican de «falsa moneda» y, además, hacen comentarios humillantes sobre su necesidad de tomarse las vacaciones.

Finalmente, en el motivo II d) se denuncia, reproduciéndose en el motivo II e), la infracción de los arts. 24 de la CE, 17.1 del ET y 6.6 de la Ley 15/2022, de 12 de julio, integral para la igualdad de trato y la no discriminación, ya que tras el mensaje enviado por la empresa el 5 de agosto en el que se le informaba que el 31 de agosto sería su último día, y la respuesta de

Leticia en la que expresaba que no estaba de acuerdo con el método ni las formas empleadas, la empresa procedió a enviar la carta de despido disciplinario el 7 de agosto, fijando la fecha del despido para el mismo día.

Ambos motivos se resuelven de manera conjunta dada su interrelación y su objetivo común de solicitar la nulidad del despido, considerando que la acción empresarial vulnera derechos fundamentales de la trabajadora.

El art. 55.5 del ET establece que será nulo el despido que tenga como móvil alguna de las causas de discriminación prohibidas en la CE o en la ley, o cuando se produzca con violación de derechos fundamentales y libertades públicas de la persona trabajadora. La jurisprudencia constitucional ha precisado que, en los casos en los que se invoque la vulneración de derechos fundamentales del trabajador/a en un despido, corresponde al empresario la carga de probar la existencia de causas reales y serias que justifiquen el despido y lo califiquen como razonable.

Según la doctrina constitucional, no se trata de probar la inexistencia de un móvil lesivo de derechos fundamentales (lo que sería la prueba negativa), sino que el empresario debe probar que su actuación tiene causas reales y totalmente ajenas a la pretendida vulneración de derechos fundamentales, y que esas causas fueron suficientes para adoptar la decisión de despido.

Además, la jurisprudencia ha subrayado que la mera afirmación de discriminación o lesión de derechos fundamentales no basta, sino que se requiere que la parte demandante aporte hechos o indicios que establezcan razonablemente la probabilidad de la vulneración alegada.

En este sentido, la doctrina constitucional establece que es necesario que quien afirme la vulneración de un derecho fundamental, como el acoso laboral o la discriminación, aporte indicios que sugieran de manera razonable que dicho derecho ha sido lesionado.

Este principio de prueba recae sobre el trabajador/a, quien debe presentar elementos que, aunque no sean suficientes para formar una convicción plena sobre la existencia de la lesión, induzcan al juez a creer razonablemente en su probabilidad.

En lo que respecta al derecho fundamental cuya vulneración se alega en la demanda, se menciona que la trabajadora fue objeto de acoso laboral, lo cual afectó su honor, dignidad e integridad moral

Para poder invertir la carga probatoria en este tipo de casos, es necesario aportar indicios razonables que sugieran que la conducta de la empresa estuvo motivada por un móvil lesivo relacionado con el acoso.

En este contexto, la STC 56/2019 de 6 de mayo define el concepto de acoso laboral como aquellas conductas de hostigamiento reiteradas que, por su carácter degradante y su impacto en las condiciones de trabajo, ponen en peligro la integridad personal del trabajador.

Este tipo de acoso puede ser promovido por superiores jerárquicos dentro de la organización, y se manifiesta a través de actitudes y comportamientos que buscan objetivos como represaliar al trabajador, marginarlo para que no evidencie a los superiores, o presionarlo para que abandone voluntariamente su puesto de trabajo, lo que permitiría a la empresa evitar una indemnización por despido improcedente.

Un riesgo psicosocial común en empresas privadas, pero también ocurre en el sector público, donde el trabajador puede ser marginado profesionalmente por razones personales o ideológicas.

Desde la óptica constitucional, el acoso laboral tiene un impacto directo sobre derechos fundamentales como la dignidad de la persona, la integridad física y moral, y la prohibición de tratos degradantes, recogidos en los arts. 10.1 y 15 de la CE.

En muchos casos, el acoso laboral también puede involucrar otros derechos fundamentales, como el derecho al honor, a la intimidad personal y familiar, y a la propia imagen.

En este sentido, la legislación y la jurisprudencia constitucional buscan proteger a los trabajadores de estas situaciones de acoso, reconociendo la importancia de garantizar un entorno de trabajo libre de discriminación y trato degradante.

Aunque el TC señala que no le corresponde elaborar un concepto específico de «acoso laboral», se limita a interpretar los términos constitucionales de «trato degradante» y «lesión de la integridad moral» (art. 15 CE), dentro de su proyección en las relaciones laborales y funcionariales.

A pesar de ello, el TC aclara que el concepto de «acoso laboral» establecido por la legislación ordinaria puede ser más amplio que los conceptos de «trato degradante» y «lesión de la integridad moral» si el legislador opta por una mayor protección del trabajador, o incluso más estricto si el legislador penal busca castigar severamente ciertos comportamientos hostigadores.

En cuanto a la intromisión contraria al art. 15 de la CE, el TC explica que se considera una vulneración cuando hay una causación deliberada y no consentida de padecimientos físicos, psíquicos o morales, o cuando se somete a la persona a un «riesgo relevante» de sufrirlos, es decir, un «peligro grave y cierto» para la integridad personal.

En relación a la intencionalidad, la protección constitucional de los derechos fundamentales no debe depender de factores psicológicos complejos y subjetivos, sino que basta con un nexo causal adecuado entre el comportamiento antijurídico y el resultado lesivo prohibido por la norma.

En cuanto al menoscabo de la integridad moral, no es necesario que la lesión se haya consumado; con que exista un riesgo relevante de que se produzca, se considera vulnerado el derecho invocado.

Para que el trato se considere «degradante», debe causar humillación o envilecimiento en la víctima, ya sea ante los demás o ante sí misma, y superar un umbral mínimo de gravedad. Este umbral depende de las circunstancias del caso concreto y puede generar sentimientos de temor, angustia e inferioridad, capaces de humillar, envilecer o quebrantar la resistencia física o moral de la víctima.

Si no se produce vejación o humillación como resultado de la conducta, el trato no podrá considerarse «degradante», lo que lo sustraerá de la «prohibición absoluta» prevista en la CE.

Estas definiciones y matizaciones deben ajustarse también a la reiteración de la conducta, especialmente a la luz del Convenio OIT 190, sobre la eliminación de la violencia y el acoso en el mundo laboral, que fue ratificado por España en 2022 (entrada en vigor el 25/05/2023). Este convenio establece que «violencia y acoso» en el trabajo pueden manifestarse UNA SOLA VEZ o de forma repetida, y abarca tanto la violencia física y psicológica, como también la sexual y económica, con especial énfasis en la violencia y el acoso por razón de género.

El instrumento de Adhesión de España a este convenio fue publicado en el BOE el 16/06/022, y establece, en su art. 1.a), que la expresión «violencia y acoso» en el mundo del trabajo se refiere a un conjunto de comportamientos y prácticas inaceptables, o de amenazas de tales comportamientos y prácticas, ya sea que se manifiesten una sola vez o de manera repetida.

Estos comportamientos pueden causar daño físico, psicológico, sexual o económico, e incluyen la violencia y el acoso por razón de género. Esta definición resalta la gravedad de estos actos, independientemente de si ocurren en una sola instancia o si se repiten con el tiempo.

En los arts. 2 y 3 del Convenio, se establece su ámbito de aplicación, ampliando la protección a los trabajadores y otras personas en el mundo del trabajo, sin importar su situación contractual. Esto incluye a trabajadores asalariados, pasantes, aprendices, personas en formación, voluntarios, postulantes a un empleo, personas despedidas, y aquellos que ejercen la autoridad de un empleador.

El Convenio se aplica a todos los sectores de la economía, tanto públicos como privados, abarcando zonas urbanas y rurales, y se extiende a cualquier situación laboral, tanto formal como informal.

En cuanto al ámbito específico de la violencia y el acoso, el art. 3 establece que el Convenio se aplica a estos actos en el lugar de trabajo, así como en espacios públicos o privados relacionados con el trabajo, en los lugares donde los trabajadores descansan, comen o utilizan instalaciones sanitarias y de aseo, durante desplazamientos o viajes laborales, en actividades sociales o de formación, en comunicaciones laborales (incluidas las realizadas a través de tecnologías de la información) y en alojamientos proporcionados por el empleador.

En relación con la vulneración del derecho al honor, la STC 180/1999 establece que el derecho al honor personal prohíbe que se haga referencia a una persona de manera insultante o injuriosa, afectando injustificadamente su reputación y haciéndola desmerecer ante la opinión ajena.

Este derecho protege, por un lado, la imagen personal, y por otro, el prestigio profesional, ya que una descalificación injusta de la probidad profesional puede afectar gravemente la imagen pública de una persona.

La actividad laboral o profesional tiene una dimensión externa que impacta la imagen pública de la persona, haciendo que sea susceptible de ser sometida a crítica y evaluación. Sin embargo, esta crítica no implica un juicio sobre la honorabilidad de la persona que la desempeña, como se establece en la STC 223/1992.

Examinando el panorama indiciario, se destaca el hecho probado segundo, donde se transcribe el mensaje enviado por el Germán, administrador único de la empresa demandada, a Leticia. En este mensaje, que fue enviado a través de un grupo de WhatsApp en el que estaban el resto de los trabajadores, el 5 de agosto, se le dice a ella que «has seguido un camino de falsedad e hipocresía», además de que no está capacitada para participar en el futuro del bufete de abogados. Se le indica que «es preferible que sigas vendiendo tu mentira y tu basura a otro gilipollas que te la compre», en un tono claramente agresivo y despectivo, todo ello en el contexto de la comunicación del despido, dado que también se le informa que «han resuelto terminar tu relación profesional con la empresa a finales de este mes».

En este mensaje, se hace evidente que la decisión de despedir a la trabajadora ha sido tomada por el Germán, quien la justifica señalando que hay unas empleadas que son calificadas como socias de «la funeraria Muere dulcemente» y parte de un «grupo de asesinas que dirigen con mano de hierro mi empresa». Para aclarar aún más la naturaleza de la decisión extintiva, el director general utiliza la expresión «cortarte la cabeza», dejando claro, de forma sarcástica, que esta frase es una metáfora que denota la finalización de la relación laboral.

En el hecho probado tercero, se destaca que, aunque la trabajadora respondió con cortesía y educación a este mensaje el mismo día 5 de agosto y a través del mismo canal de WhatsApp, Germán le contestó de nuevo, en el mismo día y por el mismo medio, utilizando un lenguaje igualmente insultante y amenazante. En su mensaje, le dice: «serás pasado el 31 de agosto de mi empresa, y espero que engañes a otro gilipollas que apueste por ti en los próximos años. Ya sabes que un traidor debe estar xxxxxxxxx2 metros bajo tierra, por tu bien y por el resto de la humanidad». Termina despidiéndose de ella con un «Adiós Leticia» y, de inmediato, la expulsa del grupo de WhatsApp.

Finalmente, el hecho probado octavo reproduce los mensajes enviados por Germán al grupo de WhatsApp, donde se comunica a toda la plantilla el despido de la trabajadora. Se da a conocer la decisión de despido y también se incluyen todos los calificativos y descalificaciones que el director general le dirigió, extendiendo la humillación a toda la plantilla, al hacer públicos comentarios despectivos y amenazas de carácter intimidatorio hacia la recurrente. La difusión de estos mensajes a todos los empleados aumenta la gravedad de la vulneración de derechos fundamentales, ya que se atenta contra el honor y la dignidad de la trabajadora y también se da publicidad a estos comentarios, lo cual es un ataque directo a su reputación y su imagen profesional.

🗨 Los mensajes enviados por Germán no se limitan a insultos hacia ella, sino que también incluyen reflexiones personales sobre la actitud, los comportamientos y las decisiones de otros empleados de la empresa, a los que no identifica de manera directa, pero a los que da pistas para que «el que se dé por aludido» entienda que se refiere a ellos. Estas reflexiones incluyen alusiones tanto al comportamiento profesional como a la afinidad ideológica de los empleados, sugiriendo que la permanencia de los mismos en la empresa depende de estos factores.

⚖ Todo lo anterior permite apreciar un panorama claro de vulneración de los derechos fundamentales de la trabajadora. Las expresiones contenidas en los mensajes que se utilizaron para despedirla, donde se la tilda de mentirosa, basura, hipócrita y falsa, son evidentes agresiones al derecho al honor y a la dignidad de la trabajadora. La referencia a que debe estar «bajo tierra» y la despectiva forma en que se despide de ella refuerzan el carácter insultante de la situación. Además, la difusión pública de estos mensajes agrava aún más la violación de sus derechos fundamentales.

☠ La idea macabra de crear una «funeraria» ficticia, integrada por las empleadas de confianza de Germán, a las que califica de «asesinas», y que supuestamente sería responsable de la decisión extintiva, refleja la naturaleza extremadamente despectiva y humillante de las expresiones utilizadas. Esta «funeraria» es quien supuestamente acaba con la carrera profesional de la trabajadora en la empresa. Además, se realizan alusiones directas a la trabajadora, incluso mencionando el color de su pelo, al referirse a ella como «pelirroja» y utilizando la expresión «Teodoro tiene un plan para encargarse de ella».

! Los dos mensajes destacados del 5 de agosto, enviados en el contexto de la comunicación del despido, constituyen un indicio más que suficiente de un ataque directo al derecho fundamental al honor y la propia imagen de la trabajadora. Estas expresiones humillantes y vejatorias son completamente innecesarias para justificar el despido, lo que justifica la nulidad de este, ya que se ha producido una vulneración de sus derechos fundamentales, específicamente en lo que respecta al art. 18 de la CE, que protege el derecho al honor y la propia imagen de los individuos.

📄 Aunque la carta de despido es el instrumento legalmente establecido para dejar constancia de los motivos de un despido, en este caso, la comunicación a través de WhatsApp, con difusión pública a toda la plantilla, contiene expresiones vejatorias, injuriosas y totalmente innecesarias, que no hacen referencia a la actividad profesional de la trabajadora ni a un incumplimiento de sus deberes, lo que agrava aún más la vulneración de sus derechos fundamentales.

Así pues, corresponde a los demandados desvirtuar dichos indicios, lo que, a criterio de la Sala, no han conseguido. De hecho, parecen reafirmarse con la remisión inmediata de la carta de despido enviada el día 7 de agosto, sin seguir el procedimiento de subsanación, en la que con generalidades y vaguedades, y sin concretar cuándo y de qué forma, se imputa a la trabajadora «escasa calidad y falta de conocimientos suficientes..., resoluciones totalmente infundadas e incorrectas de consultas jurídicas».

Por tanto, procede estimar el motivo y concluir con la nulidad del despido al haberse producido con vulneración de sus derechos fundamentales al honor, la propia imagen e integridad moral, condenando a la parte demandada a la inmediata readmisión de la trabajadora en las mismas condiciones que regían antes del despido y al abono de los salarios de trámite correspondientes.

En cuanto a la vulneración del derecho de indemnidad, Leticia denuncia, amparándose en el art. 193 c) de la LRJS y en los arts. 24 de la CE y 17.1 del ET, alegando que, aunque el mensaje de WhatsApp del 5 de agosto difería la extinción del contrato hasta el 31 de agosto, tras la respuesta de la trabajadora, en la que indicaba que no le parecía un método ni forma adecuada, se le envía la carta el 7 de agosto, lo que constituyó una reacción que trasgrede la norma constitucional invocada.

De acuerdo con la jurisprudencia constitucional y del TS, la garantía de indemnidad protege el libre ejercicio por parte del trabajador de su derecho a la acción judicial, reconocido en el art. 24 de la CE y en el art. 4.2.g) del ET, sin que dicho ejercicio suponga un perjuicio en el ámbito de su relación laboral. En este sentido, la vulneración del derecho a la tutela judicial efectiva no solo se produce por irregularidades en el proceso judicial que ocasionen la privación de garantías procesales, sino que también puede ser lesionado cuando el ejercicio de una acción judicial o la realización de actos previos para la misma genere represalias o efectos negativos en la situación del trabajador.

En relación con la tutela restitutoria de los daños morales, la Sala Cuarta del TS ha establecido algunas reglas clave sobre la indemnización por daños derivados de la vulneración de derechos fundamentales. A este respecto, se considera que, debido a la dificultad inherente a la determinación y prueba de los daños morales, la LRJS flexibiliza la interpretación de la indemnización, señalando que, en caso de estimación de la demanda, se debe restablecer al trabajador en la integridad de su derecho y situación anterior a la lesión del derecho fundamental, incluyendo la reparación de las consecuencias derivadas de la acción u omisión del sujeto responsable, como la indemnización que corresponda.

Finalmente, la cuantificación de los daños es competencia del Juez de Instancia, siendo únicamente revisable en los casos en que se considere manifiestamente arbitraria, irrazonable o desproporcionada. Se ha establecido como idóneo el uso de criterios orientadores basados en las sanciones pecuniarias previstas por la LISOS para infracciones similares, como lo ha indicado tanto la jurisprudencia ordinaria como la constitucional.

En definitiva, los daños morales resultan indisolublemente unidos a la vulneración del derecho fundamental, ya que la reparación de estos perjuicios está vinculada a la afectación de un derecho fundamental protegido legalmente.

Aplicando la anterior doctrina jurisprudencial al caso enjuiciado, se señala que la indemnización por los daños morales inherentes a cualquier vulneración de un derecho fundamental no debe ser solo resarcitoria, sino también disuasoria. Sin embargo, el quantum indemnizatorio propuesto por la trabajadora se considera excesivo y no proporcionado a los fines de la indemnización, pues no se ajusta al balance entre la compensación y la disuasión.

La fijación de la indemnización en una cuantía equivalente a la sanción prevista en el art. 40.1.c de la LISOS para la represión de infracciones muy graves, específicamente en el tramo inferior del grado mínimo de 7.501 €, se considera adecuada para este caso. Esto se justifica por la inexistencia de parámetros objetivos que permitan medir en términos económicos el sufrimiento derivado del daño moral, la duración de la relación laboral, que fue de poco más de un año, y el medio utilizado para la vulneración del derecho fundamental.

⚠ En cuanto a la solicitud de la recurrente relativa a la nota pública, la misma no se justifica jurídicamente. No se ha argumentado ni se considera una consecuencia directa de la vulneración de los derechos fundamentales. Por lo tanto, no procede hacer ningún pronunciamiento sobre este aspecto.

En lo relativo a la infracción del art. 29 del ET sobre la acreditación del pago del salario, se establece que corresponde al empresario demostrar que el salario ha sido efectivamente abonado. El precepto establece que la liquidación y el pago del salario deben realizarse de manera puntual y documental, dentro del plazo de un mes, conforme a los acuerdos previos o a los usos y costumbres del sector.

La carga de la prueba del pago recae sobre el empresario, quien debe acreditar que ha efectuado el pago del salario mediante cualquier medio reconocido, como el sobre, transferencia o pago en efectivo. La resolución recurrida, en relación con la reclamación de cantidad por los días trabajados en el mes de agosto, señala que la trabajadora reconoció la existencia de un finiquito aportado por la empresa. Este finiquito incluía una cantidad superior a la reclamada por la trabajadora, por lo que no procede estimar la reclamación en este punto.

La desestimación de la pretensión se debe a la falta de alegaciones sobre este punto durante la vista oral, así como al reconocimiento de la existencia del finiquito por parte de la trabajadora. La trabajadora en su demanda había reclamado la falta de abono del finiquito, incluyendo los 7 días trabajados en agosto, que cifraba en 520,42 €. No obstante, la reclamación de las vacaciones no disfrutadas se desacumuló, sin que se haya formulado recurso sobre esta cuestión de forma adecuada, lo que ha quedado fuera de la resolución.

Sin embargo, en cuanto a la reclamación por los 7 días trabajados en agosto, se estima el recurso, dado que la demanda fue ratificada por la trabajadora, lo que implica la ratificación de la pretensión inicial sin necesidad de hacer alegaciones adicionales durante la vista. La existencia del finiquito no implica que las cantidades consignadas en el mismo hayan sido recibidas, pues no hay evidencia de que la trabajadora haya firmado el recibo del pago. En consecuencia, se estima que las empresas deben abonar a la trabajadora la cantidad de 520,42 €, con los intereses por mora establecidos en el artículo 29.3 del ET.

Finalmente, tras el análisis de los hechos y la normativa aplicable, la Sala estima parcialmente el recurso de suplicación interpuesto por Leticia revocando la instancia.

Declara nulo su despido y condena a las empresas a la inmediata readmisión de la trabajadora, con el abono de los salarios de tramitación desde la fecha del despido hasta que se produzca su readmisión.

Además, se condena a las empresas, de forma solidaria, al pago de una indemnización de 7.501 € por la vulneración del derecho fundamental denunciado. Igualmente, se condena a las empresas al abono de 520,42 € en concepto de liquidación, más los intereses por mora previstos en el art. 29.3 del ET.

STSJ Madrid 13160/2024 - 30/09/2024 N.º rec. 269/2024.

RATIFICACIÓN DE *MOBBING* DE GERENTE A TRABAJADORA (PARTE I)

Filomena oficial administrativa y supervisora de alarmas desde 2003.

Su gerente le daba un trato abusivo, con gritos y humillaciones constantes, incluyendo tareas domésticas, lo cual generaba hostigamiento (ver P.D.).

Desde 2014, solicitó no tener contacto directo con él, comunicándose a través de otros hasta abril de 2022.

El 30/05/2022 tras un altercado físico por un permiso para ir al médico, Filomena denunció al gerente, quien fue condenado por maltrato en junio de 2023.

En junio de 2022, la empresa la sancionó por desobediencia al evitar reunirse con el gerente; sin embargo, estas sanciones fueron revocadas en enero de 2023.

Inició una baja médica el 21/06/2022 y solicitó activar el protocolo de acoso laboral *(mobbing)*, pero fue archivado tras la investigación.

La ITSS sancionó a la empresa con 30.001 €, decisión que fue recurrida.

Filomena presentó una demanda de extinción del contrato, alegando incumplimiento grave de la empresa por *mobbing*, ex art. 50 del ET.

La instancia la estimó, condenando a la empresa a 48.031,30 € en indemnización y 7.501 € por vulneración de derechos fundamentales.

La empresa recurrió, ya que no había intención de humillarla ni relación con su estado de salud.

La STS del 18/06/2020 respalda que incumplimientos graves pueden justificar la extinción de contrato por parte del trabajador. Se ha de considerar el contexto de incumplimientos para evaluar la gravedad y justificación de la extinción contractual.

El derecho a la extinción de contrato por incumplimientos graves, incluye protección frente al acoso laboral.

La dignidad laboral es un derecho protegido en la CE y ET; el acoso atenta contra ella, justificando la extinción del contrato por motivos graves (art. 50 ET).

La pasividad previa de la trabajadora ante incumplimientos no anula su derecho a reclamar la extinción del contrato.

La empresa niega acoso y relación entre el comportamiento del gerente y la salud de Filomena, pero no logra modificar el fallo.

El *mobbing* debe ser grave y reiterado, buscando dañar la dignidad del trabajador. Implica violencia psicológica prolongada, que puede afectar la salud del trabajador, llevando a su auto-abandono.

Ahora bien, no todo conflicto implica acoso; solo conductas graves y reiteradas califican como hostigamiento.

📅 Desde 2003, Filomena denunció una situación prolongada de hostigamiento, con insultos y trato intimidatorio.

👨‍💼 El gerente le exigía tareas fuera de su rol, como limpieza, aumentando el ambiente de abuso.

👊 En mayo de 2022, una agresión física por parte del gerente derivó en su condena por maltrato.

💰 La ITSS sancionó a la empresa con 30.001 € por acoso reiterado.

📝 La instancia acreditó el acoso otorgándole una indemnización por daños morales.

❌ El recurso se desestima por falta de pruebas, manteniendo el valor de testimonios y el acta de la ITSS.

📌 STSJ Cataluña 6803/2024, 23/09/2024 N.º rec. 1967/2024.

EJEMPLO DE ACOSO DESCENDENTE (PARTE II)

Para el caso anterior, en el *mobbing* vertical descendente, trabajadores de rango inferior son sometidos a acoso por parte de compañeros con jerarquía superior. Esta forma de intimidación puede derivar en problemas psicológicos severos, incluyendo estrés, ansiedad y desmotivación laboral.

Una serie de frases proferidas por el gerente anterior a dicha trabajadora:

«Me cagum deu, esto no es un centro de beneficencia, ¡cojones!, si no sirves ni para hacer esto, tendrás que ir a vender flores o a trabajar en Casa Terradellas».

«No utilizas el cerebro, aquí mando yo y se tiene que hacer lo que yo diga, venís a calentar la silla».

«En ningún lugar encontrarás un trabajo como este».

«¡Calla! ¡Calla y escucha!».

«Cuando te mueras podrán aprovechar tu cerebro porque estará nuevo. No lo usas».

«Tendrás problemas para encontrar trabajo, no encontrarás un trabajo como este».

«No tienes criterio».

«Te denunciaré por maltratos psicológicos».

«Te pondré otra sanción y con tres sanciones te irás a casa sin indemnización».

«Hay una cola de gente afuera que quiere entrar a trabajar aquí, y gente con carrera, no como tú».

«Eres una inútil/Eres una inepta».

«Eres tú la que te tienes que adaptar a mi horario y no yo al horario de tu hija».

«Si pides la reducción de jornada, nunca más te dejaré recuperar la jornada completa».

«Las mujeres solo me dan problemas con sus embarazos e hijos».

«Te prohibiré hacer vacaciones».

«Si quieres, te doy las 24 horas del día para que vayas a cuidar a tu hija».

Hostilidad: las frases reflejan un ambiente laboral hostil, donde el gerente utiliza gritos y desprecio hacia la trabajadora.

Desmoralización: comentarios que minan la autoestima, como «Eres una inútil/Eres una inepta», generan un impacto negativo en la confianza de la trabajadora.

💼 Manipulación: las amenazas sobre el trabajo y sanciones, como «te pondré otra sanción y con tres sanciones te irás a casa sin indemnización», son ejemplos claros de coacción.

👩‍👧 Desigualdad de género: frases que refuerzan estereotipos de género, como «las mujeres solo me dan problemas con sus embarazos e hijos», desvalorizan a las trabajadoras.

⏰ Control y coacción: comentarios que dictan horarios y limitan derechos laborales, como «eres tú la que te tienes que adaptar a mi horario», reflejan un abuso de poder.

😫 En suma, estas frases evidencian un patrón claro de acoso y maltrato en el lugar de trabajo. La conducta del gerente es abusiva y crea un entorno laboral tóxico, lo cual es contrario a los derechos laborales fundamentales como el derecho a la dignidad de la persona trabajadora (art. 10 CE)

📌 STSJ Cataluña 6803/2024, 23/09/2024 N.° rec. 1967/2024

🤱 MADRE TRABAJADORA DEJADA SIN APOYO Y SUJETADA AL HOSTIGAMIENTO

👩 Leonor trabaja desde 2007 como jefe de Segunda y salario de 36.295,62 €/anuales.

🏠 Comenzó trabajando desde casa para FDI España, posteriormente absorbida por WEBHELP, bajo supervisión de Lorena, desde la filial de Barcelona.

🤝 La relación laboral entre ambas, fue cordial hasta el nacimiento del primer hijo de Leonor en 2016.

⚡ Tras la maternidad, la actitud de Lorena hacia Leonor cambió drásticamente, surgiendo tensiones.

⏰ Desde su reincorporación, Leonor trabajó jornadas superiores a las establecidas, con correos fuera de horario habitual (desconexión digital).

💬 Lorena respondía a las quejas de Leonor con frases insultantes, deteriorando el ambiente laboral.

👶 Leonor dejó a su bebé largas horas en la guardería para cumplir con las exigencias laborales.

💔 Hubo un acoso continuo: los insultos y comentarios despectivos de Lorena afectaron la autoestima y bienestar emocional de Leonor.

📞 Leonor era la única trabajadora en Madrid, interactuando únicamente por medios telemáticos con el resto del equipo.

🎯 Su jefa utilizaba información personal de Leonor para atacarla, mencionando su falta de apoyo familiar.

📉 Durante la pandemia en 2020, Leonor trabajó jornadas extendidas, pese a la reducción de jornada aplicada en los ERTE. Realizó más de 10 horas diarias de trabajo incluso durante los ERTE.

🤱 Tras su segundo hijo en 2021, el trato vejatorio de Lorena continuó, cuestionando su capacidad laboral.

📹 Leonor grabó conversaciones que evidenciaban el maltrato psicológico recibido.

📅 En noviembre de 2021, su jefa la desautorizó, excluyéndola y menospreciándola frente al equipo.

⚫ No procede la conciliación previa en demandas que invoquen lesión de derechos fundamentales según el art. 184 LRJS.

⚖️ Leonor presentó demanda acusando a la empresa y a Lorena de acoso laboral y discriminación de género, acumulando la acción de extinción contractual al amparo del art. 50 del ET.

📱 Los mensajes de WhatsApp aportados no fueron admitidos al no solicitarse su cotejo ni garantizarse la cadena de custodia.

El vicepresidente de operaciones, Baldomero reconoció dialogar con la trabajadora sobre la deuda de vacaciones impagadas y no activar protocolo ante la baja por acoso.

Los testigos de la empresa carecen de credibilidad debido a vínculos laborales y dependencia económica con la empresa y Lorena.

Las grabaciones reconocidas evidencian agresividad laboral, aunque no se admitieron otras grabaciones fuera de plazo.

El informe pericial psiquiátrico, realizado por un profesional acreditado, concluyó con total credibilidad al basarse en la anamnesis y otros informes.

La empresa y Lorena niegan el *mobbing*, alegando una relación laboral amistosa y cuestionando la falta de activación de protocolos.

La extinción del contrato se dirige exclusivamente a la empresa, no a Lorena, por ser persona física sin capacidad contractual.

Según doctrina, no existe una definición normativa del acoso laboral en España, pero se interpreta a través de categorías reconocibles en el sistema legal.

Se diferencia el acoso discriminatorio, regulado en normas como la LOI y el RD Legislativo 1/2013, de 29 de noviembre, por el que se aprueba el Texto Refundido de la Ley General de derechos de las personas con discapacidad y de su inclusión social, según motivos como sexo, raza, religión, orientación sexual, entre otros.

Como textos comunitarios interpretativos y aplicables a nivel judicial en España, los acuerdos europeos, como el Acuerdo Marco Europeo sobre Acoso y Violencia en el Trabajo (26/04/2007), definen el acoso como conductas repetidas y deliberadas que dañan la dignidad o salud de la víctima y generan un entorno laboral hostil. No se han incorporado a una directiva, pero pueden servir de referencia judicial en España.

La Comunicación de la Comisión al Consejo y Parlamento Europeo (08/11/2007) y el informe del Grupo de Estudio de Violencia en el Trabajo (29/11/2001) refuerzan esta definición con ejemplos de conductas negativas y efectos perjudiciales.

La Agencia Europea para la Seguridad y Salud en el Trabajo y resoluciones del Parlamento Europeo (2001 y 2018) subrayan las consecuencias del acoso en la productividad, absentismo y costes empresariales.

Textos generales como el TFUE (art. 156), la Carta Comunitaria de Derechos Sociales (1989) y la Carta de los Derechos Fundamentales de la UE (Niza y Lisboa) establecen derechos básicos en seguridad y salud laboral.

La Directiva 89/391/CEE y las Directivas 2000/43/CE y 2000/78/CE incorporan principios de prevención y no discriminación relevantes para abordar casos de acoso laboral.

💔 Existen casos prácticos que evidencian violaciones graves de derechos fundamentales, como discriminación por maternidad, *mobbing* prolongado y denegación de permisos laborales básicos, causando daños físicos, psíquicos y morales.

💰 La gravedad de estas infracciones puede derivar en indemnizaciones significativas por los derechos vulnerados y los perjuicios sufridos.

💼 Los hechos declarados prueban una situación evidente de acoso laboral *(mobbing)* hacia la trabajadora. La conducta de hostigamiento fue intencionada, reiterada y dirigida a minar su dignidad, forzándola a una baja voluntaria. Este acoso comenzó en 2016 tras el nacimiento de su primer hijo, agravándose tras el nacimiento del segundo hijo, hasta llevarla a una quiebra psíquica.

🩺 Diversas revisiones médicas, tanto de la sanidad pública como privada (incluyendo la mutua), confirmaron el grave deterioro de la trabajadora debido al *mobbing*, recomendando bajas prolongadas.

⛔ A estas conductas se suma la vulneración de derechos reconocidos por convenio, como el permiso retribuido para visitas médicas o tutorías escolares, incumplimientos que agravan la situación.

⚖️ Este acoso constituye una grave infracción de derechos laborales y fundamentales, incluyendo el derecho a la igualdad, que fue vulnerado por discriminación hacia la trabajadora por su condición de madre. También se quebrantaron sus derechos a la integridad física y moral, afectando su salud psíquica y dignidad.

💰 En cuanto a la indemnización, se establece una compensación de 80.000 euros por los daños causados, considerando la gravedad del acoso, su impacto en la salud y la finalidad disuasoria de evitar futuras conductas similares.

📄 Asimismo, se declara la extinción del contrato laboral con base en el art. 50.1 c) del ET, reconociéndose una indemnización adicional de 55.164,37 euros según las tablas oficiales del CGPJ.

🔎 Se informa que contra esta sentencia puede interponerse un recurso de suplicación ante la Sala de lo Social del TSJ de Madrid dentro de los 5 días hábiles siguientes a su notificación.

☑️ En el fallo, se estima íntegramente la demanda, declarando la extinción indemnizada del contrato laboral de la trabajadora y condenando a la empresa a abonar las cantidades establecidas.

🔨 SJSO Madrid 1741/2022 - 13/05/2022 N.º rec. 101/2022.

PROTOCOLO DE ACOSO QUE AÍSLA A LA VÍCTIMA Y PROTEGE AL ACOSADOR

Montserrat, Técnica Superior de Prevención desde 2013, supervisa a Leónidas en su departamento.

Desde marzo de 2022, la empresa implementa un protocolo de acoso laboral *(mobbing)* para proteger a sus trabajadores.

El 16/03/2023, Montserrat activa el protocolo, denunciando descalificaciones constantes, comentarios sexistas y cuestionamientos de su autoridad, generando un clima de infravaloración.

Entre los incidentes, se destaca que Leónidas complicó la corrección de un trabajo y criticó decisiones de contratación, generando tensiones que llevaron a un compañero a solicitar teletrabajo para evitar confrontaciones.

Montserrat menciona que Leónidas incluye amenazas de denunciarla por acoso en sus correos, lo que daña su imagen profesional ante los clientes.

La situación afectó la salud de Montserrat, quien acudió al médico y comenzó una baja por incapacidad temporal el 17/03/2023, recibiendo tratamiento por ansiedad.

Tras la denuncia, se activa la investigación, y Leónidas presenta una contradenuncia, alegando conflictos laborales previos.

La LPRL insta a las empresas a proteger la salud física y mental de los trabajadores. Es básico que se desarrollen políticas que mejoren el ambiente laboral y las relaciones interpersonales.

La empresa decide medidas temporales: evitar la coincidencia de Montserrat y Leónidas en la oficina, trasladar a ella de centro y prohibir el contacto entre ambos para reducir tensiones.

Montserrat presenta una demanda contra la empresa y Leónidas, alegando vulneración de derechos fundamentales y que fue víctima de acoso moral.

En el juicio, se declara la vulneración de derechos fundamentales a su dignidad y se anulan las medidas empresariales, ordenando su reintegración en su puesto original.

Tanto ella como la empresa recurren la sentencia. Montserrat solicita la procedencia del despido de Leónidas, mientras la empresa defiende que las medidas fueron legales y temporales, según el art. 20 del ET para reubicar trabajadores sin que implique discriminación.

La empresa argumenta que el traslado de Montserrat no constituye una movilidad geográfica (art. 40 del ET) y que es solo un ajuste temporal para aliviar tensiones.

🛡 Las medidas tomadas por la empresa no brindan una protección efectiva a Montserrat, quien es apartada de su entorno y tiene acceso limitado a la oficina. La falta de acción contra el acosador ha resultado en el aislamiento de la mujer.

🔍 El protocolo de acoso de la empresa busca erradicar conductas abusivas y proteger a la víctima, pero en este caso no se lograron estos objetivos, ya que la empresa no adoptó medidas efectivas para salvaguardar a Montserrat y permitir su reintegración.

✖ Se desestiman los recursos, confirmando la sentencia que anula las medidas empresariales, al no cumplir los fines del protocolo ni proteger a la trabajadora. Aislar a una persona acosada y separarla de su puesto de trabajo no es una medida aceptable de protección laboral y menos mientras el supuesto acosador no es objeto de ninguna medida.

📌 STSJ Asturias 1121/2024 de 02/07/2024.

INCUMPLIMIENTO DE PROTOCOLO ANTIACOSO EN EL LUGAR DE TRABAJO. LA EMPRESA REVICTIMIZA A LA TRABAJADORA AL IGNORAR MEDIDAS CAUTELARES: 20.000 € DE INDEMNIZACIÓN

Luisa trabajaba como vigilante de seguridad desde 2020.

El 22/12/2021, solicitó medidas cautelares y la activación del protocolo de acoso contra su compañero Hugo. Esto llevó al Servicio de Prevención a investigar los hechos y tomar medidas, como evitar que ambos coincidieran en turnos. Durante la investigación, se realizaron entrevistas, reuniones entre las partes implicadas y un seguimiento continuo por parte del Servicio de Prevención.

En el marco de esta situación, se supo que Hugo había realizado comentarios despectivos hacia ella, refiriéndose a ella como «bicho» y mencionando que podría «aparecer tirada en una cuneta». Estas expresiones fueron escuchadas por otros compañeros.

Prudencio, como coordinador, tenía la responsabilidad de elaborar los cuadrantes de trabajo para los vigilantes del aeropuerto. En varias ocasiones, los turnos inicialmente programados permitían la coincidencia entre Luisa y Hugo, lo que generó quejas formales por parte de Luisa. En situaciones puntuales, se le ofreció la posibilidad de ausentarse del trabajo para evitar estas coincidencias.

‼ En octubre de 2023, Hugo fue condenado por el Juzgado de Violencia sobre la Mujer por vejaciones injustas continuadas contra Luisa. Esta sentencia llevó a la suspensión de su habilitación para trabajar como vigilante de seguridad a partir del 30/04/2024.

Luisa ha estado en varias situaciones de IT por motivos de salud, incluyendo un episodio de ansiedad generalizada en septiembre de 2023, que continúa siendo tratado por psicólogos y psiquiatras.

El 26/02/2024, presentó una papeleta de conciliación por vulneración de derechos fundamentales e indemnización por daños y perjuicios. El acto de conciliación, celebrado en marzo de 2024, concluyó sin avenencia.

Luisa presentó una demanda contra la empresa, Hugo y Prudencio, pero la instancia la desestimó.

Frente a esta decisión, interpuso un recurso de suplicación, solicitando, como pretensión principal, la nulidad de la sentencia de instancia o, de forma subsidiaria, la declaración de vulneración de derechos fundamentales, el cese del comportamiento denunciado y la condena solidaria de los codemandados al pago de una indemnización de 20.000 €.

En base al art. 193 de la LRJS, se plantea:

1. La reposición de los autos al estado en que se encontraban antes de que se infringieran normas procesales que causaron indefensión.
2. La revisión de los hechos probados.

3. El examen de las normas sustantivas y jurisprudencia aplicadas.

🔍 La empresa solicita la desestimación total del recurso y la confirmación íntegra de la sentencia de instancia, oponiéndose a los fundamentos alegados por Luisa.

⬤ Sobre la prueba testifical denegada: se denuncia la vulneración del derecho a la tutela judicial efectiva (art. 24 CE) en relación con los arts. 281 y 283 de la LEC, por haber denegado la declaración de su compañera, Rosa. Luisa sostiene que esta testigo podía acreditar que Hugo, en conversaciones con ella, realizó comentarios despectivos sobre la demandante, recriminándole además su relación con ella en el trabajo y manifestando intenciones de perjudicarla.

🗁 Prueba documental admitida. En la demanda inicial se solicitó requerir a Doña Rosa para que aportara:

1. Una denuncia presentada contra Hugo ante la Policía Nacional el 23 de octubre de 2023.
2. Grabaciones presentadas en un juicio sobre delitos leves ante el Juzgado de Violencia sobre la Mujer n.º 1 de A Coruña.
3. La sentencia dictada en dicho juicio el 25 de octubre de 2023.

La prueba fue admitida, pero los documentos fueron requeridos directamente al Juzgado de Violencia sobre la Mujer, y no a la testigo.

⚠ Denegación de la testifical: en el acto del juicio, la declaración de Doña Rosa fue rechazada por varios motivos:

1. Parcialidad: la testigo, exesposa de Hugo y con un litigio laboral pendiente contra la misma empresa, presentaba posibles tachas que afectaban a la credibilidad de su testimonio.
2. Redundancia: el objeto del testimonio ya estaba suficientemente cubierto mediante la prueba documental admitida, que además tenía carácter público y judicial, lo que otorgaba mayor objetividad.

🔑 Conclusión sobre la denegación de la prueba: la negativa a admitir la testifical de Rosa no se considera arbitraria, sino justificada, ya que los hechos que se buscaban acreditar mediante su declaración se encontraban mejor respaldados por la prueba documental aportada. Por tanto, el motivo procesal invocado por la recurrente debe ser desestimado.

🎯 Luisa solicita la eliminación de los párrafos tercero y cuarto del hecho probado quinto, que relatan dos coincidencias en la prestación de servicios entre ella y Hugo durante el año 2023. Según estos párrafos, el 01/06/2023 ambos coincidieron en turno y servicio debido a una ausencia imprevista, mientras que el 07/08/2023 coincidieron únicamente en turno, pero no en servicio. Asimismo, se solicita la adición de un nuevo párrafo en el hecho probado sexto, que incluiría varias fechas en 2022 y 2023 en las que ambos supuestamente coincidieron en turno y servicio.

La supresión y la adición solicitadas no son estimadas. Aunque los cuadrantes mensuales iniciales presentados como prueba demuestran la existencia de coincidencias en los turnos asignados, estos cuadrantes no reflejan la situación real tras las modificaciones introducidas por la empresa o los cambios gestionados por los propios trabajadores. Como se recoge en el hecho probado tercero, los cuadrantes finales muestran que las coincidencias reales en 2023 fueron muy limitadas: una ocasión en la que coincidieron en turno y servicio (1 de junio de 2023) y otra en la que solo coincidieron en el turno (7 de agosto de 2023). Estas circunstancias están correctamente reflejadas en los hechos probados y fueron valoradas por la juzgadora de instancia tras analizar la prueba documental. La solicitud de la recurrente se basa en una interpretación sesgada de los cuadrantes iniciales, sin atender a los ajustes finales realizados, lo que lleva a una tergiversación de la realidad.

Luego, propone incluir un nuevo párrafo en el hecho probado séptimo, basado en una denuncia penal formulada por Rosa contra Hugo. En dicha denuncia, ella relata que Hugo la presionó para no relacionarse con un grupo de trabajadores que él denominaba «EL LADO OSCURO», atribuyéndoles actitudes sindicalistas y una supuesta persecución hacia él y la empresa. Además, se señala que, tras finalizar su relación personal con Rosa, Hugo habría continuado con comportamientos vejatorios, como insultos y reproches, llegando a culparla de la no renovación de su contrato debido a sus relaciones laborales con el citado grupo. La recurrente argumenta que los hechos denunciados deberían incorporarse a los hechos probados debido a que la denuncia resultó en una sentencia de conformidad en el ámbito penal.

La adición solicitada tampoco puede ser estimada. Si bien hubo una sentencia de conformidad, esto no implica que todos los extremos de la denuncia inicial deban considerarse hechos probados. En particular, esto afecta a afirmaciones que involucran a terceras personas no implicadas en el procedimiento penal, como la trabajadora demandante. La juzgadora de instancia valoró correctamente esta circunstancia, destacando que las declaraciones incluidas en la denuncia no pueden trasladarse automáticamente al relato fáctico del proceso laboral, ya que ello desvirtuaría el objeto y alcance de la resolución penal. Por tanto, la solicitud de adición no procede.

La juzgadora de instancia ha valorado correctamente las pruebas documentales y testimoniales, ajustándose al contenido probado y desestimando las pretensiones de la parte recurrente, que no aportan elementos probatorios suficientes para justificar las modificaciones solicitadas.

A continuación, Luisa argumenta la infracción de arts. de la CE (10, 14, 15 y 24), de la Ley 15/2022 sobre igualdad de trato y no discriminación (arts. 6 y 9), de la LPRL (arts. 4.2.d y 19.1) y de la LISOS. Además, se señala la reiterada jurisprudencia sobre acoso laboral, inversión de la carga de la prueba e indemnización por daño moral.

Se exponen los elementos que configuran el *mobbing*: hostigamiento psicológico intenso y prolongado, destinado a marginar al trabajador. La demandante alega que los hechos son continuados, a pesar de los periodos de baja médica, considerando que estos no interrumpen la situación de acoso.

La juzgadora de instancia aplica el plazo de prescripción de un año (art. 179.2 LRJS) y concluye que no hubo continuidad temporal, ya que los incidentes documentados en 2021 y 2023 carecen de hechos intermedios específicos. Sin embargo, la parte recurrente argumenta que las coincidencias laborales entre Luisa y Hugo fueron más frecuentes de lo señalado por la sentencia.

Tras analizar los hechos probados, la Sala considera que efectivamente se produjo una vulneración de derechos fundamentales. Esto lleva a un examen detallado de los momentos temporales relevantes en el caso.

Primer momento: activación del protocolo antiacoso (diciembre de 2021). La trabajadora denunciante activa el protocolo antiacoso frente a Hugo. El servicio de prevención, con la participación del Comité de Seguridad y Salud, lleva a cabo una investigación. Como medidas cautelares, se establece la prohibición de coincidencia laboral entre ambos implicados.

Evaluación de la actuación empresarial. La Sala valora positivamente el comportamiento de la empresa durante este primer periodo:

- Protocolo antiacoso accesible y efectivo.
- Imparcialidad y profesionalidad del servicio de prevención.
- Investigación seria y sumaria de los hechos denunciados.
- Protección de la demandante mediante medidas cautelares.
- Respeto a los derechos de defensa de Hugo.
- Confidencialidad durante todo el proceso.

La investigación culmina con la amonestación verbal a Hugo y la implementación definitiva de la medida cautelar de no coincidencia entre los implicados. Este resultado proporciona a la trabajadora garantías de seguridad en el entorno laboral y la tranquilidad de evitar nuevos incidentes.

El caso se complica al valorar los acontecimientos de 2022 y 2023, donde se alega que las medidas no fueron aplicadas con suficiente rigor, lo que reavivó la situación de acoso. Este punto será clave en la resolución final del TSJ.

Según la Sala, se entiende que también se aplicó a la otra persona implicada, quien resolvió el incidente con una amonestación sin que se abriera un procedimiento disciplinario por falta grave o muy grave.

Esta es una solución satisfactoria, que es la mejor forma de resolver este tipo de situaciones cuando no implican un delito investigable de oficio, ya que lo que se busca es evitar que una situación de acoso se perpetúe, haciéndola más difícil de resolver y afectando la relación laboral.

Sin embargo, esta solución no implica que no haya existido acoso laboral.

Se ha de señalar que no se puede concluir categóricamente si existió o no acoso, pero tampoco se puede descartar completamente. La juzgadora coincide en que los hechos previos a la activación del protocolo antiacoso están prescritos, pero esto no quiere decir que no deban ser revisados. Primero, en relación con la otra persona implicada, ya que las conductas posteriores que atentan contra la dignidad de la trabajadora podrían constituir acoso laboral reiterado si se comprueba que los hechos por los que se activó el protocolo ya eran acoso laboral. Segundo, respecto a la empresa, que incumplió su obligación de no hacer coincidir a ambos implicados, lo cual vulnera derechos fundamentales y obliga a verificar si hubo acoso laboral.

Se destaca que, según la sentencia, en 2021/2022, una ex trabajadora oyó a Hugo referirse a la ahora recurrente como «bicho» y diciendo que «a lo mejor aparecía tirada en una cuneta».

Esta expresión fue escuchada también por otro trabajador. Esto indica que la actitud de Hugo hacia la trabajadora fue un atentado contra su dignidad y constituyó acoso laboral al crear un ambiente intimidatorio, hostil y humillante. Aunque las fechas no son precisas, lo que impide considerar que hubo reiteración de los hechos, este tipo de declaraciones y conductas sí deben ser consideradas como vulneraciones de derechos fundamentales.

En cuanto a la ejecución del protocolo antiacoso, en 2022 y 2023 hubo coincidencias en los turnos entre la trabajadora y Hugo.

Estas coincidencias fueron resueltas después de que la trabajadora presentara quejas o gestionara un cambio de turno. Sin embargo, hubo dos ocasiones donde las coincidencias no fueron adecuadamente gestionadas. Una el 01/07/2023, cuando Hugo tuvo que sustituir a un compañero debido a una urgencia médica familiar, y otra el 07/08/2023, cuando hubo coincidencia en el turno, pero no en el servicio.

Aquí, la Sala discrepa de la instancia, quien concluyó que estos hechos no constituyen acoso laboral según la jurisprudencia.

Según la Sala, se considera que no se puede analizar si los incumplimientos por sí solos constituyen acoso laboral, ya que estos deben ser analizados en el contexto de la activación del protocolo antiacoso. Lo importante es ver si se ha cumplido estrictamente lo acordado en la resolución satisfactoria del protocolo. Si no se cumplió, y queda probado que los hechos que llevaron a la activación del protocolo fueron atentatorios contra la dignidad de la trabajadora, el incumplimiento de lo acordado sería una vulneración de la integridad moral, revictimizando a la trabajadora.

La empresa debía cumplir estrictamente con las obligaciones asumidas en el protocolo antiacoso.

Al observar los cuadrantes mensuales de 2022 y 2023, se aprecia que la empresa permitió varias coincidencias entre la trabajadora y Hugo, lo cual es un incumplimiento. El protocolo antiacoso obligaba a la empresa a introducir las instrucciones precisas para evitar estas coincidencias y a supervisar cuidadosamente los cuadrantes antes de ser comunicados. No hacerlo revictimiza a la trabajadora, pues la coloca en una situación en la que revive el acoso.

En cuanto a la situación del 01/06/2023, la empresa actuó incorrectamente al permitir que el Hugo coincidiera con la trabajadora.

Dada la urgencia del servicio, la empresa debía haber reasignado a la trabajadora automáticamente o permitirle ausentarse sin afectar su retribución, sin consultarlo con ella. Al obligarla a tomar una decisión, la empresa la revictimiza y la pone en una situación difícil.

La coincidencia del 07/08/2023 también constituyó un incumplimiento.

Aunque no hubo coincidencia en el servicio, la coincidencia en el turno fue otra violación de lo acordado.

Por todo esto, la empresa vulneró el derecho a la integridad moral de la trabajadora, y se le condena a indemnizarla con 20.000 €.

Este incumplimiento de la empresa es grave, ya que revictimiza a la trabajadora e, igualmente, demuestra que el protocolo antiacoso no fue efectivo, lo que da un mal mensaje a toda la plantilla.

En cuanto a los trabajadores codemandados, no se les atribuye responsabilidad.

✕ Hugo no incurrió en responsabilidad debido a la falta de certeza sobre si sus acciones ocurrieron después de la solución alcanzada en el protocolo. Prudencio tampoco tiene responsabilidad, ya que las coincidencias en los turnos no se deben a complicidad con Hugo, sino a la falta de formación de la empresa en riesgos psicosociales.

Por lo tanto, el recurso de suplicación es estimado y se revoca la sentencia de instancia.

☑ Se estima la demanda y se declara la vulneración del derecho fundamental a la integridad moral de la trabajadora, condenando a la empresa al cese de la conducta lesiva y a indemnizarla con 20.000 €.

STSJ Galicia 08/11/2024 N.° rec. 4188/2024.

ORDER NOT TO
O THE
DBRIDE
HUGO
LUISA
HUGO

SUBROGACIÓN Y MOVILIDAD: EL LADO OSCURO DE UN CONTRATO FIJO-DISCONTINUO

Maribel desde 21/10/2022, controladora de sala y contrato indefinido fijo-discontinuo. Su jornada es parcial, con un promedio de 27 h/semana y una.

Su empresa la subrogó tras una demanda inicial por despido y reclamación de cantidades. En abril de 2023, se llegó a un acuerdo por el cual, Maribel fue contratada nuevamente en las mismas condiciones laborales previas, y ella retiró su demanda.

Desde su reincorporación en abril de 2023, su actividad laboral fue disminuyendo. En los primeros meses trabajó 32 días, pero en los siguientes solo períodos de 1 a 6 días. Durante un trimestre, solo acumuló 18 días trabajados.

Sus tareas consistían en cubrir vacaciones y ausencias de otros empleados. Sin embargo, con el tiempo, estas sustituciones fueron asignadas a otros trabajadores ajenos al servicio, dejando de llamarla para cubrir dichas necesidades.

En julio de 2023, reclamó por correo electrónico su exclusión de sustituciones, señalando que la empresa contrataba nuevo personal mientras ella no era convocada. No obtuvo respuesta a su queja.

En octubre de 2023, fue eliminada del grupo oficial de WhatsApp de la empresa, a través del cual se comunicaban las asignaciones laborales, cursos de prevención y reconocimientos médicos.

Maribel presentó diversas demandas contra su empresa:

- Octubre 2023, presentó una papeleta de conciliación por *«mobbing»*.
- Diciembre 2023, demandó a la empresa por despido tácito, alegando falta de llamamiento. Luego desistió de esta demanda tras alcanzar un nuevo acuerdo.
- Marzo 2024: interpuso una nueva demanda por falta de llamamiento mientras estaba de baja por embarazo de riesgo. Aunque la empresa la reincorporó nuevamente, la situación derivó en el desistimiento de la demanda.

El 11/01/2024, Maribel interpuso una demanda en el Juzgado de lo Social, alegando acoso laboral y la vulneración de sus derechos fundamentales. Así, la litis se centra en una reclamación de tutela frente a lo que considera acoso laboral, argumentando que su situación tras la subrogación en la empresa, incluyendo la falta de llamamientos y su exclusión de los canales de comunicación internos como el grupo de WhatsApp, constituyó una vulneración de sus derechos fundamentales.

La empresa se opuso, negando la existencia de *mobbing* y señalando que la trabajadora había desistido en procedimientos previos o alcanzado acuerdos con ellos.

La doctrina judicial ha ido perfilando un modelo de acoso moral en el trabajo, que requiere la concurrencia de dos elementos esenciales: un comportamiento de hostigamiento sistemático, repetido y prolongado en el tiempo, y la intención de causar un perjuicio al trabajador en su dignidad o integridad.

! Si no se dan estos dos elementos, no se considerará que se trata de un caso de acoso laboral, y se podrá diferenciar de situaciones como el estrés laboral o el *mobbing* subjetivo, en los cuales las percepciones del trabajador no coinciden con hechos objetivos que justifiquen el daño alegado.

El marco normativo procesal relacionado con este tipo de conflictos está regulado por el Art. 177 LRJS, que otorga a cualquier trabajador o sindicato la posibilidad de invocar la tutela judicial frente a vulneraciones de derechos fundamentales, como el acoso o la discriminación en el trabajo.

En el proceso judicial, el Art. 181.2 LRJS establece que, una vez justificados los indicios de vulneración de derechos, corresponde al demandado aportar una justificación objetiva y razonable de las medidas adoptadas, así como demostrar su proporcionalidad.

En este caso específico, se deben evaluar los indicios de vulneración de derechos que Maribel ha señalado, especialmente la litigiosidad existente entre ella y la empresa, además de la escasa actividad laboral que ha tenido la actora desde su subrogación en la empresa.

Los indicios de acoso laboral que se presentan incluyen la falta de convocatorias laborales para la trabajadora, la exclusión de la misma de grupos de comunicación internos como WhatsApp y la falta de oferta de formación o reconocimiento médico, situaciones que han sido ofrecidas al resto de los compañeros.

A pesar de estar contratada bajo un régimen fijo-discontinuo con el fin de sustituir a otros empleados, se observa que la trabajadora no ha sido llamada a sustituir en el período establecido, lo que refleja un incumplimiento de la relación laboral acordada.

En este contexto, se destaca la relevancia de la Inspección de Trabajo, que, conforme a la Ley 23/2015 y a otros regímenes normativos, tiene la potestad de vigilar y exigir el cumplimiento de las normas laborales, incluyendo la correcta aplicación de la normativa en relación con las sustituciones laborales.

Por lo tanto, se remite la resolución a la Inspección de Trabajo para que valore la posible apertura de una investigación sobre los hechos descritos y la posible vulneración de los derechos laborales de la trabajadora.

En cuanto a la carga de la prueba, el artículo 181.2 LRJS señala que, cuando existen indicios de una posible vulneración de los derechos fundamentales, corresponde a la parte demandada (la empresa) justificar razonablemente las medidas que ha adoptado, con el fin de defender la legalidad de sus actuaciones.

En cuanto a la carga de la prueba, el artículo 217 de la Ley de Enjuiciamiento Civil (LEC) establece que, debido a la naturaleza desigual de la relación laboral entre el trabajador y el empresario, se otorgan ciertas facilidades para que el trabajador pueda acreditar los hechos que alegue.

Se analizan los indicios de vulneración que Maribel ha presentado, con el fin de determinar si efectivamente se han vulnerado sus derechos. Entre los factores que se destacan están:

- La trabajadora ha presentado cuatro demandas en un periodo corto, lo que podría reflejar una constante de abuso o discriminación en su trato por parte de la empresa.
- El corto tiempo trabajado para la empresa, concretamente solo 33 días durante todo un año, lo cual contrasta con la duración y frecuencia de las solicitudes de sustitución.
- La modalidad de la relación laboral como fija-discontinua, que le otorga derechos específicos relacionados con la continuidad de la relación.

Además, se destaca que las sustituciones en las que se podría haber incluido a la trabajadora no se realizaron con la misma frecuencia que en otros casos, lo que podría ser indicativo de un trato desigual o discriminatorio.

También se observa que Maribel fue excluida de ciertos beneficios y que fue tratada de manera diferente en comparación con otros compañeros que estaban en una situación similar. Esto refuerza la sospecha de que hubo una posible vulneración de derechos fundamentales, principalmente la igualdad y no discriminación.

El requisito objetivo en este caso se destaca debido a la alta litigiosidad de la trabajadora, quien ha iniciado varios procedimientos en un corto período de tiempo, lo que podría indicar un patrón de actuación de la empresa que vulnera sistemáticamente los derechos de los empleados.

En cuanto a los requisitos subjetivos, se evidencia que las decisiones adoptadas por la empresa parecen estar relacionadas con represalias contra la trabajadora por su participación activa en la presentación de demandas. Esto refuerza la idea de que el trato recibido por la trabajadora no fue casual, sino que obedeció a un acto de represalia por ejercer sus derechos.

También se subraya la relación de la trabajadora con las sustituciones de otros trabajadores, que no se hicieron de manera equitativa, lo que refuerza la percepción de que fue excluida injustamente del proceso de sustitución, sin una justificación válida por parte de la empresa.

En este caso, se ha constatado que la trabajadora fue sometida a un ambiente de trabajo hostil, lo que constituye una violación de sus derechos fundamentales. Por ello, la demanda fue estimada favorablemente, y se concedió a la trabajadora una indemnización por daños y perjuicios de 3.000 euros, en concepto de compensación por la vulneración de sus derechos.

⚖ Sin embargo, la empresa está obligada a cumplir con la sentencia de forma inmediata, lo que incluye el pago de la indemnización de 3.000 euros a Maribel, así como la convocatoria de la misma para las sustituciones de los coordinadores. Esta obligación tiene carácter ejecutivo, lo que implica que no puede ser retrasada sin una justificación válida.

☑ Por todo lo expuesto, el Juzgado estima la demanda interpuesta por la trabajadora y declara la vulneración de sus derechos fundamentales. En consecuencia, se resuelven los siguientes puntos:

- Se condena a la empresa a abonar a la trabajadora una indemnización de 3.000 euros como compensación por los daños y perjuicios sufridos debido a la vulneración de sus derechos fundamentales.
- Se ordena a la empresa que, en el plazo de 10 días, convoque nuevamente a la trabajadora para las sustituciones de los coordinadores, tal y como le correspondía de acuerdo con su relación laboral. Esto implica una obligación de reparación de la situación que se había generado.
- Se advierte a la empresa que deberá abstenerse de realizar cualquier acto que implique represalias contra la trabajadora por el ejercicio de sus derechos, bajo apercibimiento de proceder con la ejecución de la sentencia si no se cumpliera en tiempo y forma.

📌 SJSO Cartagena 1897/2024 - 25/10/2024 N.º rec. 35/2024.

3.2. CASOS EN LOS QUE NO SE RECONOCE EL *MOBBING*

DESMITIFICACIÓN DEL ACOSO LABORAL

Santiago trabajó en Securitas Direct España SAU desde 2018

El 21/01/2022, fue despedido disciplinariamente por no alcanzar los objetivos acordados en los últimos 6 meses. Impugnó el despido, y ambas partes alcanzaron un acuerdo el 05/05/2023, homologado mediante el Decreto n.º 250/2023.

El 05/03/2020, inició una baja médica por «trastorno de ansiedad no especificado», que duró hasta el 16/06/2021. Dos días después de su alta, sufrió una caída y se dio de baja nuevamente hasta el 16/07/2021.

Santiago demandó a la empresa por un supuesto acoso laboral, pero la instancia la desestimó.

Recurrió en suplicación, alegando que la empresa vulneró sus derechos fundamentales, causándole un trastorno de ansiedad. Basado en documentos y pruebas, solicitó revisar el hecho probado tercero, según el art. 193 b) de la LRJS.

Así, se permite revisar hechos probados mediante pruebas documentales y periciales; el recurso debe expresar con claridad los motivos, las normas infringidas y las pruebas que sustentan cada motivo de revisión.

Para el TS, la revisión de pruebas solo procede ante un error evidente, basado en documentos claros, sin revaloración del criterio del juzgador.

Para revisar hechos probados, es necesario: especificar los hechos a modificar; citar la prueba que demuestra el error; proponer una redacción alternativa; y que el cambio afecte la decisión de instancia. La prueba debe ser clara y contundente.

✘ En este caso, la petición de Santiago es genérica y no específica en relación con la vulneración de derechos, y la prueba documental fue insuficiente para acreditar acoso laboral *(mobbing)*, limitándose a informes clínicos sin diagnóstico de acoso.

Presentó otro motivo, en base al art. 193 c) de la LRJS, alegando infracciones de normas y jurisprudencia. Señaló que la ausencia de la empresa en el juicio es un indicio negativo, reclamando indemnización por daños y perjuicios.

Según la jurisprudencia, existen criterios específicos para considerar acoso laboral:

a) la existencia de una intención de dañar al trabajador;

b) la producción de un daño a derechos personales o profesionales; y

c) la existencia de un comportamiento hostil continuo y sistemático.

‼ No todas las tensiones en el entorno laboral constituyen *mobbing*; debe demostrarse que el acoso tiene una intención maliciosa y no se limita a simples conflictos laborales.

📜 Según el art. 181.2 de la LRJS, la carga de la prueba se invierte si hay indicios razonables de violación de derechos fundamentales. Pero aquí, Santiago no presentó ningún indicio del supuesto acoso, ni de los hechos concretos que lo habrían integrado, más allá de sus propias manifestaciones a los facultativos que lo atendieron.

✖ La falta de los demandados en el juicio no infringe el art. 91.2 de la LRJS, que otorga al juzgador facultades sobre el interrogatorio.

✖ Se desestima el recurso.

📌 STSJ Cataluña 6660/2024, 13/09/2024 N.° rec. 2987/2024.

SECURITAS
DIRECT

HECHOS LABORALES SIN ENTIDAD PARA ACREDITAR VULNERACIÓN DE INTEGRIDAD MORAL

Aunque en sede judicial resulten probadas determinadas irregularidades laborales, no siempre pueden tener la entidad suficiente para confirmar una posible situación de acoso moral en el trabajo *(mobbing)*.

¿A qué irregularidades laborales me refiero?

Conforme al Auto del Tribunal Supremo (TS) que referencio, por ejemplo, a situaciones tales como:

- Modificación de las condiciones del trabajador tras reclamación salarial.
- Situación de incapacidad temporal cuya contingencia consta como enfermedad común.
- Falta de adopción de medidas de prevención tras una baja de larga duración (en una relación laboral de cuatro años)
- Comunicación de dos formaciones con inicio en media hora a la fijada en el contrato
- Notificación de cinco formaciones con un día de antelación sin que conste que esa no sea la pauta de actuación normal de la empresa con anterioridad a la reclamación salarial, siendo adjudicadas tales formaciones conforme a un orden preestablecido.
- Notificación sorpresiva de un curso vía Telegram y apertura de una acción correctiva en relación al cumplimiento horario justificada por causas objetivas.

Son actuaciones irregulares que, como decía, se pueden incardinar perfectamente, en el derecho del trabajador a la extinción del contrato de trabajo al amparo del artículo 50 ET. Y para el caso enjuiciado así se confirma, es decir, la resolución de contrato con el percibo de la indemnización fijada en el mismo precepto (apartado 2), esto es, el derecho a percibir la misma que para el despido improcedente (33 días/sueldo por año trabajado máximo 24 meses).

✕ Sin embargo, el recurso INADMITE añadir a la extinción, una indemnización por daños y perjuicios derivada de la vulneración de derechos fundamentales ya que, los hechos descritos no tienen la entidad suficiente que permita concluir una vulneración del derecho fundamental a la integridad moral.

Pese a que las situaciones descritas tienen un impacto claro en la esfera del trabajador, lo importante es evaluar LA ENTIDAD de los hechos en cuestiones laborales.

En efecto, lo descrito arroja una interesante reflexión acerca de la ponderación de situaciones laborales. En concreto, una situación como acoso mora debe verificarse en atención a las concretas circunstancias concurrentes en cada singular supuesto; y a partir de ahí tomar en consideración las que concurren en cada momento para concluir si existe o no una situación de dicha naturaleza. Y como se ha descrito, han de ser más graves...

📌 Auto del TS 418/2024, de 10/01/2024 N.° de Rec. 28/2023 Procedimiento: Rec. de casación para la unificación de doctrina.

UNA INVESTIGACIÓN SIN PRUEBAS: ACOSO LABORAL DESCARTADO

Virtudes, Ayudante de Actividades Técnicas y Profesionales en un Hospital desde 2020. Prestaba servicios en el turno de mañana junto a 12 cocineros más.

Estuvo en varios periodos de IT por enfermedad común, aquejada de fiebre, malestar general, problemas emocionales y dolores que le impedían trabajar con normalidad.

Incidentes laborales:

Discusión en 2020: en agosto, tuvo un enfrentamiento con un compañero sobre la textura de una salsa, lo que la llevó a experimentar ansiedad y negarse a continuar con sus tareas. Involucró a su pareja para mediar, pero no se acreditaron los insultos que denunció al compañero.

Denuncias de acoso laboral: en mayo de 2022 presentó una denuncia que fue investigada y archivada al no hallarse pruebas suficientes para sancionar. Además, otras dos denuncias similares fueron inadmitidas.

Conflictos con el programa BALMIS: accedía al sistema informático de la cocina incluso para fines personales, generando tensiones.

Asignación exclusiva de tareas: desde marzo de 2022, asumió en solitario la tarea de lavado y embolsado de cubiertos tras problemas previos con otra trabajadora. Aunque se le ofreció un taburete para mayor comodidad, decidió no utilizarlo.

Desarrollo del expediente de acoso:

- La investigación concluyó que no existían pruebas suficientes para respaldar sus denuncias de acoso.
- No se acreditaron insultos ni faltas de respeto por parte del hospital ni de sus compañeros.
- Se recomendó implementar medidas para mejorar el clima laboral en la cocina, según la LPRL.

Tras su demanda, la instancia concluyó que no existía vulneración de derechos fundamentales por parte del Hospital ni de los codemandados.

Recurrió en suplicación. Alegando:

Vulneración de su derecho a la integridad física y moral (art. 15 CE) debido a la asignación de tareas que consideraba improductivas y al incumplimiento de medidas preventivas frente al acoso.

Infracción de normas laborales, como el art. 4 del ET y la doctrina del TC, alegando pasividad de la empresa ante su situación.

Alegó haber sido relegada injustificadamente al embolsado de cubiertos durante toda su jornada, lo que consideraba un menosprecio. Solicitó indemnización por daños y perjuicios basándose en sentencias del TS y TC.

✘ Pero, no especificó pruebas adicionales ni contradijo de manera fundamentada el relato fáctico de la instancia.

✘ No se acreditaron conductas sancionables ni tareas ajenas a su puesto. Las medidas ofrecidas, como cambio de turno y el taburete, las rechazó.

🗁 Conclusiones:

☞ La denuncia de acoso fue archivada, confirmándose la inexistencia de indicios contra el hospital o los codemandados.

☞ Desempeñaba tareas similares a sus compañeros, con acceso pleno a las herramientas laborales, sin restricciones.

✘ Se desestimó el recurso al no evidenciarse acoso ni errores en el procedimiento seguido por la empresa.

📌 STSJ Madrid 11457/2024, 18/10/2024 N.º rec. 559/2024.

✕ NO HAY ACOSO LABORAL EN UN BUQUE

Fidel, operario de buque desde 2021.

En octubre de 2022, la empresa le abrió un expediente disciplinario por falta muy grave y le impuso una sanción de 20 días de suspensión de empleo y sueldo. La sanción se cumplió parcialmente del 1 al 10 de noviembre, tras lo cual pasó a situación de IT por contingencia común.

El trabajador estuvo en situación de IT desde mayo de 2020 debido a un carcinoma de próstata. Fue intervenido quirúrgicamente en febrero de 2021 mediante prostatectomía, evolucionando sin recidiva ni necesidad de usar pañales desde enero de 2022. Tras su recuperación, el Instituto Social de la Marina le declaró apto sin limitaciones y se reincorporó al trabajo.

En septiembre de 2022, embarcó en el barco; primero, se le asignó un camarote individual de pasaje por limpieza en los camarotes de tripulación. Sin embargo, al requerírsele que lo abandonara una vez finalizada la limpieza, se negó repetidamente, alegando su situación médica. Esto impidió la venta del camarote a pasajeros, aunque no estaba justificada su permanencia según las normas internas del barco.

El 4 de octubre, acudió al médico, quien justificó su necesidad de aseo individual por síntomas urinarios y diagnosticó una infección de orina. Luego, se le prescribió reposo durante 72 horas. La empresa recibió esta documentación y la remitió a RRHH.

La empresa le impuso una sanción de suspensión de empleo y sueldo de 20 días. Esta sanción se basó en la comisión de una falta muy grave, conforme al art. 25 del Laudo Arbitral de la Marina Mercante y al art. 54.2 b) del ET. Tras la sanción disciplinaria, el trabajador fue despedido.

Tras su demanda por la sanción disciplinaria. La instancia la desestimó demanda declarándola procedente.

El trabajador interpuso recurso de suplicación solicitando su revocación y la estimación de la demanda. Al amparo del art. 193 c) LRJS, denuncia infracciones normativas por aplicación indebida del art. 58.1 del ET, no aplicación del art. 1 del Convenio 190 de la OIT y del art. 29.1 de la LPRL.

La empresa impugna el recurso y solicita su inadmisión, argumentando que no cumple los requisitos exigidos por el art. 196 LRJS, que exige expresar con claridad los motivos del recurso y fundamentar jurídicamente las infracciones denunciadas.

El TSJ analiza las cuestiones de admisibilidad, recordando que, según reiterada jurisprudencia del TS (por ejemplo, STS de 22-02-2018, rec. 160/16), el recurso de suplicación debe sustentarse en motivos claros, concretando las normas infringidas y justificando cómo y por qué se ha producido dicha infracción. Una formulación deficiente puede causar indefensión a la parte contraria y obligar al tribunal a construir los argumentos del recurrente, lo que vulneraría la neutralidad judicial.

A pesar de las deficiencias técnicas del recurso, la Sala aplica una interpretación flexibilizadora y finalista, citando la STC 230/2000. Se concluye que, aunque el recurso no esté bien estructurado, contiene elementos suficientes para identificar las infracciones denunciadas y garantizar el derecho a la tutela judicial efectiva del art. 24 de la CE.

El análisis se centrará en determinar si hubo infracción de las normas sustantivas invocadas por Fidel, en particular las relacionadas con la prevención de riesgos laborales y el acoso en el entorno laboral, tal y como se menciona en los artículos y convenios citados.

Fidel alega acoso laboral *(mobbing)* basándose en los siguientes motivos:

a) Ausencia de un aseo individual: afirma que su puesto de trabajo no disponía de un aseo exclusivo, lo que, según él, comprometía su salud y vulneraba su dignidad.

b) Negativa a trasladarlo de puesto: sostiene que solicitó en varias ocasiones un cambio de ubicación dentro de la empresa, alegando problemas de salud relacionados con las condiciones del entorno laboral, pero su petición no fue atendida.

c) Órdenes empresariales presuntamente injustificadas: argumenta que las instrucciones de su superior eran desproporcionadas y buscaban perjudicarle, sin fundamentación objetiva o adecuada al contexto de su desempeño.

d) Falta de respuesta a sus necesidades médicas: reclamó adaptaciones en el puesto de trabajo basadas en informes médicos, que, según él, fueron ignoradas por la empresa.

Para la revisión de hechos probados en un recurso de suplicación, es necesario cumplir los requisitos previstos en los arts. 193 y 196 de la LRJS, tal como establece la jurisprudencia del TS (sentencia 25/09/2018, rec. 43/2018, entre otras).

Estos requisitos incluyen:

a) Identificar con precisión el hecho equivocado que el recurrente considere incorrecto, siendo exclusivamente hechos probados y no valoraciones jurídicas.

b) Aportar pruebas documentales o periciales claras y evidentes que respalden la equivocación, excluyendo hipótesis o razonamientos jurídicos.

c) Garantizar que la corrección sea trascendente para el fallo de la sentencia recurrida.

Respecto a la infracción alegada por la no aplicación del art. 1 del Convenio OIT 190, el TSJ señala que dicho convenio entró en vigor en España el 25/05/2023, después de los hechos, la sanción y la demanda, por lo que no resulta aplicable. Además, el TS establece que no pueden plantearse cuestiones que no fueron debatidas en la instancia inicial, rechazando de plano este motivo novedoso.

La Sala señala que el recurso carece de buena técnica procesal, así desarrolla primero un relato cronológico de hechos no todos ajustados a los que luce la sentencia que no se han combatido, trufados de valoraciones tales como «dado el acoso al que está siendo sometido» o que »la empresa desoye este informe y de alguna forma se jacta de la situación» para después, citando el art. 29.1 de la LPRL y el art 1 del Convenio 190 OIT, expresar una valoración propia no argumentada jurídicamente de que la empresa prescinde de las más elementales medidas de PRL, buscando premeditadamente sancionarlo. Y que todas las medidas adoptadas contra el trabajador son constitutivas de acoso, apoyando esta conclusión en manifestaciones fácticas ajenas a las llevadas por la sentencia a su resultancia probatoria.

La defensa sobre la situación de acoso que pretendía hacer valer, debieron formularse al amparo de la letra a) del art 193 LRJS.

En cuanto al art. 29.1 de la LPRL, el TSJ concluye que no se acreditó incumplimiento alguno por parte del empresario respecto a las normas de prevención. No se aportaron denuncias, actuaciones de inspección ni pruebas sobre peticiones no atendidas relacionadas con la adaptación del puesto o traslado. Además, la IT de Fidel se declaró por contingencia común y no tuvo conexión directa con el trabajo.

El TSJ subraya que su desobediencia a órdenes empresariales no está justificada, dado que no existió un riesgo grave para su salud relacionado con la falta de un aseo individual. Los informes médicos no respaldaron que fuera imprescindible, y el trabajador no fue considerado personal sensible o apto con limitaciones.

✕ En definitiva, el recurso de suplicación es desestimado. La Sala desestima sus argumentos, al no considerar probados los hechos que según él fundamentaban la situación de acoso sufrida por las conductas empresariales.

STSJ Madrid 12447/2024 - 30/10/2024 N.º rec. 399/2024.

MEDICAL

DENEGACIÓN DE PERMISO PARENTAL Y ALEGACIONES DE ACOSO LABORAL

Benita trabajó nueve años como camarera.

En diciembre de 2017, llegó a un acuerdo para reducir su jornada laboral con el fin de cuidar a su hijo menor. Esta reducción, regulada por el art. 37.6 del ET, estaría vigente hasta que el menor cumpliera 12 años.

En abril de 2024 solicitó un permiso parental de 6 semanas para el cuidado de su hijo menor.

El 03/05/2024 la empresa denegó dicho permiso, en base a la DT 3.ª del RD-Ley 5/2023. Argumentó que al estar disfrutando de una reducción de jornada por cuidado de menor según el art. 37.6 del ET, no podía simultáneamente disfrutar del permiso parental solicitado.

Benita presentó demanda de tutela de derechos fundamentales, solicitando el reconocimiento del permiso parental de 6 semanas de las 8 disponibles, alegando discriminación por maternidad y solicitando una indemnización de 25.000 € (art. 183 LRJS).

La empresa alegó que no denegó el permiso, sino que lo condicionó al término de la reducción de jornada ya en curso, considerando que no había fundamentos legales para un permiso adicional.

Según el art. 177 LRJS y el art. 14 CE, la tutela de derechos fundamentales prohíbe discriminación directa o indirecta por razones como sexo, embarazo o maternidad.

Según jurisprudencia, el trabajador debe aportar indicios razonables de la vulneración, mientras la empresa debe justificar objetivamente sus decisiones.

Los derechos relacionados con la maternidad buscan evitar perjuicios por su ejercicio, como tratos peyorativos o limitaciones profesionales.

Según la instancia, la denegación se ajustó a derecho y no vulneró derechos fundamentales, dado que cumplía la normativa vigente.

Además, Benita denunció acoso laboral, señalando que la relación con la empresa se había deteriorado desde que empezó a disfrutar la reducción de jornada. Alegó que el trato recibido era «desagradable» y lo calificó como *mobbing*.

La empresa negó el acoso y las pruebas presentadas no demostraron hostigamiento intencionado ni sistemático.

La jurisprudencia y la doctrina especializada reconocen conductas típicas de acoso moral, entre las que destacan:

1. Persecuciones mediante órdenes caprichosas o imposición de sanciones infundadas;

2. Modificaciones injustificadas de jornada o entorno laboral, como reasignar al trabajador tareas impropias de su categoría profesional;
3. Desigualdad remunerativa, retrasos en el pago del salario o trato despectivo;
4. Intensificación excesiva de controles sobre la actividad del trabajador o;
5. Expresiones denigrantes o comentarios desfavorables hacia el trabajador

Y no todos los conflictos laborales constituyen *mobbing*:

1. Episodios aislados de maltrato o inadecuadas condiciones laborales;
2. Conflictos derivados de intereses contrapuestos entre empresario y trabajador o;
3. Estrés profesional sin evidencia de conducta hostil intencionada, quedan fuera de la definición de acoso.

En este caso, sus compañeras declararon no haber presenciado conductas discriminatorias ni haber recibido quejas de trato indebido. Describió su relación con la empresa como «desagradable», pero no presentó pruebas concretas de hostigamiento intencionado.

✕ En fin, no se acreditaron comportamientos sistemáticos ni intencionados que cumplieran los elementos necesarios para calificar la situación como acoso.

✕ Se desestimó la demanda y se absolvió a la empresa.

SJSO Palencia 1588/2024, 10/06/2024 N.º rec. 366/2024.

LAS FACULTADES DE DIRECCIÓN Y CONTROL EMPRESARIAL NO CONSTITUYEN ACOSO LABORAL POR DEFECTO

La gerente, en el cargo desde 2009, asume en 08/2022 la dirección con una nueva junta liderada por Ezequías.

Desde entonces, Ezequías le solicita documentos para las reuniones, incluyendo cuentas de la entidad. Ambos intercambian emails.

En 10/2022 recibe una propuesta para contratar personal y sugerir candidatos. En noviembre, la contabilidad se externaliza.

El 09/03/2023 solicita reducción de jornada por cuidado de hijo. La empresa acepta y acuerda el horario.

El 13/04/2023 entra en IT por «trastorno adaptativo mixto ansioso-depresivo».

El 25/07/2023 demanda a la empresa por horas extra y complemento de IT, reclamando 20.203,90 €. Se le otorgan 1.793,40 € por horas extras.

El 20/04/2023, la empresa le notifica una amonestación por falta grave. El Juzgado revoca la sanción y rechaza la nulidad por supuesta vulneración de derechos fundamentales.

Ahora, demanda a la empresa y a Ezequías como autores de la vulneración de sus derechos.

Alega acoso laboral *(mobbing)* desde la llegada de la nueva junta, causándole el trastorno adaptativo. Reclama 50.000 € por daños y perjuicios.

!! Ella ha de presentar indicios fundados de vulneración. Luego, la empresa ha de justificar objetivamente sus actos. La carga de la prueba según el TC, exigen al trabajador pruebas razonables de discriminación o acoso.

Aunque existen antecedentes de conflicto, como la reducción de jornada, demandas por horas extra y la sanción impugnada, estos no son indicios suficientes de acoso. La empresa aceptó la reducción de jornada, y las demandas no prueban causalidad con el acoso alegado.

Ahora bien, la demanda podría prosperar si demostrara acoso laboral.

La jurisprudencia lo define como hostigamiento prolongado y reiterado que afecta gravemente la dignidad del trabajador y su salud.

Aquí, se examinan comunicaciones entre la gerente y la junta y la interacción con Ezequías, sin evidencias de hostigamiento continuo. Las solicitudes de documentación y reorganización del personal son facultades de dirección y control, no acciones que busquen menoscabar la dignidad de la gerente.

El diagnóstico de «trastorno adaptativo mixto ansioso-depresivo» puede ser estrés laboral, pero sin pruebas contundentes de un ambiente hostil o abusivo no se establece acoso.

Se requiere que el *mobbing* esté claramente acreditado, con pruebas de conductas deliberadas y reiteradas que busquen menoscabar la integridad psicológica del trabajador.

Aunque el TC reconoce daños psicológicos por acoso, la gerente debe demostrar de forma inequívoca la intención y persistencia del hostigamiento. Y aquí, no lo acredita suficientemente.

La indemnización ha de justificarse en el perjuicio sufrido, pero no hay pruebas concluyentes de acoso.

✕ Se desestima la demanda y la indemnización de 50.000 € por daños y perjuicios.

SJSO Cartagena 1240/2024 - 05/09/2024 N.° rec. 125/2024.

REORGANIZACIÓN EMPRESARIAL Y CONFLICTOS LABORALES

Trabajadora y gobernanta, despedida previamente por acoso vertical descendente, consiguió que se calificara como improcedente y optó por la readmisión. Tras catorce meses, estando de baja médica por trastorno depresivo, solicitó tutela judicial alegando acoso laboral por parte del director del hotel desde el día de su reincorporación. No obtuvo éxito en la instancia, lo que la llevó a interponer un recurso de suplicación, impugnado por la empresa y el director del hotel.

Solicitud de modificación del relato fáctico. La trabajadora recurrió amparándose en el art. 193.b LRJS para modificar los hechos probados sexto y décimo, proponiendo la siguiente redacción:

- Sexto: la empresa contrató el 2 de diciembre de 2019 a una nueva gobernanta, denominada «Gobernanta General», responsable del departamento, dejando a la persona trabajadora subordinada y limitada a realizar solo las tareas asignadas por su superior.
- Décimo: la selección del nuevo personal recaía en la Gobernanta General.

Apoyo probatorio: documentos en los folios 160 y 161.

El TSJ concluyó que estas modificaciones no eran viables al estar basadas en pruebas testificales cuya valoración corresponde exclusivamente al juzgador de instancia. El relato propuesto tampoco contradecía los documentos aportados ni la valoración realizada en la sentencia recurrida, según los fundamentos jurídicos primero y tercero.

Desacuerdo con fundamentos de derecho y alegaciones. La trabajadora, en virtud del art. 193.c LRJS, manifestó su desacuerdo con partes de los fundamentos legales y denunció:

1. Infracción del Acuerdo Laboral Estatal para Hostelería (ALEH). Alegó que la categoría de «Gobernanta General» no existe y que la empresa utilizó este puesto para despojarla de sus funciones directivas y organizativas reconocidas en el convenio colectivo.
2. Incumplimiento de la sentencia de 28 de junio de 2019. Señaló que los hechos utilizados para justificar el cambio organizativo le causaron indefensión.
3. Infracción del principio de cosa juzgada. Rechazó que se reutilizaran hechos ya juzgados en su contra.
4. Vulneración del artículo 15 CE. Denunció trato degradante, argumentando que estuvo más de seis meses sin asignación de tareas propias de su categoría, lo que menoscabó su integridad moral.
5. Indemnización. Solicitó 60.000 euros por daños y perjuicios, basándose en los artículos 8, 11, 12 y 40.c) de la LISOS.

La Sala advirtió deficiencias técnicas en la formulación de algunos motivos, pero evaluó el recurso considerando la vulneración de derechos fundamentales.

🔍 Valoración del supuesto acoso laboral. La trabajadora había presentado en su demanda inicial 41 episodios de presunto acoso, de los cuales solo 4 implicaban directamente al director del hotel. La Sala no encontró pruebas suficientes para concluir que la empresa actuara con la intención de menoscabar su dignidad.

Reorganización del servicio. Tras la reincorporación de la trabajadora, la empresa intentó implementar un régimen de trabajo coordinado entre ella y otra gobernanta contratada, pero este sistema fracasó debido a conflictos constantes. Posteriormente, la empresa adoptó una nueva fórmula basada en la distribución competencial, delegando las funciones organizativas en la «Gobernanta General», mientras que la trabajadora conservó las propias de su categoría.

Análisis del art. 15 de la CE. Para determinar si la reorganización vulneraba la integridad moral de la trabajadora, el TSJ consideró los siguientes criterios:

1. Intención: si existía deliberación o conexión directa con el resultado lesivo.
2. Menoscabo: si causó sufrimiento físico, psíquico o moral, o tenía potencialidad para hacerlo.
3. Vejación: si buscaba humillar o envilecer, o era objetivamente idónea para ello.

📖 Según el Tribunal Constitucional (STC 56/2019), estos elementos son esenciales para valorar la existencia de trato degradante. El TSJ concluyó que la reorganización no constituyó acoso laboral ni vulneración del art. 15 CE, al no hallarse intención vejatoria ni impacto lesivo.

🚫 El recurso fue desestimado. La trabajadora no logró demostrar la existencia de acoso laboral ni de trato degradante conforme a los criterios constitucionales y legales aplicables. La reorganización empresarial fue considerada una medida legítima y proporcionada dentro del ámbito laboral.

📌 STSJ Islas Canarias 834/2022 - 28/04/2022 N.° rec. 20/2022

✗ UN CASO QUE FINALMENTE NO LLEGA A SER ACOSO LABORAL

Mónica, es la directora de Recursos Humanos en Europa, trabaja en la planta de la empresa en Vigo. Milagrosa es Responsable de Recursos Humanos en las plantas de Vigo y Paredes de Coura.

Ambas interponen demanda contra Camilo (director general de la planta de Vigo), y la empresa, alegando acoso laboral y vulneración de derechos fundamentales. Ello se debe a una serie de acciones y comentarios realizados por Camilo y la empresa. Algunos de los cuales fueron:

1. Camilo convocó a Milagrosa a su despacho junto con otras personas con el objetivo de humillarla, coaccionarla y amedrentarla delante de sus subordinados.
2. Camilo descubrió discrepancias en el dinero de caja y comenzó una investigación, insinuando la implicación de las demandantes en una apropiación indebida.
3. Se difundieron rumores que acusaban al departamento de recursos humanos de estar implicado en la apropiación indebida, creando un ambiente hostil hacia las trabajadoras.
4. Camilo contrató a abogadas para presionar a Jerónimo (responsable de pagos), implicándolo en los hechos y tratando de inculpar al departamento de recursos humanos.
5. Se realizaron comentarios despectivos sobre Mónica en reuniones, como mencionar que «hacía lo que le salía de las tetas en relación a unos contratos de trabajo».
6. Camilo tomó medidas para aislarlas y dificultarles su trabajo, como negarles acceso a cierta información y presionar al personal para inculparlas.

La empresa y Camilo alegan que tales acusaciones son infundadas. Niegan haber realizado comentarios despectivos o haber tomado medidas para dificultar el trabajo de las trabajadoras. Aseguran que las trabajadoras colaboraron en la difusión de rumores y que las abogadas contratadas para investigar los hechos no encontraron pruebas que respaldaran las acusaciones de las trabajadoras.

El juzgado, tras analizar las alegaciones y la doctrina aplicable, desestimó la demanda. Según la sentencia del TSJ de Navarra de 31/05/2005 aunque «no existe una definición legal» del *«mobbing»*, existen estudios doctrinales solventes que detallan los siguientes elementos: a) la intención de dañar, ya sea del empresario o de los directivos, ya sea de los compañeros de trabajo; b) la producción de un daño en la esfera de los derechos personales más esenciales y; c) el carácter complejo, continuado, predeterminado y sistemático.

🔍 No se demostró la intención de dañar, la producción de un daño en la esfera de los derechos personales más esenciales, ni la existencia de un acoso moral complejo, continuado, predeterminado y sistemático. Además, no se aisló a las trabajadoras, no se menospreció su trabajo y no se les impidió relacionarse con otros compañeros.

🔚 Por lo tanto, la demanda fue desestimada por falta de pruebas que respaldaran las acusaciones de acoso laboral.

📌 Sentencia Juzgado de lo Social 209/2024 de Vigo, de 11/03/2024 núm. rec. 10/2024.

NO HAY ACOSO LABORAL PERO SÍ DAÑOS MORALES

Tania, dependienta desde 2022.

Tuvo una relación personal con Apolonio, representante de la empresa: frecuentes conversaciones, reuniones y viajes, además de regalos.

El 25/03/2023, él le comunicó su despido disciplinario alegando baja en su rendimiento laboral. Luego, reconoció la improcedencia del despido ofreciendo 1.563 € de indemnización.

Antes del despido, una conversación tensa de más de 45 min. incluyó términos despectivos hacia Tania; ella afectada buscó asistencia médica y comenzó una IT.

Él usó términos ofensivos hacia ella, como «asquerosa», «sinvergüenza», «mala xente», «mente sucia», «comes como una cadela». Ella le recriminó haberla llamado «payasa» e «hija de puta». Su jefe expresó su intención de despedirla de forma improcedente.

Tania demandó por despido improcedente; la instancia la estimó y ordenó una indemnización de 1.000 € por daños y perjuicios a su dignidad.

Interpone recurso. Pide la nulidad del despido y 12.000 € adicionales por violación de derechos fundamentales.

Invoca el art. 14 CE; argumenta amenazas previas del jefe y visita al médico tras la jornada laboral, pero se concluye que su IT ocurrió después del despido, no antes por lo que no hay discriminación por discapacidad.

Sostiene que el despido vulneró su dignidad, integridad e igualdad, aludiendo a una infracción de derechos fundamentales, basándose en el art. 18 CE, y arts. 182, 183 LRJS y arts. 4.2.e) y 55.5 ET.

Se considera víctima de maltrato psicológico y acoso laboral *(mobbing)*, afectando su dignidad y salud psíquica, y solicita una compensación mayor por daño moral.

La empresa niega acoso; las tensiones laborales no constituyen *mobbing* sin una conducta reiterada lesiva; defiende una relación laboral normal sin ambiente hostil.

Según la jurisprudencia, el *mobbing* implica conductas repetidas y objetivamente dañinas. El Convenio 190 OIT prohíbe la violencia en el ámbito laboral.

El TS señala que no basta la percepción subjetiva de la trabajadora para probar acoso; exige una conducta reprochable.

Así, no se debe confundir el acoso laboral con una simple situación de conflicto entre empresario y trabajador. La conducta debe ser objetivamente reprochable y la valoración subjetiva de la trabajadora no es suficiente para probar la existencia de acoso.

Aunque no se cumple la definición tradicional de acoso, la conducta de la empresa se relaciona con el despido, justificando su nulidad y una indemnización por vulneración de dignidad.

Para la indemnización por daños morales, no se aceptan los 12.000 €, se fija en 7.501 € el mínimo previsto para infracciones muy graves en la LISOS.

Se estima parcialmente el recurso, se declara su despido nulo por falta de justificación formal, ordenando la readmisión y abonando los salarios dejados de percibir y una indemnización de 7.501 €.

STSJ Galicia 6496/2024 - 30/09/2024 N.º rec. 1935/2024.

✕ NO HAY PERSECUCIÓN SISTEMÁTICA PARA SER ACOSO LABORAL

Rosalía, expendedora desde 2017.

Luego realiza vigilancia en un yacimiento.

En 2019, tras una baja por IT, solicita reincorporarse como expendedora; pero no se inicia un expediente para adaptar su puesto ni tiene grado de discapacidad reconocido.

Los horarios y compensaciones de los expendedores difieren de los vigilantes, lo que le hace perder ciertos beneficios de su rol anterior.

Pide vacaciones en 2019 y 2020 (denegadas por falta de personal); en 2020 recibe fallo favorable.

En pandemia, retorna sin mascarilla por motivos médicos no justificados, generando tensión.

Falla en revisar cambio de turno y acude en horario erróneo, recibiendo advertencia de su supervisor.

El encargado solicita asistencia de tercero en reuniones debido a conflictos laborales.

Solicita condiciones similares a vigilantes, denegadas por la Consejería.

Tras tensiones, sufre baja médica por estrés laboral.

Reunión 19/11/20: le informan del malestar del equipo y le piden firmar un documento sobre conducta inapropiada; ella se niega.

Queda sin tareas definidas; ello le genera incertidumbre y estrés.

Desde el 23/11/20, inicia una baja por ansiedad, afectando su salud mental y emocional.

Reunión 12/1/21: se tratan problemas de comunicación y normas del centro; ella menciona falta de apoyo de la empresa.

El 5/2/21 la despiden por falta de adaptación y comportamiento conflictivo.

Demanda por despido, por trato desigual y estrés laboral. La instancia lo declara improcedente y sugiere a la empresa mejorar la gestión de turnos.

Recurre por vulneración de integridad y pide indemnización de 6.251 €; argumenta infracción del art. 50 del ET.

Alega acoso laboral *(mobbing)* por conflictos sobre mascarillas, tareas, horarios, vacaciones y carga horaria, que implican a compañeros, al encargado y al director del centro.

Sostiene que estos problemas han afectado su salud mental, causándole estrés y depresión. Acusa al director de no tomar medidas para mejorar el ambiente, lo que considera un incumplimiento grave de la empresa.

⚖️ Según el TSJ, no hay pruebas suficientes de acoso laboral. Aunque reconoce los conflictos, no ve una conducta continua de la empresa para marginarla.

📅 Fue encargada de expender boletos y pidió el mismo horario que los vigilantes, que trabajan toda la semana. El TSJ considera que sus funciones justifican la diferencia de horarios.

🤝 La empresa intentó reducir tensiones, ofreciendo días de descanso adicionales y contando con un mediador. El TSJ ve estos gestos como gestión de la situación, no hostilidad.

🏖️ En cuanto a las vacaciones, la empresa alega motivos organizativos; no es trato discriminatorio.

💼 Aunque los conflictos crearon un ambiente tenso, no hay pruebas de un incumplimiento grave de la empresa ni de una vulneración de derechos fundamentales.

❌ Se desestima el recurso.

📌 STSJ Andalucía 13655/2024, 12/09/2024 N.º rec. 2652/2022.

UN RETRASO EN LA NÓMINA NO ES UN INDICIO DE ACOSO LABORAL

Adela, limpiadora desde 2019, vio extinguida su relación laboral el 24/08/2023. La empresa le ofreció un complemento de indemnización de 1.000 €, que sumado al resto alcanzaba un total de 2.650 €. Pero, no se le abonó esta cantidad ni el salario pendiente de los días trabajados en agosto.

Adela estuvo en IT desde el 08/02/2022, tras lo cual denunció a la empresa ante la ITSS quien detectó que la empresa había incurrido en retrasos en los pagos que debía efectuarle por la IT.

Según un informe médico del 30/09/2022, padecía un trastorno adaptativo mixto que se vinculaba tanto con problemas laborales, como también familiares y de apoyo personal.

Ana, su compañera, trabajaba en turno de tarde y no coincidía habitualmente con ella. Pero, la hermana de Adela, quien también trabajaba en la misma empresa, declaró que Ana había realizado comentarios negativos sobre el carácter de Adela. Pese a que no hubo enfrentamientos directos entre ellas, Adela manifestó que, en ocasiones, se le asignaron tareas como tomar fotografías de sus compañeros, lo que generó malestar y dio lugar a acusaciones de acoso laboral por parte de sus compañeros.

Adela demandó, solicitando que se reconociera la vulneración de sus derechos fundamentales, el cese inmediato de las acciones contrarias a dichos derechos, la extinción de su contrato laboral con la empresa y una indemnización de 25.000 €.

La empresa alegó que Adela había firmado un finiquito en agosto de 2023, renunciando así a cualquier reclamación posterior. Sin embargo, al no cumplir con el pago acordado en dicho finiquito, esta renuncia de acciones por parte de Adela quedaba invalidada.

La instancia analizó las alegaciones de acoso laboral **(mobbing)**, que no cuenta con una definición legal precisa pero que la jurisprudencia define como «una conducta abusiva o violencia psicológica que degrada las condiciones de trabajo del trabajador». Aquí, no se acreditó su existencia, ya que las conductas descritas no alcanzaron el nivel de hostigamiento sistemático necesario para calificarlo como tal.

De igual modo, implica una presión sistemática que tiene como objetivo la autoeliminación del trabajador a través de su denigración laboral. Así, se deben cumplir tanto componentes objetivos, como la sistematicidad de la presión y su relación con el trabajo, como subjetivos, tales como la intencionalidad denigratoria. Aquí, ninguno de estos elementos fue demostrado.

Sus informes psicológicos se referían más a problemas de índole familiar y personal que laboral, y aunque los testigos confirmaron que existía un ambiente tóxico entre las trabajadoras, esto no fue suficiente para demostrar que hubiera *mobbing*.

En fin, no se encontraron pruebas suficientes que acreditaran la existencia de *mobbing* debido al retraso en el salario o la situación de IT.

Se desestimó la demanda.

SJSO Toledo 510/2024, 05/02/2024 N.º rec. 378/2023.

NO HAY *MOBBING*, SINO UNA SITUACIÓN DERIVADA DE LA RELACIÓN LABORAL ORDINARIA

Araceli, encuadrada en el grupo profesional 3, desde 2017.

Entre sus responsabilidades: firma de informes de calidad, auditorías, cuestionarios sobre precursores de drogas, gestión de no conformidades.

Recibió formación en buenas prácticas de distribución y gestión de calidad.

Las nóminas de 2022 se abonaron al final de cada mes, excepto noviembre (pagada el 5 de diciembre).

⚠ El administrador de la empresa fue investigado en unas diligencias previas por presuntos delitos relacionados con el CITCO (Centro de Inteligencia contra el Terrorismo y el Crimen Organizado).

! El procedimiento fue sobreseído provisionalmente en mayo de 2022.

Araceli, en calidad de responsable de calidad, tuvo que proporcionar información relevante para la investigación.

Desde 05/10/2022 en IT por trastorno de adaptación con ansiedad y depresión.

Demandó contra la empresa y su administrador, reclamando la extinción de su contrato de trabajo debido a incumplimientos empresariales y una indemnización de 20.000 € por los daños derivados de una supuesta vulneración de derechos fundamentales.

Incumplimientos alegados:

- Falta de pago puntual de nóminas.
- Asignación de tareas de una categoría superior.
- Acoso laboral *(mobbing)* por parte del empresario.

✕ La instancia desestimó íntegramente la demanda.

Recurrió en suplicación. Denunció la infracción de los arts. 41.1 f) y 50.1.a) del ET y del art. 15 de la CE. Argumentó que el empresario le asignó tareas de una categoría superior.

Pero según las pruebas, firmó documentos como «responsable de calidad», pero las funciones se limitaron al grupo 3 según convenio colectivo.

Alegó haber sido acosada debido a la investigación penal a la empresa y al empresario, durante la cual tuvo que colaborar con información.

El TSJ recordó que el *mobbing* implica una presión psicológica sistemática que degrade las condiciones laborales o afecte la salud mental del trabajador.

⚠ Según jurisprudencia, debe haber intencionalidad, duración prolongada y pruebas de un daño psicológico real.

La STSJ Galicia 18-1-2024, define el acoso laboral o *mobbing* como violencia psicológica sistemática que degrada la dignidad y condiciones de trabajo del afectado.

Sus consecuencias son aislamiento, estrés, pérdida de autoestima y alteraciones psicosomáticas.

Según el Parlamento Europeo (2001), genera enfermedades relacionadas con el estrés y no requiere intencionalidad explícita.

El carácter sistemático y prolongado del acoso (al menos una vez por semana durante 6 meses, según Leymann) es clave, aunque no toda situación conflictiva o abuso de poder directivo puede calificarse como acoso.

En fin, se desestimó su recurso. No se probó acoso ni daño psicológico derivado de la investigación y los hechos alegados no constituyen incumplimientos contractuales ni *mobbing.*

STSJ Galicia 6495/2024, 25/09/2024 N.° rec. 3046/2024.

SITUACIÓN TENSA EN EL TRABAJO QUE NO LLEGA A SER *MOBBING*

Penélope trabaja desde 2013 como auxiliar administrativo en el servicio de atención al cliente de Vodafone.

Su empresa contaba con un Protocolo de actuación frente a situaciones de acoso laboral y ciberacoso, que le fue entregado el 16/09/2019 y sobre el cual realizó una prueba de conocimiento el 7 de octubre del mismo año.

Afirma haber sido víctima de maltrato verbal repetido por parte de su supervisora, lo que creó un ambiente de trabajo hostil para ella.

El ambiente en el equipo empeoró tras una discusión en la que la supervisora, en tono elevado, llamó a las trabajadoras «putas víboras» y la humilló personalmente, sin que la empresa actuara de manera eficaz para resolver la situación.

Penélope denuncia discriminación laboral al no haber recibido el aumento de horas que sí se ofreció a otros compañeros, lo que considera una desigualdad que afectó negativamente a su carrera.

Como consecuencia del ambiente tóxico, declara haber desarrollado un trastorno de ansiedad. Así, inició una baja por IT el 31/09/019 con diagnóstico de ansiedad generalizada por conflicto laboral.

A pesar de las situaciones conflictivas, Penélope no inició el procedimiento de activación del protocolo de acoso laboral establecido por la empresa.

La trabajadora asegura que la empresa no gestionó adecuadamente las denuncias y no activó correctamente el protocolo contra el acoso laboral, dejando los problemas sin resolver.

Por lo anterior, demandó la resolución de su contrato de trabajo alegando incumplimiento empresarial (ex art. 50 del ET), pero la instancia la desestimó.

Ahora, recurre. Solicita de nuevo la resolución de su contrato por incumplimiento empresarial, alegando **mobbing** y exigiendo una indemnización de 25.000 € por daños morales y vulneración de sus derechos fundamentales.

Argumenta la necesidad de incluir testigos y revisar ciertos hechos probados, pero el TSJ lo desestima, ya que las pruebas, especialmente las testificales, eran inidóneas y ya habían sido correctamente valoradas.

Alega infracción de la jurisprudencia sobre *mobbing*. Pero, la Sala reafirma la decisión de la instancia: no se acreditó hostilidad o represalias contra la trabajadora por parte de la empresa o su supervisora.

En fin, el TSJ no aprecia que exista situación de acoso laboral o *mobbing* con las características de duración, gravedad y finalidad que lo caracterizan, aunque sí de unas tensas situaciones en el trabajo, espaciadas en el tiempo, pero que son inherentes a la misma relación laboral que por esencia es una relación de conflicto. Tensas situaciones, a veces, que no justifican la resolución indemnizada del contrato como la que se pide.

✗ Como no se prueba la existencia de *mobbing*, tampoco procede la solicitud de indemnización por vulneración de derechos fundamentales.

En fin, el TSJ desestima el recurso de Penélope.

STSJ Andalucía 14936/2023, 21/09/2023 N.º rec. 4284/2021.

DESAVENENCIAS EN EL TRABAJO SON MOTIVO DE DESPIDO DISCIPLINARIO, PERO NO DE ACOSO LABORAL

Feliciano, recolector desde 2012.

Desde finales de 2020, su compañera empaquetadora, Mariola, ha tenido desavenencias y discusiones con Feliciano y otra empleada, despedida el 19/2/2021.

Desde el 18/1/2021, recibe seguimiento psiquiátrico y psicológico en un Centro de Salud Mental por ansiedad, angustia, labilidad emocional, sueño irregular y apatía, atribuibles a conflictos laborales.

La trabajadora menciona un conflicto laboral con dos compañeros y relata amenazas hacia ella y su familia, generándole ansiedad y miedo a salir de casa.

En abril de 2021, estando en IT, recibe el alta médica y se reincorpora. Ese día discute con Feliciano, quien la agarra del brazo y la insulta con expresiones como «puta» y «zorra» y en tono amenazante «no sabes quién soy yo», intentando agredirla.

Mariola intenta salir, pero Feliciano la persigue con intención de agredirla; otro trabajador lo impide.

La especialista en psicología confirma el acoso laboral como causa de los padecimientos de Mariola, indicando tratamiento farmacológico severo.

El *mobbing* es subjetivo e intangible, sin rastros claros de los acosadores.

La empresa la respalda, comprometiéndose a su recuperación y regreso.

Los hechos suponen infracción muy grave, sancionable con despido y posibles consecuencias penales según el art. 173 CP. Dicha conducta atenta contra la buena fe contractual y derechos como la dignidad e integridad, según la CE.

Según el Convenio Colectivo, el acoso laboral se considera falta muy grave, incluyendo la falta de respeto grave a compañeros o mandos.

El ET protege derechos de integridad física, prevención de riesgos, intimidad y dignidad, sancionando el acoso en el art. 54 como causa de despido disciplinario.

La empresa, en base a lo anterior, despidió a Feliciano el 5/4/2021.

Tras la demanda de Feliciano, la instancia declaró el despido procedente, pues, aunque no hubo acoso laboral sistemático, existieron constantes desavenencias, subsumibles en el art. 54.2 c) del ET.

Feliciano recurre, considerando que la instancia vulnera los arts. 54, 55 y 56 del ET.

Según la STS 26/04/2022, el despido por ofensas verbales o físicas exige probar la gravedad de la conducta. La calificación considera factores como datos objetivos, conducta de las partes, expresiones usadas y proporcionalidad de la sanción.

- Solo insultos graves contra la dignidad justifican el despido.
- El TS avala el despido si las ofensas verbales afectan la convivencia laboral.

En el caso actual, se prueba que Feliciano insultó y amenazó gravemente a Mariola tras reincorporarse de una baja médica.

La Sala concluye que su comportamiento atentó gravemente contra la dignidad de Mariola y el despido fue procedente debido a la naturaleza ofensiva y amenazante de sus actos.

✗ Se desestima el recurso.

STSJ Murcia 1850/2024, 08/10/2024 N.º rec. 412/2024.

✕ CASO EN QUE NO SE RECONOCE ACOSO LABORAL

Covadonga trabaja en un hotel como limpiadora.

Inició dos procesos de IT: uno debido a una extracción en vena safena externa izquierda y otro por trastorno de ansiedad generalizada.

El director llevó a cabo una serie de acciones:

Reorganizó el servicio de limpieza para que una sola trabajadora realizara las funciones que antes se hacían en pareja.

Indicó que los trabajadores debían consumir café y bollería en el office, no en la cafetería.

El hotel cerró por obras durante tres meses; en ese periodo, las trabajadoras llevaban su propio café de casa.

Covadonga y Segismundo discutieron sobre la limpieza de una habitación en presencia de otras dos trabajadoras.

En vista de lo sucedido, la limpiadora presentó una demanda contra la empresa y Segismundo sobre extinción indemnizada del contrato de trabajo. Sin embargo, la instancia la desestimó al no encontrar indicios graves de acoso.

Recurrió la instancia, argumentó que había sufrido *mobbing*, lo que afectó su salud y bienestar. Según ella, las acciones del superior fueron deliberadas y sistemáticas, con la intención de menoscabar su dignidad y crear un ambiente de trabajo hostil. Los puntos clave de sus alegaciones incluyen:

La decisión de reorganizar el servicio de limpieza, que resultó en un aumento significativo de la carga de trabajo.

Se le prohibió consumir café y bollería en la cafetería, siendo obligada a hacerlo en el *office*.

Un incidente específico en el que fue reprendida públicamente por su jefe en presencia de otras trabajadoras.

El TSJ considera los cambios en la organización del servicio de limpieza como decisiones empresariales legítimas y no constituyen acoso. Son cambios que pueden generar descontento, pero no se presentan pruebas suficientes de que se adoptaron con la intención de hostigar o perjudicarla.

✕ La instrucción de consumir café y bollería en el office en lugar de la cafetería es una medida administrativa menor y no como un acto de acoso. No hay pruebas de que se haya implementado de manera discriminatoria o con el propósito de hostigarla.

✕ Sobre la discusión, señala que los conflictos puntuales y las reprimendas en el trabajo, aunque desagradables, no constituyen acoso laboral a menos que formen parte de una conducta sistemática y continua de hostigamiento; la discusión no fue parte de un patrón de acoso.

⚖ Así, aunque las acciones pudieron haber generado incomodidad y descontento, no se ha demostrado que estas acciones constituyan acoso laboral en el sentido legal.

🔍 Para que se considere *mobbing*, debe demostrarse un patrón de conducta hostil y continuado dirigido a menoscabar la dignidad del trabajador, lo cual no se evidenció en este caso.

🚫 Se desestima la demanda al no existir una violación de su derecho a la integridad moral.

📌 STSJ Andalucía 1550/2024, 06/03/2024, n.º rec. 783/2022..

FORENSE NIEGA RELACIÓN ENTRE BAJA MÉDICA Y ACOSO LABORAL

Celestina trabaja en una empresa de electrodomésticos

Tras una serie de desencuentros con su encargado relativos a la jornada y al centro de trabajo la trabajadora inicia un proceso de incapacidad temporal (IT).

Según la instancia, la trabajadora aduce la supuesta existencia de una situación de acoso laboral o *mobbing*. En este sentido, la prueba practicada evidencia que entre Celestina y su jefe se produjeron efectivamente una serie de desencuentros relativos a la jornada y al centro de trabajo y que inicia un proceso de IT.

✕ Ahora bien, esta situación de conflictividad laboral en modo alguno supone la existencia de la situación de acoso laboral o *mobbing* cuya declaración pretende Celestina y que no ha resultado probada, pues en modo alguno se ha acreditado la existencia de un ataque sistemático u hostigamiento respecto del empresario. En este mismo sentido, y respecto de las aducidas consecuencias de tal pretendida situación, también debe tenerse en cuenta que, Celestina como demandante, inicia un proceso de IT, siendo así que en el informe emitido por el Médico Forense se expresa que respecto de los padecimientos de la trabajadora:

«No es posible llegar a afirmaciones concluyentes acerca de un eventual nexo causal entre su sintomatología ansioso depresiva y los hechos que relata en el ámbito laboral».

✕ Por las razones expuestas, procede la desestimación de la demanda.

SJSO 678/2024 Cáceres 08/04/2024 N.º de Recurso: 580/2022.

NOT
MOBBING

EL INFORME DE UNA ASOCIACIÓN DE AYUDA A VÍCTIMA DE ACOSO NO PRUEBA EL HOSTIGAMIENTO LABORAL

Gumersindo trabajaba desde 2011 como soldador oficial de 1.ª y encargado de la empresa.

El 27/05/2022, inició un proceso de IT debido a una enfermedad común. El 23/09/2022, fue dado de alta por mejoría, lo que le permitió retomar su trabajo habitual.

El 27/04/2022, acudió a su Médico de Atención Primaria (MAP), quien le diagnosticó ansiedad, relacionada con problemas laborales.

El 16/05/2022, Gumersindo volvió a consultar con su MAP, quien también diagnosticó ansiedad, atribuyendo los síntomas a problemas con su jefe.

El 30/05/2022, solicitó IT debido a sus problemas de ansiedad, siendo mantenido el tratamiento con alprazolam.

El 03/06/2022, se mantuvo consulta telefónica, donde informó sobre la persistencia del nerviosismo, aunque continuaba con el tratamiento.

El 09/06/2022, tuvo una consulta telefónica con Psiquiatría, explicando que sus problemas laborales afectaban su salud mental, constando como motivo de la consulta: «...DEBIDO A PROBLEMAS LABORALES SE ENCUENTRA MAL. TIENE UN HIJO DE 1 AÑO Y A RAÍZ DE ENTONCES LOS "BENEFICIOS" QUE TENÍA SE LOS HA QUITADO EL JEFE DE TALLER: EL TELÉFONO DE EMPRESA... ESTA MUY NERVIOSO, DUERME MAL, SE DESPIERTA DANDO VOCES Y NO SE DA CUENTA. DA MUCHAS VUELTAS A SU PROBLEMA. ESTA DE IT. EN TRATAMIENTO CON ALPRAZOLAM 0,5 / 8 H».

El 17/06/2022, tuvo cierta mejoría, aunque persistían problemas de sueño.

El 23/09/2022, solicitó y recibió el alta médica por mejoría.

En un informe de psiquiatría del 18/05/2023, se diagnosticó trastorno adaptativo, y se continuó el tratamiento.

La Asociación Palencia de Ayuda a las Víctimas de Acoso (PAVÍA) emitió un informe señalando que la situación laboral afectaba gravemente la salud y la vida personal del trabajador. En el momento del informe de la trabajadora social, Gumersindo seguía de baja y en tratamiento.

El trabajador presentó demanda contra su empresa en un procedimiento de derechos fundamentales, pero la instancia la desestimó absolviendo a la empresa de las pretensiones deducidas en su contra.

Gumersindo presentó recurso de suplicación contra la sentencia.

El primer motivo del recurso fue la discrepancia con el relato fáctico, solicitando la inclusión de un nuevo hecho probado relacionado con el impacto de acoso laboral.

La Sala desestimó la solicitud, pues la redacción de nuevos hechos no es permitida en recurso de suplicación. Consideró que no había error fáctico evidente, y que la valoración de los hechos correspondía al juzgador de instancia.

Denunció infracción de la CE por acoso laboral tras su reincorporación, pero la empresa defendió la corrección de los hechos.

El motivo fue desestimado, manteniéndose la valoración de hechos tal como fue realizada por el juzgador

La doctrina constitucional en materia de acoso laboral fue citada, considerando que la reiteración de situaciones hostiles puede atentar contra la dignidad del trabajador. Este tipo de conductas pueden tener un impacto negativo en la salud mental y física del afectado, convirtiéndose en un verdadero acoso moral.

En este sentido, el TC ha reiterado que el acoso laboral, o *mobbing*, es una práctica que puede producirse en el contexto laboral y que afecta de manera significativa a la persona que lo sufre, tanto en su bienestar físico como emocional.

Aquí, el trabajador denunció problemas con su jefe, los cuales se reflejaron en diversas consultas médicas que confirmaron el impacto de esta situación en su salud, provocando nerviosismo, insomnio y ansiedad.

A pesar de los intentos de conciliación, la resolución judicial mantiene que no existe evidencia suficiente para confirmar la existencia de acoso laboral en el sentido estricto que requiere la legislación laboral y constitucional, aunque sí se reconoce que los problemas laborales fueron un factor importante en el deterioro de su salud.

Por lo tanto, la sentencia, al desestimar la demanda de Gumersindo, se basa en la valoración de los hechos probados, concluyendo que no hubo un comportamiento de acoso laboral que constituyera una infracción a los derechos fundamentales del trabajador.

El diagnóstico de ansiedad y las referencias del trabajador a problemas laborales no son suficientes para acreditar acoso. En efecto, el informe de una asociación de ayuda a víctimas de acoso carece de valor probatorio, ya que se basa únicamente en las declaraciones del trabajador.

La Sala desestima el recurso de suplicación y confirma la sentencia de instancia, concluyendo que no existió acoso laboral.

STSJ Castilla-León 4846/2023, 15/12/2023 N.º rec. 1806/2023.

PAVIA
ASSOCIATI

✘ NO HAY NEXO CAUSAL ENTRE EL SUPUESTO ACOSO Y EL TRABAJO

Catalina, trabajaba con la categoría de diseñadora gráfica.

Inició un proceso de incapacidad temporal (IT) el 21/03/2019 con diagnóstico de trastorno ansioso depresivo. El informe emitido por el Hospital el 11/02/2019 indica que es una mujer de 35 años y que su cuadro se relaciona con estrés y acoso laboral. Además, otro informe de 21/11/2019 señala que su cuadro clínico está directamente vinculado al acoso y estrés laboral.

Luego, a instancias de la trabajadora, se inició un expediente de determinación de contingencia respecto a la IT iniciada el 21/03/2019. El INSS dictó resolución el 01/09/2020, en la que declaró que la contingencia era de carácter común, tras la emisión del dictamen del EVI el 25/08/2020, que concluyó que la contingencia debía ser clasificada como común.

Catalina interpuso una reclamación previa contra dicha resolución del INSS, que fue finalmente desestimada.

Demandó contra las entidades gestoras INSS-TGSS, la Mutua y la empresa y la instancia resolvió desestimándola. Además, se declaró que la contingencia determinante del proceso de IT iniciado el 21/03/2019 era de enfermedad común.

Frente a esta sentencia, la trabajadora anunció recurso de suplicación. Este recurso fue impugnado por la contraparte.

Por el cauce del apartado b) del art. 193 LRJS, interesa, modificar el Hecho Probado sobre su puesto de trabajo.

Sin embargo, la categoría con la que presta servicio es efectivamente la de «Diseñadora Gráfica» y, en todo caso, el puesto de trabajo concreto no aporta luz al presente pleito, que versa sobre la existencia o no de un nexo de causalidad entre la enfermedad que sufre y el trabajo.

También propone modificar el Hecho Probado segundo, con esta redacción:

Inició el proceso de IT el 21/03/2019 con el diagnóstico de trastorno ansioso depresivo.

El informe emitido por el Hospital en fecha 11/02/2019 señala que Catalina es una mujer de 35 años, con un cuadro relacionado con estrés y acoso laboral.

El informe de 21/11/2019 del Hospital señala que el cuadro clínico está en clara relación con el acoso y estrés laboral.

Además, según el Informe de Medicina Interna de una Fundación de 22 de noviembre de 2018, se recoge que desde 2016, Catalina padece síntomas relacionados con estrés laboral.

En el Informe Evolutivo de Psiquiatría de la Fundación de 26 de octubre de 2020, se constata una clínica ansiosa relacionada con la situación de estrés laboral, con dolor inespecífico y cansancio temporalmente coincidentes con una serie de conflictos laborales, con temas laborales en primer plano, deseos de cambio y situaciones difíciles debido a conflictos laborales con su empresario, que posiblemente han influido negativamente en su situación clínica.

Según el Informe Clínico de otro Hospital de 21 de diciembre de 2021 (F. 89), presenta un cuadro reactivo a factores estresantes laborales, describiendo situaciones compatibles con una posible discriminación y acoso laboral que provocan episodios agudos de ansiedad.

El Informe del 29 de abril de 2022 se su médico de cabecera señala que presenta un cuadro reactivo a factores laborales, evidenciando un debut como Trastorno de Adaptación reactivo a la situación traumática laboral.

El informe pericial de una doctora destaca que Catalina no se termina de recuperar debido a que aparecen detonantes laborales no resueltos, lo que causa recaídas severas. Se afirma que el empeoramiento de la paciente, que la ha llevado a una nueva baja, se produjo a raíz de la reincorporación laboral en julio de 2021

Se rechaza la modificación, ya que estos informes se basan en las afirmaciones de la trabajadora, y los informes médicos más relevantes para el caso son los de 2019, que coinciden con la fecha en que la trabajadora pasó a situación de baja (21/03/2019).

Los informes médicos de 2018, 2020, 2021 y 2022 no son válidos para acreditar el nexo causal entre el trabajo y la enfermedad que motivó la baja impugnada por razones temporales.

Se pretende añadir informes que ya han sido valorados, y no se determina que el origen o nexo causal de la enfermedad esté relacionado con una situación de acoso laboral, lo que concuerda con el informe de la ITSS, que concluye que no se ha podido comprobar el incumplimiento del protocolo de acoso por parte de la empresa.

Los informes médicos utilizados por Catalina utilizan la expresión «la paciente refiere», pero no se puede aceptar que estos se relacionen causalmente con una situación exclusiva de acoso laboral ni que el trabajo haya sido la causa de la contingencia.

III.- Se propone añadir un Hecho Probado tercero con la siguiente redacción:

«En el Informe de Examen de Salud de Valora Prevención de 5 de julio de 2016, no constan antecedentes personales de depresión, pero en el Informe de Salud de 28 de julio de 2021 se hace constar antecedentes de depresión desde 2017, con trastorno de ansiedad de 2 años y posteriormente trastorno del sueño asociado con ansiedad».

Se rechaza la revisión, ya que los informes mencionados hacen referencia a las declaraciones de la trabajadora a los facultativos, y además, no hay correspondencia temporal con la fecha de inicio de la IT (21/03/2019) y los informes médicos citados (05/07/2016 y 28/07/2021).

En el quinto motivo, por el cauce del apartado c) del art. 193 LRJS, se denuncia infracción del art. 156.1) .2) y 3) de la LGSS, dado que, según ella, se ha acreditado la relación causal entre la lesión consistente en trastorno ansioso depresivo y el trabajo realizado.

La LGSS contempla tres tipos de enfermedad:

- Enfermedad común (art. 158.2), cuando no se trata de un accidente de trabajo o enfermedad profesional.
- Enfermedad profesional (art. 157), que se contrae por actividades laborales específicas.
- Enfermedad del trabajo (art. 156.2 e)), cuando se prueba que la enfermedad tiene como causa exclusiva la ejecución del trabajo.

Aquí, los informes mencionan el trastorno ansioso depresivo, pero no se puede establecer una relación causal exclusiva con la situación de acoso laboral, ya que no se ha acreditado que el trastorno se derive únicamente del trabajo realizado.

No existe demanda de acoso laboral ni expediente en la empresa que indique un incumplimiento del protocolo de acoso.

El trastorno ansioso depresivo que causó la baja del 21/03/2019 no está en el cuadro de enfermedades profesionales del Real Decreto 1299/2006, de 10 de noviembre, por el que se aprueba el cuadro de enfermedades profesionales en el sistema de la Seguridad Social y se establecen criterios para su notificación y registro. Tampoco se considera accidente de trabajo según el art. 115 LGSS, ya que no se ha demostrado que la enfermedad tenga como causa exclusiva la ejecución del trabajo.

? La prueba practicada no acredita la relación causal entre el trastorno ansioso depresivo y el trabajo realizado por la trabajadora.

La patología psicológica presenta dificultades para establecer un nexo causal claro, y además, la trabajadora tiene antecedentes de problemas de salud previos a su empleo en su empresa, como episodios de alucinaciones y fatiga crónica.

Todo lo anterior lleva a la desestimación del recurso y a la confirmación de la sentencia recurrida.

Se desestima el recurso de suplicación interpuesto por Catalina contra instancia frente a INSS-TGSS, la Mutua y la empresa, ratificando la sentencia recurrida.

STSJ Madrid 11770/2023 - 03/11/2023 N.° rec. 310/2023.

EL INFORME DEL SERVICIO DE PSIQUIATRÍA SOBRE EL TRASTORNO DE ANSIEDAD, NO IMPLICA ACOSO LABORAL POR SÍ MISMO

Adela, trabajaba como cocinera en un Centro de Educación Infantil desde 2005.

Desde junio de 2022, se encontraba en situación de incapacidad temporal debido a un trastorno mixto ansioso-depresivo, con antecedentes de más de 20 años.

Tras no llegar a un acuerdo en el SMAC, interpuso demanda por despido improcedente (ex art. 50.1 ET) y acoso laboral contra el Centro y su representante legal.

La instancia la desestimó, argumentando que, tras valorar pruebas documentales, interrogatorios y testificales, no se acreditaron los hechos de acoso laboral ni el despido improcedente.

Adela interpuso recurso de suplicación, basado en el art. 193 b) y c) de la LRJS, solicitando revisión de hechos y alegando infracción normativa. Solicita.

1. La modificación del hecho probado primero, para incluir que los hechos alegados en su demanda estaban acreditados mediante testimonios, declaraciones de los demandados e informes médicos
2. La declaración de infracción de normas sustantivas del ET (arts. 4.2 e), 5 c), 50.1 a) y c), y 56) al no haberse valorado adecuadamente el acoso laboral como causa de resolución contractual.

Argumentos del TSJ:

1. Sobre la modificación de los hechos probados:
   - La Sala señaló que la trabajadora no presentó pruebas suficientes para acreditar los hechos que pretendía incluir. Los testimonios y declaraciones no ofrecían la credibilidad necesaria, y los informes médicos únicamente constataban su estado de salud, sin establecer una relación causal directa con un supuesto acoso laboral.
   - Además, recordó que el recurso de suplicación tiene un carácter extraordinario y no permite realizar una revisión exhaustiva de los hechos y pruebas como un recurso de apelación. Por tanto, al intentar valorar pruebas ya examinadas, lo cual es inadmisible en suplicación, las modificaciones propuestas no podían aceptarse.
2. Sobre el acoso laboral o *mobbing*:
   - El TSJ analizó los hechos alegados por Adela, que incluían episodios como: 1) un incidente en una cena de Navidad en 2010; 2) un altercado en una parada de autobús en 2011; 3) una llamada telefónica en 2020 y; 4) un suceso en junio de 2022.

- Según la Sala, ninguno de estos episodios fue probado de manera concluyente ni configuraba, por sí solo o en conjunto, un patrón de acoso laboral.
- Aunque existía un informe psiquiátrico que diagnosticaba un trastorno de ansiedad, este no era suficiente para demostrar la existencia de acoso laboral, ya que no acreditaba que su origen fuera imputable a la empresa o a su representante legal.

3. Sobre la infracción normativa:
   - El TSJ concluyó que, al no haberse acreditado el acoso laboral, no podía considerarse que la empresa hubiera incurrido en ninguna de las infracciones alegadas por Adela en relación con el ET.

El TSJ tras valorar valora las pruebas y analizar los hechos que se exponían en demanda como constitutivos de acoso, no da credibilidad a ninguno por falta de prueba. Además, la existencia de un informe del Servicio de psiquiatría sobre el trastorno de ansiedad que padece la recurrente, no implica acoso laboral por sí mismo.

✕ Se desestima el recurso de suplicación y se confirma la instancia.

STSJ Galicia 6604/2024 - 03/10/2024 N.° rec. 3422/2024.

⃠ CONFLICTO INTERPERSONAL NO EQUIVALE A ACOSO LABORAL

Trabajadora auxiliar administrativa desde 2002.

El departamento está integrado por Eugenia, Luz y ella.

Estuvo de baja por trastornos de ansiedad y depresión desde el 10/02/2020 hasta el 31/03/2022.

El 03/02/2020 Eugenia le dijo: «Tú no vales para nada, para estar así es mejor estar sola».

El 04/02/2020 se celebró una reunión con el concejal y las tres, donde se plantearon quejas sobre las funciones de la trabajadora.

El 07/10/2020 Eugenia le recriminó en presencia de una usuaria: «Es culpa tuya, e que é tonta, os que traballan aquí non valen para nada», aunque fue una usuaria, Tatiana, quien responsabilizó a Eugenia de la denegación de una prestación social.

La secretaria del Concello le advirtió sobre no cumplir con las instrucciones técnicas relacionadas con la pandemia.

Se probó que realizaba tareas fuera de su ámbito competencial, como la elaboración de certificados de servicios prestados.

Presentó demanda de vulneración de derechos fundamentales, alegando acoso.

En especial, el derecho a la dignidad y a la integridad moral, recogidos en la CE. Alegó que las actuaciones de sus superiores en el ámbito laboral constituyeron acoso moral o *«mobbing»*, por lo que solicitaba la protección de tales derechos mediante la demanda.

La instancia evaluó sus circunstancias laborales, la relación con sus superiores y compañeros, y la manera en que se realizaron las comunicaciones entre ellos, además de los informes médicos que constatan la baja prolongada por trastornos de ansiedad y depresión.

⚠ El informe pericial aportado por la trabajadora supuestamente acosada, presentaba síntomas compatibles con un cuadro clínico de *mobbing*, derivado de la situación vivida en el trabajo; todo por las interacciones con sus superiores y el aislamiento progresivo al que se vio sometida.

Queda acreditada cierta conflictividad laboral en el departamento.

La tensión en el departamento podría ser por extralimitación de funciones de la trabajadora y falta de delimitación clara de las mismas.

No se ha probado que sufriera reducción de tareas o amenazas, ni que se le negaran permisos injustificadamente.

Aunque se acreditaron ciertos hechos aislados, no se consideran actos de *mobbing*.

Un testigo escuchó una expresión de Eugenia pero sin conocer el contexto, lo que resta peso a su testimonio.

Eugenia tiene un problema de audición que le impide regular el tono de voz, por lo que no se considera vejatorio.

El testimonio de la usuaria Tatiana no es fiable debido a su mala relación con Eugenia.

No se ha detectado acoso por parte de la trabajadora, según varios testimonios, incluido el de la secretaria.

La situación de tensión en el departamento es evidente, pero no constituye acoso laboral.

Se desestima la demanda por falta de prueba sobre vulneraciones de derechos fundamentales.

SJSO 4654/2023 Santiago de Compostela, 26/09/2023 N.° rec. 174/2022.

EL ACOSO MORAL NO SE CONFUNDE CON CONFLICTOS Y DESENTENDIDOS LABORALES, QUE SON INHERENTES A LA RELACIÓN LABORAL

Eloy, operario desde octubre de 2022.

El 21/11, su encargada le dijo que saliera del obrador porque no podía estar dentro con los auriculares escuchando música camuflados en su gorro, al estar prohibidos.

Tuvo unos cambios de asignación de los días 23 y 24/11 y una falta de ocupación del día 22.

El 25/11 comenzó un proceso de IT por trastorno de ansiedad.

Dichos cambios de asignación o la aparente falta de ocupación, se deben a un incumplimiento suyo.

No se puede considerar que la decisión se tomó como un castigo por su nacionalidad (peruano), ya que la mayoría de la plantilla también es extranjera.

No se puede afirmar que la conducta de la empresa le haya supuesto un ataque a su dignidad, ni que haya habido un hostigamiento reiterado en el tiempo.

Se trata de un solo incidente que resulta explicado por la conducta reiterada del trabajador de llevar cascos para escuchar música, incumpliendo las normas de sanidad e higiene alimentarias. Ello no explica que pueda considerarse suficiente para considerar que la empresa tiene intención de castigarlo por ser extranjero, tratándolo de forma discriminatoria o haciéndolo de menos frente a otros compañeros.

No se ha probado que el trabajador haya sufrido hostigamiento por parte de sus compañeros; luego no hay dos tipos de acoso: uno vertical y otro horizontal.

No identificó a los compañeros que supuestamente lo acosaban, lo que descarta la discriminación por nacionalidad.

No queda acreditado ningún comportamiento vejatorio por parte de las empresas o su plantilla.

Solo consta una denuncia a la ITSS por *mobbing* más de un año después de los hechos, lo que no se sostiene como prueba suficiente. Menciona que habló con sus superiores sobre su situación, pero esto son solo referencias suyas.

No hay denuncia escrita del trabajador en la empresa por acoso laboral.

Sobre el *mobbing* y su impacto en la salud, es cuestionable que el episodio del 21/11/2022 provoque el trastorno de ansiedad.

Aunque inició una baja médica el 25/11/ la conexión entre su patología y el trabajo no se evidencia al inicio del tratamiento.

En un informe posterior se menciona que «refiere» una relación entre su ansiedad y la situación laboral, pero los hechos constitutivos de acoso son de noviembre de 2022.

La empresa actuó de forma receptiva al preguntar sobre su situación, y el trabajador no mostró reticencias.

Se distingue entre conductas de verdadera hostilidad y exigencias laborales que no socavan la estabilidad emocional del trabajador.

✕ No se está ante la figura de *mobbing*, ya que no se demuestra que las arbitrariedades sean constitutivas de acoso moral.

Se desestima el recurso y se confirma la sentencia de instancia: no se acreditan las alegaciones de acoso laboral.

STSJ Galicia 6084/2024, 12/09/2024 N.° rec. 3075/2024.

✕ TRABAJADORA DEMANDA SIN ÉXITO A SU EMPRESA POR ACOSO LABORAL

Yolanda trabaja desde 2017 como administrativa, se encarga de la recepción de conductores y la gestión de documentación y dinero para gastos de transporte.

Comparte sus funciones con Adoración, con quien tenía malas relaciones desde 2020. En abril de 2021, la empresa contrató a Adelaida, esposa de uno de los socios, para coordinar la documentación quien convocó una reunión con Yolanda y Adoración, sin gritos, pero con tensión entre ellas.

Yolanda estuvo de baja por enfermedad desde el 27/12/2021 hasta el 15/01/2023, enlazando con una maternidad. Envió un burofax a la empresa para acordar la lactancia y vacaciones, que disfrutó en mayo y junio de 2023.

La empresa retrasó la comunicación de la lactancia y las vacaciones, pero finalmente las concedió y Yolanda las disfrutó.

Tras reincorporarse, fue trasladada a una nueva nave sin aire acondicionado, que fue instalado una semana después.

El 29/06/2023 Yolanda llamó a emergencias por un golpe de calor. La Guardia Civil constató que estaba bien pero angustiada. No consta asistencia en el centro de salud.

Alega acoso laboral *(mobbing)*, solicitando la tutela de derechos fundamentales. La empresa y Adelaida niegan la existencia de acoso, afirmando que no hay pruebas de vulneración de derechos y que Yolanda disfrutó de sus derechos de lactancia y vacaciones. En su defensa, argumentaron que la demanda era genérica y carecía de hechos específicos y fechas, limitándose a exponer doctrina general sobre el acoso.

En los procedimientos de derechos fundamentales, la carga de la prueba se invierte si hay indicios de violación de derechos. Yolanda no aportó pruebas suficientes de *mobbing*, como establece la jurisprudencia.

El *mobbing* implica una presión psicológica sistemática y prolongada. Las discrepancias entre Yolanda y sus compañeras no constituyen acoso según los parámetros legales y jurisprudenciales.

La presunta hostigada presentó un relato incompleto y contradictorio. Atribuyó a la empresa una intención persecutoria, pero no la demandó como acosadora. Demandó a su compañera de trabajo Adelaida sin imputarle actos concretos de acoso.

Tras su reincorporación, fue destinada a una nueva oficina de taller sin aire acondicionado, que fue instalado luego. No se acreditaron episodios de acoso, ni siquiera con el informe de la Guardia Civil sobre el golpe de calor, ya que Yolanda no requirió asistencia médica. No se aportaron pruebas de acoso sistemático o intencionalidad de perjudicarla.

‼ La simple sensación subjetiva de acoso no es suficiente; debe haber elementos objetivos que puedan ser percibidos y evaluados.

🛇 Su demanda es incompleta y contradictoria. No se demuestran episodios claros de acoso ni la existencia de una intencionalidad persecutoria.

✖ Se desestima la demanda de Yolanda contra Adelaida, Adoración y la empresa.

📌 SJSO 728/2024 Murcia 03/04/2024 N.º rec. 650/2023.

✗ SENTENCIA QUE DESESTIMA UN SUPUESTO ACOSO LABORAL

Rosaura trabaja como *«Product Specialist»*. Desde 01/2023, estaba bajo seguimiento por un psicólogo privado debido a una situación que describía como acoso laboral.

Demandó a su empresa y a Ruperto, Sofía y Segundo, alegando vulneración de derechos fundamentales (incluyendo integridad moral, discriminación por razón de sexo, derecho al honor y dignidad), basándose en una situación de *mobbing*. Solicitaba que se reconociera esta vulneración, el cese de dichas acciones y una indemnización de 10.000 €.

Alega hechos como presiones para cancelar un viaje y asistir a una cena en Madrid, discrepancias en la aprobación de vacaciones, comentarios sobre su profesionalidad y ofrecimiento de su puesto a otras personas, entre otros.

En una reunión el 5 de julio, Ruperto expresó su disconformidad con unas vacaciones programadas por Rosaura, presionándola para cancelar un viaje y asistir a una cena en Madrid. Las vacaciones se gestionan a través de una plataforma, y la empresa prefiere que las cojan entre el 15 de julio y finales de agosto.

La empresa por su parte, presentó argumentos detallados contrarios a conductas de acoso.

Sobre la cancelación del viaje, Rosaura no se había comprometido explícitamente a colaborar con las jornadas mencionadas y que no se existía una conexión entre la falta de colaboración y el supuesto desprestigio

Atinente a los comentarios sobre la profesionalidad y la oferta de su puesto a otras personas, según la empresa, no disponía de información suficiente para evaluar dichos comentarios ni se especificaba a quién se le ofreció el puesto, una práctica habitual durante una baja médica.

Con todo, la empresa no piensa que las situaciones que alega la trabajadora constituyan *mobbing* y que las acciones no vulneraban derechos fundamentales.

El Juzgado se basó en la doctrina establecida en la jurisprudencia sobre *mobbing*. Para ser calificado como tal, se requiere una efectiva y seria presión psicológica, así como una intencionalidad y sistemática reiteración de la presión.

Se citó el Criterio Técnico 69/2009 de la Inspección de Trabajo y Seguridad Social, que lo define como «violencia psicológica extrema» en el lugar de trabajo.

El Juzgado determina que no se había vulnerado ningún derecho fundamental de Rosaura, porque no se podía apreciar acoso laboral por varias razones:

☞ Falta de elementos esenciales: no se evidenció temporalidad en las conductas ni su relación directa con el trabajo de la trabajadora demandante.

☞ Evaluación de las conductas: se analizaron cada una de las conductas presentadas, determinándose que no constituían acoso laboral según la normativa aplicable.

☞ Evaluación de las pruebas: la falta de pruebas médicas que respaldaran el diagnóstico y la situación de incapacidad temporal afectó la valoración de las conductas como acoso laboral.

Se desestima la demanda.

Sentencia JSO 337/2024 Salamanca 06/03/2024 núm. rec. 955/2023.

✘ MODIFICAR LAS CONDICIONES DE TRABAJO NO SUPONE ACOSAR AL TRABAJADOR

Casiano presta servicios como maitre en un hotel.

Inició situación de IT el 20/10/2022 por «estado de ansiedad no especificado» y sigue en la actualidad, asistiendo a sesiones de psicología quincenales desde octubre de 2022.

El Comité de empresa, denunció que los maitres del hotel. La Inspección de Trabajo no concluyó que esto fuera acoso laboral.

El trabajador, interpone demanda porque considera que la empresa ha cometido incumplimientos contractuales graves y culpables.

Argumenta que ha modificado sustancialmente sus condiciones de trabajo.

Específicamente, alega que le han obligado a realizar funciones «de rango» (de camarero o ayudante de camarero) de forma habitual.

Estas nuevas funciones están por debajo de su categoría profesional de «maitre» y afectan negativamente a su dignidad.

También menciona que el cambio en sus funciones comenzó en enero de 2020, cuando su compañera fue nombrada «maitre general».

Además, Casiano señala que el descanso entre jornadas no se respeta adecuadamente, afectando su jornada laboral.

Finalmente, el trabajador argumenta que estos cambios han contribuido a su estado de ansiedad, lo que le llevó a iniciar una baja laboral desde el 20/10/2022.

La sentencia desestimó la demanda de Casiano, absolviendo a la empresa de todas las peticiones.

Contra esta sentencia, el trabajador interpuso recurso de suplicación. Sin embargo, se desestima la supuesta vulneración de su integridad moral y dignidad. Así, el tribunal concluye que no es acoso por las siguientes razones:

No se ha acreditado que la empresa o los responsables hubieran actuado con la intención de hostigar o perjudicar al trabajador de forma sistemática y prolongada.

El tribunal entiende que las modificaciones en las funciones del trabajador no se realizaron con un propósito hostil sino en el marco de la organización del trabajo y posiblemente debido a necesidades operativas de la empresa.

El acoso laboral requiere una conducta reiterada y sistemática en el tiempo. El tribunal no encontró suficientes evidencias de que las conductas denunciadas tuvieran este carácter continuado y sistemático

☞ La empresa tomó medidas organizativas que, aunque desfavorables para el trabajador, no se consideran abusivas ni arbitrarias. Estas medidas se enmarcan dentro de las facultades de dirección y organización de la empresa.

☞ Aunque el trabajador alega un impacto psicológico negativo (estado de ansiedad), el tribunal no considera que esto sea suficiente para tipificar el acoso laboral, ya que no se acredita un vínculo directo y exclusivo con las acciones de la empresa.

✘ Las condiciones alegadas por el trabajador no constituyen un caso de acoso laboral, dado que no se cumplen los requisitos de hostilidad intencional, repetición sistemática y el impacto severo típico del acoso moral.

📌 STSJ Islas Canarias 1394/2024 15/05/2024 N.º rec. 546/2023.

ACOSO A POLICÍA LOCAL POR UN COMPAÑERO DE TRABAJO

Elena, trabaja como policía local desde 2015 en un Ayuntamiento.

Enrique, un compañero de trabajo, la agredió en un incidente en 2019 durante una comida, tirando de su coleta hacia sus genitales y diciéndole «calla».

Le realizó comentarios despectivos en varias ocasiones, menospreciando su trabajo y sugiriendo que se fuera si no le gustaba.

En marzo de 2021, tras una cirugía estética, Enrique le hizo comentarios inapropiados sobre su cuerpo; durante un café con compañeros dijo que tenía «peras de goma». Ello incrementó la sensación de acoso laboral que sufría la trabajadora.

Elena informó de los hechos al Ayuntamiento en julio de 2019 y mayo de 2021, sin que se tomaran acciones.

Inició un proceso de IT el 01/11/2021 debido a un estado de ansiedad. Este proceso fue declarado como derivado de un accidente de trabajo por sentencia firme. Estuvo en dicha situación hasta el 26/04/2023.

El Ayuntamiento dispone de un Plan de Prevención de Riesgos Laborales, Plan de Igualdad y Protocolo de resolución de conflictos.

En vista de lo sucedido, la trabajadora ejerce una acción de reclamación de responsabilidad civil por incumplimiento de la normativa de prevención de riesgos laborales (PRL) contra el Ayuntamiento. Solicita una indemnización por daños y perjuicios de 59.521,76 €.

La sentencia firme de 2023 estableció la concurrencia de una situación de conflictividad laboral en 2019, lo que refuerza la reclamación de Elena por los daños y perjuicios sufridos.

El Ayuntamiento tenía conocimiento de los hechos que se estaban produciendo, por lo que debería haber agotado todas las diligencias exigibles para evitar o minimizar el riesgo, lo cual no ha hecho.

El empresario tiene una deuda de seguridad que debe garantizar, y se exige demostrar diligencia en la PRL. En efecto, según el ET (art. 4.2 d) tiene la obligación de proteger el derecho del trabajador a su integridad física y a una protección eficaz en materia de seguridad e higiene (art. 19.1).

‼ Esta deuda no puede considerarse cumplida simplemente por la existencia de un Plan de Prevención de Riesgos Laborales, un Plan de Igualdad y un Protocolo de Resolución de Conflictos. Estos documentos son inútiles si, cuando una trabajadora denuncia hechos que pueden constituir acoso y hay numerosos testigos, la empleadora no toma medidas para solucionar la situación.

Aquí, se puede imputar el resarcimiento de los daños, ya que concurre una negligente conducta empresarial, así como una relación de causalidad entre aquélla y el daño producido. Son evidentes los perjuicios derivados de la situación de acoso laboral y el incumplimiento de las obligaciones de seguridad y prevención

Se condena al Ayuntamiento a indemnizar a la policía local con 29.690 € por el acoso que fue reiterativo tendente a socavar su integridad y a menoscabar su valía profesional.

SJSO 824/2024 Bilbao 03/07/2024 N.° rec. 815/2023.

UNA DEMANDA DE ACOSO QUE RAYA LA TEMERIDAD

Natalia trabaja en Correos desde el 01/05/2018 como jefa de Equipo 2.

Su jefe inmediato es su esposo, quien ejerce el puesto de jefe de Unidad de Reparto 1 en el mismo centro de trabajo y en el mismo turno, dependiendo ambos de la jefa de Sector.

En marzo de 2023, Natalia solicitó su periodo vacacional del 14 de agosto al 15 de septiembre de 2023. Las vacaciones fueron debidamente autorizadas por su esposo.

El 14 de agosto era un día adicional, también disfrutado por su esposo, quedando así la Unidad sin responsable. Al conocer esto, la jefa de Servicio denegó el día adicional el 3 de agosto al enterarse de la falta de responsable.

Natalia solicitó días de libre disposición para el 13 y 14 de septiembre. La jefa trasladó al esposo de Natalia que podía otorgar esos días si él estaba de servicio. Su esposo le comunicó la no disponibilidad de esos días, presumiblemente porque él también los había pedido y no podía quedar la Unidad sin responsable.

Desde RRHH le solicitó información justificativa de ausencia de familiar para grabar las ausencias de todos los trabajadores de la Unidad.

Se queja de que RRHH no le contrata personal eventual, teniendo dificultades en agosto para encontrar gente. La jefa le dice no es responsable de la contratación de personal eventual, siendo esta una función de RRHH.

Natalia demanda contra la jefa de Sector del centro de trabajo por vulneración de derechos fundamentales, al considerar una situación de acoso laboral la denegación de las solicitudes realizadas.

El Juzgado cita la Ley 15/2022, de 12 de julio, integral para la igualdad de trato y no discriminación, por la cual define el acoso discriminatorio como «cualquier conducta realizada por razón de alguna de las causas de discriminación previstas en la misma, con el objetivo o la consecuencia de atentar contra la dignidad de una persona o grupo en que se integra y de crear un entorno intimidatorio, hostil, degradante, humillante u ofensivo».

Dicho lo cual, concluye que, en el caso no ha existido el más mínimo atisbo de acoso o *mobbing* por parte de la jefa o Correos hacia Natalia.

El hecho de que su jefe inmediato sea su esposo la condiciona para los permisos, ya que ambos desean tomarlos al mismo tiempo, pero uno debería quedarse en la Unidad como responsable. Natalia debería valorar que ambos esposos coinciden 15 días y necesitan traer sustitutos de otra Unidad. Asimismo, cuando solicita días de libre disposición, la jefa accede, siempre y cuando quede un responsable.

‼ «La conducta de la trabajadora raya la temeridad. No existe vulneración o indicio alguno de tal comportamiento por parte de la jefa de Servicio. Sin embargo, no se impondrá una multa de temeridad a la trabajadora por esta sola y única vez».

✖ Se desestima la demanda de la trabajadora contra la empresa y su jefa.

📌 SJSO 664/2024 Guadalajara, 24/04/2024 N.° rec. 66/2024.

DEMANDA DE TRABAJADORA INFUNDADA POR ACOSO LABORAL: EL JUZGADO LE IMPONE MULTA POR TEMERIDAD Y MALA FE

Desde enero de 2020, Santiaga trabajaba bajo un contrato indefinido, desempeñando el puesto de camillera.

En 2023, debido a una permuta voluntaria, su compañero de trabajo, Rosendo, dejó de trabajar con ella, siendo reemplazado por el actual compañero sentimental de esta. Sin embargo, en diciembre de 2024, Rosendo volvió a formar equipo con Santiaga por motivos ajenos al proceso, generándose conflictos laborales.

La negativa de Rosendo a realizar una nueva permuta llevó a que Santiaga adoptara una actitud negativa hacia él, negándose a realizar ciertas tareas del equipo. Como respuesta, Rosendo comunicó esta situación a Adrián, delegado sindical, para buscar una solución sin recurrir a la empresa.

El 18/01/2024, durante una guardia, surgieron tensiones entre la trabajadora y sus compañeros. En ese contexto, Adrián intervino para mediar en el conflicto, solicitando a la Santiaga que colaborara en su trabajo. Ante esta situación, Santiaga reaccionó molesta, recriminando lo sucedido y manifestando su descontento.

El 19/01/2024, Santiaga solicitó activar el protocolo de acoso frente al delegado sindical. Luego, el 26/01/2024, presentó un relato detallado de los hechos a la empresa. La Comisión de Investigación formada descartó cualquier forma de acoso y concluyó que el conflicto era estrictamente interpersonal, sin necesidad de medidas disciplinarias.

El 14/02/2024, la camillera inició una baja laboral por IT, diagnosticada con trastorno de ansiedad. Informó tardíamente a la empresa, lo que provocó comunicaciones por parte del departamento de recursos humanos para aclarar la ausencia.

La conciliación celebrada el 22/05/2024 resultó sin avenencia, tras la presentación de la papeleta en abril del mismo año.

Santiaga presentó una demanda en tutela de derechos fundamentales contra la empresa, Rosendo, Adrián y el Ministerio Fiscal. Solicitó que se declararan vulnerados sus derechos a la dignidad, igualdad, integridad física y moral, honor, intimidad personal e imagen, así como medidas para su separación de los presuntos acosadores, el reconocimiento de una indemnización por incumplimiento empresarial y el pago de 10.000 € por daños y perjuicios.

El juicio tuvo lugar el 11/11/2024. Ella ratificó sus peticiones, mientras que la empresa se opuso a ellas. En las pruebas presentadas, ambas partes defendieron sus posturas. El Ministerio Fiscal concluyó que no había indicios de vulneración de derechos fundamentales y solicitó la desestimación de la demanda.

En relación con los sucesos del 18/01/2024, el Juzgado de lo Social considerados por la trabajadora como origen de la conducta discriminatoria, se acepta la versión de los demandados por varias razones.

Existía un conflicto previo entre el Rosendo y la pareja de Santiaga debido a la negativa del primero a realizar una permuta en 2024, lo que revela un posible motivo espurio en la denuncia.

Santiaga inicialmente señaló solo a Adrián como responsable, sin aportar hechos posteriores que implicaran a Rosendo, quien además testificó a favor del sr. adrián en la investigación interna.

En su declaración ante la comisión de igualdad, afirmó que la actitud de Adrián fue insistente pero sin insultos ni increpaciones, contradiciendo lo alegado en la demanda.

La empresa activó los protocolos internos al conocer los hechos, demostrando diligencia, pero no se acredita que tuviera conocimiento previo de las disputas entre los trabajadores.

Las comunicaciones a ella tras su baja laboral se justifican por el retraso en la notificación de esta.

En estos casos, el trabajador debe aportar indicios razonables de que la actuación empresarial lesiona derechos fundamentales, tal como establece la STC 38/1986.

El art. 181.2 LRJS invierte la carga de la prueba una vez que se han acreditado indicios de violación, obligando al demandado a justificar objetivamente sus acciones.

Aquí, no se han aportado pruebas suficientes que permitan inferir la existencia de una vulneración de derechos fundamentales, ya que los hechos descritos no evidencian un motivo discriminatorio ni una conducta empresarial lesiva.

La jurisprudencia ha desarrollado una doctrina extensa sobre lo que se entiende por acoso laboral.

La Sentencia del TSJ Cataluña de 18/09/2023 (ECLI:ES:TSJCAT:2023:8433) aborda este tema, destacando la STC 56/2019, de 6 de mayo, que define el acoso laboral como una conducta reiterada que degrada las condiciones laborales y pone en peligro la integridad personal del empleado.

Los objetivos del acoso pueden variar: represaliar a un trabajador, infundir miedo, o lograr que abandone voluntariamente el trabajo para evitar indemnizaciones.

La Carta Social Europea y las Directivas del Consejo Europeo abogan por la protección del trabajador contra el acoso, reconociendo este fenómeno como una vulneración de la dignidad y la integridad de la persona.

El TC, al interpretar el acoso laboral, considera que atenta contra la integridad física y moral del trabajador, y en su análisis se destaca que la conducta debe tener la intención de causar daño y ser sistemática y continuada.

Los elementos del acoso laboral incluyen la intención de dañar, el daño a los derechos personales, y el carácter sistemático y continuado del hostigamiento.

Según el TSJ, la presencia de un conflicto no necesariamente implica acoso, ya que este debe ser grave, reiterado y vinculado al entorno laboral.

La jurisprudencia también establece que el acoso se puede manifestar en aislamiento social, agresiones verbales, difundir rumores, y otras conductas que deterioren la salud del trabajador, como ansiedad y depresión.

No toda tensión en el trabajo implica acoso, pero si se persigue crear un entorno intimidatorio y hostil, con el objetivo de atentar contra la dignidad del trabajador, sí puede considerarse acoso laboral.

Entrando a valorar el caso concreto, Santiaga sostiene que la demandada ha destruido su autoestima al crear un ambiente hostil e intimidatorio, tanto por parte de los trabajadores Rosendo y Adrián, como por la falta de acción de la empresa para detener dichas conductas.

Explica que esta situación de presión constante le causó una ansiedad significativa, lo que la incapacitó para desempeñar su trabajo, lo que resultó en su baja por incapacidad temporal desde el 14/02/2024.

No obstante, no se presentaron pruebas suficientes que demuestren que existieron conductas constitutivas de acoso laboral. La camillera mostró un comportamiento contradictorio al denunciar el incidente primero ante la empresa y luego ante los tribunales.

Inicialmente, Santiaga acusó a Adrián de un incidente puntual donde él insistió en que colaborara con su compañero. Este hecho aislado no se considera acoso, y de hecho, fue lógico dadas las circunstancias del trabajo. En su versión ante los tribunales, sin embargo, se presenta de forma diferente.

Además, la empresa actuó con diligencia ante la denuncia, activando los protocolos correspondientes y llevando a cabo una investigación con audiencia de todas las partes involucradas.

✕ Tras evaluar todos los hechos, no se encontró evidencia de vulneración de derechos fundamentales, por lo que se desestima la demanda y la solicitud de indemnización.

La empresa solicitó la imposición de una multa por temeridad y mala fe, argumentando que la demanda presentada era infundada. Según el artículo 97.3 de la LRJS, el tribunal tiene la facultad de imponer una sanción pecuniaria, que puede oscilar entre 180 y 6.000 euros, dependiendo de la gravedad de la mala fe o temeridad demostrada.

El Tribunal Supremo ha señalado que esta multa se aplica cuando el litigante presenta pretensiones completamente infundadas con pleno conocimiento de su injusticia, lo que podría interpretarse como un abuso del derecho de acceso a la jurisdicción.

⚠ Aunque el derecho de acceso a la jurisdicción es fundamental, debe ejercerse dentro de los límites establecidos por la ley, y el artículo 97.3 de la LRJS sanciona su abuso, lo que no vulnera el derecho constitucional al acceso a la justicia.

En este caso, la demanda se considera claramente infundada. La trabajadora no presentó pruebas suficientes de acoso laboral y, en cambio, lo que subyace en su denuncia es un interés personal en cambiar de equipo debido a una disputa previa con su compañero, lo que se percibe como un comportamiento temerario.

Tras considerar todos los factores, el Juzgado de lo Social le impone una multa de 250 euros por temeridad, ya que actuó con mala fe al persistir en una denuncia que no tenía base suficiente.

⚖ Según lo establecido en el artículo 191.3.f) de la Ley de Reguladora de la Jurisdicción Social, la resolución puede ser recurrida mediante recurso de suplicación.

✕ Se desestima la demanda interpuesta por Santiaga contra la empresa, Rosendo y Adrián, y el Ministerio Fiscal.

Se impone a la trabajadora una multa de 250 euros por temeridad y mala fe.

SJSO Cuenca 1686/2024 - 14/11/2024 N.º rec. 333/2024.

NO HAY ACOSO LABORAL PERO SÍ EXTINCIÓN VOLUNTARIA INDEMNIZADA

Raimundo, auxiliar de enfermería en una residencia. Se encarga de la higiene y cuidado de los residentes, limpieza de utensilios, alimentación y cambios posturales.

En 2018, la residencia ajusta los horarios de los turnos de mañana, tarde y noche, adelantando la entrada y salida en media hora. También establece un solapamiento de media hora entre los turnos de noche y tarde para mejorar la atención.

El turno de tarde, con entre 12 y 14 trabajadores para atender a 170 residentes, se reduce en Semana Santa y verano de 2019 a 7-8 trabajadores por aumento de bajas y vacaciones. Esto provoca una sobrecarga laboral, dificultando completar todas las tareas en el horario establecido.

Los trabajadores y sus representantes presentan quejas formales sobre la sobrecarga laboral. En 06/2019, una reclamación culmina en un acuerdo para incrementar el personal.

Raimundo se encuentra de baja por ansiedad entre el 21/06 y el 16/08/2019, recibiendo diagnóstico de trastorno adaptativo y tratamiento para su crisis de ansiedad.

Durante el verano de 2019, empresa y comité celebran varias reuniones para tratar la falta de personal. El 09/07 constatan numerosas bajas por depresión o estrés, algunas relacionadas con expedientes disciplinarios.

Raimundo demanda la extinción de su contrato bajo el art. 50 ET. Alega condiciones indignas y acoso laboral, pero la instancia la desestima.

Recurre. Pide que se precise la plantilla necesaria para turnos: 14 para el de tarde y 3 el de noche. Se acepta, pues esos números son adecuados para cubrir la carga de trabajo.

Denuncia la inaplicación de los arts. 4.2.e) y 50.1.c) del ET, señalando acoso laboral por expedientes disciplinarios injustificados, condiciones indignas y sobrecarga, que le causaron ansiedad y depresión. Argumenta que se ignoraron normativas de prevención de riesgos laborales.

✕ Se desestima la reclamación de acoso laboral, ya que no hubo intencionalidad de humillación por parte de la empresa y que las situaciones vividas no constituyen acoso laboral ni violación de derechos fundamentales.

Según la ITSS, la sobrecarga laboral en residencias como esta supone un incumplimiento en la PRL, exponiendo a los trabajadores a altos riesgos de salud debido a la falta de personal.

En cuanto a riesgos psicosociales, su carga laboral soportada supera los límites establecidos, aumentando el nivel de estrés y riesgo para su salud.

Así, la falta de personal, incumpliendo la normativa de ratios, contribuye a una carga laboral insostenible y pone en riesgo la atención adecuada de los residentes.

En fin, aunque no se considera acoso laboral *(mobbing)*, la empresa no cumplió con sus obligaciones en PRL. El estrés continuo sufrido por Raimundo es reconocido como un incumplimiento de condiciones laborales esenciales.

Se estima una indemnización de 7.699,23 € ex art. 50 ET.

STSJ Madrid 7217/2020, 16/06/2020 N.° rec. 124/2020.

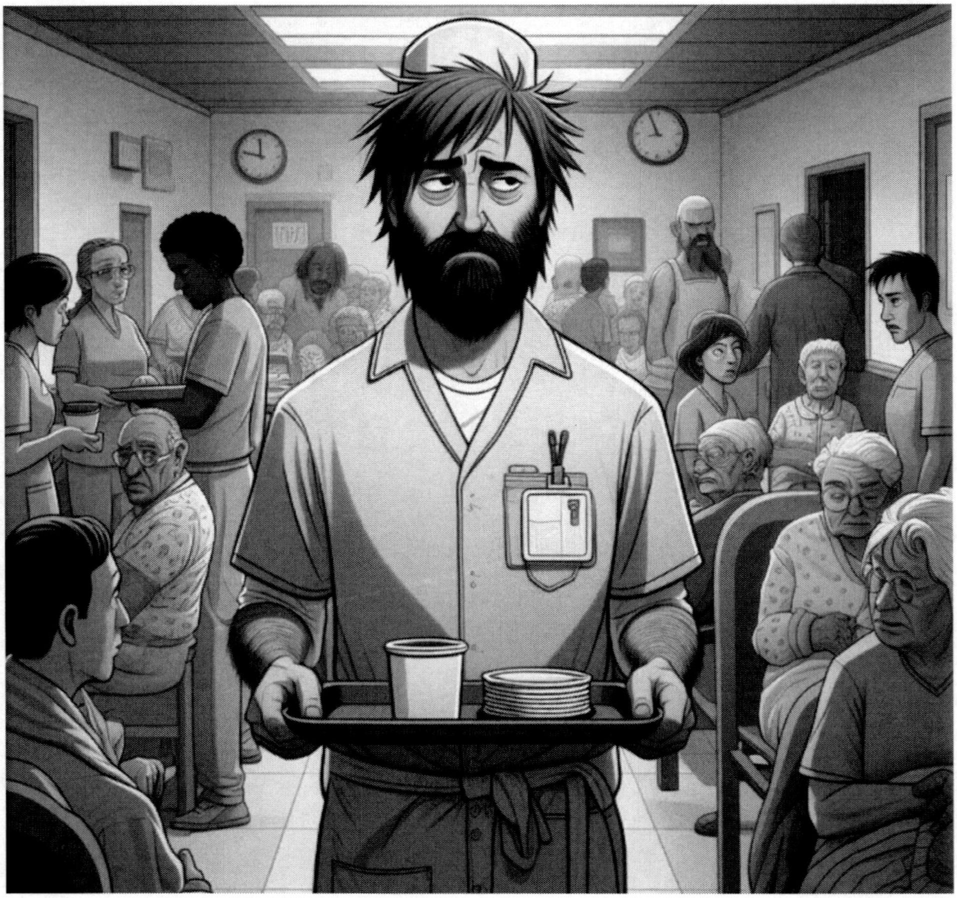

👷 CONDUCTOR ACOSADO: DENUNCIA Y EXTINCIÓN VOLUNTARIA POR ART. 50 ET SIN ÉXITO

👷 Epifanio, conductor-repartidor trabajaba desde 2010 dentro del sector de comercialización y distribución de bebidas.

Alegó múltiples vulneraciones de derechos fundamentales que justificaban su demanda:

😔 Acoso laboral *(mobbing)*:

- 🔗 Bloqueo en redes sociales laborales y exclusión de grupos de trabajo telemáticos.
- 🗣 Insultos públicos por parte del gerente delante de otros trabajadores.
- ⏰ Falta de desconexión digital: instrucciones enviadas a las 2:00 am para rutas que comenzaban a las 6:00 am.
- 📄 Cuadro médico acreditado de ansiedad y depresión, documentado como derivado de la situación laboral hostil.

💰 Impagos salariales y complementos:

- 🚫 Denegación del acceso a documentación laboral (contratos y nóminas).
- 🧾 Impago reiterado de salarios y complementos, lo que generó una reclamación de 32.647,43 €, desglosada en:
    - 💼 Salarios del mes en curso: 1.500 €.
    - 🌴 Liquidación de vacaciones: 1.124,42 €.
    - 📉 Indemnización por despido improcedente: 27.503,01 €.
    - 💵 Indemnización adicional por vulneración de derechos fundamentales: 6.000 €.

🏢 La empresa alegó que:

- 💳 Había abonado puntualmente las nóminas del demandante, aportando justificantes de pago desde julio de 2023.
- 📋 Proporcionaba la documentación laboral requerida, al igual que al resto de trabajadores.

Hechos probados en el juicio:

⚖️ El trabajador presentó demanda relacionada con la extinción de la relación laboral, reclamación de cantidad y derechos fundamentales por el supuesto acoso laboral y falta de desconexión digital alegada.

De la práctica de pruebas, quedaron acreditados los siguientes puntos:

- 📅 Baja médica: Epifanio estaba en incapacidad temporal por contingencias comunes desde el 18/07/2023, situación que continuaba al momento del juicio el 28/06/2024.

- Pago de nóminas: La empresa acreditó el abono de las nóminas y justificantes correspondientes.

Aunque el trabajador alegó disponer de pruebas clave, como capturas de pantalla de los insultos y un informe pericial sobre el acoso laboral, estos documentos no fueron aportados en el momento procesal oportuno, limitando la valoración de sus argumentos. Así, la instancia evaluó las pruebas y alegaciones, considerando tanto su informe médico como la documentación aportada por la empresa, y resolvió desestimando la demanda sobre la extinción del contrato y las reclamaciones económicas.

Recurre en suplicación, solicita una revisión general de la prueba practicada, pero lo hizo mezclando aspectos fácticos y jurídicos, sin aportar una redacción alternativa específica de los hechos probados. La Sala recuerda que este enfoque no es procedente dentro del recurso de suplicación, ya que su objeto no es la revaloración de todas las pruebas como si se tratara de una segunda instancia.

El recurso de suplicación debe basarse en parámetros concretos y claramente delimitados, respetando el carácter extraordinario del mismo y los límites establecidos por la LRJS. La Sala se limita a revisar lo solicitado dentro del marco legal y no entra a valorar de nuevo todo el conjunto probatorio.

Epifanio alegó acoso laboral como causa de extinción contractual.

En este sentido, el trabajador describe los hechos que, a su criterio, constituyen la base de su pretensión principal, centrando la posible vulneración de sus derechos fundamentales en la modalidad de acoso laboral por parte de la empresa, siendo destacable en relación con esta cuestión que en la demanda se limita a afirmar lo siguiente:

En el Hecho segundo de la demanda se lee lo siguiente (sic):

> «...SEGUNDO.- Del acoso laboral. Existe soporte documental médico del cuadro de ansiedad y depresión que padece y está expresamente referido al acoso laboral que ha sufrido que se aportará en el momento procesal oportuno, de hecho, estuvo de baja durante un prolongado periodo de tiempo a causa de la imposibilidad emocional de enfrentarse a un escenario de hostilidad gratuita hacia su persona como el que ha sufrido. A fecha de la baja médica, y se le ha situado en una situación continua de conflicto, se le ha bloqueado de todas las redes sociales de la compañía, se ha prohibido al resto de trabajadores comunicarse con él, se le ha echado de los grupos telemáticos de trabajo y nos consta por escrito que el gerente le insulta delante de otros trabajadores. Así mismo, no se ha permitido la desconexión digital, dándole, durante toda la vida del contrato que se pretende resolver, instrucciones a las 2 de la madrugada cuando entra a trabajar a las 6 am con la información de las rutas que tiene que hacer, etc.
>
> La situación es hostil, no se trata solamente de un asunto de acoso laboral, sino que se trata de un impedimento para la realización efectiva de las funciones que viene desarrollando de forma inveterada en la empresa, coartando su capacidad profesional y denigrando su imagen en su entorno laboral.

Se aporta como DOCUMENTO NÚMERO 3 la información médica derivada de esa situación, parte de urgencias, etc, y como DOCUMENTO NÚMERO 4 las capturas de pantalla de los insultos proferidos por el que hasta ahora es su jefe.

A pesar de lo que se afirma en la demanda —y como pone de manifiesto la parte demandada en sus conclusiones escritas— con la misma no se aporta la prueba documental a que se refiere en relación con las citadas "capturas de pantalla"».

En el Fundamento de Derecho III de la demanda se lee lo siguiente (sic):

«...III DEL "MOOVING".

Como hemos explicado en los antecedentes de hecho y acreditaremos en el momento procesal oportuno, don Ignacio se ha visto sometido a una presión por parte de sus encargados del todo incompatible con los principios más básicos del respeto al honor y a la propia imagen, a un ambiente de trabajo dinámico y respetuoso y además, como decimos, ha venido sufriendo un sobrecargo brutal de las funciones inherentes a su categoría profesional, que ha causado en él un hondo malestar, acusando severos episodios de ansiedad, fatiga crónica y depresión, como podremos acreditar a través del informe pericial correspondiente que se está elaborando y que aportaremos como DOCUMENTO NÚMERO 6.

Dichas situaciones se subsumen de forma indubitada en el contenido del artículo 50.1.a) del Estatuto de los Trabajadores traducido en un incumplimiento prolongado del deber de dar ocupación efectiva al trabajador tal y como lo entiende y lo define la STS, Rec 238/2008, de 28 de abril de 2010, así como una eventual situación de "mobbing" o acoso laboral en el trabajo como es entendida en STS, Rec 4372/2004, 17 de mayo de 2006; Con la demanda (descriptores 1 a 5 del EJE) tampoco se aporta el documento que se enumera como núm. 6, y que se afirma que se trata de un informe pericial que se está elaborando y ya se aportará».

Análisis sobre el acoso laboral y las consecuencias que padece el trabajador:

- Relación laboral conflictiva: Epifanio describe un ambiente hostil en su empleo como conductor-repartidor, lo que incluye bloqueo en redes sociales y exclusión de los grupos de trabajo.
- Falta de desconexión digital: se le asignaban rutas laborales a las 2 de la madrugada, interrumpiendo su descanso, lo que refleja una vulneración de su derecho a la desconexión digital.
- Aislamiento social: la empresa prohibió al resto de trabajadores comunicarse con él, intensificando su sensación de exclusión y soledad.
- Pruebas médicas y psicológicas: el trabajador presentó informes médicos que certifican cuadros de ansiedad, depresión y fatiga crónica, directamente asociados al entorno laboral.
- Insultos del gerente: las declaraciones del trabajador afirman que el gerente lo insultaba delante de sus compañeros, dañando su honor y su dignidad profesional.

- Impacto emocional y profesional: la hostilidad constante no solo afectó su salud mental, sino que también impidió que realizara sus funciones de forma efectiva, menoscabando su capacidad profesional.

Consecuencias para el trabajador:

- Deterioro de la salud mental: ansiedad, depresión y fatiga crónica son síntomas directos del acoso sufrido.
- Incapacidad temporal prolongada: el trabajador permaneció de baja médica desde julio de 2023, incapaz de enfrentarse al ambiente hostil
- Reclamación de cantidades: se denunció el impago de salarios y complementos, aunque la empresa demostró el pago regular de las nóminas
- Reclamación de derechos fundamentales: el trabajador solicitó una indemnización por vulneración de derechos fundamentales y daños morales.

En su demanda solicitó la resolución del contrato por incumplimiento grave de las obligaciones empresariales, amparándose en el art. 50 del Estatuto de los Trabajadores.

Sin embargo, la falta de pruebas aportadas fue el detonante del sentido de la demanda a su contra. Aunque alegó capturas de pantalla de insultos y un informe pericial sobre las consecuencias del acoso, estos documentos no fueron presentados oportunamente en el juicio.

En resumen:

- Argumentó que hubo una interpretación errónea de los hechos probados relacionados con el acoso laboral *(mobbing)* como fundamento para la extinción del contrato según el art. 50.1.c) del ET.
- ✕ Sin embargo, no se solicitó una nueva redacción de los hechos probados, lo cual es esencial para modificar el relato establecido en la sentencia de instancia.
- La sentencia recurrida concluye que no hay evidencia suficiente que acredite el acoso laboral ni la vulneración de derechos fundamentales. Las pruebas no cumplieron con los estándares procesales requeridos.
- Citas jurisprudenciales irrelevantes: las sentencias del Tribunal Supremo (20 de julio de 2011 y 3 de junio de 1988) mencionadas por Epifanio no guardan relación directa con el caso.
  - La sentencia de 2011 trata cuestiones sobre práctica de prueba, no sobre el fondo del asunto.
  - La sentencia de 1988 versa sobre un pleito de despido relacionado con dimisión y faltas injustificadas, sin vinculación con el acoso laboral.

Por tanto, este motivo del recurso se desestima, ya que no existe sustento para considerar probado el acoso laboral ni para justificar la extinción del contrato con base en derechos fundamentales vulnerados.

Segundo motivo del recurso: reclamaciones económicas.

- El trabajador alegó una valoración incorrecta de los hechos relacionados con las cantidades reclamadas. Planteó que la sentencia vulneraba el artículo 26 del ET y el artículo 24 de la CE, pero:
  - ✕ Falta de concreción: no se especificó qué apartado del artículo 26 del ET habría sido infringido.
  - El artículo 24 de la CE fue citado de forma genérica, sin fundamentar adecuadamente la supuesta vulneración.
- Inclusión de conceptos nuevos: durante el proceso, el trabajador intentó reclamar horas extraordinarias y festivos trabajados, conceptos que no fueron alegados en la demanda inicial. Esto se considera una cuestión nueva, prohibida por los arts. 80.1.c) y 85 de la LRJS, ya que podría causar indefensión a la parte demandada.

Horas extraordinarias y festivos:

- Estas reclamaciones fueron rechazadas por no estar incluidas en la demanda inicial y carecer de concreción. Además, su inclusión implicaría una modificación sustancial de la demanda, lo que vulnera el principio de congruencia procesal.

Indemnización por despido y vulneración de derechos fundamentales:

- Dado que no prosperó la acción de extinción contractual por acoso laboral, tampoco procede reconocer una indemnización vinculada a la vulneración de derechos fundamentales.

Otras cantidades reclamadas:

- Salarios y pagas extras: la empresa acreditó mediante justificantes el pago de las nóminas desde julio de 2023, por lo que no existe impago.
- Complemento salarial por incapacidad temporal: Reclamado en virtud del artículo 24 del Convenio Colectivo, fue desestimado porque:
  - ✕ No se planteó en la demanda inicial
  - Este complemento solo es aplicable en casos de baja por enfermedad profesional o accidente laboral, mientras que el trabajador estaba de baja por enfermedad común.

✕ En fin, el TSJ desestima el recurso de suplicación interpuesto por el trabajador y se confirma íntegramente la sentencia de instancia (JS) que declaró la inexistencia de acoso laboral y rechazó las reclamaciones económicas.

STSJ Castilla-León 4935/2024, 27/11/2024, N.° rec. 2452/2024.

NO HAY ACOSO LABORAL: NO SE EVIDENCIAN ACCIONES INTENCIONALES DE HUMILLACIÓN O VEJACIÓN HACIA EL TRABAJADOR

Manuel, expendedor-vendedor en una estación de servicio.

En marzo de 2022, un compañero hace una broma sobre su corte de cabello, sugiriendo que se lo haga igual al jefe de estación. Manuel interpreta este comentario como hostigamiento y lo percibe como una actitud intencionada de humillación.

Tras reincorporarse de una baja médica, recibe un cuadrante de turnos y un correo con asignación de tareas diarias para el mantenimiento de la estación. Manuel considera estas acciones como trato desfavorable de la empresa, lo que le genera malestar.

A pesar de sus 25 años de servicio, la entrega de su medalla conmemorativa se retrasa debido a que estaba de baja en ese momento, lo que agrava su percepción de trato desigual.

Manuel presenta varias reclamaciones laborales, que son entregadas al encargado de la estación y posteriormente enviadas a RRHH para su gestión. Estas quejas incluyen varios aspectos de la relación laboral que él considera injustos.

En 2019, el Tribunal Superior de Justicia de Extremadura desestimó su demanda sobre incapacidad permanente, y en 2023, el Juzgado de lo Social desestimó su demanda por modificación sustancial de condiciones de trabajo (MSCT), fallos que él menciona en la demanda actual.

En mayo de 2024, el INSS le reconoce una incapacidad permanente total (IPT) revisable en dos años, pero la empresa continúa ofreciéndole formación en áreas como manipulación de alimentos, descargas e incendios, lo que él interpreta como una contradicción con su incapacidad.

La empresa lanza una campaña de captación de clientes a través de una reducción de precios, lo cual incrementa la carga laboral en la estación de servicio. Debido a esto, contratan personal de refuerzo para apoyar al equipo, lo que intensifica la presión sobre Manuel.

Manuel decide demandar a la empresa y al jefe de zona, solicitando que se reconozca una vulneración de sus derechos fundamentales. Además, pide una indemnización de 123.4892,45 € por los daños a su salud derivados de las condiciones laborales.

La demanda incluye tanto a la empresa como al presunto hostigador, acusándolos de contribuir, por acción u omisión, a una situación de acoso moral hacia Manuel en su lugar de trabajo.

La empresa responde que los hechos descritos no constituyen acoso laboral, sino que se tratan de incumplimientos de legalidad ordinaria, que no cumplen con los requisitos necesarios para ser considerados una vulneración de derechos fundamentales.

El jefe de zona, por su parte, señala que la demanda incluye hechos prescritos y carece de precisión en situaciones concretas que puedan ser atribuidas a él. Además, sostiene que algunos de los comentarios realizados fueron bromas sin intención de ofender.

El juez evalúa las pruebas documentales y los testimonios presentados por ambas partes. Tras la revisión, concluye que no se observa un trato sistemático de acoso o hostigamiento hacia Manuel, y los testigos no han notado un trato diferencial ni acciones de acoso hacia él.

Los hechos ocurridos antes de agosto de 2021 no se tienen en cuenta, ya que están prescritos, y además, Manuel no estaba presente en el centro de trabajo en ese periodo.

Algunos de los aspectos de la demanda, como las diferencias en horas extras pagadas o la asignación de conceptos salariales, se interpretan como cuestiones de legalidad ordinaria que afectan a toda la plantilla, sin discriminación específica hacia Manuel.

Las situaciones de desconexión digital o cambios en las condiciones laborales tampoco se consideran vulneraciones de derechos fundamentales. Manuel incluso reconoce que su participación en grupos de mensajería instantánea ha cesado, lo que limita cualquier afectación en este aspecto.

La jurisprudencia del TSJ de Extremadura establece que para que se considere acoso laboral, debe haber conductas sistemáticas y reiteradas con la finalidad de generar un ambiente intimidatorio o humillante. Estas conductas pueden ser intencionales o tener efectos hostiles, aunque no necesariamente impliquen una intención expresa de causar daño.

El juez analiza si las conductas probadas en este caso fueron realizadas con la intención de causar daño y si estas produjeron efectos negativos en la salud física o mental del trabajador. Se evalúan tres elementos: intención, menoscabo y vejación.

La sala concluye que las discrepancias descritas en la demanda son situaciones propias de la relación laboral y no muestran indicios de un hostigamiento dirigido específicamente contra Manuel. Las acciones empresariales que él menciona no reflejan una intención deliberada de causarle daño.

Las acusaciones sobre falta de formación o evaluaciones de riesgos laborales no evidencian humillación intencional ni trato degradante hacia el trabajador, sino que se consideran aspectos propios de la organización empresarial.

La jurisprudencia establece que la percepción subjetiva de acoso no es suficiente para considerarlo como tal. Las tensiones y conflictos en el trabajo pueden afectar de manera distinta a cada persona, y solo se considera acoso si las acciones son sistemáticas, graves y afectan derechos fundamentales.

❌ No se prueba que la empresa o el jefe de zona hayan mantenido una actitud constante de hostigamiento hacia Manuel. A pesar de las diferencias en aspectos como horarios o permisos, la jurisprudencia aclara que no todas las tensiones o decisiones empresariales se consideran acoso laboral.

🚫 En fin, al no probarse el acoso laboral ni la vulneración de derechos fundamentales, el tribunal desestima la demanda de Manuel contra su empresa y su jefe de zona, incluyendo la solicitud de cesación de las conductas y la indemnización solicitada.

📌 SJSO Badajoz 1011/2024 - 31/08/2024 N.º rec. 350/2024.

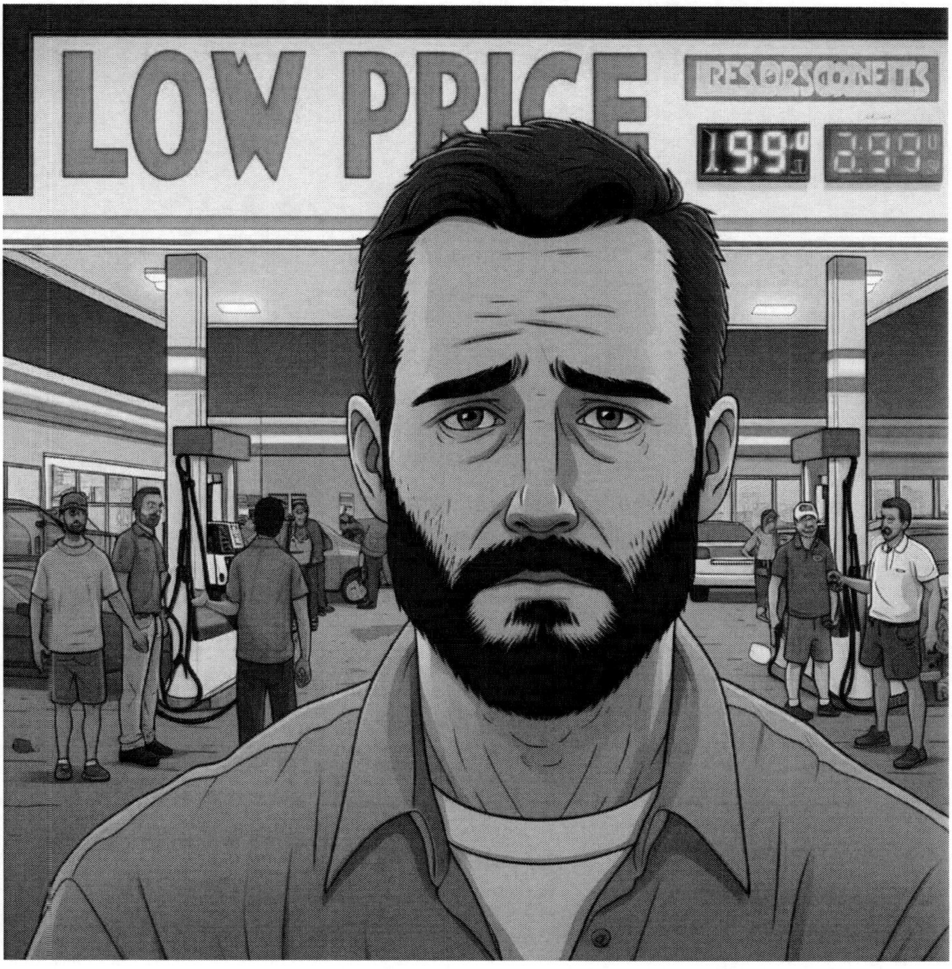

✗ NO HAY ACOSO LABORAL NI MSCT A JEFE DE INFORMATIVOS DE UNA RADIO

Andrés trabaja en la Radio desde junio de 2007 como redactor jefe, bajo el Convenio colectivo de la empresa.

Desde junio de 2013 asumió el puesto de jefe de Informativos Regional percibiendo un plus de responsabilidad de 450 €. Este complemento económico incluía la compensación por ampliaciones de jornada, renunciando a otros conceptos como horas extraordinarias o nocturnidad.

El 15/06/2023, la empresa le cesó Andrés de su puesto de jefe de Informativos Regional, eliminando el plus de responsabilidad al considerar que no era consolidable según el convenio. Retornó a su posición original como Redactor jefe.

En octubre de 2022, la empresa inició un proceso de transformación empresarial que incluyó auditorías y reuniones en los centros de trabajo. Como resultado, se decidió reemplazar a Andrés como jefe de Informativos por una compañera, medida ejecutada entre abril y junio de 2023.

En mayo de 2023, el horario de Andrés se modificó inicialmente a jornada partida, lo que provocó su solicitud de ajuste horario por conciliación familiar. Aunque la empresa realizó un cambio, luego negó una adaptación adicional solicitada por el trabajador.

Como parte de la disputa, la empresa contrató un detective privado para observar a su padre a quien este alegaba cuidar, registrando seguimientos durante varios días de agosto y septiembre de 2023.

Andrés inició un proceso de IT en septiembre de 2023, diagnosticado con un trastorno adaptativo relacionado con el trabajo. Durante este tiempo, el director de la emisora solicitó la devolución de equipo de trabajo mediante intermediarios.

⚠ El 22/09/2023, Andrés denunció al director por acoso laboral, argumentando conductas como desprestigio, aislamiento, cambios injustificados en su horario y funciones, agresiones verbales y amenazas. También señaló la falta de días de teletrabajo y la presión hacia otros compañeros para actuar en su contra.

La empresa activó el protocolo de acoso, concluyendo tras la investigación que no existió acoso ni incumplimiento de desconexión digital. La comisión instructora determinó que sus acusaciones eran infundadas y realizadas con intención dolosa.

En octubre de 2023, la empresa inició un expediente disciplinario contra el trabajador, que finalmente archivó tras estudiar sus alegaciones.

Andrés interpuso una demanda en julio de 2023 en materia de modificación sustancial de condiciones de trabajo con eventual vulneración de derechos fundamentales y, tras la sentencia desfavorable, presentó un recurso de suplicación.

Lo hace amparándose en el art. 193 de la LRJS. El recurso incluye seis motivos para la revisión de hechos probados (letra b/) y dos para la revisión jurídica (letra c/).

Como primera objeción señala que, al tratarse de una modificación sustancial de condiciones de trabajo (MSCT) con posible vulneración de derechos fundamentales, el recurso carece de argumentos sobre estos últimos, solicitando la inadmisión completa del recurso. Se concluye que, aunque el recurso presenta deficiencias en su fundamentación, sí se evidencia una posible conexión con una situación de acoso laboral, lo que permite abordar las cuestiones de fondo.

Según la jurisprudencia (SSTS de 19-10-22, 14-9-23 y 22-11-23), en casos de acumulación de vulneración de derechos fundamentales con MSCT, la sala de suplicación solo puede resolver sobre las primeras salvo que ambas cuestiones estén estrechamente ligadas. En este caso, la modificación del puesto de jefe de informativos regional se vincula directamente con una presunta vulneración de derechos fundamentales.

Otra objeción señala un defecto en la designación de su domicilio, que no cumple con el art. 198 de la LRJS. Sin embargo, dado que las notificaciones se realizan telemáticamente, este defecto no impide la admisión del recurso.

En cuanto a la revisión fáctica, el recurso solicita modificar seis ordinales de los hechos probados:

1. En el ordinal segundo, se pretende añadir que el nombramiento como jefe de informativos regional implicó un traslado desde su domicilio. La pretensión se rechaza por falta de documentos probatorios y por no ser relevante para el caso.
2. En el ordinal tercero, se busca incluir la fecha de notificación del cese y la categoría profesional del interesado. La solicitud se desestima, ya que estas cuestiones ya están recogidas en la sentencia de instancia o carecen de relevancia.
3. En el ordinal quinto, se propone eliminar ciertas conclusiones, pero la pretensión carece de soporte documental o pericial.
4. En el ordinal sexto, se solicita incluir que un cambio de horario fue comunicado verbalmente y suprimir menciones a ajustes posteriores. La petición se rechaza por falta de pruebas concretas.
5. En el ordinal séptimo, se pretende modificar detalles sobre horarios alternativos y motivos de desistimiento de procedimientos. La solicitud se desestima por basarse en afirmaciones sin fundamento probatorio.

6. En el ordinal décimo, se busca eliminar referencias a las conclusiones de una comisión investigadora sobre acoso laboral. Se rechaza la pretensión, ya que dichas conclusiones son parte del acervo probatorio.

En cuanto a la revisión jurídica, el recurso aborda:

La infracción del art. 41 del ET y su desarrollo jurisprudencial, alegando que la medida adoptada por la empresa constituye una MSCT.

La vulneración de derechos fundamentales conforme al art. 24 de la CE y otros preceptos legales, señalando incumplimientos en la información al comité intercentros y conductas empresariales perjudiciales para él.

Ambos motivos se resuelven de manera conjunta, partiendo de los hechos relevantes: Andrés trabajaba en la Radio desde 2007 como redactor jefe, pasando en 2013 a jefe de informativos regional con un plus de responsabilidad. En 2023, la empresa le releva de su cargo tras activar un protocolo de *mobbing* que concluye desestimando sus denuncias.

La sala analiza si el relevo constituye una MSCT y si se produjo una vulneración de derechos fundamentales, valorando las pruebas presentadas y la actuación empresarial.

Lo que establece el convenio, junto a la definición de categoría en los artículos 3 y siguientes, indica que la jefatura regional no constituye una categoría profesional reconocida, sino un puesto de responsabilidad que lleva asociado un complemento específico, independiente de la categoría laboral del trabajador.

La empresa tiene la facultad de cesar al trabajador en este tipo de puesto de libre designación en función de pérdida de confianza, políticas comerciales u objetivos organizativos, sin que esta medida sea considerada una modificación sustancial de las condiciones de trabajo.

El puesto desempeñado no depende de si el trabajador se encontraba previamente en la misma localidad o si fue trasladado desde otra, ya que estas circunstancias no tienen relevancia jurídica en este contexto, dado que el nombramiento fue aceptado voluntariamente por el trabajador, con novación de su relación laboral y sin pactos adicionales.

Según la jurisprudencia, como la STC 10/2011 de 28 de febrero, en puestos de libre designación, la libertad de cese está limitada por el respeto a los derechos fundamentales. Esto significa que cualquier decisión empresarial debe basarse en razones objetivas vinculadas al desempeño del cargo y no en represalias por el ejercicio de derechos fundamentales.

En este caso, no se identificaron vulneraciones de derechos fundamentales. El trabajador alegó posibles situaciones de acoso laboral y vulneración de la garantía de indemnidad, pero ambas fueron descartadas. La sentencia concluyó que el cese tuvo su origen en un proceso de transformación organizativa de la empresa, iniciado en octubre de 2022, con auditorías y reuniones en los centros de trabajo.

Fue cesado como jefe de informativos regional por pérdida de confianza y la falta de desempeño efectivo de las funciones encomendadas. Su cese fue comunicado en junio de 2023, aunque la decisión había sido tomada meses antes.

Se registraron incidencias laborales posteriores, como el cambio de jornada en mayo de 2023, que respondieron a medidas organizativas ya previstas, sin conexión con represalias o acoso.

Aunque alegó acoso laboral tras el cese, las investigaciones internas concluyeron que no existía base alguna para estas acusaciones. Incluso se calificó como una falsa imputación.

El seguimiento del trabajador por un detective contratado por la empresa, realizado en septiembre de 2023, se justificó como una práctica habitual en procesos judiciales para verificar hechos relevantes.

Finalmente, otras gestiones como la devolución de equipos de empresa tras el inicio de una incapacidad temporal no se consideraron indicios de acoso, ya que se trataron de actuaciones organizativas ordinarias.

La sentencia concluye que no hubo MSC ni acoso, y que el cese fue conforme a derecho.

Por ello, el recurso fue desestimado y la resolución inicial fue confirmada.

STSJ Castilla La Mancha 2679/2024 - 31/10/2024 N.º rec. 1648/2024.

FF AIR

DEMANDA DE COCINERO SUPUESTAMENTE AGREDIDO POR SU JEFE LE DEMANDA POR *MOBBING*

Bernardo trabaja desde 2017 como ayudante de cocina.

El 27/12/2022 sufrió un accidente laboral cuando el jefe cogía unas fuentes de las alacenas superiores, cayó una espumadera en la freidora. El cocinero se encontraba a la freidora y le acabó por salpicarle todo el aceite hirviendo.

Inició un proceso de IT por abrasión o quemadura, con alta el 04/01/2023. Un día después, inició un proceso de IT por enfermedad común con diagnóstico de episodio depresivo.

El 15/02/2023 se le entregó una carta de sanción por publicar una imagen ofensiva hacia su jefe en WhatsApp.

Un mes después, ocurrieron dos enfrentamientos entre Bernardo y su jefe, grabados por el trabajador. El 29/03/2022, el jefe lo despidió, pero luego fue readmitido tras pedir perdón.

Desde 2021, Bernardo grababa a su jefe y compañeros, pensando que lo insultaban a sus espaldas.

Disfrutó de 15 días de vacaciones en 2022 y no se reincorporó al trabajo desde el 27/12/2022.

Demandó a la empresa, que fue condenada a pagarle 6931,56 € brutos más intereses.

Recurrió solicitando que se reconociera el acoso laboral ***(mobbing)*** como causa de extinción de la relación laboral [art. 50.1 apdos. a) y c) ET].

Bernardo atribuyó al empresario maltrato verbal desde el inicio de la relación y un maltrato físico el 27/12/2022, pero no hay indicios de ello. El informe de la ITSS y testigos calificaron el accidente con la freidora como puramente accidental.

✖ Atinente a la inexistente agresión, se sugiere que Bernardo fue amonestado por denunciar la supuesta agresión en redes sociales, pero al descartarse la agresión, la amonestación no puede considerarse acoso.

✖ Sobre el maltrato verbal, solo se acreditan dos enfrentamientos en marzo de 2022, donde el jefe recrimina de malas maneras por errores específicos. Estos incidentes no pueden ser considerados *mobbing* por su intensidad, duración y contexto.

! El Convenio n.º 190 de la OIT, ratificado por España, redefine «violencia y acoso» en el trabajo como un conjunto de comportamientos y prácticas inaceptables, o de amenazas de tales comportamientos y prácticas, ya sea que se manifiesten UNA SOLA VEZ o de manera repetida, que tengan por objeto, que causen o sean susceptibles de causar, un daño físico, psicológico, sexual o económico, e incluye la violencia y el acoso por razón de género.

🚨 Es posible que esta nueva norma obligue a modular el concepto tradicional de acoso. Sin embargo, el TSJ determina que dicha disposición entró en vigor en España el 25/05/2023 (BOE de 16/06/2022), por lo que no resulta aplicable al caso aquí tratado, ocurrido en 2022.

✖ Igualmente, se desestima la indemnización por vulneración de derechos fundamentales solicitada al no existir lesión de la integridad moral del trabajador.

✖ En fin, se desestima el recurso: no se ha acreditado *mobbing* ni agresión por parte del empresario.

📌 STSJ Galicia 3889/2024, 28/05/2024 N.º rec. 2120/2024.

UN CASO DE SALUD MENTAL COMO ETIOLOGÍA COMÚN Y NO LABORAL

Martin trabaja como vendedor desde 2004 y es miembro del Comité de empresa.

El 26/02/2021 comenzó una IT por una crisis de ansiedad generalizada. La Mutua le pagó una prestación hasta el 30/08/2021, cuando el INSS rechazó su solicitud de IP. La Consejería de Sanidad determinó que esta IT era una recaída de una anterior, entre el 20/08/2020 y el 30/10/2020, pues el diagnóstico coincidía y no habían pasado más de seis meses entre ambos eventos.

En 2021 Martin pidió que la IT se considerara accidente de trabajo en lugar de enfermedad común, pero fue denegada el 22/03/2022, confirmando la etiología común del proceso.

La ITSS emitió un informe el 14/07/2022 sobre su relación con su jefe concluyendo que no se constataron los hechos señalados.

El mismo día que comenzó su IT, Martin tuvo una reunión tensa con su jefe para discutir objetivos, sufrió un ataque de ansiedad, recibió asistencia médica y fue trasladado a urgencias. La crisis de ansiedad se documentó como resultado de una discusión en un contexto de conflicto laboral, con antecedentes psiquiátricos.

El 02/05/2021 el trabajador activó el protocolo de acoso en su trabajo, pero la investigación concluyó que no existía acoso. El 16/07/2020, fue sancionado con 20 días de suspensión de empleo y sueldo. Martin impugnó la sanción, reduciéndose a 5 días, sin considerar reincidencia.

Los objetivos de venta son comunes para todos los asesores del departamento de ferretería. Su jefe y la dirección consideraron que su rendimiento era bajo reflejado en evaluaciones anuales muy bajas, mientras que su jefe obtuvo una evaluación de más de 80/100.

Desde 2009 ha sido tratado por ansiedad en un centro terapéutico mostrando buena evolución. En julio de 2020 su malestar se relacionó con estrés laboral continuado y ajustes por la pandemia. Poco después, fue diagnosticado con un trastorno mixto ansioso-depresivo y estrés laboral. En abril de 2021, la Unidad de Salud Mental diagnosticó un trastorno de ansiedad generalizado agravado por conflictos laborales. En julio de 2022, un informe psicológico concluyó que sufría daños psicológicos graves y crónicos por sus condiciones laborales.

La empresa cuenta con una evaluación de riesgos psicosociales.

Martin demanda, pero la instancia la desestima confirmando la resolución del INSS.

Interpone recurso alegando infracción del art. 156-1 de la LGSS.

⚖ Según el TSJ, no hay pruebas de maltrato psicológico o trato inadecuado por parte de su superior o dirigentes del centro de trabajo debido a su bajo rendimiento. No se probó que la enfermedad psíquica de base que se exacerba en momentos, tenga su origen exclusivamente en el trabajo. No hay indicios de enfrentamientos con su jefe que indiquen represalia o *mobbing*.

🔚 Se desestima el recurso: no hay relación de causalidad suficiente entre la dolencia que padece y su trabajo.

📌 STSJ Galicia 4231/2024, 10/06/2024, N.° rec. 3780/2023.

✖ NO HAY ACCIDENTE DE TRABAJO: NO SE PRUEBA VINCULACIÓN EXCLUSIVA ENTRE EL TRASTORNO DE ANSIEDAD Y EL ENTORNO LABORAL

Alejandro lleva trabajando en un banco desde 1987 realizando tareas administrativas, con horario habitual de 8 a 15 h. Desde octubre hasta mayo, su jornada se reduce los jueves.

El 27/01/2022, inició un proceso de IT diagnosticado como trastorno de ansiedad. El diagnóstico fue inicialmente considerado una enfermedad común (EC) y no un accidente de trabajo (AT). La baja se extendió hasta el 14 de abril de 2022.

Antes de este proceso, había tenido 8 periodos previos de IT relacionados con trastornos de ansiedad, todos calificados igualmente como EC. Estos episodios no se consideraron accidentes de trabajo (AT).

En el informe emitido por la ITSS, no se pudo constatar una relación directa y exclusiva entre el trastorno de ansiedad y las condiciones laborales del trabajador.

En los informes del servicio de prevención, se constató que Alejandro tenía un diagnóstico de trastorno de ansiedad. Uno de los informes, fechado el 1 de octubre de 2021, recomendaba reubicarlo en un puesto que no implicara atención al público. Otro informe, del 10 de enero de 2022, sugería reducir las tareas de atención al público y alternarlas con otras tareas administrativas.

Alejandro fue declarado apto para trabajar con limitaciones, por lo que desempeñó sus funciones en un despacho sin contacto directo con el público. Además, tenía la posibilidad de teletrabajar hasta 6 días al mes.

El 26/01/2022, durante un día de teletrabajo, una compañera suya le solicitó que llamara a un cliente para explicar una transacción. Esta compañera no era su superior jerárquica y solo sabía que Alejandro gestionaba temas de morosidad en la zona. Tras esta interacción, Alejandro consultó a un médico ese mismo día.

Alejandro presentó una demanda solicitando que su IT iniciada el 27/01/2022 fuera calificada como AT, en lugar de EC. La instancia desestimó su demanda y absolvió a la mutua, al INSS, a la TGSS y a la empresa, confirmando que la IT se debía a una EC.

Recurrió la sentencia en suplicación, solicitando que su baja fuera calificada como accidente de trabajo. En su recurso, citó la legislación y la jurisprudencia que establece que, para considerar un trastorno como AT, debe demostrarse que la causa exclusiva es el trabajo.

El conflicto jurídico gira en torno a si su baja médica, debe ser calificada como AT o EC. La principal alegación de Alejandro es que un posible conflicto con un superior jerárquico fue la causa del trastorno.

‼ **Circunstancias del trabajador:**

- Desempeñaba funciones administrativas sin atención al público, siguiendo las recomendaciones del servicio de prevención.
- Fue reubicado en teletrabajo, lo que respondía a una adaptación para protegerle de los riesgos laborales.

Eventos laborales relacionados:

- La única interacción relevante antes de la baja fue una solicitud de una compañera para realizar una llamada, lo que no supuso un episodio de conflictividad laboral significativo.
- La consulta médica que desencadenó la baja ocurrió fuera del horario laboral, lo que excluye la presunción de laboralidad.

Alejandro acumulaba 8 procesos previos de IT por ansiedad, todos calificados como EC. No se había solicitado un cambio de contingencia en ninguno de estos casos.

Marco normativo relevante:

1. Art. 156.1 LGSS: define como accidente de trabajo cualquier lesión sufrida «con ocasión o por consecuencia del trabajo».
2. Art. 156.2.e) LGSS: establece que, dentro de esta definición, se incluyen las enfermedades no incluidas en el cuadro de enfermedades profesionales, siempre que se demuestre que su causa exclusiva es el trabajo.
3. Art. 156.3 LGSS: establece que, salvo prueba en contrario, toda lesión ocurrida en tiempo y lugar de trabajo se presumirá como accidente de trabajo.

La sentencia 4046/2019 del TSJ de Cataluña, de 29 de julio de 2019, establece que, para calificar una enfermedad como accidente de trabajo, no es necesario acreditar situaciones extremas como el acoso laboral, sino demostrar que la actividad laboral ha sido la causa exclusiva o fundamental del trastorno psíquico. En este caso, se cita la jurisprudencia que respalda la calificación de cuadros psíquicos como accidentes de trabajo cuando existe prueba suficiente del vínculo laboral.

‼ Alejandro alegaba que su trastorno de ansiedad estaba relacionado exclusivamente con la conflictividad laboral en su entorno de trabajo. Apoyaba su postura en sus antecedentes, donde ya había tenido procesos de IT por diagnósticos similares relacionados con estrés laboral por el trato con el público.

Presentó pruebas de IT previas, entre 2018 y 2019, relacionadas con el estrés laboral debido al trato con el público. Sin embargo, la Sala desestimó el recurso por los siguientes motivos:

Los procesos previos de IT no guardaban relación directa con el caso actual, ya que fueron calificados como EC y no como AT

☞ No existía ninguna sentencia previa que vinculase esas IT con la ansiedad laboral

☞ El informe presentado no acreditaba que las bajas previas tuvieran origen profesional

La empresa y la Mutua se opusieron a que el trastorno fuera calificado como AT. Argumentaron que no había evidencia suficiente para demostrar que el trabajo de Alejandro fuera la causa exclusiva de su trastorno de ansiedad. Además, señalaron que las circunstancias personales y médicas de Alejandro podrían haber influido en la enfermedad, descartando la causa exclusivamente laboral

✖ Falta de prueba de causalidad exclusiva laboral: no se acreditó que la baja médica del 27 de enero de 2022 tuviera como causa exclusiva el trabajo. La adaptación del puesto y los antecedentes médicos refuerzan la ausencia de vinculación directa con la actividad laboral. Por lo tanto, no se aplica la presunción de laboralidad del art. 156.3 LGSS.

☑ El TSJ reafirmó que la situación no cumplía los requisitos para ser considerada accidente laboral, basándose en la falta de causalidad exclusiva entre el trabajo y el trastorno de ansiedad. La calificación de la baja como enfermedad común fue confirmada.

✖ La calificación del trastorno como enfermedad común se mantiene, desestimando el recurso de Alejandro

STSJ Cataluña 7977/2024 - 31/10/2024 N.º rec. 2129/2024

✘ UNA SUPUESTA FALTA DE OCUPACIÓN EFECTIVA QUE NO CONSTITUYE *MOBBING*

Calixto trabaja desde 1977 como Oficial Administrativo.

El 19/02/2019, se negó a colaborar con el personal de atención al cliente para atender a la cola de ciudadanos solicitantes de subvenciones. Se propuso un expediente disciplinario, pero no fue sancionado.

Desde nov. de 2019 es delegado de prevención con 15 horas de crédito sindical.

En julio de 2020, Calixto solicitó medios para su función de delegado de prevención. La empresa le proporcionó teléfono móvil, ordenador adecuado y vehículo de empresa. Desde entonces, se dedica exclusivamente a funciones de vigilancia de tajos con los medios indicados.

El 23/07/2020, solicitó ser nombrado Coordinador de Actividades Industriales, figura inexistente en la empresa, y la petición fue denegada.

Ha tenido varios periodos de IT por depresión endógena desde el 31/01/2011.

Alega que fue relegado de sus funciones como Oficial Administrativo y obligado a dedicarse exclusivamente a tareas de delegado de prevención, lo cual considera una reducción y desvalorización de sus responsabilidades. La empresa, al asignarle exclusivamente dichas tareas, lo ha dejado sin gran parte de su jornada laboral; lo considera acoso laboral al no asignarle trabajo productivo.

Pidió aclaraciones y medios adecuados para desempeñar su función de delegado de prevención. Aunque la empresa proporcionó algunos recursos, considera que no se cumplió plenamente con sus necesidades y solicitudes.

Menciona que la asignación exclusiva de tareas de delegado de prevención y la negación de su solicitud para ser Coordinador de Actividades Industriales constituyen estrategias para vaciar de contenido su rol; acoso laboral.

Considera que lo sucedido justifica su despido debido al *mobbing* y a la falta de ocupación efectiva ex art. 50 del ET, pero la instancia desestima su demanda.

Recurre en suplicación.

Precisa que el 18/02/2020, entregó la solicitud de medios para la función de delegado de prevención no obstante, la solicitud relevante es del 13/07/2020.

Indica que no ha desempeñado su función de administrativo, dedicándose exclusivamente a funciones de delegado de prevención.

‼ Cita el criterio Técnico de la ITSS 69/2099 y la doctrina del TC que tipifican como acoso moral la falta de ocupación efectiva y la marginación de un trabajador.

👀 Sin embargo, el TSJ concluye que no existe causa justa para solicitar la extinción del contrato de trabajo, ya que la empresa actuó dentro de los límites legales y contractuales, proporcionando los medios adecuados para que desempeñara sus funciones de delegado de prevención.

✖ No se ha demostrado acoso laboral, ya que la asignación exclusiva de funciones se realizó a petición del trabajador y con los medios adecuados para el desempeño de dichas funciones.

✖ Se desestima el recurso interpuesto por el trabajador.

📌 STSJ Cantabria 320/2024, 03/06/2024 N.º rec. 285/2024.

✘ NO HAY SITUACIÓN DE ACOSO LABORAL POR UNA SUPUESTA FALTA DE OCUPACIÓN EFECTIVA

Lorenza, trabaja como educadora infantil en un Ayuntamiento desde 2005.

En 2011, fue elegida concejala en las listas del Partido Popular, siendo el cabeza de lista José Ramón, quien fue nombrado alcalde ese año. Quien, en 2015, al presentarse por partidos distintos, dejó de ser alcalde y Lorenza no resultó electa.

En marzo de 2017, la trabajadora denunció al antiguo alcalde por coacciones, resultando absuelto por sentencia del Juzgado de Primera Instancia de 30/06/2017, emitida en juicio de delitos leves.

En el año 2019, se presentó en la lista del actual alcalde, quien, junto con el exalcalde en la lista del Partido Popular, resultó elegido alcalde. Luego, el actual alcalde emitió un Decreto de adaptación del puesto de trabajo de Lorenza, a la vista de los informes de salud emitidos por servicios externos. El Decreto resolvía mantener su puesto como educadora infantil en el área de Educación y Juventud del Ayuntamiento con efectos desde el 23/10/2020, estableciendo que su jornada laboral sería a tiempo completo en horario de L-V, de 08:30 a 16:15 h, cumpliendo con el cómputo anual de horas establecido para los empleados públicos municipales.

En mayo de 2023, José Ramón se presentó nuevamente y recuperó la alcaldía, pero en octubre de 2023, fue sometido a una cuestión de confianza que resultó exitosa. El actual alcalde asumió su cargo el 13/11/2023.

El 01/09/2023, Lorenza recibió notificación, según la cual se la destinaba a su puesto de trabajo como educadora en la Casita de los Niños, dentro de las aulas de un Colegio Público. En junio de 2023, la directora del centro ofreció dos aulas al Ayuntamiento para los niños que se habían quedado sin plaza, comunicando a la trabajadora que consideraba que ella era la persona indicada para atender a los niños en el siguiente curso.

La educadora incurrió en una situación de IT el 04/09/2023, sin que se conozca la duración exacta de dicho proceso; no recurrió el Decreto.

El Ayuntamiento cuenta con un protocolo de actuación frente al acoso laboral, aprobado por mayoría absoluta el 03/03/2016. Lorenza no activó dicho protocolo antes de la presente demanda.

Rebajó su pretensión indemnizatoria a la suma de 6.000 €, mientras que el Ayuntamiento realizó una intervención procesal adhesiva de la demanda, solicitando una sentencia ajustada a derecho.

Tras su demanda, se estimó la excepción de falta de legitimación pasiva opuesta por el Partido Popular de Madrid, desestimándose su demanda presentada. En consecuencia, se absolvió a todos los codemandados de las peticiones planteadas en su contra.

Frente a dicha sentencia, Lorenza anunció recurso de suplicación.

El recurso se dirige contra el alcalde, quien dio la orden de dejar a la trabajadora sin ocupación efectiva, y contra el Ayuntamiento como entidad empleadora, que mantiene esta situación, aunque la actora sigue siendo demandada por la falta de ocupación efectiva.

El Ayuntamiento impugna el recurso, pero se estima la modificación del hecho probado QUINTO, ya que la diferencia de ubicación de los centros es clara y la trabajadora no fue colocada en un centro con las condiciones necesarias.

El recurso se basa en el art. 193 b) LRJS, pidiendo la revisión del hecho probado QUINTO y proponiendo un nuevo texto sobre la adaptación del puesto de trabajo, en el que se menciona que fue destinada a la Casa de los Niños a partir del 04/09/2023.

Se argumenta que estaba destinada en el CEIP Virgen de Navahonda desde el 23/10/2020 debido a informes de riesgos laborales y psicológicos que recomendaban el cambio de puesto, pero la Casa de los Niños no tiene la autorización necesaria de la Comunidad de Madrid para operar.

Se señala que la Casa de los Niños no está ubicada en el CEIP Virgen de Navahonda, sino en una ubicación diferente, lo que generó un desajuste en las funciones y el entorno laboral de la trabajadora.

Se alega que fue desplazada a un centro sin aula autorizada y que, a la fecha de interposición del recurso, el Ayuntamiento no le ha proporcionado una ocupación efectiva, dejando a la trabajadora sin un puesto claro.

Además, se acusa al Ayuntamiento de desacreditarla profesionalmente al alejarla del entorno laboral y asignarla a un centro sin recursos, lo que generó una situación de aislamiento y desajuste laboral.

El recurso se basa también en la infracción del derecho a la ocupación efectiva del trabajador, que está protegido por el art. 4.2.a) del ET, al ser un derecho fundamental que se deriva de la dignidad humana.

La mujer, amparada por el artículo 193 LRJS, denuncia la aplicación indebida de los arts. 4, 6.4, 25, 26, 27 y 48 de la Ley 15/2022, argumentando que la falta de ocupación efectiva y el trato vejatorio afectan a su dignidad y la de su trabajo.

En base a la jurisprudencia, se argumenta que la falta de ocupación efectiva puede dar lugar a infracciones administrativas y justificar la resolución del contrato según el art. 50.1 ET.

Se argumenta que el cambio de puesto de trabajo sin cumplir las condiciones adecuadas, además de constituir una falta de ocupación efectiva, también puede ser considerado acoso laboral, ya que separó a la trabajadora de su entorno laboral habitual.

Se sostiene que la situación de Lorenza, que fue asignada a un puesto que no existía, y el hecho de que no se le haya dado ocupación efectiva durante 11 meses, es una clara manifestación de acoso laboral, situación que se agrava por el aislamiento y el desprecio hacia su profesionalismo.

Se invoca la Ley 15/2022 de igualdad de trato y no discriminación, que establece que este tipo de situaciones pueden constituir acoso moral, ya que la falta de ocupación efectiva y el trato vejatorio hacia la trabajadora contravienen su dignidad humana y profesional.

Dicha Ley 15/2022 establece que los actos de acoso pueden tener consecuencias administrativas, civiles y penales, además de sanciones por daños, responsabilidades patrimoniales y nulidad de pleno derecho, pero la juez no atendió estas solicitudes en su sentencia anterior.

El alcalde demandado señala que no se han presentado pruebas de la falta de ocupación efectiva, aunque en la demanda se mencionó que 15 niños quedaron sin atender.

El Fiscal comparte la opinión de la Magistrada, indicando que no se han señalado hechos, palabras o comportamientos específicos que puedan considerarse como acoso o violencia contra la mujer.

Se menciona la jurisprudencia, destacando la importancia de la carga de la prueba en casos donde se vulneran derechos fundamentales, especialmente en el ámbito laboral.

El Ayuntamiento defiende que no hubo vulneración de derechos fundamentales, debido a que la actora estaba en incapacidad temporal, y por lo tanto no había obligación de asignar tareas.

Lorenza solicita una indemnización por los daños y perjuicios ocasionados, exigiendo 6.000 € a cada demandado, considerando que la falta de ocupación y el trato recibido constituyen una forma de acoso moral

La jurisprudencia indica que, en casos de violación de derechos fundamentales laborales, la carga de la prueba recae en el empleador, quien debe demostrar que sus acciones fueron razonables y no tuvieron la intención de vulnerar esos derechos.

La STC, Constitucional sección 1 del 20/10/2008, hace hincapié en la relevancia de la distribución de la carga de la prueba en los casos de tutela frente a actos lesivos de derechos fundamentales en el contexto laboral.

En situaciones donde existen posibles vulneraciones de derechos fundamentales, la jurisprudencia ha destacado la dificultad inherente a descubrir la lesión constitucional, la cual a menudo se encuentra oculta tras la legalidad formal de los actos empresariales.

Esta dificultad se acentúa cuando las facultades organizativas y disciplinarias del empleador tienen un amplio margen de discrecionalidad, como ocurre en muchas ocasiones en el ámbito laboral.

Por tanto, la garantía de que los derechos fundamentales de los trabajadores no sean desconocidos por el empleador es esencial en la protección de sus derechos, lo cual pasa por un análisis detallado de la distribución de la carga probatoria entre las partes involucradas.

En este sentido, la jurisprudencia sobre la prueba indiciaria tiene como objetivo evitar que la dificultad de acceder a los verdaderos motivos detrás de un acto empresarial impida determinar si este acto resulta lesivo para un derecho fundamental del trabajador.

La función de la prueba indiciaria es demostrar que, a pesar de la aparente legalidad del acto empresarial, existe un indicio razonable que sugiera que la actuación empresarial ha vulnerado un derecho fundamental del trabajador.

Este indicio debe ir más allá de la simple alegación de la vulneración y debe ofrecer una base suficiente para deducir que la vulneración de derechos pudo haber ocurrido.

Una vez que el trabajador ha presentado este indicio razonable, corresponde a la parte demandada la carga de demostrar que su actuación se fundamentó en causas legítimas, ajenas a la presunta vulneración de derechos fundamentales.

Además, debe probar que estas causas fueron suficientes y objetivas para justificar la decisión empresarial, eliminando así cualquier duda de que la decisión fue motivada por una intención de vulnerar los derechos fundamentales del trabajador.

Esto implica que el empleador debe acreditar que la decisión fue razonable, proporcional y justificada por causas no relacionadas con una posible vulneración de derechos fundamentales.

De acuerdo con los hechos probados, Lorenza fue asignada a su nuevo puesto en octubre de 2020 como educadora infantil, según los informes de salud emitidos por el servicio externo.

En septiembre de 2023, se mantuvo su adaptación de puesto de trabajo, siendo destinada a la Casita de los Niños debido a la oferta de dos aulas por parte de la directora del centro al Ayuntamiento, para atender a los niños que se habían quedado sin plaza.

Además, inició un proceso de IT el 04/09/2023 y no recurrió el decreto que la destinaba a este nuevo puesto.

En resumidas cuentas, Lorenza presentó una demanda alegando acoso moral y violencia contra la mujer en el trabajo. Sin embargo, no se encontraron indicios suficientes que justificaran la afirmación de que sus derechos fundamentales fueron vulnerados. La orden de septiembre de 2023 por la que se le destinó a la «Casita de los Niños» no fue impugnada, y el destino a este puesto no constituyó un indicio de vulneración de derechos fundamentales.

A pesar de que no se sabe si las aulas fueron finalmente puestas en marcha, no se pudo probar que existiera una falta de ocupación efectiva, ya que causó baja por incapacidad el mismo día en que fue destinada a su nuevo puesto. La decisión de destinarla a la Casita de los Niños no estuvo motivada por la intención de vulnerar derechos fundamentales, sino por la necesidad de cubrir plazas disponibles para los niños, lo cual fue una decisión administrativa motivada por las circunstancias prácticas del momento

Por lo tanto, no existen indicios de acoso ni de violencia contra la mujer en este caso

Con todo, se desestima el recurso interpuesto por la trabajadora confirmándose la sentencia de instancia, que concluyó que no existieron indicios de vulneración de derechos fundamentales en relación con las actuaciones del empleador

STSJ Madrid 14573/2024 - 11/10/2024 N.º rec. 799/2024

‼ 5 HORAS SIN OCUPACIÓN EFECTIVA NO ATENTA A LA DIGNIDAD DE TRABAJADOR

Obdulio director de zona en un banco desde 1981, acordó una excedencia pactada compensada con una retribución anual reducida el 31/08/2016.

El 09/02/2023 solicita su reincorporación según el acuerdo.

El 10/02/2023, la empresa confirma la recepción de la solicitud y se compromete a gestionar la reincorporación.

El 27/02/2023 informa que debe reincorporarse el 31/03/2023 en otra oficina del banco.

El día de la reincorporación, se presentó en la oficina, pero no logró obtener las claves informáticas necesarias para desempeñar su trabajo, permaneciendo inactivo durante 5 horas.

El 03/04/2023, comienza una baja médica por trastorno de ansiedad.

Obdulio demanda la extinción indemnizada de su contrato por incumplimientos graves, especialmente la falta de ocupación efectiva. La instancia desestima la demanda, señalando que la falta de ocupación no constituye incumplimiento grave según el Convenio Colectivo y doctrina relevante.

La empresa tenía la facultad de asignarle otras funciones dentro de su Grupo Profesional, respetando su categoría y salario, lo que justifica su traslado a otra oficina.

La instancia considera que la falta de ocupación temporal no atenta contra su dignidad, dado que llevaba 7 años sin prestar servicios y la situación era nueva tanto para él como para sus compañeros.

La desocupación de 5 horas no es suficiente para justificar la resolución de una relación laboral de más de 40 años.

Obdulio recurre en suplicación.

Respecto a su categoría profesional, considera que su contrato de 2012 era de alta dirección y no estaba sujeto al convenio colectivo.

Se rechaza esta modificación: el contrato de 2012 estaba sujeto al convenio colectivo aplicable.

Alega que no tenía puesto ni claves informáticas y que estuvo esperando sin poder trabajar.

Se desestima: la falta de ocupación efectiva ya está reconocida en el relato fáctico y no se aportan nuevas pruebas.

Solicita que se incluya que su baja médica por trastorno de ansiedad fue causada por la reincorporación.

Se rechaza: no se acredita documentalmente que la baja se deba exclusivamente a lo ocurrido en la reincorporación.

🗣 Pide añadir que solicitó a la empresa las condiciones de su reincorporación sin obtener respuesta

🗁 El TSJ lo desestima, ya que no se aportan documentos fehacientes y que el acuerdo de excedencia ya establece las condiciones de reincorporación.

⚖ Obdulio denuncia infracción del art. 50.c) del ET y la doctrina jurisprudencial alegando un incumplimiento grave que justificaría la extinción indemnizada de la relación laboral.

🎯 Pero la falta de ocupación durante 5 horas y las acciones de la empresa no constituyen un incumplimiento grave que justifique la extinción solicitada.

✖ El recurso es desestimado. Se confirma la instancia: la actuación de la empresa estuvo justificada 📌 STSJ Cantabria 436/2024, 10/06/2024 N.° de Recurso: 352/2024.

‼ ✖ HECHOS NO CONSTITUTIVOS COMO PATRÓN DE ACOSO

Guadalupe trabaja en un supermercado desde 2007 como gerente A.

El 08/09/2022 durante una implantación en la sección de perfumería, trabajó de 6 a 8 con la encargada, pero esta la dejó sola alegando que tenía otras tareas que hacer.

El 19/09/2022 tuvo un altercado con la encargada, quien le levantó la voz mientras se encontraban a cierta distancia.

⚠ En el centro de trabajo había cierta tensión debido a despidos que posteriormente fueron reconocidos como improcedentes.

La Coordinadora de tienda presionaba a los trabajadores y usaba expresiones inapropiadas, creando un ambiente laboral no adecuado.

En enero de 2015, Guadalupe redujo su jornada por guarda legal de una jornada ordinaria completa a 20 horas semanales, en turnos de mañana o tarde. Además, en febrero de 2023, la empresa redujo el complemento de incapacidad temporal previsto en el convenio, pasando de 288 € mensuales a 88 €.

Desde el 20/09/2022 baja laboral por una crisis de ansiedad, una contingencia común.

En febrero de 2023, la empresa redujo el complemento de incapacidad temporal (IT).

✖ La instancia la desestimó su demanda para extinguir el contrato de trabajo.

Recurrió para revisar hechos probados.

El hecho 9 se quería modificar para especificar que la crisis de ansiedad era «secundaria a problemas laborales».

Solicitó que se indicara que estaba en tratamiento psiquiátrico.

La revisión es parcialmente aceptable en cuanto a los informes indican que la dolencia deriva de problemas laborales, pero no se especifica si estos problemas fueron mencionados por ella o cómo se desencadenó la crisis.

El hecho 13 se quería cambiar para mencionar un «mal ambiente laboral y excesiva presión sobre los trabajadores».

Esta solicitud fue desestimada porque el juez realizó un relato fáctico específico y fundamentado en la prueba testifical, y no se puede alterar la valoración de la prueba realizada por el juez.

Se solicitaba añadir que en febrero de 2023 la empresa redujo el complemento de IT de 288 € a 88 €.

Este hecho no se alegó en la demanda original y no puede ser considerado como nuevo, ya que no fue incluido en la ratificación de la demanda.

Se alegó infracción de arts. del ET y la CE. Sin embargo, las manifestaciones generales de acoso y hostigamiento, así como en dos hechos concretos: el incidente del 19 de septiembre y la situación del 8 de septiembre.

El TSJ concluyó que estas manifestaciones generales no eran suficientes para probar una situación de acoso, y que la baja laboral por sí sola no evidenciaba una conducta anómala por parte de la empresa..

Los incidentes mencionados (el levantamiento de voz y el dejarla sola) no fueron considerados suficientes para demostrar un patrón de acoso.

Se desestima el recurso de suplicación interpuesto por la trabajadora confirmando la resolución de la instancia.

Sentencia TSJ Castilla-León 24/04/2024 N.° rec. 815/2024.

⚠ LA ACTIVACIÓN DEL PROTOCOLO DE ACTUACIÓN CONTRA EL ACOSO LABORAL NO IMPLICA QUE LOS HECHOS DENUNCIADOS SEAN CIERTOS

Noelia, educadora social al servicio de una Fundación, comenzó una situación de incapacidad temporal (IT) el 11/12/2020, tras ser diagnosticada con un trastorno mixto de ansiedad y depresión por una supuesta situación de *mobbing*.

Sufrió episodios de ansiedad recurrentes desde 2018, atribuidos a causas laborales según el servicio de prevención ajeno (SPA). Recibió tratamiento hasta 2020, cuando se suspendió por una aparente mejoría en su estado de salud.

El 27/06/2022, el SPA recomendó que se mantuviera la presencia de un mediador entre ella y la directora del centro para mejorar la relación laboral y evitar situaciones de conflicto.

En agosto de 2021, denunció ante la ITSS que la empresa no había implementado medidas psicosociales preventivas, lo que derivó en un supuesto ambiente laboral hostil y en una situación de acoso por parte de la directora.

En su informe, la ITSS verificó que la empresa incumplió con la activación del protocolo de acoso laboral, así como con la implementación de las medidas preventivas identificadas en la planificación del centro. Esto motivó la imposición de una sanción administrativa a la empresa por el incumplimiento de sus obligaciones en materia de prevención de riesgos laborales (PRL).

Aunque se constató la pasividad de la empresa, la ITSS no pudo concluir que existiera una situación de acoso laboral, dejando abierta la posibilidad de que Noelia acudiera a los tribunales para esclarecer los hechos.

✕ En marzo de 2022, el INSS emitió resolución calificando la contingencia como enfermedad común (EC), decisión que fue impugnada por la trabajadora.

Presentó demanda al considerar su IT como accidente de trabajo (AT). Alegaba que sus dolencias psíquicas tenían su origen en el entorno laboral, donde afirmaba haber sufrido acoso laboral y exposición a condiciones de trabajo perjudiciales. Para respaldar esta afirmación, aportó un informe pericial psicológico que concluía que las características del puesto de trabajo habían sido determinantes en el desarrollo de su trastorno adaptativo.

✕ La instancia, tras valorar la prueba documental, los informes médicos y la pericial psicológica, concluyó que no existían elementos suficientes para vincular su patología exclusivamente con su entorno laboral. En consecuencia desestimó su demanda y ratificó la calificación de EC realizada por el INSS.

Noelia recurrió en suplicación contra el INSS, la mutua colaboradora y su empresa, solicitando:

La inclusión en los hechos probados de determinadas conclusiones contenidas en el informe pericial, que señalaban un vínculo directo entre sus dolencias y las condiciones de trabajo.

La revisión de la valoración probatoria realizada por el juzgador de instancia, argumentando que esta había sido errónea o insuficiente.

El reconocimiento de la contingencia profesional como AT, con las implicaciones económicas y jurídicas correspondientes.

Noelia recurrió en base al art. 193 c) de la LRJS, denunciando la infracción del art. 156 de la LGSS. Alegó que su patología de «otros trastornos de ansiedad mixtos», iniciada el 23/12/2020, tuvo origen laboral, derivada de la situación vivida en su centro de trabajo con la directora de la residencia donde prestaba servicios. Señaló, además, que la falta de prevención de riesgos psicosociales por parte de la empresa contribuyó de manera efectiva al desarrollo de esta dolencia.

El art. 156.1 de la LGSS establece que se considera AT toda lesión corporal que sufra el trabajador con ocasión o por consecuencia del trabajo. Asimismo, el mismo artículo recoge una presunción de laboralidad (iuris tantum), salvo prueba en contrario, respecto a las lesiones sufridas en tiempo y lugar de trabajo. Esta presunción puede desvirtuarse si se demuestra, de manera suficiente, la falta de relación entre la lesión y la actividad laboral.

La Sala evaluó el recurso considerando los siguientes aspectos:

Valoración de los informes periciales: aunque el informe psicológico aportado por Noelia resultaba relevante, la Sala recordó que este tipo de pruebas no son vinculantes para el tribunal, ya que su valoración queda sujeta a las reglas de la sana crítica.

Modificación de hechos probados: la Sala desestimó la solicitud de incluir en los hechos probados conclusiones del informe pericial, al considerar que eran afirmaciones valorativas que correspondían al análisis jurídico, no a la descripción objetiva de los hechos.

Carga de la prueba: el TSJ subrayó que le correspondía a ella aportar pruebas concluyentes para desvirtuar la calificación inicial de EC. Sin embargo, la Sala concluyó que no se habían aportado elementos suficientes para acreditar de manera inequívoca el origen laboral de la dolencia.

La educadora argumentó la existencia de un ambiente laboral tóxico, respaldándose en un informe del SPA y en la sanción impuesta por la ITSS a la empresa por no activar el protocolo de actuación contra el acoso, aprobado el 15/05/2019. Aunque esta inactividad fue objeto de sanción, el TSJ concluyó que no se pudo establecer un vínculo directo entre la pasividad empresarial y la supuesta toxicidad laboral. El protocolo exige que, ante cualquier denuncia, la empresa remita el caso al SPA para su investigación, pero su activación no implica que los hechos denunciados sean ciertos.

El informe del SPA indicó la existencia de episodios de ansiedad previos desde 2018, con mejoría en 2020, y recomendó continuar con la mediación entre la trabajadora y la directora. Sin embargo, no especificó las causas concretas de los episodios de ansiedad ni los motivos que justificaban la mediación.

El TSJ señaló que en los hechos probados de la sentencia de instancia no constan actos concretos o conductas específicas de la directora del centro que permitan valorar la existencia de acoso laboral o, dicho de otra forma, el nexo causal entre el trastorno de ansiedad y el trabajo. En particular:

No se pudo determinar un mecanismo lesional vinculado al tiempo y lugar de trabajo que permitiera aplicar la presunción del art. 156.3 de la LGSS.

No se aportaron pruebas que vincularan de manera precisa y directa la situación laboral con la patología.

✕ Al no acreditarse los requisitos exigidos por el art. 156 de la LGSS para considerar la dolencia como derivada del trabajo, se desestimó el recurso de suplicación y se confirmó la sentencia de instancia.

La sentencia establece que, aunque la empresa pudo incurrir en responsabilidades administrativas o civiles por sus omisiones en la PRL, no se acreditó el nexo causal entre dichas omisiones y el trastorno de ansiedad de Noelia.

STSJ Galicia 7756/2024 - 13/11/2024 N.º rec. 1314/2024.

MOBBING
PROTOCOL
MOBING PROTO

✕ SIN MODIFICACIÓN SUSTANCIAL DE CONDICIONES NI ACOSO LABORAL

Danko trabaja desde 2013 como jefe de Informativos Regional con un complemento salarial de 450 € reflejando la responsabilidad de su puesto.

En mayo de 2023 se le cambió el horario de la mañana a uno partido, dificultando la conciliación laboral y familiar.

✕ Solicitó adaptación de jornada para equilibrar sus responsabilidades laborales y familiares, pero la empresa denegó esta solicitud, argumentando imposibilidad de cumplir con la adaptación propuesta.

La empresa contrató un detective privado para investigar al trabajador tras su solicitud de adaptación de jornada, creando un ambiente de desconfianza y tensiones adicionales.

El 01/07/2023 le notificaron que su puesto había sido eliminado resultando en la pérdida del complemento salarial y afectando significativamente su salario y condiciones laborales.

En septiembre de 2023 presentó baja médica por enfermedad.

Demandó por modificación sustancial de condiciones laborales (MSCT) y acoso laboral, buscando nulidad o declaración de injustificación.

⚠ La empresa respondió con una investigación interna que concluyó que no se observaron conductas inapropiadas por parte del director, aunque el ambiente de trabajo seguía siendo tenso. La comisión instructora concluyó la no existencia de ningún tipo de acoso o incumplimiento de desconexión digital por parte del director hacia Danko y dada la vaguedad, incongruencias y falsedades obtenidas en la investigación realizada, la comisión concluyó la existencia de una falsa imputación por parte de Danko al existir indicios de haberse cursado con intención no honesta o dolosa.

El caso se centra en la MSCT regulada en el art. 41 del ET que establece que las MSCT deben justificarse por razones económicas, técnicas, organizativas o de producción. El trabajador argumenta que la eliminación de su puesto y el cambio de horario afectaron significativamente su salario y horario.

La empresa sostiene que el puesto de jefe de Informativos era de confianza y libre designación, por lo que podía ser revocado sin necesidad de justificación específica. Así, el puesto no era un derecho adquirido de Danko, sino una función que puede ser alterada según las necesidades organizativas.

Según jurisprudencia, solo las modificaciones que alteren elementos esenciales del contrato, como salario, jornada o funciones, son sustanciales. La sentencia debe decidir si la pérdida del complemento de 450 € y el cambio de horario afectan de manera sustancial al contrato.

💼 Danko también alegó que las modificaciones vulneraron su derecho a la conciliación laboral y familiar.

🔍 El juzgado determinó que la investigación interna no encontró pruebas suficientes de acoso laboral o discriminación.

❌ El cese de cargos de libre designación no constituye indicio de actitud discriminatoria sin pruebas claras.

❌ El juzgado desestimó la demanda, absolviendo a la empresa y al director.

📌 SJSO Toledo 900/2024, 24/05/2024 N.º rec. 404/2023.

SIN ACOSO LABORAL, PERO CON MODIFICACIÓN DE CONDICIONES

Vasco es ingeniero industrial y trabaja en una Mutua desde 1993 como perito técnico de siniestros.

Desde 2017, la empresa le redujo progresivamente el número de peritos, lo que incrementó su carga de trabajo y la de sus compañeros.

El 07/03/2023 denunció internamente un riesgo de *mobbing* tras ser reasignado a un nuevo puesto que consideraba injustificado.

En septiembre de 2023, le comunicaron verbalmente que debido a la baja de actividad pasaría a realizar tareas administrativas.

El 03/10/2023, la Mutua formalizó el cambio de funciones sin afectar su salario ni su categoría profesional.

La actividad de los peritos técnicos de siniestros había disminuido entre 2018 y 2023, lo que justificaba, según la empresa, la reasignación de tareas. Así, el cambio de funciones estaba justificado por razones organizativas y productivas.

Vasco demandó la nulidad de la modificación sustancial de condiciones de trabajo (MSCT) o, subsidiariamente, que no se ajustaba a derecho. También reclamó una indemnización de 20.000 € por daños morales y 1.340 € por perjuicios al sufrir acoso laboral.

La instancia la desestimó al no encontrar pruebas de *mobbing* ni vulneración de derechos, validando las causas organizativas expuestas por la empresa.

Vasco recurrió la sentencia, pidiendo la nulidad de la MSCT y la compensación por daños morales.

En suplicación, los argumentos repetían en su mayoría los ya presentados, sin éxito adicional.

Señaló un ambiente laboral negativo y mencionó un posible *mobbing*, además de sentirse discriminado por su antigüedad y por un traslado degradante.

Vasco argumentó que su degradación a tareas mecánicas fue una represalia por su denuncia y solicitud de evaluación de riesgos, apoyándose en el Convenio 190 de la OIT y la Directiva 2006/54 sobre protección de la dignidad en el entorno laboral.

También relacionó la MSCT con represalias por su denuncia de acoso moral en marzo de 2023.

Resaltó la proximidad temporal entre la denuncia y el cambio de funciones.

Según el TSJ, no había una relación clara entre la denuncia y el cambio de funciones, y que no existían suficientes indicios de que Vasco planeaba emprender acciones legales en ese momento.

El TSJ reconoció que los hechos podrían generar sospechas de vulneración de derechos, pero no concluyeron en *mobbing*.

El TSJ destacó que un informe de la ITSS no justificaba adecuadamente su reasignación de funciones, asignándole tareas de un grupo profesional inferior y trasladándolo a un nuevo centro de trabajo que no se ajustaba a su experiencia.

A pesar de los indicios, la Sala concluyó que los hechos no alcanzaban la gravedad suficiente para considerarse acoso laboral, aunque sí reconoció un conflicto laboral.

El TSJ estimó parcialmente el recurso declarando la nulidad de la MSCT pero sin acoso laboral.

STSJ Madrid 8482/2024, 12/07/2024 N.° rec. 473/2024.

NO HAY INDICIOS SUFICIENTES PARA DECLARAR ACOSO LABORAL

Trabajadora de Correos desde 2009, ocupando el puesto de atención al cliente.

El 26/10/2020 la empresa inició un expediente disciplinario por varias irregularidades graves, como control inadecuado de fondos y otros hechos considerados serios.

Inició una IT el 4/11/20 por «ansiedad» de la que fue dada de alta el 20/11/20.

El 02/03/2021 recibió la notificación de su despido disciplinario, basado en supuestas faltas graves: sustracción de 300€, uso indebido de documentos de identidad de clientes y operaciones financieras sin autorización. Estos actos fueron considerados de extrema gravedad.

Antes, había presentado una denuncia contra un compañero por hurto, pero la denuncia fue desestimada sin consecuencias para el acusado.

La instancia declaró su despido como improcedente. La empresa fue condenada a readmitirla o pagarle una indemnización de 25.180,70€.

La trabajadora recurre en suplicación. Denunció infracción de artículos del ET y la CE. Solicitó la nulidad del despido, alegando acoso laboral *(mobbing)* por vulneración de derechos fundamentales desde 2017 y exigió una indemnización de 60.000€. Argumentó que las decisiones arbitrarias tomadas por sus compañeras, asumidas por la empresa en la carta de despido formaban parte de un hostigamiento prolongado.

Alegó que sus compañeras habían intentado influir en su despido desde 2017, pasando información a la empresa que llevó a una revisión exhaustiva de su trabajo. Durante su baja, las compañeras habrían revisado su puesto y recolectado datos, como avisos no entregados o DNI extraviados, todo ello sin suficiente evidencia en los hechos probados.

El acoso laboral se define como hostigamiento sistemático y prolongado, causando daños significativos.

El *mobbing* debe ser prolongado y causar una perturbación grave para ser considerado acoso laboral, lo que lo diferencia de otros conflictos laborales.

No debe confundirse con conflictos normales derivados del poder del empresario. Estos conflictos, aunque incómodos, no se consideran acoso a menos que cumplan con criterios específicos de sistematicidad y gravedad.

Aquí, se concluyó que no existía acoso laboral que justificara la nulidad del despido. Los hechos probados no describen un comportamiento de hostigamiento, ni siquiera de manera indiciaria. La forma en que se comunicaron las faltas a Correos, aunque podrían estar relacionadas con la actuación de las compañeras, se consideró parte del ejercicio normal del poder disciplinario del empresario. La sanción impuesta, aunque impugnable judicialmente, no se clasifica como acoso laboral.

⊘ La sanción impuesta se considera parte del ejercicio normal del poder disciplinario del empresario.

Aunque la IT pudiera estar relacionada con el conflicto, no se demostró *mobbing*.

⊘ En fin, no se acreditó un comportamiento de acoso laboral sistemático.

STSJ Comunidad Valenciana 3903/2024, 18/06/2024 N.° rec. 1016/2024.

✖ REVISIÓN DE CONDUCTAS ALEGADAS POR UN VIGILANTE DE SEGURIDAD: UN DESPIDO DISCIPLINARIO SIN PATRONES DE ACOSO

Víctor Manuel trabajaba como vigilante de seguridad desde 2007 con un contrato indefinido a jornada completa.

Sus funciones principales incluían: control de accesos, realización de rondas nocturnas, supervisión por circuito cerrado de televisión (CCTV) y elaboración de informes.

En 2018, la empresa instauró un sistema de *«check list»* para registrar incidencias en maquinaria, requisito esencial en su lugar de trabajo.

✖ Víctor Manuel se negó en múltiples ocasiones a realizar estas tareas, argumentando que no formaban parte de sus funciones específicas.

La empresa le notificó por escrito que su negativa era contraria a sus obligaciones contractuales, instándole a cumplir con el procedimiento.

En 2023, el trabajador estuvo de baja por enfermedad común en dos ocasiones: 1) del 5 al 14 de enero y 2) del 3 al 15 de febrero.

En abril de 2023, tras una reclamación por modificación de funciones, se llegó a un acuerdo para que Víctor Manuel continuara desempeñando sus tareas habituales, preservando su puesto.

El cliente principal de su empresa en la ubicación del trabajador, exigía un cumplimiento estricto de las funciones de supervisión y control.

En enero de 2023, el cliente solicitó la retirada de Víctor Manuel debido a:

- Falta de verificación de matrículas de vehículos.
- Omisión en la identificación de visitantes.
- Deficiencias en el seguimiento de incidencias operativas.

Estas conductas generaron no conformidades en las auditorías internas del cliente, afectando la calidad del servicio.

En 2022, Víctor Manuel presentó una reclamación por el pago de horas extraordinarias realizadas. Aunque era un problema general en la empresa, esto contribuyó a tensar su relación laboral.

Su empresa disponía de un procedimiento interno para prevenir acoso laboral, pero no consta que el trabajador lo utilizara para denunciar posibles situaciones conflictivas.

La empresa le despidió en base a:

1. Negativa reiterada: la falta de cumplimiento con el sistema de «check list», considerado una tarea esencial.

2. Pérdida de confianza del cliente: las deficiencias en el desempeño provocaron la solicitud de retirada del cliente principal.

⚠ La empresa argumentó que estas conductas eran graves y recurrentes, constituyendo una violación de las normas internas y una falta de disciplina que comprometía la relación con el cliente.

Lo hizo al amparo del art. 54 del ET sobre el despido disciplinario por incumplimientos graves y culpables.

Tras demanda del trabajador, la instancia declaró procedente el despido disciplinario, desestimando sus alegaciones. La instancia acreditó que las tareas de «check list» eran parte de sus funciones asignadas. La pérdida de confianza del cliente en un sector como la seguridad privada fue considerada un factor determinante para justificar el despido. No se demostró vulneración de derechos fundamentales, esto es, indicios de acoso en el trabajo. En fin, la instancia declaró la procedencia del despido disciplinario, desestimando las pretensiones del trabajador.

Víctor Manuel interpuso recurso de suplicación contra la recurre la sentencia de instancia que desestimó su demanda de extinción del contrato de trabajo al amparo del art. 50 del ET. En su recurso, alega vulneración de derechos fundamentales y solicita la máxima indemnización legalmente prevista (33 días de salario por año trabajado), así como una compensación adicional de 6.098,14 euros en concepto de daños y perjuicios.

Solicita revisar los hechos probados, estos son la baja médica y la ansiedad por problemas laborales, para incluir que su ansiedad, diagnosticada en los partes médicos, fue provocada por problemas laborales, basándose en: los partes de baja médica de 5 de enero y 7 de febrero de 2023, que reflejan ansiedad como diagnóstico; y en un informe médico de 27 de febrero de 2023 que menciona que la ansiedad estaría relacionada con problemas laborales y requiere tratamiento con ansiolíticos.

✘ Sin embargo, el TSJ desestima la propuesta porque los partes médicos ya contienen las referencias necesarias sobre la ansiedad. Y el informe médico refleja únicamente lo declarado por el actor al facultativo, sin que el médico haya constatado la relación directa entre los problemas laborales y su estado de salud. En fin, no se cumplen los requisitos exigidos para la revisión de hechos probados, como la evidencia clara e incuestionable de los documentos presentados.

Solicita revisión sobre el impago de horas extraordinarias, para incluir que la empresa no abonó las horas extraordinarias correspondientes a octubre noviembre y diciembre de 2022. Argumenta que:

- Otros trabajadores también reportaron problemas similares relacionados con errores en el sistema de cómputo de horas extraordinarias.
- Aporta documentos que, según él, prueban el impago hasta la fecha del juicio.

✖ El TSJ rechaza esta revisión porque:

- La sentencia de instancia valoró las pruebas documentales y testimoniales, concluyendo que los errores en el cómputo de horas extraordinarias no fueron exclusivos del demandante, sino consecuencia de la implementación de un nuevo programa.
- Las cantidades correspondientes a las horas extraordinarias se abonaron tras las comprobaciones realizadas por la empresa, de acuerdo con la mecánica habitual
- No se acredita de forma clara y concluyente que, a la fecha del juicio, las horas extraordinarias reclamadas no hubieran sido abonadas.

⚖ La Sala recuerda que, en el proceso laboral, la valoración de pruebas corresponde al juez de instancia, quien tiene plena inmediación en su práctica, conforme al art. 97.2 de la LRJS. Para que prospere una revisión de hechos probados, deben concurrir ciertos requisitos, entre ellos:

- Aportar documentos que evidencien de manera clara y directa el error del juzgador.
- Acreditar que la revisión tiene relevancia para modificar el fallo de la sentencia.
- Demostrar que no existen pruebas contradictorias o interpretaciones alternativas razonables.

✖ En este caso, el tribunal concluye que no se cumplen estos requisitos, ya que los documentos aportados por Víctor Manuel no evidencian de manera incuestionable los errores alegados. Además, las pruebas valoradas en la instancia permiten mantener la redacción inicial de los hechos probados.

📞 En cuanto a la modificación del hecho probado undécimo, el trabajador solicita que se cambie su redacción basándose en la transcripción del audio de la conversación con el actor, solicitando que quede así: «Eloy mantuvo conversación telefónica con Víctor Manuel...».

🎙 En este caso, la revisión fáctica propuesta se basa en una transcripción que refleja una grabación y, aunque se podría considerar un documento, no se puede usar como base para la revisión fáctica ya que se trata de una apreciación subjetiva, cuya valoración corresponde al magistrado de instancia.

🗐 En relación con los motivos del recurso, el vigilante de seguridad no presenta infracciones de normas sustantivas sino de carácter procesal, como el art. 97 de la LRJS, argumentando un error en la valoración de la prueba. Sin embargo, la jurisprudencia ha reiterado que la valoración de la prueba corresponde al juzgador de instancia, salvo en casos evidentes de error.

✖ Por lo tanto, el segundo motivo del recurso es desestimado, ya que la prueba testifical no es suficiente para modificar los hechos declarados probados, y la parte recurrente actúa como si el recurso fuera de apelación, no de suplicación.

En el tercer motivo de recurso, el trabajador denuncia la infracción del art. 50.1 c) del ET y del art. 183.1 de la LRJS, además de hacer referencia a la jurisprudencia aplicable en este contexto.

Se destaca que, conforme al art. 50 del ET, cuando el incumplimiento de las obligaciones empresariales afecta a la dignidad del trabajador, es procedente solicitar la extinción indemnizada del contrato de trabajo. En este sentido, se argumenta que uno de los actos más lesivos para la dignidad del trabajador es el acoso laboral, también conocido como *mobbing*, que atenta directamente contra su integridad moral.

Se citan varias sentencias de TSJ, pero se aclara que no son jurisprudencia aplicable en este caso, ya que, según el artículo 1.6 del Código Civil, sólo las decisiones del TS tienen carácter vinculante para determinar jurisprudencia. A pesar de ello, se defiende que en este caso se cumplen todos los requisitos establecidos por la jurisprudencia para considerar que efectivamente existe una situación de acoso laboral.

Se argumenta que el acoso laboral en este caso se manifiesta a través de una serie de conductas que incluyen modificaciones sustanciales e injustificadas del puesto de trabajo y de la jornada laboral, lo que ha obligado al trabajador a recurrir a la vía judicial para proteger sus derechos. Además, se mencionan otros comportamientos hostiles y degradantes, tales como reproches personales y profesionales, asignación de errores sin verificar la responsabilidad del trabajador, no remuneración de las horas extras trabajadas, eliminación del trabajador de grupos de comunicación como WhatsApp, entre otros.

Estas acciones reiteradas han ejercido una presión constante sobre el trabajador, cuyo único objetivo era lograr su cese de la empresa. Esta situación ha desembocado en el ingreso del trabajador en un proceso de IT, lo que a su vez refuerza la solicitud de la extinción indemnizada del contrato de trabajo.

En cuanto a la indemnización, se argumenta que el trabajador tiene derecho a recibir una compensación por los daños morales y materiales causados por la situación de acoso laboral. Se solicita una indemnización por daños morales de 3.617,64 euros, debido a la reducción en su salario por la incapacidad temporal, y 2.480,50 euros por daños materiales derivados de los gastos del trabajador para su asistencia y defensa jurídica.

Se subraya que la acción ejercida por el trabajador está recogida en el art. 50 del ET, que establece las causas justas para solicitar la extinción del contrato de trabajo, incluyendo cualquier incumplimiento grave de las obligaciones del empresario. Específicamente, el art. 50.1 c) del ET menciona la negativa del empresario a reintegrar al trabajador en sus anteriores condiciones de trabajo, en situaciones como la que nos ocupa.

El trabajador también destaca que se ha vulnerado su derecho fundamental a la integridad física y moral, tal como lo establece el art. 15 de la CE.

En este contexto, se cita la doctrina del TC recogida en su sentencia de 06 de mayo de 2019, en la que se analiza el concepto de acoso laboral. Esta jurisprudencia establece que el acoso laboral, en su forma más frecuente, es una conducta reiterada que busca dañar la integridad personal del trabajador, a menudo impulsada por una posición jerárquica superior.

A nivel internacional, el concepto de acoso laboral ha sido ampliamente abordado en diferentes normativas. La Carta Social Europea, adoptada por el Consejo de Europa, establece que el acoso laboral vulnera el derecho a la dignidad en el trabajo y obliga a los Estados miembros a adoptar medidas para proteger a los trabajadores. Además, la Unión Europea ha emitido diversas Directivas que exigen a los Estados miembros que implementen medidas contra el acoso laboral y la discriminación, obligando incluso a la parte demandada a demostrar que no ha vulnerado el principio de igualdad de trato.

En el ámbito del derecho español, el legislador ha comenzado a tomar medidas para prevenir, proteger y reprimir el acoso laboral. En el ámbito público, el EBEP tipifica el acoso laboral como una falta muy grave, y el Código Penal, en su art. 173.1, tipifica como delito los «actos hostiles o humillantes» que se realicen de forma reiterada en cualquier relación laboral o funcionarial, especialmente cuando se prevalece de una relación de superioridad.

Desde una perspectiva constitucional, se resalta que el acoso laboral atenta contra la integridad física y moral del trabajador y vulnera la dignidad humana, un derecho fundamental protegido por la Constitución Española en sus artículos 10 y 15. Este tipo de situaciones, debido a su carácter degradante y violatorio de derechos fundamentales, requieren una respuesta legal contundente para garantizar la protección de los trabajadores frente a estas conductas.

Los conceptos constitucionales de «integridad moral» y «trato degradante» son suficientemente estrictos para evitar la banalización del derecho fundamental, pero, al mismo tiempo, son lo suficientemente flexibles como para ajustarse a los problemas y condiciones de la vida actual. Así lo refleja la STEDH de 28 de julio de 1999, en el caso Selmouni c. Turquía, en relación con el art. 3 del Convenio Europeo de Derechos Humanos. Esta flexibilidad es clave, ya que permite aplicar estos principios a diversas situaciones, incluyendo aquellas relacionadas con las fuerzas y cuerpos de seguridad, comisarías, cárceles, centros de acogida y escuelas.

La jurisprudencia del TC ha permitido que, gracias a la relatividad histórica y al carácter abierto de estos conceptos, el art. 15 CE (referido a la integridad moral) se proyecte también en el ámbito de las relaciones laborales, especialmente en casos de acoso laboral o *mobbing*. A este respecto, se pueden citar las SSTC 74/2007, de 16 de abril; 106/2011, de 20 de junio, y 81/2018. En estos fallos, el Tribunal analizó el impacto de determinados comportamientos sobre la integridad moral del trabajador, sin pronunciarse sobre si se produjo una vulneración procesal. La evaluación se centró en la existencia de déficits de argumentación en las resoluciones judiciales.

En cuanto al análisis de la motivación en las resoluciones judiciales, la STC 81/2018 subraya que lo que está en juego son los «valores superiores del ordenamiento», destacando la integridad moral del trabajador (art. 15 CE). La motivación exigible en cualquier resolución judicial no se limita a la mera expresión de razones jurídicas, sino que debe ser una argumentación axiológica que respete los fines perseguidos por la regulación del acoso laboral o *mobbing*. Así, la Corte exige una motivación profunda que refleje los valores fundamentales del ordenamiento jurídico.

△ La intromisión contraria al art. 15 CE, que protege la integridad moral, implica la causación deliberada de padecimientos físicos, psíquicos o morales, o el sometimiento a un «riesgo relevante» de sufrirlos. Esto se refiere a un «peligro grave y cierto» para la integridad personal. En cuanto a la intencionalidad, el Tribunal ha señalado que, de manera general, la protección constitucional de los derechos fundamentales no depende de factores psicológicos y subjetivos difíciles de controlar. En cambio, basta con la presencia de un nexo de causalidad adecuado entre el comportamiento antijurídico y el daño producido, tal como se establece en diversas sentencias (STC 11/1998, STC 124/1998, entre otras).

En relación con el menoscabo de la integridad moral, el Tribunal ha subrayado que no es necesario que la lesión se haya consumado para que se considere que el derecho invocado ha sido vulnerado. Es suficiente con que exista un «riesgo relevante» de que dicha lesión se produzca. La jurisprudencia del Tribunal ha sido clara en este punto, como se puede ver en las SSTC 220/2005 y 221/2002, que precisan que no todo riesgo o daño para la salud implica una vulneración del derecho fundamental a la integridad moral, sino únicamente aquel que genere un peligro grave y cierto para la misma.

Además, en relación con el acoso laboral, la Sala ha indicado que para que exista una situación de acoso u hostigamiento, debe tratarse de una actuación sistemática y persistente en el tiempo, objetivamente lesiva de la dignidad del trabajador. Así lo establece la sentencia de 8 de mayo de 2023 (Rec 33/2023), que afirma que el acoso moral en el trabajo requiere de una presión psicológica efectiva que sea percibida por el trabajador y que cause un daño psíquico real, perjudicando su convivencia normal en el entorno laboral. En este contexto, es fundamental que haya una conexión clara entre el comportamiento y el resultado, y que exista una reiteración sistemática de la presión.

Sin embargo, el Tribunal también ha destacado que no toda situación de tensión en el ámbito laboral puede calificarse de acoso moral. Se debe distinguir entre una conducta de verdadera hostilidad, vejación y persecución sistemática, y otros supuestos como la disparidad de criterios, la imposición de órdenes o instrucciones laborales, que, aunque puedan ser excesivas o incluso contrarias a derecho, no tienen la intención ni el efecto de vulnerar la dignidad del trabajador. Este análisis permite evitar que cualquier discrepancia laboral se clasifique erróneamente como acoso moral.

Partiendo de los requisitos jurisprudenciales establecidos y considerando que debemos basarnos en los hechos probados en la sentencia, según el TSJ, para el caso particular, no se puede más que coincidir con el criterio de la misma que concluye que no se ha producido un incumplimiento grave por parte de la empresa que pueda constituir acoso laboral y justificar la extinción indemnizada de la relación laboral solicitada por el trabajador.

Tal como analiza la sentencia de instancia, en relación a cada uno de los extremos planteados por el actor, lo que se acredita es que, en cuanto a las represalias alegadas, tales como la modificación de las condiciones laborales tras la negativa del trabajador a realizar tareas ajenas a su puesto de trabajo, la realidad es que el trabajador estaba desempeñando su labor en un puesto de garita de control de acceso exterior en DHL, en régimen de mañana, tarde y noche. Tras una baja médica del 05/01/2023 al 31/01/2023, fue reasignado a otro puesto y turno.

La sentencia también deja claro que la empresa, en relación al cliente, tenía instaurado desde al menos 2018 un sistema de *check list*, para reportar novedades sobre los equipos (Citrix) en el que el vigilante de seguridad de la garita debía rellenar información sobre el estado de la maquinaria que le informaban los compañeros del interior. Se evidencia que el actor, al inicio de 2023, se negó a cumplimentar los *check lists* sin haber revisado previamente la maquinaria, y la empresa le comunicó en varias ocasiones, por escrito y de manera verbal a través de sus superiores, que debía realizar esta tarea.

En cuanto al cambio de puesto y funciones, se considera probado que dicho cambio se debió a que el trabajador no cumplió con las instrucciones de la empresa, que seguía las directrices del cliente, debido a un incidente relacionado con el *check list* y con la matrícula de un vehículo. A raíz de estos hechos, el cliente perdió la confianza en el trabajador, quien, tras reincorporarse de su baja médica el 01/02/2023, fue asignado a un nuevo puesto y turno, los cuales se mantendrían hasta que se produjera una resolución del conflicto. La sentencia considera que estos cambios se dieron en el marco de un conflicto laboral y no constituyen una represalia por parte de la empresa.

La decisión de la empresa no se puede calificar como acoso laboral, ya que esta respuesta organizativa de la empresa tenía como objetivo ajustarse a las peticiones del cliente quien no quería al trabajador en esos puestos debido a la falta de cumplimiento de las instrucciones. Asimismo, no se observa una conducta continuada de hostigamiento o presión hacia el trabajador que pueda configurar una situación de acoso.

En cuanto a los reproches personales y profesionales que el actor hace hacia sus superiores, la sentencia destaca que las grabaciones de audio no permiten acreditar una actitud irrespetuosa, pues, aunque se mencionan expresiones vulgares, no fueron dirigidas al trabajador, y en todo momento se intentó resolver el problema de manera amigable y respetuosa.

Por otro lado, en relación con el cuestionamiento de las decisiones del trabajador y el impago de horas extras, la sentencia aclara que los errores en el pago no son exclusivos del actor, sino que afectaron a otros trabajadores, derivando de un nuevo sistema implantado por la empresa, y que cualquier reclamación sobre este tema debe seguir los procedimientos establecidos para su resolución.

Respecto a la exclusión del actor del grupo de WhatsApp, la sentencia establece que esto se debió a una práctica común en la empresa, donde los empleados de baja médica prolongada son excluidos temporalmente del grupo para garantizar su desconexión digital, y que dicha práctica no constituye un acto de acoso, ya que se aplica de manera uniforme a todos los empleados en situación similar.

Con todo, en cuanto a las actitudes de un empleado de la empresa que se habría dirigido al trabajador de forma inadecuada e irrespetuosa, la sentencia concluye que no hay pruebas de tal comportamiento, ya que las grabaciones reflejan una conversación respetuosa y con el intento de solucionar el problema de forma amigable.

En fin, la sentencia desestima el recurso interpuesto por Víctor Manuel, pues no se considera acreditado que se haya producido una situación de acoso laboral ni ningún otro incumplimiento grave por parte de la empresa que justifique la extinción indemnizada del contrato de trabajo. Además, el comportamiento de la empresa se ajusta a sus facultades organizativas y a las peticiones del cliente, sin que se haya vulnerado la dignidad del trabajador ni sus derechos fundamentales.

Por lo tanto, se confirma la sentencia de instancia, desestimando el recurso y sin costas a favor del trabajador debido a su condición de beneficiario de asistencia jurídica gratuita.

STSJ Madrid 13240/2024 - 26/09/2024 N.º rec. 381/2024.

SECURITY

ACOSO LABORAL RECHAZADO

Dulce trabajaba desde 2016 en una empresa textil.

A partir de 2022, tras una baja por COVID, denuncia haber sufrido un proceso de hostigamiento laboral continuado por parte de su encargado, que se intensificó a inicios de 2023.

Expresiones degradantes y trato vejatorio. Relata haber sido víctima de comentarios humillantes como:

- «Lávate el pelo».
- «Cómo vienes así a trabajar».
- «No le llegas a tu compañera ni a la suela de los zapatos».
- «Cómo montas así el maniquí, que pareces tonta».

Sostiene que estas frases atentaban contra su dignidad como mujer y trabajadora.

Detalla una serie de acciones que considera *mobbing*:

- Vaciamiento de funciones.
- Desautorizaciones continuas, incluso frente a clientes.
- Control abusivo de descansos.
- Cambios de turno discriminatorios.
- Negación de derechos laborales (descansos, permisos, vacaciones).
- Recriminaciones constantes acompañadas de amenazas de despido.

El 15/03/2023 inició una IT por trastorno de ansiedad con depresión. Fue dada de alta por decisión voluntaria el 29/09/2023, tras ser derivada a psicoterapia por su psiquiatra. Finalmente, el 21/09/2023 solicitó la baja voluntaria con efectos al 30/09.

Demanda por acoso, alegando vulneración de derechos fundamentales; su derecho a la dignidad personal y laboral. Sostiene que las acciones de su encargado generaron ansiedad y depresión, lo que la llevó a abandonar su empleo.

La empresa niega los hechos, calificando la relación laboral como normal con su superior y aportando pruebas documentales como:

- Mensajes de WhatsApp y e-mails sin evidencias de las conductas denunciadas.
- Permisos y descansos: documentación que desmiente sus afirmaciones sobre denegaciones arbitrarias.
- Control de descansos: justificado dentro de las facultades organizativas del empleador.

La empresa alega la falta de pruebas suficientes. Cuestiona que la acción se interpusiera tras finalizar el vínculo laboral.

La Sala rechaza la excepción de falta de acción, *ex art*. 177.1 de la LRJS, que protege los derechos fundamentales incluso tras la extinción del contrato.

Dulce detalla los hechos denunciados, identifica al autor, el periodo en el que tuvieron lugar y el derecho fundamental vulnerado, cumpliendo así con los requisitos del art. 179.3 LRJS. La acción ejercitada se sustenta en el derecho fundamental a la dignidad personal y laboral.

Aunque presentó informes médicos y testimonios, estos no establecen una relación causal clara entre el entorno laboral y su estado de salud:

- Los informes califican el trastorno como enfermedad común, sin especificar origen laboral.
- El testimonio de una compañera resultó insuficiente para acreditar las expresiones denunciadas.

✘ Según la Sala, Dulce no aportó pruebas suficientes para acreditar la vulneración de su derecho fundamental ni justificar la inversión de la carga probatoria. Por consiguiente, se desestimó su demanda.

SJSO Badajoz 1345/2024, 19/06/2024, N.º rec. 753/2023.

CONDUCTAS QUE NO ALCANZAN EL UMBRAL NECESARIO PARA SER CONSTITUTIVAS DE ACOSO LABORAL

Carmelo trabaja desde 2019 como auxiliar de servicios.

La coordinadora pidió a los trabajadores que entregaran una copia de la llave de sus taquillas por motivos de seguridad. Carmelo no se opuso a esta medida.

Carmelo solicitó cambios en su horario laboral debido a problemas digestivos, y la coordinadora atendió sus solicitudes.

En una ocasión, Carmelo acudió al trabajo en ropa de calle y manifestó que no trabajaba. La coordinadora le informó que debía seguir trabajando.

En mayo de 2022, intentó organizar elecciones sindicales, pero la mayoría de sus compañeros se opusieron y firmaron un documento para evitar el proceso.

La empresa tiene un protocolo contra el acoso laboral, pero no hay constancia de denuncias formales ni se han activado procedimientos respecto a la situación de Carmelo.

El trabajador denuncia a su empresa por vulneración de derechos fundamentales, incluyendo la integridad física y moral, el derecho al honor y la libertad sindical. El acoso moral se define como una conducta abusiva y sistemática que afecta a la dignidad del trabajador.

Alega que ha sufrido *mobbing* por parte de la coordinadora. La empresa debe justificar la legalidad de sus acciones si se presentan indicios razonables de la violación de derechos fundamentales.

La solicitud de copia de llaves de taquillas no constituye acoso en sí misma, sino que responde a medidas organizativas justificadas. No se prueba que Carmelo se opusiera a la solicitud de copia de llaves ni que se vulnerara su derecho a la intimidad.

La aparición de Carmelo en ropa de calle alegando desconocimiento sobre si debía trabajar no es suficiente para demostrar acoso laboral. Se considera una situación puntual y no una práctica sistemática de hostigamiento por parte de la empresa. Carmelo acudió al centro de trabajo vestido de calle y no prestó servicios hasta que se le requirió expresamente que se pusiera a trabajar.

La empresa intentó acomodar sus necesidades de horario de debido a sus problemas digestivos, lo que no se interpreta como un acto de acoso. No se prueba que hubo un cambio de horario de comedor en perjuicio de Carmelo.

La negativa a organizar elecciones sindicales fue impulsada por la mayoría de los compañeros de trabajo, no por la empresa. No se prueba que la renuncia de los trabajadores al proceso electoral fuera bajo amenaza o coacción de la empresa.

🔍 No se presentaron denuncias formales ni indicios suficientes para activar el protocolo de *mobbing*.

✖ No se aportan pruebas de expresiones despectivas por parte de la coordinadora hacia Carmelo.

⚖ No existe prueba objetiva de una relación de causalidad entre su baja médica y una situación de acoso laboral. El informe médico de psiquiatría se basa en referencias de Carmelo sin contrastar con datos objetivos.

✖ En fin, se desestima la demanda del trabajador.

📌 SJSO 4837/2023 - 20/10/2023 N.° rec. 406/2023.

CONFLICTO LABORAL EN UNA COMUNIDAD DE PROPIETARIOS: ¿ACOSO O MALENTENDIDO?

Melchor es portero de una Comunidad de Propietarios desde el 25/04/2022, con un salario de 1.260 €/mes.

Fue contratado por el anterior presidente, Cipriano, quien fue reemplazado por Donato como presidente y Onésimo como vicepresidente en una junta de renovación de cargos. Estos dos últimos cesaron en sus cargos en la junta del 14/02/2023.

Un mes antes, surgen problemas con la caldera de la Comunidad, lo que genera protestas de los vecinos por la temperatura del agua. Esto desencadena un intercambio de opiniones entre Melchor, el presidente y Onésimo (vicepresidente en ese momento). Las discrepancias llevan a que Onésimo elabore unas normas para la portería, prohibiendo a Melchor acceder a la sala de calderas y manipularlas.

En abril de 2023, Onésimo acusa a Melchor de sustraer azulejos guardados en un cuarto al que solo ellos dos tenían acceso. Onésimo le envía un mensaje de WhatsApp a Melchor, acusándolo de este hecho y amenazándolo con ir a la policía si no aparecen.

Ese mismo mes, Melchor tuvo problemas con su conexión a Internet debido a que los puertos estaban mal colocados. En una conversación entre Melchor y Onésimo, este último insinúa que Melchor es el responsable del problema. Durante esta conversación, Onésimo utiliza expresiones insultantes y amenazantes hacia Melchor: «ya estoy hasta los cojones de ti, tío; ahora voy a por ti en serio; tú vas a durar menos que bueno...un pajarito; Vale tu eres el portero y yo soy el dueño del piso, tú eres el portero nada más». A lo que Melchor opuso «Yo creo que usted el dueño no es» y Onésimo le dijo «Eres tú, no te jode, gilipollas el tío»; eres tonto de baba, eres tonto de baba".

Un mes después, hubo un incidente entre Melchor y el hijo de Onésimo, en el que el hijo consideró que el portero lo había amenazado, y Onésimo le reprochó las amenazas.

En mayo de 2023, Melchor denunció a Onésimo ante la Policía Nacional por acoso laboral y es dado de baja por trastorno de ansiedad.

Melchor demandó a la Comunidad y al vecino por vulneración de sus derechos fundamentales y acoso laboral, solicitando una indemnización de 18.000 €.

El juzgado citó sentencias sobre acoso laboral, que se basa en la intención de dañar, la producción de un daño en la esfera de los derechos personales y el carácter complejo, continuado, predeterminado y sistemático del acoso.

✘ Sin embargo, no se consideró que hubiera acoso laboral por varios motivos: las conductas de **«acoso»** se centraban en un vecino que no es propietario y no era directivo de la Comunidad cuando ocurrieron los hechos; los incidentes ocurrieron en un período de 7 meses, sin una conducta de hostigamiento prolongada durante al menos 6 meses; y los hechos puntuales tienen una «justificación», aunque la reacción del vecino pueda considerarse desproporcionada.

✘ La demanda se desestimó.

📌 Sentencia JSO 4908/2023 Vigo 11/12/2023 núm. rec. 768/2023.

✕ BLOQUEO EN WHATSAPP NO CONSTITUYE ACOSO LABORAL

Blas, vigilante de seguridad en un centro de menores, estuvo en situación de IT en varios períodos desde el 1/10/2018 hasta la fecha del juicio.

Casimiro, jefe de Servicio del centro, tiene un móvil de la empresa sin WhatsApp, pero usa esta aplicación en su móvil personal.

Desde 2022 la plantilla tiene turnos de día de 8:00 a 22:00 y de noche de 22:00 a 08:00.

En 2019, se acordó respetar los turnos anteriores y asignarlos por sorteo al inicio de cada año, rotando los turnos preestablecidos y respetando los descansos legales, comunicándose cualquier modificación a través de un grupo de WhatsApp.

Blas pidió a Casimiro, vía WhatsApp, cambiar sus turnos de 14 a 7 h. por una patología en el nervio ciático. Casimiro le indicó que debía comunicarlo a Guillermo. Casimiro bloqueó a Blas en WhatsApp, quien informó a Guillermo sobre el bloqueo y la conversación.

El 23/05/2022, Blas fue diagnosticado con «clínica ansioso-depresiva reactiva a acoso laboral» y empezó tratamiento psicológico y psiquiátrico.

Seis meses después, Blas denunció acoso laboral *(mobbing)*, pidiendo la activación del Protocolo de Prevención del Acoso Laboral y un traslado preventivo. Describió que su superior no le dirigía la palabra, le hacía el vacío, y otros compañeros adoptaron actitudes similares.

Poco después, la empresa abrió una investigación, pidiendo detalles a Blas sobre los acosadores y los mensajes intimidatorios. Blas no proporcionó la información requerida. La empresa ofreció dos puestos alternativos en caso de reincorporación.

Un informe concluyó que no había pruebas suficientes para considerar *mobbing*.

La demanda alega la infracción de los derechos fundamentales de Blas, solicitando una indemnización de 25.000 €.

Aquí, la carga probatoria de la infracción de derechos fundamentales recae en Blas quien debe proporcionar indicios de la violación de derechos, pero no aportó indicios suficientes de *mobbing*.

✕ La demanda no demuestra que las acciones de Casimiro y los compañeros constituyan *mobbing*. El bloqueo en WhatsApp no es prueba suficiente de acoso.

‼ Para que sea *mobbing*, es necesario demostrar una conducta hostil, sistemática y prolongada que desvalorice profesional y personalmente al trabajador.

👀 Sobre el trato discriminatorio, Blas no proporcionó pruebas contundentes. La empresa tomó medidas adecuadas al recibir la denuncia, iniciando una investigación y ofreciendo alternativas de reubicación laboral.

❌ La reclamación de daños y perjuicios por 25.000 € no prospera por la falta de pruebas suficientes de acoso laboral o trato discriminatorio.

⚖ No existen evidencias de violaciones a los derechos fundamentales de Blas la integridad moral, dignidad y no discriminación. La empresa cumplió con sus obligaciones legales y convencionales.

❌ Se desestima la demanda de Blas contra la empresa y Casimiro.

📌 Sentencia JSO 220/2024 Palma de Mallorca 13/03/2024 núm. rec. 330/2023.

❌ SIN VULNERACIÓN DE DERECHOS FUNDAMENTALES

Massiel técnico de farmacia desde 2020.

El 13/11/2023 solicitó una excedencia voluntaria.

Demandó alegando la vulneración de varios derechos fundamentales, incluyendo el derecho a la dignidad, igualdad, integridad física y moral, honor e intimidad personal y familiar.

Solicitó que se condenara a su empresa a reparar los daños causados, fijando una indemnización de 100.006 € además de condena en costas.

Según el art. 177 de la LRJS y el art. 53.2 de la CE, cualquier trabajador o sindicato puede solicitar tutela judicial por la vulneración de derechos fundamentales, como la libertad sindical, el derecho a huelga, entre otros.

El art. 181.2 de la LRJS determina que, en el juicio, si se justifica la existencia de indicios de vulneración de derechos fundamentales, corresponde a la parte demandada presentar una justificación objetiva y razonable de las medidas adoptadas.

No se probó que Massiel sufriera acoso laboral *(mobbing)* ni que hubiera recibido gritos, insultos o menosprecios por parte de sus superiores.

No se verificó la vulneración de su derecho a la dignidad, al honor ni a la integridad moral y psicológica.

❌ No se demostraron actos de discriminación que constituyeran una violación del derecho a la igualdad.

La empresa no impidió el descanso de los trabajadores ni el acceso a los reconocimientos médicos anuales. Tampoco se probó que la empresa dificultara el acceso de Massiel a los horarios de trabajo.

No se estableció un nexo causal entre el agotamiento físico y mental de la trabajadora, el trastorno de ansiedad, y la conducta de la empresa.

Un testigo manifestó bajo juramento que mantenía una relación cordial con Massiel.

Negó haberla chillado o insultado y explicó que el término «eres tonta» se había referido a su adicción al tabaco.

Su declaración fue legítima y no se encontró evidencia de que tuviera motivos espurios o un reconocimiento tácito de conductas inapropiadas hacia la mujer trabajadora.

Otro testigo indicó que tenía una buena relación con todos y que no había experimentado faltas de respeto ni un mal ambiente laboral.

Confirmó que no asumió funciones que no le correspondieran y que conocía la existencia de cámaras de seguridad, las cuales estaban en áreas visibles, como reflejaba la documentación aportada por la empresa.

Mencionó que cuando Massiel dejó su puesto, la organización del trabajo tuvo que ser reestructurada, pero no hubo problemas para que asistiera a citas médicas.

No se evidenció ninguna conducta vejatoria por parte del testigo ni se confirmó la existencia de un ambiente hostil en el trabajo.

Según las declaraciones, no había pruebas de vulneración de derechos fundamentales o libertades públicas, ni de acoso o violación de intimidad.

Se desestimó la demanda: no se justificó ningún trastorno de ansiedad relacionado con una conducta discriminatoria.

SJSO Ciudad Real 878/2024 - 09/05/2024 N.° rec. 248/2024.

❌ EPISODIOS INAPROPIADOS, PERO SIN ACOSO SISTEMÁTICO

Mari Trini, jefa de la Unidad Técnica hasta su renuncia en 2018, tras lo cual volvió a su posición como responsable de Electrificación en Alicante. Durante este periodo, la empresa realizó una reorganización interna que incluyó la creación de nuevas áreas y funciones, alterando su estructura de gestión.

En 2015, la empresa aprobó un nuevo organigrama que modificó la Dirección Técnica e incorporó cambios significativos en áreas como Seguridad y Recursos Humanos. Esta reestructuración generó tensiones en la gestión interna.

Entre 2016 y 2017, Mari Trini solicitó en varias ocasiones la cobertura de plazas vacantes y la adscripción de agentes a su unidad, sin recibir respuestas satisfactorias por parte de la dirección.

En reuniones clave de 2017, la trabajadora propuso iniciativas como:

- Creación de una oficina de supervisión de proyectos.
- Incremento de primas para agentes en Alicante ante la creciente carga de trabajo.
- Incorporación de más técnicos a la Unidad Técnica para atender la demanda.

También participó en licitaciones administrativas relacionadas con máquinas vending en diversas estaciones. Este proceso incluyó intercambios de correos y desacuerdos internos.

En mayo de 2018, detectó un error en su retribución por guardias, que fue subsanado en junio. Sin embargo, en agosto, presentó su renuncia alegando acoso laboral y hostigamiento psicológico.

Tras la demanda a su empresa en la que reclamaba vulneración de derechos fundamentales, alegando hostigamiento psicológico y condiciones laborales adversas, la instancia la desestimó.

Luego, recurrió alegando vulneraciones de derechos fundamentales, citando hasta ocho episodios de hostigamiento desde 2015. Alegó que estas situaciones, toleradas por la dirección, afectaron su salud y su desempeño profesional.

Respecto a los hechos denunciados, según la Sala:

- Los desacuerdos profesionales en torno a la adquisición de material y la instalación de máquinas vending no fueron objetivados como acoso.
- Las solicitudes de refuerzos y acumulaciones de funciones respondieron a decisiones generales de gestión, no dirigidas específicamente contra la actora.

- Los rumores de corrupción política fueron neutralizados mediante la apertura de un expediente interno.

Sobre el trato psicológico adverso, se consideró que no existió una presión sistemática ni exclusión de la trabajadora. Las pruebas presentadas no acreditaron vulneración de derechos fundamentales.

Así las cosas, las situaciones descritas, aunque desafortunadas, no constituyen un patrón continuo de acoso laboral. Se consideraron cuestiones propias de gestión interna, sin evidencia de intención maliciosa o trato discriminatorio.

✗ El TSJ desestimó su recurso, ya que los hechos narrados por la trabajadora no constituían acoso laboral continuado ni afectaban sus derechos fundamentales.

STSJ Comunidad Valenciana 6428/2019 - 12/11/2019 N.º rec. 2330/2019.

NO HAY ACOSO LABORAL

Lidia, Gerente A en Mercadona.

Estuvo de baja por enfermedad común entre mayo de 2022 y febrero de 2024.

En mayo de 2023 fue diagnosticada con trastorno de ansiedad, extendiéndose su baja.

✕ Desde junio de 2023 dejó de colaborar con el servicio médico de la empresa.

Su índice de absentismo superó el 2 % entre mayo de 2022 y mayo de 2023.

La empresa dejó de abonarle el complemento de IT desde junio de 2023.

En su puesto como hornera, solicitó apoyo, pero la empresa redujo las hornadas, afectando sus tareas. La asignación de apoyo en el horno era responsabilidad de la coordinadora del centro, Ingrid.

En enero de 2024, la empresa activó el protocolo de acoso, entrevistando a varios trabajadores para investigar las acusaciones de Lidia.

Lidia presentó una demanda solicitando la extinción voluntaria de su contrato, alegando haber sufrido acoso laboral.

El acoso laboral o ***mobbing*** implica conductas reiteradas de destrucción psicológica y hostigamiento.

En este caso, no se acreditó **acoso laboral**, ya que no se presentaron pruebas suficientes para apoyar sus alegaciones.

Testigos y documentos mostraron que Lidia no mencionó el supuesto acoso en entrevistas clave con recursos humanos.

Las conversaciones con el médico de la empresa reflejaron más un conflicto laboral que un caso de acoso.

Aunque la trabajadora expresó incomodidad en su entorno laboral, no se identificaron conductas específicas que pudieran considerarse acoso laboral.

No se demostró un hostigamiento constante ni intencional, elementos esenciales para calificar una situación como acoso laboral.

El informe resultante del protocolo de acoso no respaldó las acusaciones de Lidia. Aunque se realizaron entrevistas e investigaciones, no se encontraron pruebas que sustentaran su queja. No obstante, se recomendó monitorear el comportamiento de la coordinadora Ingrid.

Durante el juicio, los testigos que trabajaban en la misma tienda no confirmaron las acusaciones de la trabajadora ni testificaron sobre episodios o conductas que pudieran ser catalogados como *mobbing*.

📅 Las comunicaciones entre Lidia y el departamento de RRHH tampoco reflejaron indicios claros de acoso. En las entrevistas clave, no mencionó directamente ser víctima de acoso, sino que expresó un malestar general por su situación en la empresa.

🤝 Pese a que manifestó sentirse incómoda con ciertas situaciones, se concluyó que las tensiones y conflictos puntuales no alcanzaban la gravedad y sistematicidad necesarias para constituir *mobbing*.

🔎 Se resaltó la diferencia entre un conflicto laboral, que puede generar malestar, y el *mobbing*, que implica un comportamiento sostenido de menosprecio o maltrato psicológico.

🎯 Al no acreditarse la existencia de acoso laboral y las pruebas presentadas por Lidia no fueron suficientes, se desestimó la demanda.

📌 Sentencia JSO Palma de Mallorca 875/2024, 06/05/2024 N.º rec. 740/2023.

SUPUESTO SIN ACOSO LABORAL EN CENTRO PENITENCIARIO

María ha desempeñado el cargo de jefa de servicio en un Centro Penitenciario (CP) desde 2018.

En abril y julio de 2019, la dirección del CP reportó a la Subdirección General conductas problemáticas de María, basadas en quejas de sus compañeros de trabajo.

Estas comunicaciones llevaron a una investigación por parte de la Subdirección General de Análisis e Inspección.

En octubre de 2019, María solicitó que se activara el protocolo contra el acoso psicológico/moral/laboral, citando múltiples incidentes con la directora del CP.

Entre los incidentes, denunció que la directora del CP la desautorizó públicamente en varias ocasiones frente a sus subordinados, cuestionando su profesionalidad y provocando un ambiente de trabajo hostil.

Además, alegó que la directora permitió que se la fotografiara sin su consentimiento en su despacho y en el baño, lo que contribuyó a una mayor tensión y estrés en su entorno laboral.

También que le hizo acusaciones de graves desperfectos y falta de higiene en su área de trabajo, lo que María consideró una medida para desacreditarla y exacerbar el conflicto.

En respuesta a estas situaciones, María solicitó estar acompañada por una delegada de prevención o asesora durante sus declaraciones en las investigaciones internas, pero estas solicitudes fueron rechazadas.

Además, pidió copias de las declaraciones realizadas en el proceso de investigación, lo que también fue denegado, lo que la llevó a presentar quejas formales sobre la falta de transparencia y asistencia durante el proceso.

En 2020, María recibió una notificación sobre un cambio en su turno de guardia, que había estado desempeñando desde 2018, lo cual interpretó como una medida retaliatoria y motivo para presentar otra queja solicitando una justificación de este cambio.

En junio de 2020, la dirección del CP solicitó un informe sobre riesgos psicosociales en el centro, pero la evaluación no se realizó.

Comenzó un proceso de IT ese mismo mes.

Presentó una demanda pidiendo que se aplicara el protocolo contra el acoso laboral ***(mobbing).*** Reclamó una indemnización por daños, así como el cese de las actuaciones que consideraba violaciones a sus derechos fundamentales.

La demanda fue desestimada.

🙏 María presentó un recurso de suplicación. Alegó la infracción de sus derechos fundamentales y una incorrecta aplicación del protocolo PPRL-1600, argumentando que su situación de acoso no fue tratada adecuadamente y que hubo falta de comunicación y rechazo a sus solicitudes de asistencia.

❌ Sin embargo, el TSJ concluyó que no había pruebas suficientes para demostrar acoso laboral según el protocolo establecido y que las acciones de la Secretaría General fueron adecuadas y conforme a la normativa.

❌ No recibió la indemnización solicitada ni el reconocimiento de la vulneración de sus derechos fundamentales.

📌 STSJ Andalucía 2514/2024, 01/04/2024 N.° rec. 169/2024.

✘ NO HAY ACOSO LABORAL, SIMPLEMENTE LA EXTINCIÓN DE UN CONTRATO DE SUSTITUCIÓN

Adela firmó un contrato temporal de sustitución con la Ciudad Autónoma de Ceuta para cubrir el puesto de su compañero Pedro, quien estaba liberado por actividad sindical con el sindicato CSIF.

Comenzó su trabajo el 01/01/2023 como monitora educativa en un centro de menores.

En febrero de 2023, tuvo una reunión con el director del centro debido a conflictos con la educadora responsable, Sagrario. En esta reunión, el director sugirió que la trabajadora denunciara por escrito cualquier problema futuro, ya que Sagrario tenía un tono elevado.

⚠ El 16/02/2023, Adela inició una baja médica por ansiedad, y no volvió a reincorporarse al trabajo. El servicio de prevención recomendó un cambio de turno para minimizar los conflictos con el equipo de trabajo.

El 25/04/2023, Adela presentó una denuncia ante la Ciudad Autónoma alegando acoso laboral por parte de Sagrario.

El 07/09/2023, se inició un expediente disciplinario contra la educadora, pero después de investigar, el expediente fue archivado el 19/06/2024.

El 13/07/2023, el sindicato CSIF notificó que Pedro finalizaría su liberación sindical y se reincorporaría al trabajo el 19/09/2023.

El 18/07/2023, la Ciudad Autónoma notificó a Adela que su contrato finalizaría al día siguiente, debido a la reincorporación de Pedro.

Sin embargo, entre el 19/07 y el 15/09/2023, Pedro estuvo de vacaciones y disfrutó de días de asuntos propios, por lo que no trabajó hasta su reincorporación en septiembre.

Adela presentó una demanda contra la Ciudad Autónoma, alegando la vulneración de derechos fundamentales y reclamando una indemnización de 74.956,58 €.

El objetivo del procedimiento no era determinar si Adela sufrió acoso laboral, sino si su despido estaba relacionado con su denuncia, vulnerando así su derecho a la tutela judicial efectiva.

La denuncia se presentó en abril de 2023, y la extinción de su contrato ocurrió en julio, con un lapso de casi 3 meses entre ambos eventos, lo que dificulta establecer una relación de causa-efecto directa.

⚠ Aunque el conflicto laboral comenzó en febrero, cuando Adela comunicó el problema al director, la Administración tomó conocimiento del conflicto y recomendó un cambio de turno para evitar coincidencias entre Adela y otros compañeros.

Este informe del servicio de prevención y su baja médica evidencian que la Administración era consciente de un conflicto laboral que afectaba el clima laboral.

Adela sostiene que la extinción de la relación laboral el 18/07/2023 fue consecuencia de la denuncia de acoso laboral presentada contra la Ciudad Autónoma de Ceuta.

El objetivo del procedimiento no es determinar si vivió acoso laboral, ni dilucidar la responsabilidad de la Ciudad Autónoma en dicha situación, sino analizar si la extinción del contrato estuvo vinculada con la denuncia y si se vulneró el derecho a la tutela judicial efectiva.

Según el art. 181 de la LJS, el trabajador debe presentar indicios suficientes para acreditar que la decisión extintiva está relacionada con un acto contrario a un derecho fundamental, y es al empleador demostrar lo contrario.

La trabajadora considera que la extinción del contrato y la denuncia de acoso son indicios suficientes, pero estos solo serían relevantes si existiera una proximidad temporal que permita vincularlos como causa y efecto.

Adela presentó la denuncia el 25/04/2023, momento en el que la Ciudad Autónoma tuvo conocimiento de la situación que ella describió como acoso laboral.

Sin embargo, la Administración reconoció que el 16/02/2023 se produjo una reunión entre Adela y el director del centro, donde se mencionó un incidente con la educadora Sagrario.

En el juicio, la empresa argumentó que Adela describió este hecho como un incidente puntual, sin darle mayor importancia y justificando el comportamiento de Sagrario por hablar muy alto.

El contrato de Adela era de sustitución, y su finalización se produjo porque Pedro, quien tenía derecho a reincorporarse, notificó su vuelta al trabajo el 19/07/2023, según lo establecido en los arts. 15.3 y 49 del ET.

✕ No se encontraron indicios suficientes que demuestren que las decisiones de Pedro, como representante sindical, o las comunicaciones del sindicato CSIF, tuvieran como objetivo perjudicarla o vincularse con su denuncia.

No se pudo demostrar un vínculo de causa-efecto entre la denuncia de Adela y la extinción de su contrato. El despido se basó en causas objetivas (art. 49 ET), como el derecho de Pedro a reincorporarse a su puesto.

✕ En fin, el juzgado desestimó la demanda de la trabajadora contra la Ciudad Autónoma de Ceuta.

SJSO Ceuta 1989/2024 - 11/11/2024 N.º rec. 130/2024.

ADELA

ANÁLISIS DE ACUSACIONES DE ACOSO LABORAL, DISCRIMINACIÓN Y REPRESALIAS EN EL ENTORNO LABORAL. TEMERIDAD POR PARTE DE UN REPRESENTANTE DE LOS TRABAJADORES

Juan Ignacio trabaja como conductor funerario de 1.ª desde 202. En febrero de 2022 fue elegido representante de los trabajadores en su empresa, desempeñando este papel desde entonces.

En junio de 2023, comunicó a la empresa posibles fraudes y malas prácticas en la extracción de marcapasos por parte del anterior gerente.

Aunque la investigación interna concluyó que no había pruebas suficientes para sancionar, el trabajador llevó el caso ante Sanidad Mortuoria, lo que resultó en una sanción a la empresa.

Estuvo de baja médica desde el 20 de mayo hasta el 7 de agosto de 2023.

Disfrutó de permiso de paternidad en dos periodos: entre el 30 de septiembre y el 10 de noviembre de 2023, y entre el 5 y el 14 de febrero de 2024.

En enero de 2024, solicitó una adaptación de su jornada laboral por motivos personales, pero la empresa rechazó la petición. Luego, la demanda judicial presentada por esta negativa fue desestimada.

El 14/02/2024, Juan Ignacio presentó una denuncia interna alegando acoso en el trabajo y discriminación laboral.

La empresa activó un protocolo de investigación, externalizado a una firma independiente, que concluyó que no había evidencias de acoso.

Desde el 15/04/2024, se encuentra nuevamente en situación de incapacidad temporal por «depresión con ansiedad».

El trabajador presentó demanda. Solicitó: 1) la condena a la empresa y a varios responsables por vulnerar sus derechos fundamentales (integridad, dignidad, intimidad y protección contra el acoso); 2) el cese inmediato de las conductas denunciadas y; 3) una indemnización de 30.000 euros por daños morales.

Alegó que fue víctima de violencia psicológica con insultos, presiones y desplantes relacionados con su papel como representante sindical. También que las acciones en su contra comenzaron tras denunciar irregularidades internas.

La empresa argumentó que las decisiones tomadas estaban dentro de su marco organizativo y no vulneraron derechos fundamentales. Los hechos denunciados carecían de concreción y evidencia suficiente. Además, señala que el protocolo de acoso, llevado a cabo por una firma externa, concluyó que no había acoso ni trato degradante. Finalmente, alegó que la solicitud de adaptación de jornada fue rechazada por necesidades organizativas, y el asunto ya había sido resuelto judicialmente.

Según la Sala, el acoso laboral, por definición, requiere sistematicidad, reiteración y frecuencia en las conductas hostiles. Estas acciones deben tener una intencionalidad específica, dirigidas a dañar la dignidad del trabajador.

Como conductas denunciadas, Juan Ignacio alegó:

- Insultos y comentarios ofensivos atribuidos al gerente (por ejemplo., «estáis tontos», «no valéis para nada»). Sin embargo, la instancia señaló que, si bien son inapropiados, no constituyen acoso laboral, ya que no se demostró su carácter continuo ni su vinculación directa con el denunciante
- De igual modo, la frase «el despido cuesta poco dinero», atribuida al gerente, se interpretó como una posible amenaza velada, pero no fue respaldada por pruebas que indicaran un contexto de acoso sistemático

Con respecto a posibles reuniones para la revocación sindical, el trabajador alegó que la empresa organizó reuniones con trabajadores para destituirle como representante sindical. No obstante, los testimonios ofrecidos fueron contradictorios, indirectos y carentes de detalles específicos. Según la Sala, incluso si se aceptara que estas reuniones tuvieron lugar, no se demostró que formaran parte de un patrón sistemático de acoso laboral.

Por su parte, el protocolo de acoso que se activó determinó que, tras la investigación externa no se hallaron pruebas de acoso ni conductas degradantes. Sus compañeros señalaron que su comportamiento había generado un ambiente laboral negativo, lo que influenció las interacciones en el entorno laboral.

El juez recordó que los trabajadores tienen derecho a expresar su desacuerdo con el delegado sindical y, si lo consideran oportuno, promover su revocación, pero en ningún caso, esto constituye acoso laboral.

Con todo, se desestimó la demanda del trabajador. Se concluyó que no se acreditaron las acusaciones de vulneración de derechos fundamentales ni de acoso laboral.

La empresa actuó dentro de su marco organizativo y no se demostró que sus decisiones fueran ilegítimas.

Debido a la falta de pruebas y la vaguedad de las acusaciones, el Juzgado de lo Social consideró la demanda como infundada. Se le imponen las costas al representante de los trabajadores, apreciando temeridad.

El caso real ofrecido, resalta la importancia de aportar pruebas concretas y detalladas en casos de acoso laboral. También resalta la relevancia de garantizar investigaciones objetivas. A pesar de las tensiones en el entorno laboral, no se demostró que las acciones de la empresa constituyeran una vulneración de derechos o acoso sistemático hacia el representante de los trabajadores.

SJSO León 2068/2024 - 07/11/2024 N.º rec. 563/2024.

UNA SOBRECARGA DE TAREAS NO ES ACOSO LABORAL SI NO SE PRUEBA

Palmira, cocinera en una Cafetería desde 2007, causó baja médica en noviembre de 2022. Está en tratamiento en la Unidad de Salud Mental por un trastorno adaptativo mixto, que atribuye a problemas en su entorno laboral.

Demandó a su empresario, alegando vulneración de su derecho a la integridad moral y dignidad en el trabajo. Solicitó la resolución de su contrato, indemnización equivalente a un despido improcedente y una compensación de 25.000 € por daños morales. La instancia rechazó su demanda.

En su recurso de suplicación, reitera que ha sufrido acoso laboral ***(mobbing)*** durante su relación laboral.

! Sostiene que ha sufrido abuso y acoso laboral ***mobbing***, por parte de su empleador, quien la ha sobrecargado de tareas que superan las correspondientes a su categoría profesional. Esta situación le impactó negativamente en su salud, agravado por el trato tiránico y despectivo, y por la falta de apoyo del empresario para aliviar su carga laboral. Todo ello, según ella, la llevó a enfermar debido a estas condiciones laborales.

Su diagnóstico médico señala un trastorno adaptativo ansioso-depresivo. Alega infracción del art. 50.1 a) y c) del ET y del art. 4.1 e) del ET, que prohíbe situaciones de acoso y garantiza la integridad física y moral (art. 15 CE) y la dignidad (art. 10.1 CE) del trabajador.

La empresa responde que el acoso laboral no tiene una definición legal vinculante, aunque existen directrices, como la Resolución del Parlamento Europeo (2001) y el Convenio de la OIT n.º 190 —ratificado en 2023— que definen la «violencia y acoso en el trabajo» como conductas inaceptables que pueden causar daño físico, psicológico o económico. Sostiene que no ha incumplido sus deberes y niega la sobrecarga de tareas.

Según la jurisprudencia el *mobbing* es una conducta sistemática y abusiva que afecta la dignidad y salud psíquica del trabajador. La STC 56/2019 aclara que para que haya vulneración de integridad moral, no es necesaria una conducta intencional ni reiterada, sino que basta que la conducta tenga la capacidad de causar daño sin cobertura legal y sin ser proporcional.

Así, para evaluar la vulneración del derecho a la integridad moral, es clave verificar si la conducta es adecuada para lesionar la dignidad del trabajador y si tiene potencial para dañar. No se exige persistencia en la conducta, sino que pueda causar daño a la integridad moral del trabajador.

Pero TSJ, tras revisar la instancia, concluye que no existen pruebas de un trato despectivo ni de una sobrecarga de trabajo excesiva en el caso de Palmira. La evidencia presentada no confirma un volumen de trabajo que supere sus funciones ni una relación causal entre la baja médica y el supuesto acoso.

✕ No hubo vulneración de su integridad moral ni de su dignidad. Se desestima el recurso y se rechaza la compensación por daño moral.

STSJ Galicia 6282/2024, 19/09/2024 N.º rec. 3022/2024.

✗ ⚠ NO SE PATENTIZA UNA SITUACIÓN DE ACOSO LABORAL

Diana, educadora desde 2018. Colabora en un proyecto de inclusión para colectivos vulnerables, enfocado en la inserción laboral.

Tiene una relación amistosa con su superiora, Virtudes, responsable territorial.

En 12/2021 pidió teletrabajo por contacto estrecho de su hija con un caso positivo de Covid; informó a Virtudes.

En 01/2022, le comunicó sus horarios y ausencias para un examen, generando observaciones sobre dificultad en la planificación por permisos frecuentes. El mismo mes, dio positivo en Covid, informando a Virtudes, quien mostró interés en su estado.

Solicitó ajustes en jornada para compaginar su trabajo con formación en Enfermería, sugiriendo una reducción. En 03/2022, pidió formalmente reducción de jornada de 30 h/semana en horario de mañana; la empresa accedió.

En marzo, ella y su equipo sufrieron una situación de violencia de género, requiriendo intervención policial y generando riesgos para los hijos de la afectada.

Poco después, avisó que no trabajaría ese día por salud; Virtudes le recomendó descansar y considerar una baja médica. Tras ello, la empresa le pidió justificarla, presentando informe médico de IT.

Desde el 23/03/2022 está en baja médica por trastorno de ansiedad generalizada, con tratamiento psiquiátrico; expresa temor a reincorporarse.

Diana demandó sobre rescisión de contrato, derechos fundamentales y daños, pero la instancia la desestimó.

Presenta recurso de suplicación. Alega que otras dos trabajadoras también reportaron *mobbing* de Virtudes sin activar protocolo, pero el TSJ lo considera innecesario.

Argumenta infracción jurídica según art. 50.1 c) del ET sobre *mobbing*, alegando: ansiedad reactiva al conflicto laboral; carga excesiva y críticas constantes; denegación de teletrabajo, vacaciones y permisos formativos y; situación de riesgo en 03/2022 sin medidas de protección.

La STS de 06/05/19 define el acoso laboral como conductas repetidas que degradan las condiciones laborales, a menudo para forzar una renuncia y evitar despido.

Según el TSJ, no se observó un incremento malicioso en las tareas asignadas a Diana desde 09/2021 ni pruebas de un clima de marginación, ya que ninguno de los testigos percibió dicha situación. En cuanto al operativo de 03/2022, este fue planificado por la Policía, y no le supuso un riesgo adicional. Diana se encuentra en baja médica desde el 23/03/2022 por trastorno de ansiedad generalizada derivado de una enfermedad común, lo cual, por sí solo, no demuestra acoso laboral, aunque ella relacione sus problemas de salud con el entorno laboral.

⊖ Respecto a las peticiones de teletrabajo, vacaciones y permisos formativos, el tribunal considera que no fueron denegadas: no se rechazó el teletrabajo, las vacaciones se consultaban previamente y se concedían permisos para la formación.

✖ Se desestima su recurso de suplicación.

STSJ Galicia 6288/2023, 28/09/2023 N.º rec. 2301/2023.

✗ NO SE PRUEBA EL ACOSO LABORAL HACIA UN PEÓN: LAS ACTUACIONES DE LA EMPRESA PÚBLICA ESTÁN SUJETAS AL CONVENIO COLECTIVO

Everardo trabaja en una empresa pública de residuos como peón.

Alega que ha sido perjudicado en términos de movilidad funcional, itinerancia de centros, entre otros aspectos, que, en suma, considera una situación de acoso laboral o *mobbing* hacia su persona.

Presentó una demanda de tutela de derechos fundamentales buscando que se declare vulnerado el derecho a la integridad física y moral, así como el derecho al honor, debido a un caso de acoso laboral. Solicita:

- El cese de la actividad de *mobbing* y la indemnización de 6.000 euros por los daños morales y psicológicos sufridos, a cargo de los codemandados.
- El reconocimiento de que los codemandados, incluyendo a sus encargados, violaron los derechos fundamentales al honor, a la propia imagen y a la integridad moral del trabajador.
- El cese inmediato de la intromisión ilegítima en dichos derechos.

La condena solidaria de los codemandados y su Encargado al abono de la indemnización por daños materiales y morales, además de la cantidad pendiente por no reconocimiento de la categoría de conductor, que asciende a 839,94 €.

La empresa es pública, lo que implica que tiene que seguir ciertas particularidades reflejadas en su Convenio Colectivo. Este convenio regula cuestiones como bolsas de trabajo, movilidad funcional, cobertura de vacantes, entre otros aspectos.

El convenio colectivo de la empresa pública establece que la Comisión Paritaria es la encargada de vigilar, interpretar y estudiar su cumplimiento. Esta comisión debe reunirse cada cuatro meses, y sus acuerdos sobre la interpretación del convenio son vinculantes para todas las partes.

En el presente caso, se han presentado dos actas de la Comisión Paritaria sobre los hechos debatidos, pero no hay evidencia que demuestre incumplimientos relacionados con movilidad funcional, itinerancia de centros u otros aspectos mencionados por el trabajador.

Everardo menciona que ciertas prácticas contrarias al convenio se han aplicado en la zona Almodóvar/Almadén, pero estas prácticas son calificadas como «generalizadas» por la representación sindical. La Comisión Antiacoso también califica estas denuncias, las cuales afectan a varios trabajadores, no solo a él.

Everardo explica que sus acciones se basan en la organización de las rutas de recogida de basuras, que cubren 45 municipios y requieren una plantilla de 32-35 trabajadores. La organización de las tareas es para garantizar que todos los trabajadores cumplan con su jornada laboral convencional.

La documentación presentada demuestra que las tareas que le fueron asignadas no solo las realiza él, sino también otros peones en situaciones similares.

No hay evidencia de incumplimientos en relación con los procedimientos establecidos para la organización del trabajo.

Tareas encomendadas al peón: las funciones mencionadas se consideran dentro de las tareas básicas que corresponden al grupo profesional 4, según el artículo 11 del Convenio colectivo. No son tareas denigrantes, ya que se enfocan en el mantenimiento y limpieza de la planta, instalaciones, vehículos y alrededores, que son funciones necesarias para el buen funcionamiento del centro de trabajo.

Ubicación del trabajador: en cuanto a la ubicación del trabajador, se señala que pertenece a un grupo itinerante que, según su contrato, tiene como centro principal Almadén, y no Almodóvar. Por tanto, no hay indicios de que el traslado a Almadén fuera perjudicial, ya que se ajusta a las necesidades del servicio y al contrato del trabajador.

No hay prueba de castigo: a pesar de las alegaciones de que el trabajador fue enviado a Almadén como castigo, no hay pruebas que respalden esta afirmación. Los documentos de la empresa muestran que el trabajador fue asignado a diferentes zonas según las necesidades del servicio. Además, cuando el trabajador fue destinado a Almadén, realizó más días como conductor, lo cual le resultaba beneficioso económicamente.

Adaptación del puesto de trabajo: en cuanto a la adaptación del puesto de trabajo debido a una dolencia cardíaca, no hay pruebas de que la empresa tuviera conocimiento de restricciones hasta 2022. Sin embargo, una vez que el trabajador fue declarado apto con restricciones, su jornada fue adaptada en consecuencia. Además, se ha documentado que el trabajador tuvo otros procesos de incapacidad temporal (IT) en 2022 y 2023, lo que podría haber afectado la planificación de su jornada laboral.

No previsión de rutas: en cuanto a la falta de previsión de rutas para el trabajador después de su baja, se explica que este tipo de situaciones no fueron continuas y que otros factores, como las contingencias de otros trabajadores (permisos, vacaciones, bajas), también influyeron en la planificación.

Ropa y EPIs: la empresa se encarga de suministrar ropa y equipos de protección (EPIs), pero en algunos casos se mencionan problemas como la entrega de ropa no adecuada (como pantalones grandes o botas incorrectas) y la falta de taquilla en Almadén después de la reincorporación del trabajador de una baja. No obstante, no se especifica con detalle cuánto tiempo duraron estas situaciones ni si se solucionaron posteriormente.

Corrección de tiempos de trabajo: en relación con los partes de trabajo, se ha observado que en algunas ocasiones se tachó el tiempo registrado por el trabajador y otros trabajadores, y el jefe explicó que se añadió tiempo extra debido a paradas más largas de lo habitual. Sin embargo, la prueba no demuestra que esta corrección haya afectado negativamente al trabajador.

Permisos y solicitudes: en cuanto a las solicitudes de permisos, la prueba presentada no proporciona suficiente claridad sobre la cantidad de permisos solicitados, los días específicos, ni las condiciones bajo las cuales se concedieron o denegaron. La situación de los permisos estaba sujeta a ciertos requisitos, y no se puede concluir con certeza que se hubieran concedido de manera injusta.

La labor del jefe de área: la actitud del jefe de área puede ser vista como exigente o autoritaria, pero no se dirigió exclusivamente contra el demandante. Se destaca que las explicaciones dadas por el jefe de área son válidas y lógicas, y la manera de actuar no fue exclusiva del trabajador demandante, sino una práctica generalizada en la empresa.

Acoso laboral: no se ha encontrado evidencia de acoso laboral hacia el trabajador. Ningún testigo corroboró las afirmaciones de Everardo sobre expresiones humillantes o vejatorias, y no se han propuesto pruebas adicionales para respaldar estas alegaciones.

El *mobbing* se refiere, en términos generales, a una conducta hostil y carente de ética que una persona o grupo dirige sistemáticamente a otra, colocando a esta última en una situación de indefensión o abandono. Según la psicología, se trata de una situación en la que se ejerce una violencia psicológica extrema de forma constante sobre otra persona durante un tiempo prolongado.

Además, se considera un atentado contra la dignidad o la integridad física o psíquica de la víctima, lo que pone en peligro su empleo o degrada el ambiente laboral (Hirigoyen).

La legislación española, a través de la Ley 62/03, de 30 de diciembre (art. 28) incorpora el concepto de acoso, definiéndolo como toda conducta no deseada relacionada con el origen racial, la religión, la discapacidad, la edad o la orientación sexual, cuyo objetivo es atentar contra la dignidad de la persona y crear un entorno intimidatorio, humillante u ofensivo.

El acoso también se menciona en el art. 181 del Real Decreto Legislativo 2/1995, de 7 de abril, por el que se aprueba el texto refundido de la Ley de Procedimiento Laboral (disposición derogada), que protege a las víctimas de *mobbing* a través de un proceso de tutela de derechos fundamentales, cubriendo así los casos en los que el *mobbing* tiene causas discriminatorias.

El *mobbing*, para ser considerado como tal y diferenciado de otras situaciones, debe cumplir con ciertos requisitos:

- 💔 Violencia psicológica: debe tratarse de actos de violencia psicológica, como los comportamientos descritos por Leyman (describe 45 comportamientos), con una intencionalidad clara de destruir a la víctima y atacar su dignidad personal y profesional.
- 🔄 Repetición sistemática: los comportamientos deben ser repetitivos, ocurrir al menos una vez por semana durante un período de al menos seis meses.
- 💼 En el ámbito laboral: la agresión debe ocurrir en el entorno de trabajo, con la finalidad de expulsar a la víctima de la empresa.
- 😟 Consecuencias: los efectos de esta violencia psicológica incluyen ansiedad, estrés postraumático y daño general a la salud mental de la víctima.

📝 La legislación establece que, en casos en los que se alegue discriminación o vulneración de derechos fundamentales, corresponde al demandado justificar con pruebas la objetividad y proporcionalidad de las medidas adoptadas.

⚖ La STSJ de Castilla La Mancha de 24/05/2021, recoge que el acoso laboral es un maltrato persistente y deliberado por parte de varios miembros de la organización hacia un individuo, con el objetivo de eliminarlo. Estos actos de hostigamiento, ya sean verbales o físicos, atentan contra la personalidad y dignidad de la víctima.

⚠ La jurisprudencia señala que la intencionalidad y la sistemática repetición de la presión son elementos clave para calificar una situación como acoso laboral, siendo necesario demostrar tanto la intención de dañar como los efectos reales del daño causado. Sin embargo, no toda situación de tensión laboral puede considerarse acoso moral.

✖ La demanda presentada por el trabajador se desestima, ya que no se ha demostrado que las prácticas de la empresa hayan violado sus derechos ni que se haya producido un acoso laboral o un trato perjudicial.

📌 SJSO Ciudad Real 1397/2024 - 31/07/2024 N.º rec. 388/2024.

BOB

DECIR QUE NO CUMPLE LAS EXPECTATIVAS NO ES ACOSAR

Ángeles trabajó como responsable QA desde 2014.

El 31/01/2023 durante una reunión con sus jefes, se le informó que su desempeño no cumplía las expectativas, ofreciéndole dos opciones: dejar la empresa o quedarse con una categoría inferior a técnico, manteniendo el mismo salario.

A pesar de la modificación verbal, no hubo comunicación escrita sobre el cambio de puesto, categoría o funciones, y las nóminas seguían reflejando su categoría como responsable QA.

El 01/02/2023 Carlota asumió el puesto de responsable de calidad y comenzó a coordinar tareas con Ángeles por correo electrónico.

El 17/02/2023 Ángeles comenzó una baja por trastorno adaptativo mixto.

En 03/2023 la empresa le envió una carta advirtiéndola sobre deficiencias en su desempeño como *quality manager*, pero sin descalificaciones.

El 27/02/2023, la trabajadora fue informada de que su responsabilidad había sido asumida por Carlota, pero las nóminas seguían reflejando su categoría profesional como responsable QA.

Ángeles demandó por acoso laboral *(mobbing)* solicitando la resolución del contrato según el art. 50 del ET, pero su demanda fue desestimada.

La empresa presentó e-mails que mostraban una relación laboral cordial entre ambas partes, sin pruebas de hostigamiento, insultos o vaciamiento de funciones.

Ángeles no presentó pruebas suficientes de acoso ni documentos médicos relevantes sobre su salud.

Ángeles recurrió en suplicación, denunciando la aplicación errónea del art. 50 del ET y solicitando la extinción del contrato con efectos de despido improcedente y una indemnización por daños y perjuicios.

La Sala precisó los requisitos para que se considere acoso, como la conducta abusiva o violencia psicológica sistemática que afecta la dignidad o integridad física del trabajador.

El acoso laboral incluye acciones de hostigamiento que pueden generar aislamiento, ansiedad, estrés, pérdida de autoestima y otras alteraciones, violando derechos fundamentales.

Elementos clave del *mobbing*:

- Conducta de persecución o hostigamiento.
- Comportamiento sistemático y reiterado.
- Intencionalidad maliciosa.

💡 La jurisprudencia señala que el acoso psicológico se caracteriza por la reiteración de actos explícitos hostiles, evaluando la intención y la gravedad de la conducta.

🔎 Aquí, no se demostró que existiera **acoso laboral** hacia Ángeles. Aunque se le ofreció una opción de cambio de puesto el 31/01/2023, no se trató de una situación de hostigamiento.

🔍 No se presentó ninguna comunicación escrita que demostrara la modificación de las condiciones laborales ni pruebas de acoso o desprecios hacia ella.

🎯 No hay acoso. La situación laboral descrita refleja un entorno normal y no se ha demostrado la existencia de hostigamiento. La empresa no incurrió en ninguna conducta que pudiera considerarse *mobbing*.

❌ Se desestimó el recurso.

📌 STSJ Castilla-León 3879/2024, 08/10/2024 N.° rec. 1920/2024.

✖ NO SE ESTIMA UNA INCAPACIDAD PERMANENTE ABSOLUTA DERIVADA DE ACOSO LABORAL

Fulgencio trabajó en Becton Dickinson, S.A. desde 1990 como jefe administrativo en el Área de Concursos y Atención al Cliente, con seis trabajadores a su cargo, y su jefe era Hermenegildo. Este último propuso la promoción del trabajador en 2010 y lo nominó para trabajador del año, además de recomendarlo para un ascenso en 2019, aunque este no prosperó.

Demandó contra Hermenegildo, Becton Dickinson SA y el Ministerio Fiscal, por vulneración de derechos fundamentales. Sin embargo, la instancia rechazó sus reclamaciones.

La sentencia fue recurrida por el trabajador, y el Tribunal Superior de Justicia (TSJ) de Madrid, en sentencia del 7 de julio de 2023, desestimó el recurso, confirmando así la sentencia inicial.

En agosto de 2023, Fulgencio, presentó un recurso de casación para la unificación de doctrina ante la Sala de lo Social, intentando modificar el fallo de la sentencia anterior.

El 17 de mayo de 2024, la Sala emitió una providencia señalando la posible inadmisión del recurso debido a la falta de argumentación y a la falta de fundamentación sobre la contradicción entre sentencias. El trabajador tuvo cinco días para alegar, y el Ministerio Fiscal recomendó la inadmisión del recurso.

El pleito buscaba determinar si Fulgencio fue víctima de acoso laboral desde 2015, una situación que, según él, le llevó a solicitar una incapacidad permanente absoluta, reclamando una indemnización entre 795.222,95 € y 1.870.659,09 €.

El TSJ desestimó la demanda al no encontrar pruebas suficientes de acoso laboral por parte de Hermenegildo ni indicios de que la empresa consintiera la situación o fuera la causa de la incapacidad.

Las evaluaciones de rendimiento de Fulgencio durante 2016-2019 fueron positivas, reflejando su valía profesional y el respeto de su jefe, con quien mantenía buena relación laboral.

La empresa le facilitó medios para teletrabajar, tarjeta CITI y otros beneficios. No consta ninguna queja formal de Fulgencio sobre acoso ni solicitud oficial para teletrabajar. Además, su jornada laboral registrada en 2019 fue inferior a la estipulada en convenio, y tampoco se negó el uso de permisos ni vacaciones de manera injustificada.

El trabajador no inició un protocolo de acoso ni acudió al Comité de Empresa para denunciar, y sus compañeros no confirmaron ninguna situación de acoso en el entorno laboral. La empresa contaba con un Código de Conducta y otros recursos de prevención de acoso, y llevó a cabo una investigación tras una llamada de la esposa del demandante, sin hallar pruebas del comportamiento denunciado.

Fulgencio fue diagnosticado con depresión mayor, reconocida como incapacidad absoluta en 2022, y además sufrió de cólicos renales y artritis, situaciones que, junto con el estrés de su puesto, afectaron su salud.

La defensa en el recurso de casación argumentó que era víctima de acoso laboral, basándose en sentencias anteriores que trataban casos similares en los TSJ de Canarias, Madrid y Andalucía, donde se probó el acoso laboral.

Sin embargo, la Sala de lo Social concluyó que el recurso no era admisible porque no se presentó una relación detallada de las sentencias comparadas, como exige la Ley Reguladora de la Jurisdicción Social (LRJS). La comparación de casos requería un análisis preciso de los hechos y argumentos, que no se cumplió en el recurso.

En resumen, la Sala mantuvo que el recurso de casación de Fulgencio no reunía los requisitos formales necesarios y, por tanto, se inadmitió.

Auto del TS 10021/2024, 02/07/2024 N.º rec. 3838/2023.

EFICACIA PROBATORIA DE LOS INFORMES MÉDICOS EN SITUACIONES DE ACOSO LABORAL

María Milagros trabajaba desde 1995 como directora en un Colegio de Economistas.

Alegó haber sufrido acoso laboral por parte del Colegio y su Decano, con vulneración de sus derechos fundamentales de indemnidad, dignidad personal, integridad física y moral, y derecho al honor. Solicitó que se le declarara el acoso moral en el trabajo *(mobbing)*, se le mantuviera en su puesto con las mismas funciones y se le indemnizara con 14.091,78 € (equivalente a 6 meses de salario líquido).

Tras su demanda, la instancia la desestimó al no entender probado el acoso laboral basándose en los informes médicos mencionados ni en los emitidos por una psicóloga y un psiquiatra en enero y febrero de 2022, que diagnostican estrés postraumático.

Se descartó que el diagnóstico fuera correcto porque en ellos constan los datos sobre los que se construye y son hechos presuntamente ocurridos cometidos por el entorno del Colegio y Decano que no resultaron acreditados en la demanda.

Se valoró que el psiquiatra modificó el diagnóstico de Trastorno obsesivo compulsivo a Trastorno de estrés postraumático con fenómenos disociativos graves y severos trastornos paranoides, sobre «la misma referencia de hechos» y sobre un informe de la psicóloga que recoge una relación escueta de hechos, valoración coherente con el relato.

La trabajadora tiene una personalidad perfeccionista con dificultad para adaptarse a las exigencias de la vida laboral que asume con preocupación, ya en abril de 2021, pero sin que lo ocurrido hasta la fecha suponga un menoscabo de su profesionalidad, un menosprecio personal ni otro hecho atentatorio.

Sufrió un episodio de ansiedad en 2021, antes de que se alegara el acoso, y recibió tratamiento médico, aunque no se consideró que este evento fuera consecuencia directa de acoso laboral. Además, se evidenció que los cambios organizativos y la necesidad de reorganización administrativa del colegio no estaban relacionados con un trato perjudicial hacia ella.

Milagros recurrió en suplicación. Expuso que su situación laboral le había causado un cuadro de ansiedad severa y depresión, diagnosticada con trastorno depresivo y medicada con ansiolíticos.

Propuso añadir un informe psiquiátrico que señalaba que había sufrido un severo trastorno de estrés postraumático como consecuencia del *mobbing* sufrido. Sin embargo, la sentencia ya había valorado los informes del psiquiatra y la psicóloga sobre el diagnóstico de trastorno de estrés postraumático y no los consideró concluyentes para acreditar el *mobbing.*

🔎 Se analizaron varias pruebas, incluida la información médica y los informes psicológicos y psiquiátricos que detallaban el diagnóstico de la trabajadora, pero no fueron suficientes para probar la existencia del acoso laboral. La sentencia destacó que, aunque los informes describen sus síntomas, los hechos de acoso no fueron acreditados de manera fehaciente.

Además, Milagros alegó que los informes no se valoraron adecuadamente, refiriéndose a la ocultación de pruebas relevantes, como grabaciones de reuniones y la falta de entrega de ciertos documentos importantes que podrían haber avalado sus denuncias.

Según el TSJ y en base a jurisprudencia, la existencia de un trastorno diagnosticado no implica automáticamente que haya habido acoso laboral. Es necesario demostrar que las conductas de la empresa constituyeron un hostigamiento con la intención de vulnerar los derechos fundamentales de la trabajadora. En este caso, no se encontraron pruebas suficientes para corroborar la acusación de acoso.

Pero el TSJ, al igual que la instancia, no consideró los cambios propuestos como pertinentes. Argumentó que, aunque los informes médicos corroboran el diagnóstico, no aportaban nueva información relevante sobre la existencia de *mobbing.*

✕ La sala no encontró evidencia suficiente para demostrar que existiera acoso laboral, considerando que los informes médicos y psicológicos no aportaban pruebas concluyentes sobre el comportamiento de los demandados que justificaran la vulneración de los derechos fundamentales de la directora.

STSJ Asturias 1781/2022, 28/06/2022 N.º rec. 1093/2022.

MEDICAL REPORTS

TRABAJADOR DENUNCIA A SU SUPERIOR POR ACOSO LABORAL CON EL OBJETIVO DE BLINDARSE ANTE SOSPECHA DE EXTINCIÓN DE SU CONTRATO DE TRABAJO

Baltasar, trabajaba desde 2022 como técnico administrativo, bajo convenio colectivo de establecimientos financieros de crédito, con un salario de 50 €/día diarios y un período de prueba de 6 meses.

La empresa le informó su intención de extinguir su relación laboral, alegando bajo rendimiento, falta de organización y compromiso, y escaso interés en aprender.

Baltasar comunicó sentirse acosado por su superior, Damaso, lo que motivó una investigación interna que concluyó que no hubo acoso acreditado. Sin embargo, activó el protocolo de acoso laboral para evitar el despido, retrasándose la decisión de extinción hasta finalizar la investigación.

El despido disciplinario se comunicó el 18/07/2023, justificándose por incumplimientos graves y culpables:

- No cumplir con la planificación en el sistema CRM ni registrar asistencia diaria en abril de 2023.
- Un rendimiento inferior al de compañeros con similar antigüedad.
- La investigación reveló que la denuncia contra Damaso se usó para blindarse ante la posibilidad de no superar el período de prueba, detectándose intencionalidad fraudulenta en su actuación.

Definitivamente, el despido se fundamentó en el incumplimiento de obligaciones laborales, deslealtad, y uso ilícito de recursos internos, constatado tras varios testimonios y evidencias documentales.

En julio de 2023, el trabajador estuvo de baja médica por trastorno de ansiedad generalizada, diagnosticado tras ser informado de su bajo rendimiento.

Días antes de interponer la denuncia contra Dámaso, el trabajador preguntó repetidamente a compañeros sobre el periodo de prueba.

Según Testigo cerca del final de su periodo de prueba, preguntó varias veces si ya estaría consolidado en la empresa tras 7 meses. Le recomendaron hablar con su superior jerárquico, Dámaso, para confirmar si pudiera superar la evaluación.

En una llamada privada el 26/05/2023, manifestó al Testigo «Pues tendré que hacer algo para quedarme».

Tras la denuncia por conductas inapropiadas contra Dámaso el 30/05/2023, en una llamada grupal de WhatsApp comentó que había denunciado a su superior para protegerse, pues sospechaba que no superaría el periodo de prueba.

El Testigo señala que en dicha reunión comentó que la denuncia buscaba blindarse ante un despido, ya que estaba seguro de que no pasaría el periodo de prueba. Relata además que Baltasar mostró una actitud de superioridad, expresando que tenía «a Dámaso pillado».

Otro Testigo confirma que el trabajador comentó que su denuncia tenía el objetivo de evitar ser despedido pese a hacer bien su trabajo y no tener una buena relación con su jefe

Un tercer Testigo indicó que prefería no ser evaluado por Dámaso al final del periodo de prueba, aunque no existía acoso laboral hacia él.

Durante un evento del 08/07/2023, otro empleado relató que mencionó haber denunciado para evitar un despido, según otro testigo. Añade que la percepción general era que buscaba asegurarse un puesto pese a dificultades de adaptación.

En otra llamada grupal a través de WhatsApp, frente más testigos, comentó en tono jocoso haber denunciado anteriormente a otras entidades, mencionando que esperaba obtener compensaciones económicas. Ante la pregunta de si haría lo mismo, el trabajador, se rio sin negarlo.

Desde la denuncia, varios compañeros notaron cambios en su actitud. El Testigo 1 relata que pasó de justificar la denuncia como un acto de equipo a adoptar una actitud de superioridad.

Un Testigo señala faltas de puntualidad y no asistencia a reuniones, incluso cuando no se conocía que estaba de baja. Este testimonio coincide con lo expresado por otros compañeros.

En general, el equipo percibe que no se le puede exigir responsabilidad debido a la «protección» obtenida tras la denuncia.

La empresa considera estas acciones como una transgresión de la buena fe contractual y abuso de confianza, procediendo a su despido disciplinario según el convenio colectivo y el ET. En particular, tales hechos suponen un incumplimiento imposible de dejar impune por parte de la empresa, ya que ha hecho uso de un mecanismo existente en la empresa para la protección de los derechos fundamentales de sus empleados de manera indebida y caprichosa, con un interés particular alejado del fin que tiene el canal de denuncias de acoso laboral dentro de la empresa.

Tras demanda del trabajador contra su despido, la instancia declaró la procedencia del mismo.

Baltasar recurre en suplicación. Solicita la revisión de los hechos probados argumentando que realizaba funciones de categoría superior a la contratada, basándose en documentación aportada.

✖ Esta revisión se desestima porque las pruebas no cumplen los requisitos de idoneidad establecidos en la LRJS.

🗁 El recurso también solicita modificar el hecho probado segundo, alegando que no existía causa justificativa para el despido disciplinario. Este punto se rechaza porque los documentos presentados no son suficientes ni están identificados con claridad para permitir la modificación solicitada.

🛇 La Sala descarta realizar una nueva valoración de las pruebas, recordando que el recurso de suplicación es un procedimiento extraordinario que no permite la reexaminación completa de las pruebas como en una segunda instancia.

⚙ La denuncia de infracción del convenio colectivo por parte de la empresa se considera inadmisible en esta fase, ya que introduce una cuestión nueva no planteada durante el proceso inicial.

📜 Baltasar alega la infracción de los arts. 54.2.b del ET y 7 del Convenio n.º 158 de la OIT, afirmando que los hechos imputados no son ciertos ni están acreditados.

⚖ Manteniéndose inalterados los hechos probados, se parte de la sentencia recurrida, que considera causa de despido disciplinario la indisciplina y trasgresión de la buena fe contractual, según el art. 54.2.b y d del ET.

💼 El art. 20 del ET establece el deber del trabajador de cumplir con las órdenes e instrucciones empresariales en el ejercicio regular de sus facultades, incluyendo la buena fe en sus prestaciones laborales.

🕵 Consta acreditado que activó un protocolo de acoso contra su superior sin que existiera tal situación, buscando evitar la extinción de su relación laboral debido a su bajo rendimiento

📊 Se verificó que el seguimiento y evaluación del rendimiento del trabajador comenzaron antes de su IT, y que el bajo desempeño fue reconocido por el propio Baltasar.

🎯 Consta acreditado que el trabajador activó el protocolo interno de *mobbing* frente a su superior jerárquico para evitar que la empresa extinguiera su relación laboral, dados los resultados de su bajo rendimiento durante el primer trimestre del 2023.

🚨 Su conducta constituye un incumplimiento grave, clasificándose como despido procedente sin derecho a indemnización ni salarios de tramitación, conforme al art. 55.4 del ET.

✖ Dada la gravedad del comportamiento, no aplica la teoría gradualista, confirmándose la instancia y desestimando el recurso de suplicación interpuesto.

📌 STSJ Madrid 14357/2024 - 18/11/2024 N.º rec. 516/2024.

Witness 1
Witness 1
Witness 1

4

ACOSO SEXUAL

4.1. CASOS EN LOS QUE SE RECONOCE EL ACOSO SEXUAL

☑ ACOSO LABORAL POR RAZÓN DE SEXO

Darío trabajaba como peón en el taller «Danny Manitas» desde el 19/02/2018, con contrato indefinido a jornada completa.

La esposa del empresario, Purificación, trabajaba como autónoma en la empresa realizando labores administrativas. El 01/08/2023, mientras el empresario no se encontraba, Darío entregó a Purificación una nota escrita en la que le confesaba tener sentimientos románticos hacia ella. Esta situación causó un gran malestar a Purificación, quien presentó dicha nota como prueba en el juicio.

Purificación es la esposa del empresario y trabaja como autónoma en la empresa de su marido haciendo labores administrativas, siendo así que el día 1 de agosto de 2023 el actor, en horario y lugar de trabajo, y cuando el empresario no se encontraba en las instalaciones, entregó a Purificación una nota escrita con el siguiente tenor literal:

«QUEDAMOS UN DÍA PARA VERNOS tu y yo solos CUANDO tu QUIERAS y puedas. Yebo Mucho TIEMPO CON GANAS DE DECIRTELO PERO NUNCA ME ATREVO NO SE COMO BAS A REACIONAR. PERO NO AGUANto MAS CON Esto DENtro Estoy SiNtiENDO COSAS POR ti QUE NO SENtíA por NADIE DE HACE MuchisiMo tiempo. Si QUIERES ME PUEDES llamar POR LAS Tardes. Yo te LLAMARIA PERO NO QUIERO METER La pata. Yo Estoy solo por las tarDES. NO Tengas miedo en llamarme. Me GustaRIA QUE ME DIGIERAS ARGO», lo que hizo sentir muy mal a Purificación.

Previamente, en junio de 2023, Darío había enviado previamente mensajes a través de la aplicación TikTok a Purificación, que incluían imágenes de corazones y la frase «HAPPY ANNIVERSARY». Estos mensajes fueron reconocidos como propios por el trabajador durante el proceso.

El 03/08/2023, tras los acontecimientos, Darío le envió un mensaje de disculpa mediante WhatsApp, expresando vergüenza por su comportamiento y asegurando que no volvería a suceder. Ese mismo día, remitió otro mensaje al empresario, en el que pidió perdón por lo ocurrido, manifestó su arrepentimiento, y solicitó una nueva oportunidad laboral, alegando que su familia dependía de ese empleo.

Ambos mensajes y la nota escrita fueron aportados como pruebas por la parte demandada, siendo reconocidos por Darío en el juicio.

En fecha 08/08/2023, el empresario envió al trabajador un burofax con carta de despido, recibido el 09/08, alegando falta muy grave de acoso laboral a la esposa del empresario, autónomo familiar.

El 24/03/2023, Darío increpó a la trabajadora con tono elevado tras hablar con un proveedor, mostrando celos y actitud invasiva, lo que generó un ambiente laboral incómodo.

El 25/06/2023, envió mensajes no correspondidos a través de redes sociales, incluyendo corazones y solicitudes de conversación.

El 01/08/2023, entregó una nota escrita a mano declarando sus sentimientos y pidiendo una reunión a solas, afectando negativamente el entorno laboral.

Tras investigación con cámaras de seguridad y un protocolo de acoso laboral, se concluyó la existencia de acoso laboral por razón de sexo.

El 09/08/2023, Purificación denunció los hechos ante la Policía Nacional.

Darío presentó demanda contra su empleador por despido improcedente pero la instancia la desestimó, calificándolo como procedente.

Luego, presentó recurso de suplicación, solicitando que se revoque la sentencia inicial y que se declare la improcedencia del despido.

El recurso incluye un primer motivo basado en la revisión de los hechos probados al amparo del artículo 193.b) de la Ley Reguladora de la Jurisdicción Social.

Darío solicita la modificación de los hechos 2.° y 3.°, proponiendo una redacción alternativa que considera más adecuada.

Sin embargo, el tribunal concluye que no procede esta modificación, ya que los hechos probados se fundamentan en pruebas irrevisables de interrogatorio y testificales realizadas en el juicio.

Además, la redacción alternativa propuesta por el demandante no se basa en documentos que acrediten de manera indubitada los hechos, sino en interpretaciones personales de las pruebas, lo que resulta insuficiente para cambiar los hechos probados.

También denuncia vulneración de los artículos 54 y 55 del ET del artículo 59 del Convenio Colectivo aplicable, y de la doctrina judicial en la materia, al amparo del artículo 193.c) de la Ley de la Jurisdicción Social.

1) Sobre la carta de despido: alega que la carta presenta omisiones e imprecisiones que vulneraron su derecho de defensa. Sin embargo, el tribunal determina que la carta cumple con los requisitos de claridad y precisión exigidos por el ET y la jurisprudencia, ya que proporciona al trabajador un conocimiento claro de los hechos que motivan el despido.

En relación al suceso del 01/08/2023, se considera que la carta detalla de forma suficiente los acontecimientos y motivaciones del despido. Además, el demandante reconoció los hechos y ofreció disculpas, lo que descarta cualquier posible indefensión.

2) Sobre el protocolo antiacoso, Darío argumenta que no se siguió el protocolo antiacoso previsto en el artículo 59 del Convenio.

Sin embargo, el tribunal aclara que el protocolo tiene como finalidad proteger a las víctimas, no al presunto acosador, y no exige una investigación previa antes de tomar medidas disciplinarias.

Los hechos del 01/08/2023, calificados como acoso sexual, falta grave de respeto y transgresión de la buena fe contractual, no son cuestionados en el recurso. Por tanto, se mantienen como base suficiente para justificar el despido.

Los comportamientos del 01/08/2023, realizados en el ámbito laboral, atentan gravemente contra la dignidad de una compañera de trabajo y el honor de su superior, quien además es su esposo.

✗ La Sala considera que minimizar la gravedad de estos actos carece de sentido, pues tienen una importante carga disciplinaria.

Dado que no se aprecia vulneración normativa, el recurso no puede prosperar.

✗ Se desestima el recurso de suplicación presentado por Darío y se confirma la instancia.

STSJ Andalucía 14711/2024, 07/10/2024 N.º rec. 1307/2024.

DARIO

DESPIDO DISCIPLINARIO POR TOCAMIENTOS NO CONSENTIDOS A UNA COMPAÑERA DE TRABAJO

Ángel y Visitación eran compañeros de trabajo en un hipermercado. Él trabajaba como Coordinador A y ella desempeñaba labores de reposición.

Un día, Ángel se acercó a Visitación mientras estaba trabajando, y presuntamente le acarició la parte interna del muslo de forma inapropiada, moviendo su mano hacia sus partes íntimas. Visitación se sintió desconcertada y paralizada por la situación.

La empresa por este supuesto hecho le despidió. Según la comunicación de despido, dicha actuación se consideró como una falta muy grave que atentaba contra el respeto, la dignidad y la intimidad en el ámbito laboral, tipificado como tal en el convenio colectivo del sector de Grandes Almacenes.

La empresa argumentó que este tipo de conducta constituye un acto de acoso sexual y una falta grave que justifica el despido disciplinario de Ángel. En concreto dos infracciones: la primera, la ofensa de carácter físico, al realizar el tocamiento de la cara interior del muslo de su compañera de trabajo y, la segunda; el continuado trato vejatorio al que somete a algunas compañeras con comentarios subidos de tono, de carácter sexual o machista, que, aunque puedan ser vividos por usted como algo «gracioso», o realizado en plan de «broma», es algo que resulta objetivamente repugnante y que no puede ser consentido en ningún lugar de trabajo.

El trabajador demandó en primera instancia el despido alegando que no existían motivos válidos para justificar su cese laboral. Se basó en la falta de fundamentación suficiente por parte de la empresa para respaldar la medida disciplinaria.

Sin embargo, se desestimó la demanda porque la empresa había fundamentado adecuadamente su despido disciplinario, basándose en los hechos descritos en la carta de despido, específicamente en el incidente de tocamiento inapropiado hacia su compañera Visitación. Por tanto, tras valorar los hechos probados presentados en el caso, incluyendo testimonios y pruebas documentales, se confirmó que la conducta de Ángel era grave y suficiente para justificar el despido disciplinario.

El trabajador interpuso recurso de suplicación, pero se desestimó nuevamente por dos razones: el trabajador no invocó hechos distintos a los contenidos en la carta de despido, lo que respaldó la decisión de procedencia del despido y el tocamiento inapropiado hacia su compañera Visitación, constituía una falta grave que, a la postre justificó su despido disciplinario.

Sentencia del TSJ Murcia 2057/2023, 13 de octubre de 2023 N.º de Resolución: 992/2023.

⚠ DESPIDO PROCEDENTE POR ACOSO SEXUAL EN EL ENTORNO LABORAL

Bernardino, técnico de mantenimiento, fue despedido en su empresa por acoso sexual, en base al artículo 54.2 g) del Estatuto de los Trabajadores (ET).

El trabajador llevó a cabo conductas consideradas como acoso sexual en el entorno laboral que incluyeron el envío continuado de mensajes y videos pornográficos a una compañera de trabajo, comentarios inapropiados de naturaleza sexual y falta de respeto hacia varias trabajadoras.

La empresa tuvo conocimiento de tales hechos a través de una denuncia realizada por un responsable de la empresa de servicios externos. Posteriormente, se llevó a cabo un expediente de investigación en aplicación del protocolo de acoso laboral de la compañía.

Según la carta de despido, dirigió comentarios inapropiados en el ámbito profesional de contenido sexual, entre ellos: «que bien que vengan chicas como tú a trabajar en la empresa» «qué guapa eres» «qué buena estás» «qué lindo culo tienes».

Igualmente se refería a la compañera con expresiones poco propias de un ambiente de trabajo, como bajo el nombre de «cari», al mismo tiempo que resulta frecuente que usted le manifestase rimas de contenido soez, algunas de ellas con referencia al miembro viril como «¿sabes qué es una muca? Una polla con peluca».

Estas acciones se llevaron a cabo de manera reiterada, incluso durante la jornada laboral, generando un ambiente intimidatorio y ofensivo para las víctimas. Como resultado, la empresa decidió proceder con el despido disciplinario del trabajador por incumplimientos graves.

✕ El trabajador demandó a su empresa alegando que los mensajes y videos pornográficos enviados a una compañera de trabajo no estaban relacionados con el ámbito laboral. Si embargo, el juzgado consideró que los hechos constituyeron acoso sexual en el entorno laboral.

A posteriori, presentó recurso de suplicación aunque con la misma suerte: el TSJ confirmó la procedencia del despido. Pese a que el trabajador consideraba que tales conductas (en el centro de trabajo físico y por medio de un acoso digital), no las llevó a cabo en tiempo de trabajo, lo cierto es que «el acoso sexual se extiende a hechos acaecidos en el ámbito o entorno laborales, lo que no puede traducirse exclusivamente a hechos ocurridos dentro de la jornada laboral».

La extensión de las conductas de acoso sexual fuera del trabajo han de ser evaluadas y previstas por las empresas. En un mundo cada vez más hiperconectado digitalmente, no se debe desdeñar que el acoso laboral puede manifestarse más allá de los límites físicos de la empresa y durante horas no laborales. Las redes sociales, los mensajes de texto y otras formas de comunicación digital pueden servir como plataformas para perpetuar el acoso fuera del entorno laboral, produciéndose un ciberacoso o *network mobbing*.

📌 Sentencia del TSJ Madrid 14570/2023, de 22/12/2023 N.º de Recurso: 597/2023.

⚠ ⛔ SUSPENSIÓN DE EMPLEO Y SUELDO DE 31 DÍAS POR TOCAMIENTOS SEXUALES NO CONSENTIDOS

Teodosio trabaja desde 2003 como cargador.

El 31/03/2020, la empresa le notificó una sanción disciplinaria de suspensión de empleo y sueldo por 31 días, derivada de actos de acoso sexual cometidos el 11/03/2021. Según la denuncia, realizó tocamientos inapropiados y con actitud libidinosa a tres compañeras de trabajo en diferentes momentos de la jornada laboral, lo que causó un grave malestar en las afectadas.

Ese día, mientras trabajaba en el almacén, el trabajador aprovechó ciertos momentos para realizar tocamientos obscenos a tres compañeras en zonas sensibles. Tocó a dos de ellas en los glúteos y a la tercera en los pechos. Una de las afectadas pidió ser cambiada de puesto tras los incidentes. Otro caso similar con otra compañera provocó la intervención de la encargada.

Estos actos constituyen una infracción muy grave según el Convenio Colectivo aplicable, que en su art. 36 establece que el acoso sexual y moral, realizado por cualquier medio, incluidos los telemáticos (Facebook, Twitter, WhatsApp, etc.), es una falta muy grave.

Teodosio no ha sido representante legal de los trabajadores.

Presentó una demanda para impugnar la sanción, pero la instancia la desestimó, confirmando la sanción impuesta por la empresa. Los hechos quedaron suficientemente acreditados durante la investigación interna, determinando que la conducta constituía una falta muy grave de acoso sexual, tipificada y sancionada tanto en el ordenamiento laboral vigente como en el convenio colectivo aplicable.

Recurrió solicitando la revisión fáctica y jurídica de la sentencia. Pidió que se añadiera que la sanción no fue notificada al sindicato REDES, del cual era afiliado. Sin embargo, fue rechazada porque no se basó en pruebas documentales o periciales como exige la LRJS. Además, la empresa negó tener conocimiento de su afiliación sindical.

Argumentó que la empresa incumplió el art. 36 del convenio colectivo, que obliga a notificar las sanciones muy graves a los representantes legales de los trabajadores. Pero este artículo no era aplicable en este caso, ya que no se trataba de un despido disciplinario, sino de una sanción de suspensión de empleo y sueldo. Además, no se probó que la empresa conociera su afiliación sindical.

El TSJ abordó la cuestión del respeto a los derechos procesales de Teodosio durante el procedimiento sancionador. Así, la empresa actuó conforme a derecho, cumpliendo con todas las formalidades exigidas por la legislación laboral vigente, incluyendo la investigación interna, la notificación adecuada de la sanción y la consideración de los derechos del trabajador para su defensa.

☑ No se evidenciaron irregularidades ni vulneraciones de derechos fundamentales en el proceso. La sanción impuesta se basó en una conducta gravemente reprochable.

✖ Se desestimó el recurso. Se confirmó la sanción.

📌 STSJ Murcia 1702/2023, 19/09/2023 N.º rec. 57/2023.

DESPIDO DISCIPLINARIO POR ACOSO SEXUAL: CONDUCTAS INAPROPIADAS

Diego, Encargado General desde 2014 en una estación de servicio, fue acusado de conductas inapropiadas y acoso sexual.

El delegado de personal de CCOO informó a la supervisora sobre posibles casos de acoso hacia varias compañeras.

La empresa inició un protocolo de acoso, que incluyó entrevistas con los implicados y medidas cautelares, como la exoneración de Diego de sus funciones, manteniendo su salario y reubicándolo en otro centro de trabajo.

Según el informe final, había una conducta continuada de acoso sexual y abuso de confianza hacia compañeras, recomendando la adopción de medidas disciplinarias según el convenio colectivo.

Diego realizaba comentarios inapropiados sobre el maquillaje de ellas, cuestionando su apariencia.

«¿Por qué vas tan maquillada?» y «Prefiero las mujeres sin maquillar».

A otra trabajadora le entregó productos en la oficina, incluyendo preservativos, e hizo un comentario de connotación sexual.

Diego sujetaba la camiseta de las compañeras al quitarse la sudadera, a pesar de las advertencias, y les daba abrazos sin su consentimiento.

Llegaba frecuentemente a la estación en estado de embriaguez, especialmente los viernes, haciendo comentarios intimidatorios; en una ocasión, se restregó contra una compañera mientras trabajaba.

Propuso una promoción a una compañera, condicionada a recibir formación en su tiempo libre. Su comportamiento inapropiado y el hostigamiento provocaron que la trabajadora abandonara la formación, necesitando tratamiento psicológico durante siete meses.

Para prevenir situaciones de acoso, el delegado hacía sonar el timbre cuando Diego se acercaba de forma inadecuada e intentaba asistir los viernes para proteger a las compañeras.

La empresa le despidió por sus comentarios lascivos y conductas inapropiadas.

Diego presentó una demanda contra el despido, que fue desestimada.

Recurrió en base al art. 193 b) de la LRJS, solicitando la revisión de hechos probados y alegando indefensión por no especificarse fechas concretas en la carta de despido ni en el juicio.

Argumentó la falta de un pliego de descargo y la prescripción de algunas acusaciones, señalando que la falta de detalles temporales le causó indefensión.

Indicó que el proceso disciplinario fue insuficiente para defenderse, considerando que el art. 51 del Convenio colectivo establece un plazo para alegaciones en casos de representantes sindicales.

Alegó que el despido carecía de forma adecuada, aunque la empresa entrevistó a los afectados y el trabajador pudo defenderse en sede judicial.

El TSJ consideró la gravedad y reiteración de las conductas justificaban el despido, rechazando los argumentos de indefensión.

✕ Se desestimó su recurso, ya que el proceso disciplinario no es aplicable a todos los trabajadores (solo a los RLT) y la notificación del despido fue correcta.

STSJ Andalucía 18002/2023, 30/11/2023 N.° rec. 39/2023.

‼ ✵ ACOSO SEXUAL EN EL TRABAJO: UN CASO EN AMAZON

Fernando ayudante de grupo III desde abril de 2020, fue despedido por una falta muy grave tipificada en el convenio colectivo y en el ET.

La empresa activó el protocolo de acoso sexual tras denuncias de una compañera (Justa) sobre comportamientos inapropiados del trabajador desde 2021.

Fernando fue acusado de realizar comentarios y mantener comportamientos persistentes e inapropiados que incomodaron a varias compañeras.

La empresa investigó, entrevistando testigos y recabando declaraciones escritas.

Se concluyó que había indicios suficientes de acoso sexual, lo que llevó a la empresa a tomar medidas disciplinarias.

La trabajadora denunciante recibió comentarios sexuales explícitos y solicitudes para desbloquear al trabajador de redes sociales.

En diciembre de 2022, otra compañera declaró que Fernando le ofreció un viaje a cambio de pasar una noche con él, además de comentarios sexuales.

⚠ Amazon ya le había advertido en julio de 2022 mediante un recordatorio del código de conducta.

⚠ Comentarios sexuales persistentes a varias trabajadoras. Frases clave de acoso sexual del trabajador a dos compañeras:

- «Quiero ver tus tetas».
- «Estás más buena que el pan».
- «Te ofrezco un viaje a cambio de pasar la noche conmigo».
- Mensajes no deseados a través de redes sociales como WhatsApp.

⚠ Comentarios sexuales persistentes a varias trabajadoras.

Tras su demanda, la sentencia declaró procedente su despido disciplinario. El despido fue por la acusación de acoso sexual.

El trabajador interpuso recurso de suplicación, alegando seis motivos de disconformidad.

El recurso planteaba revisar el relato fáctico y cuestionar el derecho aplicado.

Cuestionó la identificación de las personas implicadas y solicitó reinterpretar pruebas.

El TSJ recordó que para revisar hechos probados se debe demostrar un error evidente mediante documentos o pericias, no interpretaciones subjetivas.

⚖ Denuncia la infracción de los arts. 107 y 108 de la LRJS y 54.2 del ET, argumentando que los hechos probados no coinciden con las faltas imputadas ni son motivo de despido.

📅 El 8/01/2023, la entidad le notificó sobre indicios de su participación en conducta grave, dándole un permiso retribuido durante la investigación.

📄 La carta de despido explica que el motivo fue la realización de comentarios y conductas de naturaleza sexual no deseadas hacia varias trabajadoras, incluyendo a Justa, quien relató los comentarios inapropiados recibidos.

🚨 La legislación define el acoso sexual como cualquier comportamiento verbal o físico que atente contra la dignidad de una persona y cree un ambiente hostil.

⚖ El despido se sustentó en pruebas objetivas como testimonios y una investigación interna. Justa mencionó comentarios explícitos como «quiero ver tus tetas» y otra compañera, Lourdes también corroboró la situación.

👩 Las trabajadoras afectadas fueron Justa y Lourdes, quienes confirmaron los comentarios inapropiados hacia ellas, como «estás más buena que el pan» y otros comentarios humillantes.

✉ La empresa inició la investigación en enero de 2023 a raíz de las denuncias de acoso de las trabajadoras, que detallaron cómo las conductas del demandante se repetían constantemente.

🔍 La investigación incluyó testimonios y concluyó que sus conductas constituyeron acoso sexual y laboral, lo que justificó el despido. Dicho de otra forma, el informe concluyó que las conductas eran faltas muy graves, calificadas como acoso sexual y laboral, y que el despido era procedente según la legislación vigente.

🛑 Justa y Lourdes confirmaron los comentarios ofensivos del compañero, como «estás más buena que el pan» y «quiero ver tus tetas», que afectaron su bienestar laboral.

👩 Justa detalló cómo le hizo comentarios inapropiados desde 2021, tanto verbalmente como a través de redes sociales como WhatsApp.

📲 Justa también denunció los mensajes no deseados enviados por Fernando, que fueron percibidos como acoso y generaron un ambiente hostil en el trabajo.

🗣 Lourdes también fue víctima de comentarios obscenos, como «quieres que te toque el culo», y relató que el comportamiento no cesó a pesar de las advertencias.

🔓 Las advertencias no impidieron que Fernando continuara con su actitud inapropiada, a pesar de la intervención del departamento de recursos humanos.

⚖ El despido fue considerado procedente, ya que el acoso sexual y laboral están establecidos como motivos para un despido procedente según la legislación.

💼 La doctrina gradualista se aplicó, considerando la duración de la relación laboral, pero la necesidad de proteger a las víctimas de acoso sexual / acoso laboral prevaleció.

☑ La Sala confirmó la instancia, validando su despido disciplinario por:

- 🔒 Investigación adecuada y conforme a los procedimientos establecidos.
- 👥 Declaraciones consistentes y creíbles de las compañeras y testigos.
- ⬤ La gravedad de los hechos justificaba la extinción del contrato sin indemnización ni salarios de tramitación.

👩‍⚖️ En fin, la Sala desestimó su recurso, ya que los hechos relatados eran suficientemente graves para calificarlos como acoso sexual debido a la naturaleza y frecuencia de sus comentarios.

📌 STSJ Castilla la Mancha 2584/2023 - 16/11/2023 N.º rec. 873/2023.

⚠ DESPIDO DISCIPLINARIO POR CONDUCTA VEJATORIA DE ENCARGADO A GRUPO DE TRABAJADORAS

Hugo, Encargado General desde el 11/04/2011, fue despedido mediante carta con efectos el 03/04/2019, basándose en un despido disciplinario según el art. 54 ET a raíz del trato vejatorio y las quejas de las empleadas de la limpieza de su empresa.

Demandó, pero la instancia declaró su despido procedente. Posteriormente, recurrió en suplicación.

En su recurso señala la falta de concreción en la sentencia respecto a los hechos imputados (quejas de las empleadas), mencionando que las trabajadoras afectadas no testificaron en el juicio, y que el código de conducta no fue notificado ni conocido por él. Hugo argumenta que, de admitir los hechos, estos eran un trato habitual entre los trabajadores por amistad y complicidad, sin advertencia de la empresa, y por tanto consentidos.

También añade que no tenía capacidad para sancionar a las trabajadoras que dirigía como encargado (art. 51 del Convenio), y que su conducta debe evaluarse según la teoría gradualista, basada en los principios de individualización y proporcionalidad.

Cita doctrina judicial que exige intencionalidad *(animus injuriandi)* en el trato vejatorio u ofensivo, alegando que su forma de hablar con los trabajadores, aunque chocante, no tenía una finalidad ofensiva, ya que era recíproca entre ellos.

Las conductas descritas en la carta de despido son consideradas claramente vejatorias, racistas, sexistas y xenófobas, dirigidas a las limpiadoras de la contrata que supervisaba Hugo, y probadas en la sentencia.

Frases mencionadas en la carta de despido y consideradas probadas en la sentencia:

- «Sigue fregando que para eso te pagan».
- «Que limpie, que limpie la guarra esta que no sabe hacer otra cosa».
- «Tú hija de puta, ¿vas a ir a la huelga?... ¿Por qué vas a ir si no tienes derecho por ser una panchita?» (dirigida a una trabajadora ecuatoriana).
- «En tu país bebéis de los charcos».
- «Esto lo solucionamos con una mamada».
- «Avisa a la negra esa de mierda para que venga a trabajar».

Estas declaraciones no pueden constituir un modo de hablar recíproco aceptable en el entorno laboral. Son ofensivas y vulneran la dignidad humana, especialmente agravadas por la posición directiva de Hugo o de mando intermedio que desempeñaba y alguna de ellas agravada por su emisión en público, entre las que se destaca las ofensas verbales o físicas a las compañeras, el acoso laboral psicológico o discriminatorio a subordinados o el abuso de confianza en las gestiones encomendadas.

Tales faltas, tipificadas en los preceptos del ET y del Convenio, no admiten la aplicación de la teoría gradualista ni requieren advertencia previa, por lo que el despido es procedente.

En consecuencia, el recurso será desestimado.

Sentencia TSJ Comunidad Valenciana 2413/2020, 11/05/2020 N.° rec. 3589/2019.

🚨 😰 CONDUCTOR DE GRÚA ASISTE A MUJER EN LA CARRETERA Y ES DESPEDIDO POR ACOSO SEXUAL

👷 Darío trabajaba como conductor de grúa desde 2019.

📝 El 12/09/2023, la empresa le comunicó su despido disciplinario por conducta inapropiada durante una asistencia en carretera.

🚐 El 09/09/2023 al asistir a una conductora, le hizo insinuaciones sexuales inapropiadas, sugiriendo que la llevaría a su casa solo si ella aceptaba ir a la suya.

🚨 La conductora, incómoda y preocupada por su seguridad, le pidió que parara el vehículo, bajándose en una rotonda a las 2:00 a.m. Luego, presentó una denuncia en la Comisaría de la Policía Nacional.

📞 Esa misma madrugada, la compañía aseguradora contactó con la gerente de la empresa, quien verificó los hechos tras hablar con Darío, quien confirmó su comportamiento sin mostrar remordimiento.

📜 En marzo de 2023, ya había sido sancionado por una falta disciplinaria leve tras ser sorprendido sustrayendo la batería de un vehículo.

🚔 El 11/09/2023, la mujer formalizó su denuncia ante la Policía, detallando las insinuaciones y el malestar sufrido, lo que en el despido disciplinario adoptado por la empresa.

📄 Según la carta de despido, los hechos constituían una falta muy grave de acuerdo con el Convenio Colectivo; su comportamiento era inaceptable, especialmente al tratarse de una conducta de acoso hacia una clienta.

⚖️ Darío interpuso demanda, pero la instancia la desestimó declarando el despido procedente, convalidando la extinción del contrato de trabajo.

🙏 Presentó recurso alegando que no se había seguido el protocolo de **acoso sexual** obligatorio previsto en el Convenio Colectivo de la empresa antes de su despido, solicitando que esto se incorporara como hecho probado.

⚖️ El TSJ rechazó la petición, ya que para que una revisión de hechos sea procedente, debe apoyarse en pruebas documentales o periciales que demuestren un error en la valoración realizada, lo cual aquí no ocurrió.

🗣️ También argumentó que se vulneró su derecho a defensa, dado que no se siguió el protocolo de acoso antes de sancionarlo con el despido. Según el TSJ, el protocolo de acoso del Convenio está diseñado para incidentes entre trabajadores de la empresa, y aquí, la persona afectada era una tercera persona ajena a la empresa.

💼 Además, según el Convenio Núm. 158 de la OIT, la empresa debe dar al trabajador una oportunidad razonable para defenderse antes de ser despedido. Aquí, Darío fue contactado por la empresa la misma noche de los hechos y admitió su comportamiento, lo que para el TSJ fue suficiente.

🎯 En fin, se consideró que su conducta fue suficientemente grave como para justificar el despido, dado su rol de chofer y su contacto directo con terceros.

✖ Se desestimó su recurso y se confirmó que el despido fue procedente, ya que tuvo la oportunidad de defenderse, no era necesario activar el protocolo de acoso sexual y su conducta justificaba la sanción del despido.

📌 STSJ Castilla La Mancha 2179/2024, 13/09/2024 N.° rec. 1313/2024.

✗ DESPIDO IMPROCEDENTE POR UN SUPUESTO ACOSO SEXUAL

Miguel, limpiador nocturno desde 2008 en la Línea 3 del Metro de Barcelona en turno de 00:00 a 06:00 h.

El 15/09/22 Daniela una compañera de trabajo inicia un protocolo de acoso sexual notificando al jefe de servicio.

La empresa cerró el protocolo el 26/10/22 y remitió el informe el 03/11/22 al comité de empresa y a Miguel.

La empresa le imputó un incidente el 15/09/22 en el que intentó abrazar y besarla tocándola inapropiadamente. También se mencionaron otros incidentes similares con diferentes trabajadoras.

Daniela denunció el incidente del 15/09/22 y otros hechos ante los Mossos d'Esquadra el 17/09/22 incluyendo denuncias por incidentes previos y posteriores.

Miguel fue entrevistado el 11/10/22 negó los cargos y alegó que el incidente fue un malentendido.

Se recibió un correo de un superior relatando incidentes previos similares con otras trabajadoras, además de reportes sobre incidentes con Evelyn y Judith durante la investigación.

El trabajador denunció, pero la instancia desestimó la demanda y declaró el despido procedente.

Miguel, recurre. Alega dos motivos: revisión de hechos y censura jurídica por infracción de artículos relevantes. Presentó una sentencia absolutoria del Juzgado de lo Penal.

La revisión de los hechos fue rechazada, ya que la prescripción debe discutirse en el apartado de derecho y no en la revisión de hechos. El recurso sobre la prescripción de los hechos también fue rechazado.

Miguel alegó vulneración de su derecho a la defensa, ya que no pudo interrogar a un compañero y que no se valoraron adecuadamente todas las pruebas.

Según el TSJ la indefensión debe ser real y no solo formal. La prueba preconstituida en el procedimiento penal debe cumplir ciertos requisitos para ser válida.

Aunque la sentencia penal que le absolvió no se consideró en su momento, se admitió en el procedimiento laboral para evaluar su efecto. Esta sentencia aclaró que no se probó que él intentara besarla, lo que podría influir en la valoración de los hechos.

Según la carta de despido, la causa fue que se abalanzó sobre Daniela con la intención de abrazarla y besarla, rozando su cara contra la de ella y tocándole el trasero. Pero la instancia no probó estos hechos. Solo se acreditó que Daniela denunció rápidamente, que la empresa aplicó el protocolo correspondiente y que se encontraron casos similares con otras trabajadoras en años anteriores.

La Sala de revisión debe basarse en la sentencia penal si ésta declara la inexistencia de los hechos. La decisión de instancia utilizó incidentes previos de 2019, no incluidos en la carta de despido y prescritos, para justificar el despido. No se probó que la acosara de la manera alegada.

La empresa debe optar entre reincorporarlo a su puesto o pagarle una indemnización de 38.834,83 €.

Se estima el recurso y se declara la improcedencia del despido.

STSJ Cataluña 4549/2024, 28/05/2024 N.° rec. 6416/2023.

ACOSO SEXUAL CORROBORADO: DESPIDO NULO E INDEMNIZACIÓN POR DAÑOS MORALES

Justa trabaja desde nov. de 2022 como responsable de marketing digital.

Fue despedida el 12/01/2023 por supuesta falta al trabajo sin justificación.

La empresa intentó contactarla repetidamente sin éxito, lo que llevó a un despido inmediato.

Su jefe, Emilio hizo comentarios inapropiados hacia Justa como:

- «Eres un diamante en bruto, veo tanto talento que me pongo enfermo».
- «No sé qué has hecho que te has metido en mi cabeza y en mi corazón».
- «Mira, te presento a mi segunda esposa», dirigiéndose al camarero en una cena el 22 de diciembre (con Emilio y su socio Martin).
- «Mi mujer se ha marchado preocupada, porque ahora que mi marido trabaja con esta chica tan guapa, seguro que se va a enamorar de ella».
- «Te ruego que pases por las oficinas, tengo que hablar contigo unas cosas y... a lo mejor hasta recibes un regalo de reyes».

El 09/02/2023 inició un proceso de IT debido a un cuadro ansioso depresivo, alegando acoso laboral.

Ese mismo día, denunció a Emilio ante la Policía.

La conciliación no llegó a un acuerdo, aunque se reconoció la improcedencia del despido con una oferta de indemnización de 330 €.

Justa demandó a la empresa y a Emilio. La instancia declaró improcedente el despido y condenó a la empresa a readmitirla o indemnizarla con 454,32 €.

Interpuso un recurso solicitando el despido nulo y se le indemnice con 60.000 € por daño moral.

Denunció la infracción de su derecho a la intimidad y dignidad, por el acoso sexual sufrido, lo que justificaría declarar nulo el despido.

El TC define el acoso sexual en el ámbito laboral como conductas no deseadas que crean un ambiente de trabajo hostil e incómodo, lo que aquí se aplicó.

El TSJ consideró que su jefe incurrió en acoso sexual ambiental por sus repetidas insinuaciones románticas y comentarios inapropiados, que afectaron psicológicamente a Justa.

Las pruebas presentadas, como grabaciones de llamadas, confirmaron el acoso, lo que llevó a su baja por ansiedad.

Aunque aceptó en una ocasión salir con Emilio y su socio, esto no desvirtúa el acoso sufrido.

⚖️ Según el TSJ, dichos comentarios de naturaleza sexual generaron un ambiente laboral incómodo, constituyendo acoso sexual ambiental de gravedad evidente.

🔍 Se corroboró la vulneración de un derecho fundamental con pruebas claras que demostraron el acoso sufrido.

🗂 Su baja laboral por ansiedad fue consecuencia del trato continuado y hostil de su jefe.

🎯 La conducta de Emilio, al no cesar en su actitud, provocó la baja laboral y el despido improcedente de Justa. La empresa no logró demostrar las causas mencionadas en la carta de despido, y en una conciliación previa, reconoció la improcedencia del despido.

‼️ En fin, despido nulo (readmisión inmediata) más una indemnización de 30.001 € por daños morales debido a la gravedad y persistencia del acoso sexual sufrido.

📌 STSJ Galicia 1186/2024 - 05/02/2024 N.° Rec. 4666/2023.

TRABAJADOR INSISTE A UNA COMPAÑERA DE TRABAJO EN HACER UN INTERCAMBIO DE PAREJAS O «UN TRIO»

Marino trabaja como personal de equipo desde 2014 en un restaurante de comida rápida.

El 31/10/2022 se le notificó un pliego de cargos sin referencia al convenio colectivo aplicable, pero con la tipificación de «sanción muy grave».

Marino presentó alegaciones por e-mail el 03/11/22.

El 24/11/2022 se le entregó la carta de despido disciplinario, por unos hechos ocurridos el 28/09/2022 y la declaración de la trabajadora afectada y el encargado. La empresa le imputó un comportamiento sexualmente inapropiado con otra trabajadora, lo cual negaba Marino. Supuestamente y de forma insistente, le hizo propuestas sexuales inapropiadas (realizar intercambio de parejas y un «trío») a pesar de la negativa de la compañera, lo que le provocó incomodidad y ansiedad, también visible para terceras personas.

Marino presentó demanda contra la empresa, negando los hechos imputados y defectos en la carta de despido, ya que no tipificaba los hechos y vulneraba sus derechos a la intimidad y al honor.

Solicitaba que se declarara nulo el despido, con una indemnización adicional por daños morales de 3.750 euros, o subsidiariamente, que se declarara improcedente.

✗ La instancia lo declaró improcedente. Si bien se consideró probado que Marino, efectivamente hizo las propuestas inapropiadas, la carta de despido no concretó adecuadamente la fecha de efectos del despido. No calificó jurídicamente los hechos imputados y no indicó la posibilidad de impugnar la sanción (no se le informó sobre cómo y ante qué órganos podía impugnar el despido).

La empresa interpuso recurso de suplicación.

Según el TSJ, la carta de despido indicaba claramente que el despido tenía efectos desde el día de la recepción de la comunicación, cumpliendo con el requisito de especificar la fecha de efectos del despido.

Los hechos imputados (propuestas sexuales inapropiadas y acoso) fueron claramente descritos en la carta de despido y dichos hechos son subsumibles en una falta muy grave según el convenio colectivo.

El TSJ consideró irrelevante que la carta no indicara cómo y ante qué órganos podía el trabajador impugnar el despido, ya que tal información no es exigida por la normativa aplicable.

La falta de calificación jurídica concreta de los hechos ni que se incluyera un «pie de recurso» en la carta de despido, no invalida el despido si los hechos pueden ser calificados como falta muy grave.

Según el TSJ, la carta de despido cumplió con los requisitos formales esenciales y los hechos fueron claramente comunicados al trabajador.

En fin, el despido era procedente porque la empresa acreditó los hechos motivadores del despido y dichos hechos son calificables como falta muy grave de acoso sexual, dando cumplimiento al art. 55 ET.

Marino no tiene derecho a indemnización ni a salarios de tramitación.

STSJ Islas Canarias 1340/2024, 18/04/2024 N.º rec. 917/2023.

TRATO DESCONSIDERADO Y ATENTATORIO A LA DIGNIDAD DE UNA COMPAÑERA DE TRABAJO

José es conductor de Correos y trabaja con horario de 6:30 a 14:00 h.

La empleada Mónica denunció que el 11/08/2022, en torno a las 5:56 horas, cuando se encontraba en la zona de los muelles junto a las responsables del turno, sintió un fuerte golpe en su nalga izquierda y cuando giró se dio cuenta de que era José quién se lo había dado. Al preguntarle el motivo de dicha acción, él le respondió que «se encontraba colocada de una forma para que le diese». La acción fue presenciada por varios testigos.

Así mismo, añadió que, en otras ocasiones, el trabajador se había dirigido a ella con frases poco respetuosas como; «no te agaches así», mientras realizaba tareas en la SCP; o, «si yo no tuviera esta barriga te pondría a cuatro patas», comentarios que dice la hace sentir incómoda con sentimientos de impotencia y ansiedad.

El 26/07/2022 se inició un expediente por hechos susceptibles de sanción atribuidos a José, relacionados con un posible trato desconsiderado muy grave hacia una compañera.

Se adoptó una medida provisional para evitar coincidencia laboral entre los trabajadores implicados, asignando horarios diferentes.

El procedimiento se siguió conforme al Convenio Colectivo y demás normativa aplicable, concluyendo con la propuesta de considerar a José responsable de una falta disciplinaria muy grave.

El trabajador realizó alegaciones en su defensa, negando los cargos imputados y argumentando indefensión y nulidad del proceso por falta de concreción temporal y prescripción de sanciones.

Se notificó la orden de incoación del expediente a la representación laboral conforme al convenio, sin constar que José ostentara cargo de representación.

Se verificó la afiliación sindical de José, habilitando trámite de audiencia al delegado sindical sin manifestaciones al respecto.

José tiene antecedentes disciplinarios, habiendo sido sancionado anteriormente con suspensión de empleo y sueldo por hechos distintos.

El 22/12/2022 recibió una carta de despido disciplinario por hechos considerados como trato desconsiderado y atentatorio a la dignidad de la trabajadora Mónica.

Los hechos probados constituyen una falta disciplinaria muy grave tipificada en el art. 85 del Convenio por acoso sexual y por razón de sexo, corroborados por las declaraciones de la empleada denunciante y testigos.

Correos ha implantado medidas de protección contra el acoso y su protocolo expresa la prioridad absoluta en la prevención y corrección de conductas como la presente.

⚖ Aquí, aplica el art. 54 del ET que regula el despido procedente para supuestos de incumplimiento grave y culpable si el incumplimiento consiste en acoso sexual.

🏛 Se desestima la demanda de José, se confirma la sentencia de instancia y se reafirma el despido como procedente sin derecho a indemnización ni salarios de tramitación.

📌 Sentencia TSJ Islas Canarias 471/2024 22/02/2024 N.° rec. 1192/2023.

⚠ EN CASO DE DESPIDO POR ACOSO SEXUAL EN EL TRABAJO, NO CABE APLICAR LA TEORÍA GRADUALISTA

Marcelino trabajaba desde el 1/6/2007 como camillero.

El 17/5/2022, la empresa abrió expediente disciplinario por presuntos incumplimientos laborales. Aunque se le dio al trabajador 5 días para presentar alegaciones, no lo hizo.

Mercedes, trabajadora de la empresa, denunció el 17/3/2022 que Marcelino la acosó sexualmente la noche del 15 al 16 de marzo en la unidad 7. Según su relato, mientras ingresaban a una paciente, Marcelino le abrió la casaca mirándole los pechos, a lo que ella respondió que no lo hiciera. Propuso como testigos a la paciente Noelia y al trabajador Cándido.

Prestaron declaración Mercedes, Noelia, Cándido, Marcelino y la delegada de prevención, María Milagros.

La empresa comunicó el despido disciplinario a Marcelino el 17/6/2022, argumentando un incumplimiento muy grave por acoso sexual a Mercedes. La notificación incluyó la descripción de los hechos ocurridos el 16/3/2022 (folios 38-44 y 74).

Marcelino demandó solicitando la declaración de improcedencia del despido fechado el 17/06/2022 y el abono de una indemnización por daño moral de 12.000 €. La instancia declaró improcedente el despido al no acreditar suficientemente la gravedad de los hechos imputados, pero denegó cualquier indemnización por daño moral.

La instancia calificó el comportamiento como grosero y ofensivo, atentando contra la intimidad y el respeto debido a cualquier persona. Sin embargo, no considera que reúna los elementos definitorios del acoso sexual:

- No hubo contactos corporales humillantes ni propuestas verbales de índole sexual.
- No se acreditó premeditación ni planificación para estar a solas con la víctima.
- La acción fue calificada como aislada, carente de reiteración o efectos graves en el entorno laboral.

Así, basándose en la STC 224/99, la instancia concluye que el acto, aunque percibido subjetivamente como indeseable por la trabajadora, no alcanza la gravedad objetiva necesaria para ser considerado acoso sexual.

- Destaca la falta de intensidad y reiteración, así como el contexto abierto y público del hecho.
- Finalmente, la conducta se considera reprochable y merecedora de sanción laboral, pero no configura jurídicamente un supuesto de acoso sexual.

El magistrado de instancia consideró que el despido del trabajador era improcedente basándose en la teoría gradualista citada en sentencias como:

- STSJ Baleares 399/2000 (30/06/2000).
- STSJ Madrid 301/2014 (07/02/2014).
- STSJ Madrid 567/2022 (02/06/2022).

En su razonamiento, se distingue entre dos perspectivas jurídicas:

- Teoría gradualista o de proporcionalidad, que evalúa la gravedad de la conducta en relación con la sanción.
- Teoría de la gravedad de la conducta, más estricta y orientada al carácter objetivo del ilícito.

Además, el juez concluyó que no hubo vulneración del derecho a la intimidad del despedido y desestimó su reclamación por daños y perjuicios.

Se condenó a la empresa a optar entre reintegrarle en las mismas condiciones previas al despido o indemnizarle con 40.322,74 €.

La empresa interpone recurso contra la sentencia al amparo del art. 193.c) de la Ley 36/2011, LRJS.

Se alega la infracción del art. 61.4.a) del convenio colectivo aplicable, en conexión con el art. 54.2.d) del ET, el art. 7.1 de la Ley Orgánica 3/2007 para la Igualdad Efectiva de Mujeres y Hombres (LOI) y la Directiva 73/2002 del Parlamento Europeo.

Ley Orgánica 3/2007 (LOI):

- Acoso sexual: comportamiento verbal o físico de naturaleza sexual que atenta contra la dignidad de una persona, generando un entorno intimidatorio, degradante u ofensivo (Art. 7.1).
- Acoso por razón de sexo: comportamiento basado en el sexo de una persona que afecta a su dignidad o crea un entorno laboral hostil (Art. 7.2).
- Discriminación: se consideran discriminatorios el acoso sexual y por razón de sexo, así como el condicionamiento de derechos a aceptar este tipo de conductas (Art. 7.3 y 7.4).

Estatuto de los Trabajadores (ET):

- Despido disciplinario: el empresario puede extinguir el contrato laboral por incumplimiento grave y culpable del trabajador (art. 54.1).
- Causas específicas: incluyen la transgresión de la buena fe contractual y el abuso de confianza (art. 54.2.d), así como el acoso laboral de cualquier tipo (art. 54.2.g).

Código Civil:

- Interpretación normativa: las normas deben interpretarse conforme al sentido de sus palabras, su contexto histórico y social, y su finalidad (art. 3.1).

Convenio colectivo de hospitales concertados:

- Faltas muy graves: incluyen el acoso sexual o cualquier conducta basada en el sexo que afecte a la dignidad de las personas trabajadoras, siempre que esta sea no deseada, ofensiva o cree un entorno laboral intimidatorio, hostil o humillante (art. 61.4.c).
- Repercusiones laborales: también se considera falta grave la utilización de estas conductas para tomar decisiones relacionadas con el acceso a formación, salario o continuidad laboral.

Concepto de acoso sexual y distinciones jurídicas

- La sentencia aborda inicialmente el concepto de acoso sexual en el ámbito laboral, diferenciándolo del tipo penal. Señala que este puede vulnerar tanto el derecho a la intimidad como el derecho a la igualdad (art. 14 CE), especialmente cuando afecta de manera desproporcionada a las mujeres.
- Se recurre al art. 2.1 de la Directiva 2006/54/CE para definir el acoso sexual y el acoso por razón de sexo:
  - El primero, como comportamientos no deseados relacionados con el sexo de una persona que atentan contra su dignidad, generando un entorno intimidatorio, humillante u ofensivo.
  - El segundo, como comportamientos de índole sexual que afectan la dignidad, creando un entorno hostil o degradante.

En el derecho interno, se cita el art. 7 de la LOI, que define ambos tipos de acoso, subrayando su carácter discriminatorio.

El art. 4.2.e) del ET protege el derecho de los trabajadores a su dignidad e intimidad, incluyendo la protección frente al acoso sexual y por razón de sexo.

Se menciona además el concepto de hostigamiento sexual según el Comité para la Eliminación de la Discriminación contra la Mujer (CEDAW), que incluye contactos físicos, insinuaciones y otros comportamientos de índole sexual que puedan crear un entorno hostil.

El caso se refiere a un incidente aislado ocurrido durante la madrugada en un espacio laboral abierto, en presencia de un compañero de trabajo y una paciente. La trabajadora denunció que el demandante le abrió la casaca y le miró los pechos, pese a su negativa.

La trabajadora mantuvo su versión en todo momento, reforzando la credibilidad de su relato. Sin embargo, no se acreditaron antecedentes similares ni actos reiterados por parte de Marcelino.

El recurso argumenta que el caso debe resolverse estableciendo si:

1. El trabajador cometió acoso sexual, mereciendo un despido procedente como defiende la empresa.

2. La conducta, aunque inapropiada, como señaló la instancia y defiende Marcelino, no cumple con los elementos esenciales de acoso sexual, como señala el magistrado de instancia, calificándola como: «conducta grosera, de mal gusto y antisocial».

En este sentido, la Directiva 2002/73/CE, define el acoso sexual como cualquier comportamiento no deseado de índole sexual que atente contra la dignidad de una persona o cree un entorno hostil, degradante, humillante u ofensivo.

- LOI (art. 7.1): adopta la definición de la Directiva.
- Jurisprudencia constitucional (STC 224/1999): considera esencial la gravedad objetiva y no solo la percepción subjetiva de la víctima.

El recurso de la empresa destaca que el elemento central del acoso es su carácter no deseado y el impacto sobre la dignidad de la víctima, siendo irrelevante la intención del acosador. Lo determinante es la percepción de la víctima y la ausencia de reciprocidad en la conducta.

Elementos clave según el recurso:

1. Gravedad objetiva: más allá de lo subjetivo, el acto debe tener suficiente entidad para generar un ambiente laboral degradante.
2. Único acto como suficiente para el acoso: no es necesaria la reiteración; basta con una conducta grave y humillante, como la descrita en este caso.

Aquí, la empresa califica en su recurso como acoso intolerable la conducta de coger del cuello a una compañera, abrir su chaqueta y mirarle los pechos.

El acto, realizado en presencia de terceros, rompe la convivencia laboral, afectando la dignidad de la trabajadora y creando un entorno humillante. El recurso subraya que dicha conducta es constitutiva de:

- Despido procedente según el art. 54.2.g del ET, tras la reforma de la LOI.
- Incumplimiento contractual grave y culpable que no admite sanción inferior al despido.

Adopción del recurso y conclusión.

La Sala del TSJ considera que el recurso debe estimarse porque:

1. Actualidad normativa y social: el reproche social hacia conductas de acoso sexual ha aumentado significativamente, exigiendo sanciones severas. En efecto, la Sala subraya que las normas jurídicas deben interpretarse conforme a la realidad social del momento, según el art. 3 del Código Civil. En el contexto actual, la igualdad de género y el reproche social frente a ofensas sexuales hacia las mujeres son valores básicos y ampliamente aceptados.

2. Definición del acoso sexual (LOIEMyH y Directiva): el comportamiento descrito es constitutivo de acoso sexual porque atenta contra la dignidad de la trabajadora y genera un entorno laboral degradante.
3. Impacto agravado por el entorno público: la conducta fue realizada en presencia de terceros, aumentando la humillación de la víctima.

Los hechos probados reflejan un comportamiento de acoso sexual, al incluir actos como coger del cuello a una compañera y mirarle los pechos en presencia de terceros. Estas acciones, además de no ser consentidas, son humillantes y degradantes, generando un entorno laboral ofensivo.

La conducta encaja plenamente en la definición de acoso sexual del art. 7 de la LOIEMyH y del convenio colectivo aplicable, al tratarse de un comportamiento de naturaleza sexual no deseado que atenta contra la dignidad de la trabajadora. La respuesta de la afectada y la denuncia presentada refuerzan la falta de consentimiento y el impacto negativo que tuvo sobre ella.

Se estima el recurso presentado por la empresa, compartiendo en gran medida los razonamientos ideológicos que sustentan la decisión.

✕ La Sala considera que este tipo de faltas graves no admite la aplicación de la teoría gradualista, que en otros casos podría matizar la gravedad de las conductas. En este contexto, el reproche social actual y la gravedad de los actos justifican la procedencia del despido como sanción máxima.

Se rechaza también la doctrina del TC de 1999, que requería permanencia y complejidad en las conductas para calificarlas como acoso. Esta interpretación se considera superada por la sensibilidad social actual.

☑ Se estima el recurso de la empresa, se revoca la instancia. A la luz de los hechos, se concluye que el despido del trabajador está justificado y debe calificarse como procedente.

La conducta del trabajador cumple con los elementos esenciales de acoso sexual. Luego, el despido es procedente, conforme a los hechos acreditados y la normativa aplicable y no corresponde una calificación distinta ni sanción inferior al despido.

STSJ Cataluña 7605/2024 - 14/10/2024 N.º rec. 2818/2024.

DESPIDO POR ACOSO SEXUAL

Higinio trabajó en la empresa desde el 01/04/2020 como ayudante de grupo III.

El 08/01/2023, le comunicaron su posible participación en una conducta grave y le concedió un permiso retribuido mientras se realizaba una investigación. El informe final concluyó con pruebas de acoso sexual y otras formas de acoso, proponiendo medidas disciplinarias.

Días después, le notificaron su despido disciplinario, según art. 54.2 g) del ET y el art. 41.3 k) del convenio.

La trabajadora Begoña solicitó la activación del protocolo de acoso en diciembre de 2022, relatando hechos imputables a Higinio desde sept. de 2021.

Desde principios de 2022 hasta sept. de 2022, Higinio la acosó verbalmente, haciéndola sentir incómoda en múltiples ocasiones.

Begoña comenzó a usar la taquilla de un compañero cerca de la de Higinio, quien aprovechaba para saludarla y hacer comentarios inapropiados como «mmmm madre mía» y «que rica», lo que llevó a Begoña a evitar esa taquilla.

Mientras Begoña trabajaba, Higinio solía bajarse de su vehículo para decirle piropos como «qué guapa eres», a pesar de que ella le pedía que la dejara en paz. Antes de la denuncia, continuó con comentarios como «qué ojos», «qué culo» y «no te presentes a lead porque no me voy a poder enamorar de ti».

Frecuentemente, pedía a Begoña que lo desbloqueara de WhatsApp e Instagram, diciendo que era un hombre de mucha fe y esperaría lo necesario.

La empresa recopiló testimonios y escritos de varios trabajadores corroborando los hechos.

Higinio también hizo comentarios inapropiados a la trabajadora Concepción, «guapa, lo que daría por pasar una noche contigo, eres mi debilidad, eres preciosa, ojalá ser tu pareja para poder pasar todos los días contigo».

El 20/07/2022, la empresa le advirtió sobre la necesidad de mantener una conducta respetuosa.

Higinio presentó una demanda por despido improcedente.

Así, un despido es procedente si el empresario prueba las faltas del trabajador (art. 54 ET).

Aquí, la empresa le imputa la falta muy grave de acoso sexual y acoso por razón de sexo, según el art 41.3 k) del convenio y el art 54.2 g) ET.

Los hechos constituyen acoso sexual reiterado y continuo, respaldado por testimonios e informes de la investigación interna.

El acoso sexual en el trabajo se define como cualquier comportamiento no deseado de índole sexual que crea un entorno hostil.

Se acredita que Higinio mantuvo conductas de acoso sexual hacia sus compañeras, a pesar de haber sido advertido previamente.

La empresa actuó conforme a la ley y principios de lealtad y buena fe, investigando adecuadamente y adoptando las medidas necesarias.

El juez concluye que el despido de es procedente, por la gravedad de las conductas de acoso sexual demostradas. La empresa cumplió con su obligación de proteger a sus trabajadores y mantener un entorno laboral respetuoso y libre de acoso.

SJSO 3378/2023 Toledo 24/07/2023 N.º rec. 224/2023.

SANCIONES LABORALES PARA PROFESOR UNIVERSITARIO POR ACOSO A ALUMNAS

Una alumna de universidad denuncia a un profesor por hacer comentarios ofensivos sobre su escote en clase.

El profesor, ya fue sancionado antes por hechos similares con otra alumna en 2016.

La universidad le suspende al cautelarmente y abre un proceso disciplinario para investigar los hechos.

El profesor podría enfrentarse a varias sanciones según el Estatuto Básico del Empleado Público, como .

Despido disciplinario o separación del servicio: esta sanción se aplica a las faltas muy graves y supone la pérdida del empleo y la inhabilitación para trabajar en funciones similares.

⍰ Suspensión de funciones o de empleo y sueldo: esta sanción se aplica a las faltas graves o muy graves y supone la interrupción temporal del trabajo y el salario, con una duración máxima de 6 años.

Traslado forzoso a otra localidad: esta sanción se aplica a las faltas graves o muy graves y supone el cambio de puesto de trabajo, con o sin cambio de residencia, por el período que se establezca.

Demérito o penalización en su carrera: esta sanción se aplica a las faltas graves o leves y supone la reducción de los méritos o la puntuación para la promoción o la movilidad voluntaria.

⍰Apercibimiento o advertencia: esta sanción se aplica a las faltas leves y supone una reprimenda verbal o escrita.

La sanción dependerá de la gravedad, la intencionalidad, el daño y la reincidencia de la conducta del profesor. Estos criterios se valorarán según la normativa vigente.

Este caso es un ejemplo de acoso sexual por parte de un trabajador público a una persona usuaria del servicio público, en este caso, una alumna de la universidad.

El acoso sexual es una conducta que atenta contra la dignidad, la libertad y la igualdad de las personas, y que genera un ambiente de intimidación, hostilidad y humillación.

El acoso sexual es una falta muy grave según el Estatuto Básico del Empleado Público, que puede ser sancionada con el despido disciplinario o la separación del servicio, entre otras medidas.

El profesor, al ser reincidente en este tipo de conductas, demuestra una falta de respeto, de ética y de profesionalidad, que no se corresponde con el perfil de un docente universitario.

☞ La universidad, al suspender al profesor cautelarmente y abrir un proceso disciplinario, actúa conforme a la ley y a su responsabilidad de garantizar el derecho a la educación en condiciones de igualdad y no discriminación. Unos hechos, en definitiva, muy graves que hay que erradicar en toda institución académica.

ⓘ Real Decreto Legislativo 5/2015, de 30 de octubre, por el que se aprueba el texto refundido de la Ley del Estatuto Básico del Empleado Público (EBEP).

CONDUCTOR DE AUTOBÚS DESPEDIDO POR SUPUESTO ABUSO SEXUAL

Amador trabaja como conductor desde 2017.

El 10/08/2022 según el Juzgado de Instrucción, mientras conducía un autobús de la empresa, tras quedar vacío, aprovechó para acercarse a una pasajera que se encontraba sola y a quien conocía desde niña por tener amistad con sus padres y supuestamente le tocó las piernas y sus partes íntimas sin su consentimiento.

A la luz de lo anterior se inició un procedimiento penal en el que se dictó auto de apertura de juicio el 29/05/2023 y una condena penal el 20/02/2024 por la que fue condenado como autor de un delito de abuso sexual, aunque esta sentencia no es firme, ya que fue recurrida.

Antes de su despido, el 07/07/2023 se inició por parte de su empresa un expediente disciplinario con notificación tanto al trabajador como al delegado de personal. Ninguno presentó alegaciones dentro del plazo concedido de 10 días.

El 27/07/2023 la empresa le comunicó su despido por faltas muy graves tipificadas en el Laudo Arbitral de 24/11/2000, al considerar que había transgredido la buena fe contractual y mostrado falta de respeto y consideración hacia los usuarios.

Amador demanda pero la instancia declaró procedente su despido.

Recurre en suplicación. Considera que las faltas habían prescrito, ya que la empresa tuvo conocimiento superficial de los hechos en octubre de 2022 y no actuó hasta julio de 2023.

✕ Pero el TSJ determina que el plazo de prescripción comenzó el 30/06/2023, cuando la empresa tuvo conocimiento cabal de los hechos mediante la notificación del auto de apertura del juicio oral.

Sobre la tipificación de las faltas, la empresa siguió el procedimiento adecuado al notificar el inicio del expediente disciplinario y, posteriormente, la sanción, ajustándose a lo establecido en el convenio colectivo y en el ET.

De este modo, la tipificación de las faltas fue correcta, ya que Amador tuvo conocimiento pleno de los hechos imputados y las consecuencias que ello acarreaba.

El conductor también argumenta en su recurso que el despido era improcedente, pues la sentencia penal condenatoria no era firme; a su entender, hasta la firmeza de la sentencia penal no se podrá tener certeza de los hechos y la autoría.

✕ Pero el TSJ desestima este argumento, afirmando que los hechos imputados en la carta de despido son suficientemente graves para justificar la sanción máxima de despido.

La instancia confirmó los hechos imputados en la carta de despido y la sanción impuesta por la empresa, no se ve obstaculizada por el hecho de que se siga un procedimiento ante la jurisdicción penal, en el que ha recaído una sentencia condenatoria no firme. Solo si se dicta una sentencia penal absolutoria firme, podría considerarse una revisión del caso según el art. 510 de la LEC, lo cual no es aplicable en este momento.

Se desestima el recurso; se reafirma la procedencia del despido.

STSJ Cantabria 447/2024, 21/06/2024 N.° rec. 413/2024.

4.2. CASOS EN LOS QUE NO SE RECONOCE EL ACOSO SEXUAL

❌ ‼ DESPIDO IMPROCEDENTE POR COMENTARIOS VULGARES EN EL TRABAJO

👷 José Pedro trabaja como peón desde 2021.

👀 El 20/01/2023, estuvo haciendo tortas proteicas para abejas junto con Ángel Jesús, Marta y Milagros; los varones, estuvieron hablando y, en un determinado momento vertieron los siguientes comentarios sobre sus compañeras 👇.

? Ángel Jesús:

«Sois unas guarras, que tenéis todo esto sin limpiar (en referencia al almacén), ¡cómo tendréis así vuestra casa!».

? José Pedro:

«No sé por qué tenéis que ir tantas veces arriba, ¿para rascar la cona?» («cona» es una palabra en gallego que se refiere de manera vulgar a los genitales femeninos).

«A partir de los 40 años solo servís para echar dos polvos y poco más».

Por su parte, la empresa sancionó a Ángel Jesús, con una suspensión de empleo y sueldo de 3 días por lo señalado.

📱 El 09/02/2023, la empresa envió burofax a José Pedro con su despido disciplinario señalando que tales hechos constituían un incumplimiento contractual previsto en el art. 54.2.g) del ET, así como una falta muy grave prevista en el art. 36 apartado 1.5 del Convenio colectivo, en concreto en los puntos 12 (sobre el acoso sexual) y 13 (sobre acoso moral).

🙉 Cuando se enteraron de ambas sanciones, Milagros y Marta les enviaron mensajes de WhatsApp indicando que los comentarios fueron interpretados como bromas y no como acoso.

? José Pedro demandó al considerar que su despido era improcedente. Sin embargo, la instancia lo desestimó, ya que su comportamiento constituyó una falta muy grave de acoso por razón de sexo.

🙏 Recurre en suplicación argumentando que el despido se basaba en una calificación incorrecta de los hechos, que no constituyeron acoso sexual y que la sanción de despido era desproporcionada.

‼ El TSJ revisó los hechos y encontró que sus comentarios, aunque ofensivos, no constituyeron acoso sexual.

📈 Determinó que el despido no se justificaba bajo la calificación de acoso sexual, sino que la falta cometida se ajustaba a una falta grave de respeto y consideración, pero no de despido disciplinario.

✗ El despido se basó en una calificación incorrecta de la falta, al interpretarse como acoso sexual, cuando en realidad se trató de una falta grave pero no tan severa como para justificar un despido disciplinario inmediato.

☑ En fin, el TSJ estima el recurso del trabajador. Se concluyó que la sanción de su despido fue desproporcionada para la falta cometida, la cual se consideró menos grave de lo inicialmente imputado.

La empresa es condenada bien a readmitirle en las mismas condiciones previas al despido, con el abono de los salarios dejados de percibir desde la fecha del despido hasta la notificación de esta sentencia, o pagarle una indemnización de 2.448,80 €.

Si la empresa opta por la readmisión, puede imponerle una sanción de suspensión de empleo y sueldo de 15 a 60 días, ajustada a la falta de respeto cometida.

Sentencia TSJ Galicia 4148/2024 - 07/06/2024 N.º rec. 2186/2024.

DECIR AL OÍDO «GUAPA» NO ES ACOSO SEXUAL

Camila, una vendedora de proyectos desde 2019 tuvo un incidente con su compañero de trabajo Daniel quien le dijo al oído «guapa».

En marzo de 2022, tuvo una conversación desagradable con Daniel, lo que le provocó un episodio de ansiedad y la llevó a baja médica.

Igualmente, se intercambiaron mensajes de WhatsApp, que contenían conversaciones laborales, familiares y salidas fuera del trabajo.

Silvia de RRHH, le ofreció apoyo y le explicó cómo activar el protocolo de acoso. Camila respondió el mismo día, informando que había acudido al hospital debido a su estado de nervios.

En vista de lo sucedido, presentó una denuncia contra Daniel a través del canal ético de la empresa. La investigación concluyó con la amonestación de Daniel y su traslado a otra tienda. También presentó una denuncia contra Silvia, pero la actuación de RRHH fue considerada correcta.

Inició una baja por enfermedad común el 31/05/2022 y sigue en tratamiento psicológico por trastorno de adaptación con ansiedad.

Jacinto le comunicó que Daniel sería amonestado y trasladado a otra tienda.

Camila presentó una denuncia ante la Inspección de Trabajo y Seguridad Social por acoso sexual laboral y posteriormente una denuncia penal contra Daniel y la empresa.

Su demanda de extinción del contrato de trabajo fue desestimada. En suplicación, denunció la infracción de varios artículos del ET y la CE, centrándose en la vulneración de derechos fundamentales y la indemnización de daños y perjuicios por incumplimiento contractual.

En este caso, no se ha acreditado el acoso laboral sexual alegado por Camila, ni la vulneración de derechos fundamentales. La valoración de las pruebas por el juez de instancia se considera adecuada.

El acoso sexual está considerado una conducta violenta en el trabajo que puede constituir un incidente aislado o comportamientos más sistemáticos. Puede ser considerado ambiental, de palabra o físico:

El acoso sexual ambiental, es aquel que tiene como consecuencia un ambiente laboral negativo e insalubre y puede ser llevado a cabo por los superiores o por los iguales.

Comentarios obscenos, bromas sexuales, explicación de fantasías sexuales, rumores sobre la vida sexual de las personas o comentarios groseros sobre el cuerpo, son ejemplos de acoso sexual de palabra.

Para el caso, no se concede la indemnización solicitada, ya que sólo se probó que le dijo al oído «guapa» en una ocasión, conducta que no se considera acoso laboral sexual.

Tampoco tienen fines sexuales las conversaciones mantenidas entre ambos por WhatsApp. Son cordiales, se escriben sobre el trabajo, sobre su vida familiar o salir a tomar algo... con expresiones y lenguaje que no denotan un comportamiento sexual agresivo.

En fin, no se acredita una vulneración de derechos fundamentales y se desestima en su integridad la demanda presentada.

STSJ Madrid 5766/2024 08/05/2024 N.° rec. 1044/2023.

5

SALUD MENTAL EN EL TRABAJO Y *BURNOUT*

EL IMPACTO DEL ENTORNO LABORAL EN LA SALUD MENTAL

Piedad, técnico superior de imagen en un hospital, comenzó un proceso de IT el 11-11-2021 por ansiedad. Inicialmente, la baja fue calificada por el Servicio Público de Salud como contingencia común.

! Pidió que se reconociera como enfermedad profesional, pero el INSS y el EVI negaron la solicitud, calificando la baja como derivada de contingencia común.

El 06-10-2021 Piedad informó de acoso laboral y agresión verbal por parte de su jefa, lo que motivó una investigación interna por parte de la Comisión de Violencia Interna del hospital.

Según la Comisión, el problema principal en el servicio de Radiología era la falta de procedimientos e instrucciones claras de trabajo, aunque no descartaron la existencia de agresiones verbales.

El 28-10-2021, Piedad acudió a psiquiatría, expresando dificultades con su jefa, trato desigual y estrés por interferencias laborales. Informó a su supervisora varias veces sobre el conflicto.

Tras su demanda, la instancia declaró su IT como contingencia profesional.

El INSS recurrió para que la IT se declarara como contingencia común, ya que la Comisión no acreditó el *mobbing* denunciado; en su recurso se acogió a ese informe.

Según el art. 156 de la LGSS, existe una presunción favorable al accidente laboral para lesiones ocurridas en el lugar y tiempo de trabajo.

Así, según el INSS, el art. 193 c) de la LRJS fue vulnerado, pues la instancia no se ajustó a la interpretación correcta del art. 156.2 e) de la LGSS, que exige una relación exclusiva entre la enfermedad y el trabajo para considerarla AT.

⚖ Según el TS, una enfermedad solo puede calificarse como AT si se prueba que su origen está exclusivamente vinculado al trabajo, lo que el INSS alegó que no se demostró.

📝 Pero la instancia no partió del acoso para reconocer la IT como AT, sino de la relación entre el estrés laboral y las tareas desempeñadas.

🧠 Según la instancia, la ansiedad de Piedad fue causada directamente por el entorno laboral, en especial por la conflictividad y las agresiones verbales denunciadas.

📅 A pesar de que no se acreditó el acoso, según el TSJ, el entorno laboral y la falta de procedimientos adecuados contribuyeron significativamente a su estado de salud mental.

🔍 A ojos del TSJ, al igual que los de la instancia, la ansiedad que llevó a la IT de Piedad tenía su origen en el trabajo, debido a las malas relaciones con su jefa de servicio, intensificadas por la falta de procedimientos claros.

🎯 No se acreditó ningún otro desencadenante de la crisis de ansiedad, ni antecedentes en la salud mental de la trabajadora.

⚠ No hubo evidencia de otros factores personales o externos que pudieran haber influido en su estado de salud, más allá del conflicto laboral.

✖ En fin, el TSJ desestimó el recurso del INSS: la IT fue consecuencia de un AT, vinculada a la conflictividad en su entorno laboral.

📌 STSJ Castilla-León 3561/2024, 16/09/2024 N.º rec. 1274/2023.

LA EXCESIVA CARGA DE TRABAJO AFECTA A LA SALUD DE LA TRABAJADORA

Flora, jefa de departamento, responsable de selección y formación.

Trabajaba extensas jornadas, comenzando a las 7:00 y terminando a las 00:30, lo que afectaba su salud.

En 01/2022 manifestó su carga excesiva de trabajo y su superior autorizó la contratación de una sustituta y una becaria.

En 02/2022, envió un email al Departamento de Auditoría Interna exponiendo su estrés y horas de trabajo excesivas, mencionando jornadas largas y preocupaciones por sanciones por incumplimientos normativos.

Informó que estaba medicándose por ansiedad y que su anterior directora conocía su situación sin prestar ayuda.

Durante 05/2022, registró jornadas largas, de 2 a más de 10 horas, evidenciando una carga constante de trabajo.

El 03/06/2022 sufrió una crisis de ansiedad en el camino al trabajo, siendo diagnosticada durante 10/2022 con trastorno de ansiedad vinculado al estrés laboral.

En 05/2023, pidió una reunión con su jefe, expresando su descontento por la comunicación de su baja como enfermedad común en lugar de accidente *in itinere*.

Reclamó falta de medios técnicos y humanos, afectando su salud por estrés y ansiedad. Pidió mantener el tema en privado, temiendo sanciones por incumplimientos normativos.

En 06/2023, solicitó considerar su baja como contingencia profesional, recibiendo respuesta en septiembre que la consideró enfermedad común.

Padece un trastorno ansioso depresivo, habiendo ingresado en el Hospital a finales de 10/2023 por intento de autolisis con 5 fármacos e insulina, manifestando ante el médico que la atendió que desde el mes de mayo la tienen sometida a una especie de acoso laboral *(mobbing)* en la empresa, le dan tareas de menor categoría de las que le corresponden (dice que le dan tareas que antes hacía su becaria y esta le da órdenes ahora).

! Relata un vacío por parte de los compañeros de trabajo, no está en los grupos de WhatsApp, no la invitan a cursos de formación ni a las comidas y cenas de los compañeros.

Flora demandó y la instancia declaró según el art. 50.1 del ET extinguida la relación laboral y condenó a la empresa a indemnizarla con 60291,34 €.

La empresa recurrió en suplicación. Argumentó que no hubo incumplimiento grave de obligaciones contractuales, señalando que cualquier carga excesiva fue por situación extraordinaria y que tomaron medidas para corregirla.

🗐 El TSJ recordó que, para resolver el contrato, el incumplimiento debe ser grave y continuo, afectando el contenido del contrato.

🔍 Se analizó que su carga laboral excesiva y la falta de respuesta efectiva de a empresa afectaron directamente a su salud y bienestar laboral. Aunque la empresa pueda haber tenido problemas organizativos, estos no se han resuelto adecuadamente.

✖ Se desestima el recurso de la empresa, confirmando la sentencia y el derecho a indemnizaciones por despido improcedente.

📌 STSJ Galicia 6356/2024, 13/09/2024 N.º rec. 2938/2024.

DIAGNÓSTICO DE ANSIEDAD Y EPISODIO DE DEPRESIÓN DE ORIGEN PROFESIONAL

Adela, desde 2019, como *campus manager* para la empresa siendo ascendida en enero de 2021 al puesto de jefa de admisiones.

En junio de 2021 fue despedida, y en diciembre de 2022, la instancia declaró procedente el despido, desestimando su demanda por tutela de derechos fundamentales. Esta sentencia no es firme.

La ITSS levantó un acta de infracción, señalando que la empresa realizó la evaluación de riesgos laborales el 28/04/2022 y la evaluación de riesgos psicosociales el 02/05/2022. Se propuso una sanción de 5.000 € por no haber realizado la evaluación psicosocial en el plazo previsto.

Tras su ascenso a la posición de jefa, tenía varias personas trabajadoras bajo su responsabilidad, siendo una parte de su salario variable dependiendo del número de matrículas de alumnos.

En junio de 2020 la empresa contrató a un *admissions specialist*, quejándose Adela el mismo, siendo despedido. Dicho trabajador la acusó de *bullying*, teniendo el CEO de la empresa una conversación privada con él.

La trabajadora puso en diversas ocasiones en conocimiento del CEO de la empresa su preocupación ante la dificultad de alcanzar las cifras de matrículas fijadas como objetivos.

Adela inició su primera baja por IT el 03/03/2021, con diagnóstico de «trastorno adaptativo no especificado». Fue dada de alta el 26/05/2021.

El 07/06/2021 inició una segunda baja por el mismo diagnóstico con alta el 03/09/2021. Un dictamen emitido el 07/06/2022 concluyó que ambas bajas derivaban de un accidente de trabajo (AT).

Por resolución del 09/06/2022, se determinó que los procesos de IT iniciados por Adela derivaban de un AT, por lo que Mutua debía asumir el pago de la prestación económica y la asistencia sanitaria.

Antes del inicio de su primera baja por IT, no había recibido tratamiento por problemas psiquiátricos. Pero, en febrero de 2021, manifestó estrés y nerviosismo derivados de su trabajo, siendo diagnosticada de trastorno adaptativo y ansiedad. Luego, fue derivada a un especialista en psiquiatría por un episodio depresivo relacionado con su situación laboral.

La empresa demandó contra el INSS, Adela y la Mutua por considerar que la patología debía ser común y no profesional. Pero, la instancia confirmó que las situaciones de IT iniciadas por la trabajadora el 3 de marzo y el 7 de junio de 2021 derivan de un AT.

La empresa recurre para cambiar los hechos probados.

Alega que su trastorno depresivo no tenía una causa exclusivamente laboral, refiriéndose al art. 156.2.e) de la LGSS y citando jurisprudencia de

2005. Sin embargo, la Mutua no impugnó la resolución de la Entidad Gestora, la cual se basaba en un informe de la ITSS que confirmaba la causalidad laboral del accidente.

✘ Según el TSJ, no procede dicha modificación, ya que no se presentan pruebas documentales que justifiquen el cambio de los hechos probados.

✘ Se desestima el recurso de la empresa.

STSJ Cataluña 6763/2024, 12/09/2024, N.º rec. 6617/2023.

BURNOUT EN EL TRABAJO

El *burnout*, también conocido como síndrome del quemado o de desgaste profesional, es una fase avanzada del estrés laboral. Se produce cuando hay un desequilibrio entre las expectativas personales y la realidad laboral.

Este desequilibrio es especialmente notorio en trabajos que implican ayuda o altas responsabilidades sobre otras personas.

El *burnout* se caracteriza por tres dimensiones principales, según Maslach y Jackson (1986):

1. Agotamiento emocional: sensación de sobreesfuerzo físico, cansancio, hastío emocional y pérdida de recursos emocionales.
2. Despersonalización: actitudes de frialdad y distanciamiento en el trabajo y en las relaciones interpersonales y familiares.
3. Baja realización personal: pérdida de confianza en uno mismo, autoconcepto negativo y sentimiento de baja realización personal.

Evolución:

1. Fase de entusiasmo: expectativas elevadas y positivas sobre el trabajo.
2. Fase de estancamiento: dudas, objetivos poco claros, síntomas fisiológicos.
3. Fase de frustración: desmotivación, rendimiento bajo, síntomas persistentes.
4. Fase de apatía: pérdida de confianza, distanciamiento, bajas laborales.
5. Fase de «sentirse quemado»: problemas graves psicosomáticos, cognitivos y de comportamiento.

Factores relevantes

1. Organizacionales: estilo de dirección, valores culturales, perfil del puesto, clima laboral, condiciones laborales.
2. Sociales: redes de apoyo social, relaciones interpersonales y familiares.
3. Personales: personalidad tipo A/B, sistema de atribuciones, comportamiento interpersonal, autoexigencia y perfeccionismo, expectativas profesionales.

Manifestaciones:

- Fisiológicos: fatiga, desórdenes gástricos, tensión muscular
- Conductuales: dificultad en la toma de decisiones, adicciones, trastornos del sueño.
- Emocionales: irritabilidad, hostilidad, ansiedad, depresión.

- Cognitivos: baja atención y concentración.
- Laborales: absentismo, baja productividad, conflictos, desmotivación.

[i] La Organización Mundial de la Salud (OMS) reconoció el *«burnout»* como enfermedad profesional en 2022, describiéndolo como un síndrome resultante del estrés crónico en el trabajo no gestionado con éxito.

Aunque a nivel mundial se reconoce, en España aún no es reconocido por el legislador, a pesar de su inclusión en la Clasificación Internacional de Enfermedades como QD85. Esto destaca un déficit preocupante en la protección de la salud laboral de muchos trabajadores.

☑ Lo señalado ha de servir para que los empresarios y trabajadores sepan reconocer este síndrome y actuar en consecuencia. El primero, para evaluar el riesgo psicosocial de forma eficiente y el segundo, para saber identificar que lo que le está ocurriendo es que está «quemado».

⚠️ 🧠 EL *BURNOUT* NO IMPLICA INVALIDEZ PERMANENTE

🙋 Elvira, auxiliar de ayuda a domicilio, solicita incapacidad permanente por su estado de salud.

📅 El INSS denegó la incapacidad en 2022. Tras agotar la vía administrativa, presentó demanda en noviembre del mismo año.

📋 Los informes médicos señalan trastorno adaptativo, burnout crónico, ansiedad, agorafobia y fibromialgia. Fueron evaluados por el EVI y el Hospital Universitario de «ZZZ».

⚖️ Elvira demandó al INSS y a la TGSS. La instancia desestimó su petición por falta de pruebas que acrediten incapacidad conforme a la normativa.

🙏 Recurrió señalando errores en la valoración de informes médicos y solicitó modificar el Hecho Probado Tercero.

👀 Pero según el TSJ, los informes ya habían sido ponderados correctamente por la instancia, quien actuó dentro de sus facultades.

📑 Alegó infracción de los arts. 193 c) LRJS y 194.1 b) LGSS, solicitando incapacidad absoluta o, subsidiariamente, total.

💡 La acción exige acreditar reducciones funcionales objetivas, carácter definitivo e impacto significativo en la capacidad laboral.

🧠 Tres elementos principales configuran la incapacidad permanente en nuestro sistema de Seguridad Social:

- 🩺 Reducciones anatómicas o funcionales objetivables, constatables médicamente de forma clara y sin depender de manifestaciones subjetivas.
- 🕒 Carácter previsiblemente definitivo de dichas reducciones, basado en criterios médicos razonables de irreversibilidad.
- ⚙️ Impacto significativo de las limitaciones en la capacidad laboral, graduado desde el 33 % (incapacidad parcial) hasta la imposibilidad total de trabajar en cualquier profesión (incapacidad absoluta).

💼 La incapacidad absoluta se define como la situación en la que, debido a enfermedad o accidente, una persona presenta reducciones graves que le imposibilitan trabajar en cualquier oficio, según los arts. 194 y 195 LGSS y sentencias del TS.

📋 Aquí, Elvira alega que debe ser declarada en incapacidad absoluta o total, basándose en las consecuencias invalidantes de su patología.

⚙️ La valoración judicial debe considerar dolencias, profesión y secuelas, evitando generalizaciones.

🧩 El TS establece que no solo los dictámenes médicos, sino un análisis completo del caso, determina la invalidez permanente.

🔬 El TSJ Madrid sigue criterios estrictos: incapacidad por fibromialgia requiere afectaciones psíquicas graves, resistencia a tratamientos y pruebas objetivas.

🎯 Elvira no presenta una anulación completa de sus aptitudes laborales. Aunque puede haber fases de reagudización que justifiquen períodos de incapacidad temporal, no se aprecia una incapacidad permanente total ni absoluta.

☑ Aunque presenta síntomas como desmotivación y apatía, conserva funcionalidad según el diagnóstico médico, su estado es compatible con el ejercicio de su profesión y otras actividades laborales existentes en el mercado.

✖ El recurso se desestima. No se confirma la incapacidad solicitada.

📌 STSJ Madrid 4155/2024, 10/04/2024 N.º rec. 992/2023.

❌ *BURNOUT*, DENUNCIAS INTERNAS Y UNA RELACIÓN LABORAL TENSADA DESDE 2018

Zaira trabajaba desde 2006 como titulada superior.

Desde el 07/02/2022 disfrutaba de reducción de jornada para cuidado de un ascendiente dependiente.

Fue despedida el 12/05/2023 acusada de enviar e-mails de la empresa a su cuenta personal. La empresa consideró esta acción como una falta muy grave por fraude, deslealtad y abuso de confianza en las gestiones encomendadas.

Según la política corporativa de IT, los recursos electrónicos debían usarse exclusivamente para fines laborales relacionados con la actividad del grupo empresarial.

El 03/05/2023 se abrió expediente contradictorio. Zaira presentó alegaciones el 08/05/2023, admitiendo los envíos y justificándolos como medida de protección personal, sin fuga de información.

La empresa llevaba años intentando despedirla: ofrecimientos en 2021 y 2022 rechazados y un expediente disciplinario archivado en 2018.

Inició una situación de IT el 07/03/2023 por síndrome de *burnout*, enfermedad caracterizada como una respuesta al estrés laboral crónico.

Entre 2021 y 2023 se comprobó el envío de 328 correos a su cuenta personal. De ellos, 33 incluían adjuntos y 295 se enviaron con copia oculta; algunos eran de contenido público.

Zaira denunció supuestas irregularidades internas. Según testifical, estos correos desaparecieron.

Tras su demanda, la instancia declaró el despido improcedente condenando a la empresa a optar entre readmitirla o indemnizarla con 105.939,10 €. También impuso una indemnización adicional de 7.501 € por daños y perjuicios.

La empresa recurrió, solicitando revocar la sentencia o eliminar los 7.501 €.

Aquí, el despido debe basarse en un incumplimiento grave y culpable (art. 54.1 ET). Aplicó la doctrina del TS en sentencias de 10/01/2019 y 19/07/2010 reservando el despido para casos excepcionales.

Se probó que Zaira envió numerosos correos desde su cuenta corporativa a su cuenta personal entre 2021 y 2023. No se demostró que los compartiera con terceros o los usara de forma inapropiada. Y se constató que la empresa había intentado despedirla previamente y que sufrió síndrome de burnout tras denunciar irregularidades internas.

La relación laboral estaba marcada por tensiones desde 2018 cuando se archivó un expediente disciplinario contra ella. La empresa intentó negociar su salida en reuniones en 2021 y 2022 sin acuerdos. En marzo de 2023 inició una baja por IT debido al síndrome de burnout, tras lo cual se produjo el despido.

⚖ Se reconoció una indemnización adicional por vulneración de derechos fundamentales considerando insuficiente la prevista en el art. 56 del ET. Esta se fundamentó en el art. 10 del Convenio 158 de la OIT y el art. 24 de la Carta Social Europea interpretado por el Comité Europeo de Derechos Sociales.

✖ El recurso de la empresa fue desestimado. Se confirmó la improcedencia del despido.

📌 STSJ País Vasco 3033/2024, 08/10/2024 N.º rec. 1876/2024.

USO DEL MBI COMO INSTRUMENTO PARA CONTROLAR EL *BURNOUT*

El síndrome de *burnout* o desgaste profesional es un problema de salud que afecta a muchos trabajadores, especialmente a los que realizan servicios humanos, como la sanidad, la educación, la seguridad o la justicia. El burnout se caracteriza por el agotamiento emocional, la despersonalización y la falta de realización personal en el trabajo, y tiene consecuencias negativas tanto para el trabajador como para la organización y la sociedad.

El *burnout* es un fenómeno complejo que requiere una intervención multidisciplinar, en la que los técnicos de prevención han de tener herramientas para controlarlo y vigilarlo. Las medidas preventivas que se adopten en este sentido han de garantizar la protección de la salud y la seguridad de los trabajadores frente a los riesgos psicosociales que pueden provocar este riesgo psicosocial

Aquí aparece el *Maslach Burnout Inventory* (MBI) es un cuestionario que mide el síndrome de *burnout* o desgaste profesional. El *burnout* es un estado de estrés crónico que afecta a las personas que trabajan en contacto con otras personas, como médicos, enfermeros, profesores, policías, etc.

El MBI evalúa tres dimensiones del *burnout*: el agotamiento emocional, la despersonalización y la falta de realización personal.

- El agotamiento emocional se refiere al sentimiento de estar exhausto y sobrepasado por el trabajo.
- La despersonalización se refiere al desarrollo de actitudes negativas y frías hacia los clientes o usuarios.
- La falta de realización personal se refiere al sentimiento de insatisfacción y de no hacer un buen trabajo.

El MBI consta de 22 ítems que se responden según la frecuencia con que se experimentan los síntomas, desde nunca hasta todos los días. Cada ítem pertenece a una de las tres dimensiones y se puntúa de 0 a 6. Las puntuaciones se suman para obtener el nivel de *burnout* en cada dimensión. Los niveles se clasifican en bajo, medio y alto según unos percentiles establecidos.

Un nivel alto de agotamiento emocional y despersonalización y un nivel bajo de realización personal indican un alto grado de *burnout*.

El MBI pese a ser desconocido para muchas personas, es el instrumento más utilizado y validado para medir el *burnout*. Se han desarrollado diferentes versiones adaptadas a distintos contextos y profesiones. El MBI, de forma sucinta, ayuda a identificar y prevenir el burnout, así como a diseñar intervenciones para reducirlo.

El *burnout* tiene consecuencias negativas para la salud física y mental de los trabajadores, así como para la calidad y eficacia de los servicios que prestan. Por eso, es importante cuidar el bienestar de los profesionales que trabajan con personas.

BURNOUT NO RECONOCIDO COMO ACCIDENTE DE TRABAJO

Camilo trabaja como conductor.

El 15/09/2021, la empresa le notificó que, debido a una reestructuración organizativa, su puesto de trabajo cambiaría de base a partir del 01/10/2021, trasladándolo a una nueva ubicación.

El 05/10/2021, Camilo inició una incapacidad temporal (IT) por enfermedad común.

El INSS, tras evaluar la situación declaró que la IT tenía carácter de enfermedad común, por lo que el INSS sería responsable de la prestación económica y el Servicio Público de Salud de la atención sanitaria.

El 08/02/2022 la empresa le comunicó nuevamente que la reubicación anunciada en septiembre de 2021 quedaba sin efecto por causas organizativas. Se le indicó que debía reincorporarse a su puesto habitual una vez recibiera el alta médica, aunque se mencionó que podrían producirse futuras modificaciones si fueran necesarias.

Camilo presentó una demanda contra la Mutua, el INSS, la TGSS y su empresa, buscando que se reconociera su IT como derivada de un accidente de trabajo (AT). Sin embargo, la demanda fue desestimada.

En su recurso de suplicación solicita añadir nuevos hechos probados. Primero, argumentó que había solicitado en varias ocasiones durante 2021 un cambio de zona por motivos de conciliación familiar. Pero el TSJ rechaza esta adición porque los e-mails que la respaldan no son presentados como prueba en el juicio y no cumplen con los requisitos de autenticidad.

Se acepta añadir que el 27/09/2021, Camilo presentó una demanda por movilidad geográfica, solicitando la suspensión cautelar de dicha movilidad hasta que se resolviera el caso. Esta adición es aceptada porque estaba respaldada por documentos que no fueron negados por la empresa.

El trabajador también solicita modificar el hecho probado tercero para incluir un informe médico emitido el día después de su baja, en el cual se diagnosticaba que su IT se debió a un cuadro de nerviosismo e intranquilidad debido a cambios en su destino laboral, lo que le impedía conciliar el sueño y le provocaba llanto fácil. Como resultado, se inició una baja laboral por «*Burnout*». El TSJ acepta esta modificación, pero aclara que la aceptación del documento no implica la veracidad de su contenido.

Además, argumenta que su enfermedad debía considerarse un AT según la LGSS (arts. 156.2.3, 156.3 y 159.2). El TSJ en base a jurisprudencia rechaza esta alegación, ya que no existen pruebas suficientes para establecer un nexo causal entre su trabajo y la enfermedad.

Pese a las adiciones aceptadas, se concluye que no había suficientes pruebas para calificar su enfermedad como un AT. Así, para que una enfermedad sea considerada como tal, debe estar causada exclusivamente por la ejecución del trabajo, lo cual no se pudo demostrar en este caso.

Se desestima el recurso de suplicación: la enfermedad que causó su IT no se califica como AT.

STSJ Extremadura 1282/2023, 30/11/2023 N.° rec. 497/2023.

✖ *BURNOUT* RECHAZADO COMO ACCIDENTE DE TRABAJO (II)

Salome, nacida en 1965, presta servicios como médica general. Las contingencias profesionales están cubiertas por una Mutua y las comunes por el INSS.

El 31/01/2022 inició un proceso de IT por trastorno adaptativo con ansiedad, respaldado por un parte médico emitido el 28/01/2022. Este periodo de IT se prolongó hasta el 11/08/2023. Sin embargo, el INSS determinó el 20/07/2023 que dicho periodo no tenía origen en un accidente de trabajo (AT), en respuesta a una solicitud de determinación de contingencia presentada por la asegurada el 21/12/2022.

Durante el proceso, Salome fue diagnosticada con síndrome *«burnout»* dentro del programa PAIME, destinado al tratamiento de problemas psicológicos en el personal sanitario. Además, el 03/05/2021 elaboró un parte de accidente laboral por experimentar ansiedad intensa y mantenida durante toda la jornada.

Entre 2018 y 2021, el centro de salud donde presta servicios experimentó una disminución significativa en las citas presenciales, pasando de 70.215 en 2018 a 28.562 en 2021, aunque las citas totales aumentaron ligeramente, de 97.747 a 101.777 en ese mismo periodo.

En particular, Salome pasó de atender 1.400 pacientes en 2015 a 1.220 en 2021, mientras que la media de pacientes por facultativo en dicho centro en 2021 fue de 1.343.

✖ No consta que realizara horas extras ni que trabajara en un entorno laboral objetivamente estresante.

Desde el 12/01/2015 hasta el 12/08/2023, asumió voluntariamente la Jefatura de Unidad de Atención Primaria, con funciones de gestión y participó en programas con retribuciones adicionales.

Presentó demanda contra el INSS, la Mutua, la TGSS y la empresa solicitando que el proceso de IT iniciado el 31/01/2022 y finalizado el 21/12/2022 fuera considerado AT.

✖ Pero la instancia la desestimó, confirmando la resolución administrativa en todos sus términos.

Salome presentó recurso de suplicación contra la instancia basado en censura jurídica, solicita revocar la sentencia y reconocer dicha contingencia como accidente laboral o, de forma subsidiaria, enfermedad profesional (EP).

Por su parte, la Mutua y la empresa se opusieron al recurso, defendiendo la confirmación de la instancia y rechazando los argumentos de Salomé.

La trabajadora invoca la infracción de los arts. 156 e) y 156.3 en relación con el art. 158.2 de la LGSS, así como la jurisprudencia relacionada.

Basa su reclamación en que el síndrome de *burnout* ha sido certificado por el Centro TADI y avalado por informes del psiquiatra y de una psicóloga, que documentaron tensión física y mental vinculada al trabajo.

Argumenta padecer síndrome de *burnout* basado en informes del centro TADI, complementados por evaluaciones de psiquiatras y psicólogos, además de su inclusión en el MAP, solicitando que se considere accidente de trabajo o enfermedad profesional.

Cita antecedentes laborales relevantes:

- En 2016 notificó un incidente laboral relacionado con la carga de trabajo.
- En 2021 comunicó ansiedad por exceso de citas médicas y solicitó evaluación de riesgos psicosociales y medidas preventivas.
- Durante su IT estuvo bajo seguimiento del programa PAIME, donde se le diagnosticó síndrome de *burnout*.

La Mutua argumenta que el diagnóstico es de «trastorno adaptativo con ansiedad» y que no se acreditó ningún suceso laboral concreto que justificara la relación de causalidad entre el trabajo y la IT. Además, señala que corresponde a Salomé probar dicha relación, conforme al art. 217 de la LEC.

La empresa (Administración Pública) señala que:

- La trabajadora no sufrió ningún episodio concreto relacionado con el trabajo antes de la IT.
- Los partes de baja y los informes presentados no prueban condiciones de sobrecarga laboral en su puesto.
- Su carga laboral estuvo siempre por debajo de los límites recomendados, y sus cifras de pacientes asignados y consultas presenciales eran inferiores a la media de otros facultativos de su entorno.
- Asumió voluntariamente funciones adicionales como la Jefatura de Unidad de Atención Primaria y participación en programas remunerados.

El recurso de suplicación se centra en probar la relación de causalidad entre el síndrome de burnout y las condiciones laborales de la demandante, pero los datos objetivos y la valoración judicial no avalan la existencia de una sobrecarga laboral ni de un entorno laboral excesivamente exigente.

‼ La Mutua y la empresa sostienen que no se cumple con la carga probatoria requerida para justificar que la IT derive de un accidente de trabajo o de una enfermedad profesional.

El art. 156 LGSS considera AT toda lesión corporal sufrida por el trabajador en relación con su empleo.

También incluye enfermedades laborales si se demuestra que su causa exclusiva es la actividad profesional.

⚖ Se presume, salvo prueba en contrario, que las lesiones ocurridas en el tiempo y lugar de trabajo son accidentes laborales.

🕮 Según la STS de 27/09/2007:

- 🔍 La presunción aplica a accidentes, enfermedades y alteraciones vitales surgidas en el trabajo.
- ✖ Para desvirtuar la presunción, debe probarse la falta de relación entre lesión y trabajo.
- ⚠ No se excluye la presunción si la enfermedad existía previamente, valorándose el trabajo como factor desencadenante.

💼 En la vida laboral moderna emergen los riesgos psicosociales, como el estrés laboral:

- 🌪 Provoca saturación física y mental, afectando salud, vida personal y laboral.
- 🔗 Trabajo y salud están interrelacionados; las condiciones laborales influyen en los riesgos.

🔥 El síndrome de *Burnout* afecta a profesionales con alta dedicación hacia terceros:

- 💤 Falta de energía y abatimiento desde el inicio de la jornada.
- 💔 Frustración al no alcanzar resultados esperados.
- 😠 Irritabilidad, frialdad e indiferencia hacia compañeros y personas atendidas.
- 🌀 Incapacidad de concentrarse o desconectar tras la jornada laboral.
- 😵 Dolores físicos frecuentes y enfermedades psicosomáticas.

⏳ Las causas suelen ser:

- 📈 Sobrecarga emocional por trato continuo con personas en situaciones difíciles.
- ⏱ Horarios largos en ambientes laborales deteriorados.
- 🏃 Exceso de trabajo físico sin recursos adecuados ni personal suficiente.
- ⚡ Altas exigencias emocionales y físicas prolongadas en el tiempo.

📜 Según la normativa aplicable, las enfermedades no catalogadas como profesionales pueden considerarse accidentes laborales solo si su causa exclusiva es la ejecución del trabajo, excluyendo cualquier influencia de factores externos.

⚖ La carga de demostrar el nexo causal recae en quien lo alega, ya sea mediante pruebas directas o hechos concluyentes que permitan presumir, de forma precisa y directa, que el trabajo fue la única causa de la patología.

La jurisprudencia autonómica establece que un trastorno psíquico reactivo al trabajo no puede calificarse automáticamente como accidente laboral, salvo que existan factores externos relacionados directamente con la actividad profesional (por ejemplo, estrés laboral o acoso). Sin embargo, factores subjetivos como personalidad, sensibilidad o percepción negativa del entorno pueden ser determinantes.

Análisis del caso:

- Se reconoce el diagnóstico de *burnout* basado en informes privados, pero no reflejado en los partes médicos oficiales ni en la empresa pública.
- No se identifica ningún episodio concreto de ansiedad laboral antes de la IT, salvo un incidente aislado 8 meses antes.
- Su carga laboral medida en citas atendidas, se encuentra por debajo de la media del centro de salud donde presta servicios, según los registros de empresa pública.
- Asumió voluntariamente funciones adicionales al aceptar la Jefatura de la Unidad de Atención Primaria (JUAP), con la correspondiente mejora retributiva, lo que descarta sobrecarga laboral obligatoria como causa de su situación.

La Sala determina que no existe un nexo causal claro y exclusivo entre el entorno laboral y el trastorno adaptativo con ansiedad diagnosticado. Por tanto, no procede considerar la incapacidad temporal como accidente de trabajo, y se desestima el recurso de suplicación.

Salomé de forma general, argumenta que su patología corresponde a una enfermedad profesional, sin hacer referencia específica al art. 157 de la LGSS ni al Real Decreto 1299/2006, que establece el cuadro de enfermedades profesionales. Aunque su alegato carece de una fundamentación normativa detallada, en aras de garantizar la tutela judicial efectiva, la Sala decide examinar la cuestión en profundidad.

Según el art. 157 de la LGSS, para que una enfermedad se considere profesional debe cumplir con tres requisitos fundamentales:

1. Trabajo por cuenta ajena: la enfermedad debe haber sido contraída a consecuencia del trabajo realizado en una relación laboral.
2. Actividad específica del cuadro de enfermedades profesionales: la enfermedad debe derivar de las actividades que se encuentren detalladas en el cuadro de enfermedades aprobado por las disposiciones de aplicación de la Ley.
3. Acción de sustancias o elementos detallados: la enfermedad debe haber sido provocada por la acción de sustancias o elementos que figuren en el cuadro de enfermedades profesionales correspondiente.

Elementos clave del caso:

- La MAP alega un trastorno adaptativo con ansiedad, reconocido como una enfermedad común, no vinculada directamente al trabajo.
- No se aporta ninguna prueba que demuestre que dicho trastorno sea consecuencia exclusiva de la actividad profesional realizada.
- Su actividad laboral no se encuentra mencionada dentro de las actividades que el RD 1299/2006 considera causantes de enfermedades profesionales.
- Aunque se reconoce que presenta un trastorno adaptativo con ansiedad, este es considerado una enfermedad común y no está relacionado de manera directa con las condiciones de trabajo o con la naturaleza de la actividad profesional.

En relación con la sentencia impugnada, el análisis de la situación laboral de la recurrente, como sus responsabilidades y el entorno de trabajo, revela que no se cumplen los requisitos para clasificar su baja como accidente de trabajo. La Sala destaca que, aunque la recurrente ha sido diagnosticada de *«burnout»*, este trastorno no ha sido reconocido por los servicios médicos oficiales, y se carece de un episodio concreto de ansiedad relacionado con su trabajo. Además, los datos proporcionados por la empresa, respecto al volumen de pacientes atendidos, no respaldan la afirmación de una sobrecarga de trabajo.

! Salomé asumió voluntariamente una mayor carga de trabajo al ocupar un puesto de gestión adicional (Jefatura de la Unidad de Atención Primaria). Esto implica que no se puede alegar una sobrecarga laboral involuntaria como causa del trastorno. A pesar de las cifras de citas y carga de trabajo, que son inferiores a las medias del centro, la Sala concluye que no existe un vínculo causal claro entre el trabajo y su patología sufrida.

Dado que no se demuestra que la enfermedad padecida por la trabajadora tenga una relación directa con su actividad profesional, y que no se han infringido las disposiciones legales citadas, la Sala confirma la sentencia de instancia, desestimando el recurso de suplicación.

Se desestima el recurso de suplicación interpuesto por la trabajadora, ratificando la instancia. El proceso de IT iniciado el 31/01/2022 hasta el 21/12/2022 no se considera accidente de trabajo, sino una enfermedad común, lo que implica que la demanda de la recurrente contra el INSS, la TGSS, la Mutua y la empresa debe ser rechazada.

STSJ País Vasco 3147/2024 - 22/10/2024 N.º rec. 1819/2024.

⚠ ‼ *BURNOUT* RECONOCIDO COMO ACCIDENTE DE TRABAJO

Bruno trabaja como jefe de mantenimiento desde 1988 con un contrato indefinido.

Estuvo en situación de IT por trastorno de ansiedad inespecífico entre 2017 y 2018.

En 2018, el INSS le declaró en situación de incapacidad permanente para su profesión habitual, debido a enfermedad coronaria, trastorno adaptativo mixto con ansiedad y estado de ánimo depresivo.

Trabaja bajo condiciones de alta presión, supervisando a 4 encargados y 33 operarios, y gestionando 94 equipos de trabajo.

La evaluación de riesgos psicosociales de junio de 2019 calificó su carga de trabajo y control como de riesgo elevado.

La empresa demandó, alegando causas extralaborales para su trastorno, pero no pudo probarlo.

❌ La instancia desestimó la demanda, concluyendo que la enfermedad de Bruno debía calificarse como accidente de trabajo (AT).

☑ El trastorno estaba vinculado exclusivamente a su entorno laboral, según el art. 156.2.e) de la LGSS.

La empresa recurrió la sentencia, alega que el trastorno no se sufrió en el tiempo y lugar de trabajo.

Sin embargo, el TSJ prueba cómo INSS y la ITSS concluyeron que las incapacidades temporales derivaban de un AT, sin antecedentes de baja por trastornos psíquicos antes de las fechas clave.

La jurisprudencia requiere demostrar que la causa determinante de la enfermedad es exclusivamente la ejecución del trabajo.

La enfermedad de Bruno se desencadenó exclusivamente por la carga de trabajo elevada y difícil.

Las enfermedades psíquicas y/o mentales se califican como AT solo si la única causa es el trabajo. Esto significa que no basta con que el trabajo contribuya a la enfermedad; debe ser el único factor causal. La jurisprudencia ha aplicado esta calificación en casos de *burnout*, depresión vinculada a cambios laborales, y trastornos de ansiedad causados por estresores laborales.

❌ No obstante, si existen causas extralaborales o una predisposición personal que contribuyan a la enfermedad, no se puede calificar como AT.

El burnout es un trastorno anímico por estrés laboral crónico, caracterizado por agotamiento emocional, despersonalización y disminución de la realización personal. Este síndrome se reconoce como resultado de una exposición prolongada a factores de estrés en el trabajo, tales como cargas de trabajo excesivas, falta de control sobre el trabajo y ambientes laborales tensos o conflictivos.

El TSJ destaca que, en el caso, la carga de trabajo y el ambiente laboral fueron los únicos factores que provocaron su trastorno de ansiedad. No se presentaron pruebas de que hubiera padecido previamente de trastornos psíquicos, y la baja coincidió con cambios significativos en su entorno laboral. Por lo tanto, se concluye que la enfermedad tuvo una etiología laboral exc usiva.

Con todo, se rechaza el recurso de la empresa y se mantiene la calificac ón del trastorno de ansiedad como AT.

Sentencia TSJ Cataluña 959/2024 16/02/2024 N.° rec. 4604/2023.

BLOQUE III

CONCLUSIONES

El propósito de esta obra es servir como guía para fomentar una mayor sensibilización en los órganos judiciales y promover una adaptación de la práctica procesal que contemple mejor los derechos fundamentales de los trabajadores frente a cualquier manifestación de acoso laboral, ya sea ciberacoso, acoso sexual, acoso por razón de género, *mobbing* u otras formas.

Amén de lo señalado, el concepto de acoso en el trabajo abarca muchas modalidades, el acoso moral o *mobbing*, el acoso por razón de sexo, el acoso por razón de género o el acoso discriminatorio.

El más conocido, el *mobbing*, surgió en la psicología para abordar conjuntamente desde el punto de vista terapéutico situaciones o conductas muy diversas de estrés laboral que tienen de común que, por su reiteración en el tiempo, su carácter degradante de las condiciones del trabajo o la hostilidad que conllevan, tienen por finalidad o como resultado atentar o poner en peligro la integridad personal del trabajador. Los elementos básicos que definen este tipo de acoso moral en el puesto de trabajo incluyen: a) la intención de dañar por parte del empresario, directivos o compañeros de trabajo; b) la producción de un daño en derechos personales esenciales; y c) la naturaleza continuada, sistemática y premeditada del hostigamiento.

La falta de conciencia social e institucional sobre este fenómeno ha permitido su persistencia en los últimos años que exigen medidas efectivas y garantes de la seguridad y salud de los trabajadores. Esta es una problemática que trasciende el ámbito jurídico y que provoca tensiones culturales y organizacionales. Dicho de otra forma, no se trata únicamente de un conflicto propio del trabajo, sino de una conducta sistemática que afecta la dignidad y la salud de quienes la padecen.

El acoso laboral, en todas sus vertientes, constituye una grave vulneración de derechos fundamentales que afecta tanto al trabajador individual, como también al entorno laboral y a la sociedad en su conjunto. Un riesgo psicosocial latente y que puede implicar una violación de varios derechos fundamentales, como el derecho a la integridad física y moral, así como a la intimidad personal, familiar y a la propia imagen. La legislación española y la jurisprudencia han avanzado en su tratamiento, pero persiste la necesidad de una mayor sensibilización y medidas preventivas que garanticen la dignidad y la integridad de todos los trabajadores.

Un riesgo psicosocial que es común en empresas privadas, pero también ocurre en el sector público, donde el trabajador, ya sea en personal estatutario o funcionario, puede ser marginado profesionalmente por razones personales o ideológicas. En las administraciones públicas, donde la relación laboral tiene características específicas, el acoso suele manifestarse como marginación profesional con motivos que van desde la venganza personal hasta la discriminación ideológica. Suele hablarse de acoso «vertical descendente» o «institucional», cuando tales situaciones o conductas son propiciadas por quienes ocupan una posición superior en el organigrama empresarial, que es lo más frecuente, suele hablarse de acoso «vertical descendente» o «institucional».

De esta manera, el acoso puede ser promovido por superiores jerárquicos dentro de la organización, y se manifiesta a través de actitudes y comportamientos que buscan objetivos como represaliar al trabajador, marginarlo para que no evidencie a los superiores, o presionarlo para que abandone voluntariamente su puesto de trabajo, lo que permitiría a la empresa evitar una indemnización por despido improcedente. Ciertamente, en el ámbito privado, muchas veces el acoso busca la dimisión del trabajador, evitando así el coste de una indemnización por despido improcedente.

En este contexto, los objetivos del acoso laboral pueden ser de lo más variado: represaliar a un trabajador poco sumiso, marginarle para evitar que deje en evidencia a sus superiores, infundirle miedo para promover el incremento de su productividad o satisfacer la personalidad manipulativa u hostigadora del acosador (el llamado acoso «perverso»), entre otros.

Dicho de otra forma, el acoso en el trabajo (*mobbing*, moral o discriminatorio) precisa de una efectiva y seria presión psicológica, que sea sentida y percibida por el trabajador acosado al que causa un daño psíquico real que le hace perder la posibilidad de una normal convivencia en su propio ámbito profesional. Así pues, la intencionalidad o al menos la conexión clara entre el comportamiento y el resultado, y la sistemática reiteración de la presión, son requisitos necesarios para poder hablar de acoso moral en el trabajo.

Desde una perspectiva constitucional, el acoso laboral afecta derechos fundamentales como la dignidad de la persona (art. 10 CE), la integridad física y moral (art. 15 CE) y la prohibición de tratos inhumanos o degradantes. Además, puede involucrar otros derechos como el honor, la intimidad y la imagen (art. 18 CE). El Tribunal Constitucional ha desarrollado un análisis que reconoce el carácter pluriofensivo del acoso laboral, destacando su capacidad de lesionar múltiples derechos fundamentales de manera simultánea. De esta forma, el acoso laboral atenta contra el reconocimiento de la dignidad de la persona y su derecho a la integridad física y moral, así como a la prohibición de tratos degradantes. Dado que el acoso laboral puede adoptar diversas formas, puede afectar también otros derechos fundamentales.

A este respecto, el artículo 15 de la CE establece el derecho a la integridad física y moral, sin que se pueda someter a torturas o tratos inhumanos o degradantes. Los conceptos de «integridad moral» y «trato degradante» se interpretan de manera flexible, permitiendo su aplicación a diversas situaciones en la vida cotidiana. Esto ha permitido al Tribunal Constitucional extender la protección de estos derechos a las relaciones laborales, abordando el acoso laboral en sentencias relevantes.

Como se ha plasmado en la obra en el recorrido de más de cien pronunciamientos judiciales, los derechos fundamentales de dignidad e integridad son esenciales y deben ser protegidos en el ámbito laboral. A la luz de las resoluciones judiciales analizadas, los tribunales españoles han establecido que el comportamiento que atenta contra la integridad moral del trabajador, puede estar sujeto a un análisis más profundo. La protección de los derechos fundamentales no debe depender exclusivamente de la intención detrás del comportamiento, sino que basta con demostrar un nexo de causalidad entre las acciones y los resultados dañinos.

Además, no es necesario que la lesión a la integridad moral se haya consumado; basta con que exista un riesgo significativo de que esta lesión pueda ocurrir. La protección constitucional se aplica únicamente a situaciones que presenten un peligro grave y cierto para la salud del individuo.

En este terreno, los valores superiores del ordenamiento jurídico, como la integridad moral protegida por el señalado artículo 15 de la CE, están en juego en casos de acoso laboral. Por ello, se exige que las resoluciones judiciales expresen tanto las razones jurídicas que fundamentan su decisión, como también, que incluyan una argumentación axiológica que respete los fines de la normativa sobre acoso laboral. En esta línea, la vulneración del citado artículo 15 de la CE, implica la causación deliberada y no consentida de sufrimientos físicos, psíquicos o morales, o la exposición a un «riesgo relevante» que suponga un peligro grave y cierto para la integridad personal. Sobre la intencionalidad, se ha de aclarar que no es necesario investigar factores psicológicos o subjetivos difíciles de probar. Basta con demostrar un nexo de causalidad adecuado entre el comportamiento antijurídico y el daño prohibido por la norma.

Atinente al menoscabo, como se ha afirmado, no se requiere que la lesión de la integridad moral se haya consumado. Es suficiente con que exista un riesgo relevante de que esta lesión pueda producirse. No obstante, no cualquier riesgo o daño a la salud implica una vulneración del derecho fundamental a la integridad física y moral. Solo lo hace aquel que genere un peligro grave y cierto para dicha integridad.

En esta obra se ha tratado una cuestión laboral que incumbe a la integridad moral de los trabajadores. Así sostiene el TC en su sentencia 81/2018 cuando señala que «lo que está en juego son los valores superiores del ordenamiento», en este caso, «la integridad moral» (art. 15 CE), por lo que «la motivación exigible a cualquier resolución judicial no se reduce a la mera expresión de las razones que permitan conocer cuáles han sido los criterios jurídicos esenciales fundamentadores de la decisión [...]. Es exigible una argumentación axiológica respetuosa con los fines perseguidos con la regulación del acoso laboral o *mobbing*».

Además, tal y como se ha reflejado en el Bloque II, la dificultad de delimitar las prácticas de acoso de otros tipos de violaciones de derechos laborales.

Entre los derechos fundamentales reconocidos en la Constitución Española que pueden ser vulnerados por el acoso moral están la dignidad de la persona, su libertad personal, integridad física y moral, intimidad y honor, así como derechos relacionados con la salud laboral. Un caso ejemplar es el de una sentencia en la que el demandante reclama que su empresario ha violado sus derechos fundamentales a través de conductas de hostigamiento, solicitando el cese de estas acciones y una indemnización. Aunque se identificaron violaciones a sus derechos, la actuación empresarial no fue calificada como acoso laboral. Sin embargo, la sentencia anula decisiones empresariales que infringen estos derechos y ordena el restablecimiento del trabajador en su posición anterior, además de conceder una indemnización por daños.

No obstante, no cualquier tensión laboral implica una vulneración de este derecho; se requiere una presión psicológica efectiva, sostenida en el tiempo y suficientemente grave como para causar un daño real al trabajador, alterando su entorno laboral de manera significativa. Así, no toda actitud o situación de tensión en el desarrollo de la actividad laboral puede merecer el calificativo de acoso moral, por lo que hemos de distinguir una conducta de verdadera hostilidad, vejación y persecución sistemática, de otros supuestos tales como la disparidad de criterios o la imposición de órdenes o instrucciones sobre la prestación laboral que incluso pueden ser contrarias a derecho, o demasiado exigentes, pero que no tienen el propósito ni producen el efecto de vulnerar la dignidad del trabajador.

La intencionalidad o al menos la conexión clara entre las conductas y los resultados lesivos son elementos indispensables para su acreditación. En este sentido, es relevante recordar que el Tribunal Supremo ha sostenido que para que haya acoso laboral, no es necesario que se trate de una «campaña de hostigamiento» en términos extremos, sino que basta con que haya una actitud reiterada y continuada que menoscabe la dignidad del trabajador o cause un malestar laboral evidente. Además, la empresa tiene la obligación de garantizar un entorno de trabajo seguro, donde los empleados no sufran daños a su integridad moral o física. La línea que separa una situación laboral conflictiva de un caso de acoso es extremadamente fina, y ahí radica una de las principales dificultades a la hora de abordar este fenómeno. En este sentido, es decir, de las conductas propias de acoso de otras que son órdenes empresariales, conviene señalar que no resulta factible llegar a la conclusión de que todo ejercicio abusivo de estas potestades pueda calificarse de acoso, y ello obviamente sin perjuicio de las respuestas que desde la legalidad pueden obtenerse en contra de esas actuaciones antijurídicas. De esta manera, los motivos que llevan al empresario a utilizar arbitrariamente sus potestades directivas son distintas de las que mueven al sujeto activo del acoso moral a hostigar a la víctima. En suma, quien invoque padecer acoso moral, no basta con que acredite posibles arbitrariedades empresariales ejerciendo su poder directivo, sino que es preciso que demuestre, que la finalidad del empresario como sujeto activo del acoso, era perjudicar la integridad psíquica del trabajador o desentenderse de un deber de protección en tal sentido, que se le han causado unos daños psíquicos, lo que exige la existencia de una clínica demostrativa de la patología.

En este plano normativo, España cuenta con avances importantes en materia de protección frente al acoso. Sin embargo, la ausencia de un marco específico que contemple los riesgos psicosociales como enfermedades profesionales sigue siendo un vacío evidente. No solo ello, la normativa de desarrollo de la LPRL en materia psicosocial es nula; el legislador avanzaría mucho incorporando al ordenamiento jurídico laboral un reglamento de desarrollo de la LPRL o, algo más sencillo, un mayor tratamiento del riesgo laboral en la misma normativa preventiva.

Fruto de lo anterior, las herramientas legales actuales se apoyan en interpretaciones que, aunque útiles, no alcanzan a cubrir todas las manifestaciones del problema. Las nuevas formas de hostigamiento, como el *network mobbing*, surgen en un contexto digital que las empresas no siempre están preparadas para gestionar. Este hecho complica la prevención y genera una sensación de indefensión entre las víctimas.

A caballo de lo anterior, el legislador ha abordado el problema desde perspectivas de prevención, protección y represión. El artículo 95.2 o) del EBEP tipifica el acoso laboral como falta muy grave. Por su parte, el Código Penal, en su artículo 173.1, introducido por la Ley Orgánica 5/2010, que tipifica como delito contra la «integridad moral" los «actos hostiles o humillantes» realizados «de forma reiterada» en «el ámbito de cualquier relación laboral o funcionarial y prevaliéndose de su relación de superioridad» que «supongan grave acoso contra la víctima». Además, las evaluaciones de riesgos psicosociales, si bien se han introducido progresivamente, son aún herramientas muy poco utilizadas y, en muchos casos, poco comprendidas.

Adicional a lo señalado, el contexto del Consejo de Europa, la Carta Social Europea revisada (1996) considera que el acoso laboral vulnera el derecho a la dignidad en el trabajo y exige a los Estados adoptar medidas para proteger a los trabajadores. Asimismo, las directivas europeas 2000/43/CE y 2000/78/CE imponen la obligación de garantizar la igualdad de trato y la prevención de situaciones de acoso vinculadas a la discriminación.

Además, el Tribunal Europeo de Derechos Humanos (TEDH) también ha tratado esta cuestión. En el caso Selmouni c. Turquía (1999), refiriéndose al artículo 3 del Convenio Europeo de Derechos Humanos, se subrayó la flexibilidad de conceptos como «trato degradante» para abordar situaciones contemporáneas, extendiendo su aplicación más allá de contextos tradicionales como prisiones o centros de detención, llegando al ámbito laboral.

Por tanto, resulta fundamental que las empresas adopten políticas claras para la prevención del acoso laboral, impliquen medidas punitivas cuando se detectan situaciones de acoso y también fomenten un entorno de trabajo respetuoso, empático y colaborativo, donde la comunicación abierta y el bienestar de los trabajadores sean una prioridad. Queda claro pues, que la prevención y la detección temprana de estas conductas son clave para evitar el hostigamiento y sus perniciosas consecuencias.

El tratamiento judicial del *mobbing* ofrece un panorama mixto. Por un lado, la amplia doctrina judicial sobre esta materia ha dado pasos firmes al reconocer patrones de acoso y los daños derivados de ellos. Pero, por el otro, la carga de la prueba recae con frecuencia sobre la víctima, dificultando el acceso a la justicia. Pese a que los informes médicos y los diagnósticos psiquiátricos pueden ser claves para acreditar la existencia del acoso en numerosos casos, todavía queda pendiente un desarrollo más homogéneo en la valoración de estas situaciones. En definitiva, no todo conflicto laboral es *mobbing*, por consiguiente los tribunales han de equilibrar con especial sensibilidad la defensa de las víctimas con la necesidad de no desnaturalizar el concepto.

En otro orden de cosas sobre el riesgo psicosocial aquí tratado, ha de saberse que el artículo 193.c) de la Ley Reguladora de la Jurisdicción Social (LRJS), permite al trabajador alegar la infracción de normas sustantivas como base para demostrar la vulneración de sus derechos fundamentales. En este contexto, los artículos 96.1 y 181.2 de la LRJS, relativos a la aportación de indicios y la inversión de la carga de la prueba, establecen que, una vez presentadas pruebas iniciales suficientes, la carga de demostrar la inexistencia de acoso debería recaer en la empresa. Sin embargo, en la práctica, esta inversión de la carga de la prueba no se aplica de manera uniforme, lo que limita la efectividad de las herramientas procesales a disposición del trabajador.

Por su parte, la alta litigiosidad sobre este fenómeno tiene visos de continuar, máxime cuando en los pronunciamientos judiciales, la Sala Cuarta del Tribunal Supremo aún no ha llegado a conceptuar el acoso moral, debido a las dificultades inherentes al recurso de casación y la escasez de casos suficientemente equiparables que permitan establecer una jurisprudencia sólida sobre la materia.

Luego, la obra ha tratado como merece, el análisis de la vertiente preventiva del acoso laboral, así como del sistema de responsabilidades, por lo que respecta a los sistemas de compensación o reparación los trabajadores víctimas de acoso moral en el trabajo. En esta línea, tal y como se ha recalcado, el acoso laboral puede ser considerado en España como accidente de trabajo propiamente dicho. Sin embargo, resulta necesario poner de relieve que no todas las eventuales conductas en el trabajo son constitutivas de acoso moral como riesgo profesional para ser calificado como contingencia profesional ya que, sobre todo, ello será una cuestión probatoria.

En lo concerniente al acoso sexual, las sentencias evidencian avances significativos en la lucha contra este tipo de conductas. Sin embargo, también dejan al descubierto ciertas lagunas. La falta de uniformidad en la interpretación de hechos puede derivar en decisiones que no reflejan el impacto real de los comportamientos denunciados. Esto exige una mayor formación y sensibilización tanto en el ámbito judicial como en el empresarial, para garantizar una respuesta adecuada ante cualquier vulneración de derechos.

Además, es preciso señalar que la conexión entre el entorno laboral y la salud mental de los trabajadores es innegable. El *mobbing*, el acoso sexual o el burnout son manifestaciones de un mismo problema estructural: la incapacidad de muchas empresas para priorizar la seguridad y salud de sus trabajadores. Si bien se han reconocido casos donde el burnout se asocia a accidentes de trabajo, este tipo de resoluciones sigue siendo la excepción más que la norma. Esto evidencia la necesidad de reforzar las políticas de prevención, no solo desde una perspectiva legal, sino desde un cambio cultural profundo que valore la salud como un pilar central del trabajo.

En este sentido, el acoso laboral no es un problema individual, sino un síntoma de fallos estructurales en la gestión de las personas y en la cultura organizacional. Su erradicación exige un enfoque integral que combine medidas legislativas más claras, acciones preventivas eficaces y, sobre todo, un compromiso real de las empresas por construir entornos laborales dignos y respetuosos.

No en vano, el fenómeno del acoso laboral, o *mobbing*, es una de las realidades más complejas y persistentes dentro del ámbito de las relaciones laborales. Según diversos informes de la OIT, tres de cada cinco víctimas han sufrido este tipo de conductas de forma reiterada, y uno de cada cinco trabajadores se verá afectado por la violencia o el acoso en algún momento de su trayectoria profesional. Estas cifras, alarmantes y reveladoras, invitan a una reflexión profunda sobre la naturaleza sistemática de este problema y su impacto en las dinámicas laborales.

Además, los actos de hostigamiento en el trabajo son un ataque directo a los derechos fundamentales de los trabajadores, que se convierten en un problema estructural para las empresas. Desde la perspectiva del trabajador, estas conductas atentan contra la dignidad y la salud, provocando daños físicos y psicológicos que, en muchos casos, dejan secuelas duraderas. Por ello, los departamentos de Recursos Humanos tienen un papel relevante en la identificación y prevención de estas prácticas. La falta de una política preventiva sólida puede perpetuar el problema, y convertir a las empresas en cómplices indirectas de un entorno laboral tóxico.

Uno de los aspectos más destacados de la presente obra ha sido la necesidad de contar con una adecuada estrategia probatoria en los procedimientos judiciales relacionados con el acoso laboral. Así, acreditar el menoscabo sufrido por la víctima es una pieza clave para lograr el reconocimiento de los derechos vulnerados. Esto incluye el uso de pruebas periciales médicas, que evidencien las consecuencias psicológicas como la depresión o el estrés derivado de estas conductas, así como pruebas documentales, digitales, testificales e incluso grabaciones que permitan reconstruir de forma precisa los hechos.

De modo práctico, a este nivel, se debe recurrir a compañeros de trabajo, a terceros, proveedores, clientes o usuarios que hayan presenciado las conductas denunciadas. Esta amplitud en la búsqueda de testimonios coadyuvará a la estrategia legal y narrativa del caso de la supuesta víctima del acoso laboral.

Por otra parte, merece una especial atención un tipo de acoso relacionado con la antigüedad del trabajador, donde las empresas utilizan estrategias de presión para forzar su renuncia voluntaria y evitar así el pago de indemnizaciones. Este tipo de prácticas es cada vez más habitual y requiere una atención particular desde el ámbito jurídico y preventivo.

Las demandas por acoso laboral e infracción de derechos fundamentales se analizan de forma individualizada en un proceso detallado y complejo. Este enfoque refleja cierto escepticismo hacia el sistema judicial, dado el alto número de sentencias emitidas, tanto estimatorias como desestimatorias, y los argumentos doctrinales en los que se basan. Desde una visión desencantada, abogamos por superar los enfoques economicistas del mercado y retomar un concepto histórico de justicia material y social, que dignifique a todos los actores involucrados en los procedimientos laborales, con especial atención a la protección de las víctimas.

Desde este prisma, el *mobbing* puede constituir una violación de derechos fundamentales, pero no siempre. Es vital distinguir entre violaciones de derechos laborales y acoso moral. No todas las infracciones de derechos laborales tienen como objetivo causar daño psicológico, ni la conducta del acosador necesita ser continua en el tiempo para calificarla como acoso laboral. Es cierto que una violación visible de derechos laborales puede ser una manifestación de acoso moral, pero el acoso también puede manifestarse en formas más sutiles de agresión psicológica.

En cuanto a la posibilidad de recibir una indemnización por daños y perjuicios, si se determina que el acoso laboral ha causado una lesión psíquica al trabajador, este tiene derecho a reclamar una indemnización por el daño psicológico, además de la que corresponda por la extinción del contrato.

En conclusión, las conductas de acoso moral, que pueden dañar la reputación del trabajador (ridiculizándolo, asignándole tareas excesivas o manipulando su comunicación con compañeros y superiores), no son simplemente violaciones de derechos laborales, sino acciones que generan un daño psicológico que debe ser tratado conforme a la normativa de prevención de riesgos laborales, tal como lo establece el artículo 1 de la LPRL.

A pesar de la alta incidencia de acoso laboral, tanto en el sector privado como en las administraciones públicas, ha habido una falta de conciencia social e institucional sobre este problema. El Parlamento Europeo ha documentado la existencia del acoso moral en el lugar de trabajo, y diversas comunicaciones de la Comisión Europea han instado a adaptarse a los cambios en el entorno laboral, enfocándose en la salud y la seguridad.

Luego, es importante señalar que el Consejo de Europa también ha reaccionado a este fenómeno a través de la Carta Social Europea revisada, que establece que el acoso laboral atenta contra el derecho a la dignidad en el trabajo, obligando a los estados firmantes a adoptar medidas para proteger a los trabajadores. Así, las cosas, en la Unión Europea, se han establecido directivas que obligan a los Estados miembros a implementar políticas contra la discriminación y el acoso, asegurando que la carga de la prueba recaiga sobre el demandado en casos de acoso.

El examen de más de 100 resoluciones judiciales recopiladas en esta monografía, sostiene una tendencia generalizada de los tribunales a no reconocer el acoso laboral (incluso el burnout), como una vulneración efectiva de los derechos fundamentales del trabajador, incluso cuando se presentan indicios relevantes. Esta situación obedece a diversos factores, entre ellos la complejidad de interpretar y aplicar normativas como el Convenio 190 de la Organización Internacional del Trabajo (OIT) y una estricta valoración de las pruebas en el marco del proceso judicial.

El Convenio 190 de la OIT define la violencia y el acoso en el trabajo como cualquier conducta que menoscabe la dignidad o los derechos fundamentales del trabajador. Este marco normativo internacional, de aplicación directa según el artículo 31 de la Ley 25/2014 sobre Tratados Internacionales, considera que un único acto de acoso puede ser suficiente para configurar una vulneración. Sin embargo, los tribunales suelen exigir la existencia de patrones conductuales sistemáticos para admitir la existencia de acoso laboral, lo que dificulta su reconocimiento en casos puntuales o aislados.

En numerosos casos analizados en el Bloque II de esta obra, los tribunales han desestimado la existencia de acoso laboral incluso cuando se presentaron indicios tangibles, como mensajes de WhatsApp con comentarios denigrantes hacia el trabajador. A juicio de los tribunales, estas pruebas no siempre alcanzan la entidad necesaria para acreditar una vulneración de los derechos fundamentales, como los recogidos en el artículo 18 de la Constitución Española, en relación con los artículos 10 y 15. A pesar de que estos mensajes prueban un ambiente laboral hostil, los tribunales suelen argumentar que no son suficientes para justificar la inversión de la carga de la prueba ni para calificar la conducta empresarial como acoso.

Los tribunales suelen exigir una acumulación de indicios, como informes periciales médicos, declaraciones de testigos, denuncias previas ante la Inspección de Trabajo y Seguridad Social o pruebas documentales que refuercen la credibilidad del caso. Aunque algunas conductas vulneran claramente la dignidad e integridad moral del trabajador, los órganos judiciales adoptan un enfoque restrictivo, argumentando que no todas constituyen un comportamiento empresarial sistemático que permita calificarlas como acoso bajo el Convenio 190 de la OIT.

Aunque las normativas nacionales e internacionales proporcionan un marco teórico robusto para proteger a los trabajadores frente al acoso laboral, su aplicación práctica por los tribunales sigue siendo limitada. Esta situación evidencia una interpretación restrictiva de las normas y una exigencia de patrones sistemáticos que obstaculizan el reconocimiento del acoso en casos concretos.

En definitiva, es esencial subrayar la conexión innegable entre el entorno laboral y la salud mental de los trabajadores. El *mobbing*, el acoso sexual y el burnout son síntomas de un problema estructural: la incapacidad de muchas empresas para priorizar la seguridad y salud de sus empleados. Aunque se reconocen casos donde el burnout se asocia a accidentes de trabajo, estas resoluciones siguen siendo excepcionales. Esto resalta la necesidad de fortalecer las políticas de prevención, no solo desde una perspectiva legal, sino también promoviendo un cambio cultural que valore la salud como un pilar fundamental del trabajo. El acoso laboral no es un problema individual, sino un síntoma de fallos estructurales en la gestión de personas y la cultura organizacional. Su erradicación requiere un enfoque integral que combine medidas legislativas claras, acciones preventivas eficaces y, sobre todo, un compromiso real de las empresas para construir entornos laborales dignos y respetuosos. Este fenómeno, es una de las realidades más complejas y persistentes en el ámbito laboral. Según la OIT, tres de cada cinco víctimas sufren estas conductas reiteradamente, y uno de cada cinco trabajadores enfrentará violencia o acoso en algún momento de su vida laboral. Estas cifras alarmantes invitan a reflexionar sobre la naturaleza sistemática de este problema y su impacto en las dinámicas laborales. Además, resulta un ataque directo a los derechos fundamentales de los trabajadores, convirtiéndose en un problema estructural para las empresas. Para los trabajadores, estas conductas dañan la dignidad y la salud, provocando daños físicos y psicológicos duraderos. Para las empresas, el acoso laboral representa un desafío ético y operativo, afectando la reputación, causando la pérdida de talentos valiosos y deteriorando el clima laboral, lo que puede tener consecuencias económicas negativas debido a litigios e indemnizaciones.

Por su parte, los departamentos de Recursos Humanos juegan un papel clave en la identificación y prevención de estas prácticas. La falta de políticas preventivas sólidas puede perpetuar el problema, convirtiendo a las empresas en cómplices indirectas de un entorno laboral tóxico.

Uno de los aspectos más destacados es la necesidad de una adecuada estrategia probatoria en procedimientos judiciales relacionados con el acoso laboral. Acreditar el daño sufrido por la víctima es crucial para el reconocimiento de derechos vulnerados. Esto incluye pruebas periciales médicas que evidencien consecuencias psicológicas, así como pruebas documentales, digitales, testificales e, incluso, grabaciones.

El trabajo desarrollado en esta obra permite extraer diversas conclusiones que arrojan luz sobre un problema cada vez más visible en el ámbito laboral: las prácticas de presión ejercidas sobre trabajadores con antigüedad para forzar su renuncia voluntaria y eludir el pago de indemnizaciones. Estas acciones no solo revelan una falta de ética empresarial, sino que además demandan una atención jurídica y preventiva urgente.

En este contexto, las demandas por acoso laboral y la infracción de derechos fundamentales se presentan como procesos individuales, a menudo marcados por una complejidad técnica y una diversidad de sentencias que alimentan el escepticismo hacia el sistema judicial. Superar este enfoque fragmentado implica retomar una perspectiva centrada en la justicia material y social, que dignifique a todos los actores involucrados y refuerce la protección hacia las víctimas.

El acoso laboral, aunque puede constituir una violación de derechos fundamentales, no siempre se configura de esta manera. Es esencial diferenciar entre las violaciones de derechos laborales y el acoso moral propiamente dicho. No todas las infracciones laborales buscan dañar psicológicamente al trabajador, ni es imprescindible la continuidad de la conducta del acosador para que se califique como acoso. Además, mientras algunas manifestaciones de acoso son evidentes, como la vulneración directa de derechos laborales, otras son más sutiles, en forma de agresiones psicológicas indirectas.

Cuando el acoso laboral produce una lesión psíquica, el trabajador afectado tiene derecho a reclamar una indemnización que compense el daño psicológico, además de la posible extinción de su contrato laboral. Estas conductas, que pueden incluir desde la ridiculización hasta la manipulación de las comunicaciones, no solo afectan la reputación y el bienestar del trabajador, sino que deben ser tratadas conforme a la normativa de prevención de riesgos laborales.

La doctrina del Tribunal Constitucional, especialmente en su sentencia del 6 de mayo de 2019, resulta clave para definir el fenómeno del acoso laboral. Este se entiende como una situación que, al repetirse de forma constante, degrada las condiciones laborales y genera un ambiente de hostilidad, afectando gravemente la integridad del trabajador. Cuando esta conducta proviene de superiores jerárquicos, hablamos de acoso «vertical descendente» o «institucional».

Las motivaciones detrás del acoso laboral son diversas: represalias hacia un empleado, intentos de marginación para evitar que denuncie deficiencias, o estrategias para infundir temor y aumentar la productividad. En el sector privado, suele buscarse la renuncia voluntaria del trabajador para evitar indemnizaciones, mientras que, en el sector público, las causas pueden incluir discriminación ideológica o represalias encubiertas.

La alta incidencia de acoso en ambos sectores refleja una alarmante falta de conciencia social e institucional sobre el problema. Tanto el Parlamento Europeo como la Comisión Europea han subrayado la necesidad de adaptar los entornos laborales para proteger la salud y la seguridad de los empleados. En esta línea, el Consejo de Europa, mediante la Carta Social Europea revisada, ha señalado que el acoso laboral atenta contra la dignidad en el trabajo y obliga a los estados a adoptar medidas protectoras. En el ámbito de la Unión Europea, las directivas vigentes buscan combatir la discriminación y el acoso, estableciendo, entre otras cosas, que la carga de la prueba recaiga sobre el demandado en este tipo de casos.

En resumidas cuentas, este marco jurídico y social plantea un reto: crear espacios de trabajo donde la dignidad y los derechos de las personas sean principios irrenunciables.

BIBLIOGRAFÍA

Agra Viforcos, B., Fernández Fernández, R., & Tascón López, R. (2002). «El acoso moral en el trabajo (mobbing): Análisis sobre la limitada respuesta jurídica a un antiguo problema de reciente estudio y futura solución (legal)». *Revista de Trabajo y Seguridad Social*, (233-234). Madrid: Centro de Estudios Financieros.

Altés Tárrega, J. A. (2022). «El Convenio 190 OIT y la tutela administrativa de la violencia y el acoso en el trabajo». *Revista Crítica de Relaciones de Trabajo*, 4, 97-121.

Asenjo Pinilla, J. L. (2020, julio). «El acoso laboral: La ausencia de una definición normativa en nuestro ordenamiento jurídico. La necesidad de cánones interpretativos». *Revista de la Comisión de lo Social de Juezas y Jueces para la Democracia*, (212).

Barreiro González, G. (2006). *Las enfermedades del trabajo: nuevos riesgos psicosociales y su valoración en el derecho de la protección social. León*. Universidad de León.

Blanco Barea, M. J., & **López Parada, J.** (2001). «La vía penal integrada en el tratamiento de urgencia del acoso moral en el trabajo. Sentencias del TSJ y AP y otros Tribunales, (22/2001), Parte Comentario». *La Ley. Revista jurídica española de doctrina, jurisprudencia y bibliografía* Núm. 3. Cizur Menor: Editorial Aranzadi, S.A.

Comisiones Obreras. (S.F.). *El acoso psicológico en el trabajo o mobbing*. Recuperado de https://sanidad.ccoo.es/7d2e587db41179b5eea708e7cd0690a4000058.pdf.

Couture Etcheverry, E.J. (2002) «Los mandamientos del abogado». *Revista de la Escuela Nacional de Jurisprudencia* n.° 238, Uruguay.

Crespí Ferriol, M. Del Mar. (2024). «La violencia externa: el deber empresarial de protección de los trabajadores frente a las agresiones y acoso de tercero. Trabajo y Empresa». *Revista de Derecho del Trabajo*, (3). Tirant lo Blanch.

Cruz Márquez, B. (2010). «La aplicabilidad del delito de trato degradante cometido por particulares (art. 173.1 del CP) frente al acoso moral en el trabajo». *Revista Doctrinal Aranzadi Social*, 7-8, párrafo 25.

De Cuyper, N., Notelaers, G., & De Witte, H. (2009). «Job insecurity and employability in fixed-term contractors, agency workers, and permanent workers: Associations with job satisfaction and affective organizational commitment». *Journal of Occupational Health Psychology*, 14(2), 193.

«Diferencias entre acoso sexual y acoso por razón de sexo en el ámbito laboral». (2023). *Gestión práctica de riesgos laborales: Integración y desarrollo de la gestión de la prevención*, (215), 125-131.

Fernández Paloma, R. (2010). «Comentario al acoso laboral e inmobiliario de los arts. 172.1 y 173.1 CP». En *Monografías: La reforma penal de 2010: Análisis y comentarios*. Cizur Menor: Editorial Aranzadi, S.A.

Fidalgo, Á. M., & Piñuel, I. (2004). «La Escala Cisneros como herramienta de valoración del mobbing». *Psicothema*, 16(4), 615-624.

Fotinopoulou Basurko, O. (2010). *La delimitación del concepto de acoso laboral como presión laboral tendenciosa*. Aranzadi Social, 21(1).

Galán Vela, M. J. (2005). «Acoso moral: Mobbing horizontal». *Revista Doctrinal Aranzadi Social*, 17.

García Ortega, J. (2008). «El recargo de prestaciones por accidente de trabajo y enfermedad profesional: Determinación de la falta de medidas de seguridad por riesgo psicosocial (acoso moral horizontal) y la compatibilidad del recargo con la indemnización por daños morales». *Revista Doctrinal Aranzadi Social*, 2, paraf. 6.

Gómez Millán, M. J. (2009). «El acoso como enfermedad laboral en el ordenamiento jurídico español». En *Proyecto coordinado I+D+I: El tratamiento laboral, preventivo y de Seguridad Social de las enfermedades derivadas del trabajo* (DER2009-12887-C02-C01).

González De Rivera, J. L., & Rodríguez-Abuín, M. (2003). «Cuestionario de estrategias de acoso psicológico: el LIPT-60 (Leymann Inventory of Psychological Terrorization) en versión española». *Psiquis*, 24(2), 59-69.

Grau Pineda, G. (2007). «El acoso moral en el trabajo como riesgo profesional de nueva generación: El empresario como principal deudor de Seguridad Social». *Actualidad Laboral*, 4(2), febrero.

Hirigoyen, M.-F. (n.d.). *El acoso moral, el maltrato psicológico en la vida cotidiana* (E. Folch González, Trad., 1.ª ed., 4.ª imp.). Círculo de Lectores.

Hirigoyen, M.-F. (2001). *El acoso moral en el trabajo. Distinguir lo verdadero de lo falso*. Barcelona: Paidós.

INSTITUTO NACIONAL DE SEGURIDAD Y SALUD EN EL TRABAJO (INSST). (1999). El hostigamiento psicológico en el trabajo (mobbing) (NTP 476).

https://www.insst.es/documentacion/colecciones-tecnicas/ntp-notas-tecnicas-de-prevencion/14-serie-ntp-numeros-471-a-505-ano-1999/ntp-476-el-hostigamiento-psicologico-en-el-trabajo-mobbing

Leymann, H. (1996). «Contenido y desarrollo del acoso grupal (mobbing) en el trabajo». *European Journal of Work and Organizational Psychology*, 2. Universidad de Umea, Suecia.

Leymann, H. (1996). *Mobbing: La persécution au travail*. París: Seuil.

Leymann, H., & **Gustafson, A.** (1996). «Mobbing at work and the development of post-traumatic stress disorders». *European Journal of Work and Organizational Psychology*, 2.

Lousada Arochena, J. F. (2003). «El acoso moral por razón de género». *Revista Doctrinal Aranzadi Social*, 15.

Martínez Jiménez, M. M. (2024). «El ciberacoso en el trabajo como riesgo emergente: claves de su régimen jurídico preventivo en las leyes y convenios colectivos más recientes». *Revista de Estudios Jurídico-Laborales y de Seguridad Social (REJLSS)*, (8), 235–261.

https://doi.org/10.24310/rejlss8202418760

Maslach, C., & Leiter, M. P. (1997). *The truth about burnout: How organizations cause personal stress and what to do about it*. Jossey-Bass.

Montoya Melgar, A. (2008). «El acoso en el trabajo y su encuadramiento jurídico». *Revista Española de Derecho del Trabajo*, 140.

Muñoz Ruiz, J. 2024. «Acoso sexual en el trabajo y responsabilidad penal de las personas jurídicas Tras La Ley orgánica 10/2022». *Estudios de Deusto* 72 (1), 229-70.

https://doi.org/10.18543/ed.3106

Olarte Encabo, S. (2005). «Acoso moral y enfermedades psicolaborales: Un riesgo calificable de accidente de trabajo». *Temas Laborales, Revista andaluza de trabajo y bienestar social*, 80.

Parlamento Europeo. (2001). Resolución del Parlamento Europeo sobre el acoso moral en el lugar de trabajo (2001/2339(INI).

https://www.europarl.europa.eu/doceo/document/TA-5-2001-0477_ES.html

Peña Cuellar, D., & **Vidal Lasso, A.** (2023). «La desconexión laboral y el acoso laboral». *Revista Jurídica Mario Alario D'Filippo*, 15(29), 126-146.

https://doi.org/10.32997/2256-2796-vol.15-num.29-2023-4231

Piñuel y Zabala, I. (2001). *Mobbing: Cómo sobrevivir al acoso psicológico en el trabajo*. Santander: Sal Terrae.

Pomares Cintas, E. (2009). «¿Existe dificultad de encontrar un acomodo típico-penal para el acoso laboral? Comentario a la Sentencia de la Audiencia Provincial de Lleida (Sección 1.ª), de 20-10-2008, núm. 360/2008». *Actualidad Jurídica Aranzadi*, 780. Pamplona: Editorial Aranzadi.

Poyatos Matas, G. «Acoso laboral, una mina antipersona en el trabajo». *El Huffington Post*, 03/11/2005.

Sánchez Acereda, P., Alcalá Galve, M., López López, L. P., Quintilla Campodarve, L., Peralta Nicolás, I., & Klaas Fábregas, D. (2024). «Mobbing horizontal en enfermería». *Revista Sanitaria de Investigación*, 5(7).

Sánchez Trigueros, C., & Kahale Carrillo, D. (2015). «Las enfermedades psicosociales y su consideración como enfermedad del trabajo». *Anales de Derecho*, 3(2).

Sierra Hernaiz, E. (2024). «Los protocolos por acoso sexual y por razón de sexo como modelo de canal de denuncia en la empresa». *Revista Penal,* (52), 245–259.

https://revistapenal.tirant.com/index.php/revista-penal/article/view/85

Trascasas García, A. (2006). «Vulneración del derecho a la integridad física y moral por acoso psicológico descendente e indemnización por daños materiales y morales». *Revista Doctrinal Aranzadi Social*, (9), párrafo 31.

Villegas Fernández, J. M. (2007). «Presente y futuro del delito de acoso laboral». *Actualidad Jurídica Aranzadi*, (731). Pamplona: Editorial Aranzadi.

ORDEN RELACIÓN DE SENTENCIAS TRATADAS EN EL BLOQUE II

En el ámbito jurídico, el acceso a sentencias judiciales constituye una herramienta fundamental para la investigación, el análisis y la toma de decisiones legales. En este apartado, con el objetivo de ofrecer un mayor interés al lector y una mayor profundidad en el estudio de las resoluciones judiciales analizadas en esta monografía, se presentan las referencias de las sentencias incluidas en el Bloque II. Para ello, se ha empleado la base de datos del Centro de Documentación Judicial (CENDOJ) del Consejo General del Poder Judicial.

Los enlaces proporcionados están actualizados a fecha de 26 de diciembre de 2024. En caso de que en el futuro alguno de los enlaces no funcione, se podrá acceder a la información correspondiente a través del Id CENDOJ o el ECLI, que se referencian seguidamente.

Asimismo, con el objetivo de facilitar la localización de sentencias mediante el código ECLI para aquellas personas que no estén familiarizadas con este procedimiento, se ha elaborado una breve guía diseñada específicamente para este propósito.

1. Acceso al buscador del CENDOJ.
   a) Abra el navegador de web de su dispositivo.
   b) Escriba en él el siguiente enlace: https://www.poderjudicial.es/search/indexAN.jsp.
2. Identificación del código ECLI.
   a) El código ECLI sigue un formato estándar. En España, su estructura es la siguiente: ECLI:ES:ORGANO:AÑO:NUMERO DE RESOLUCIÓN.
   b) Introduzca el código completo y sin espacios en el campo de búsqueda «ECLI» que verá al entrar en el anterior enlace.
3. Revise los resultados.
   a) Si el código ECLI es el correcto, le aparecerá solamente la sentencia deseada. Podrá leerla desde la propia página web o descargarla.
   b) Si los resultados no son los deseados, compruebe que el código es el correcto y que no se ha equivocado con algún carácter y que no ha introducido espacios.

4. Notas importantes.

   a) El código ECLI es muy preciso. Si no encuentra el resultado deseado, compruebe que lo ha escrito fielmente.

   b) Recuerde que el CENDOJ solamente abarca resoluciones de órganos españoles y no de otros, aun siendo europeos.

Introducción.

– Importancia de la evaluación de riesgos psicosociales en el lugar de trabajo: el caso de un suicidio evitable.
  - ECLI:ES:TSJCANT:2023:128.
  - https://www.poderjudicial.es/search/AN/openDocument/730161a-9d520b31ea0a8778d75e36f0d/20230314.

Despidos y conflictos laborales.

– Desconocimiento de baja médica de trabajadora: despido improcedente pero no nulo.
  - ECLI:ES:JSO:2024:993.
  - https://www.poderjudicial.es/search/AN/openDocument/fd3f30242c1f1ae5a0a8778d75e36f0d/20241004.

– Despido procedente por mentir en juicio.
  - ECLI:ES:TSJAND:2024:513.
  - https://www.poderjudicial.es/search/AN/openDocument/9c-d5564efc69b40ca0a8778d75e36f0d/20240415.

– ‼ Negativa a proporcionar DNI y permiso de conducir no justifica despido disciplinario.
  - ECLI:ES:TSJAS:2023:19.
  - https://www.poderjudicial.es/search/AN/openDocument/24c74a-f50b72287ca0a8778d75e36f0d/20230201.

– Despido improcedente y conflicto laboral.
  - ECLI:ES:TSJCAT:2024:4680.
  - https://www.poderjudicial.es/search/AN/openDocument/e274af00aff511c8a0a8778d75e36f0d/20240809.

– Riesgos psicosociales: empresa cumple, trabajador no.
  - ECLI:ES:JSO:2024:1339.
  - https://www.poderjudicial.es/search/AN/openDocument/be62f875556ac08da0a8778d75e36f0d/20241125.

– ✕ ‼ Demanda por cambio de puesto e indemnización desestimada.
  - ECLI:ES:JSO:2024:642.

- https://www.poderjudicial.es/search/AN/openDocument/55de4add68108584a0a8778d75e36f0d/20240701.

– ☑ 🎯 Despido nulo a trabajadora al poco después de estar de baja por enfermedad.

- ECLI:ES:TSJM:2024:7933.
- https://www.poderjudicial.es/search/AN/openDocument/4970f11bec2886e9a0a8778d75e36f0d/20240905.

– 👀 ‼ Despido como represalia tras denuncia por *mobbing* (Parte I).

- ECLI:ES:TSJCAT:2024:6912.
- https://www.poderjudicial.es/search/AN/openDocument/72c93eb4fc0750bea0a8778d75e36f0d/20241105.

– 👀 ‼ Detalles de e-mails en el despido por represalia tras denuncia de *mobbing* (Parte II).

- ECLI:ES:TSJCAT:2024:6912.
- https://www.poderjudicial.es/search/AN/openDocument/72c93eb4fc0750bea0a8778d75e36f0d/20241105.

– ⚠ 📱 💰 Acoso laboral y extinción voluntaria indemnizada (Parte I).

– 🎯 ‼ Extinción de contrato e indemnización por sobrecarga laboral (Parte II).

- ECLI:ES:TSJM:2024:10372.
- https://www.poderjudicial.es/search/AN/openDocument/6017bee049d411e7a0a8778d75e36f0d/20241024.

– 👨‍⚖️ 🚫 Despido por violencia de género: la respuesta empresarial ante la condena penal de un trabajador.

- ECLI:ES:TSJEXT:2024:1482.
- https://www.poderjudicial.es/search/AN/openDocument/ad0bc52221a33ec4a0a8778d75e36f0d/20250109.

Acoso laboral *(mobbing)* y salud mental.

Casos en los que se reconoce el mobbing.

– 🧠 🎯 Acoso silencioso: el progresivo aislamiento de una trabajadora.

- ECLI:ES:TSJCAT:2024:1205.
- https://www.poderjudicial.es/search/AN/openDocument/2a28a0c8f6e1a47ba0a8778d75e36f0d/20240404.

– 🧠 Acoso laboral como accidente de trabajo.

- ECLI:ES:TSJAND:2016:14707.
- https://www.poderjudicial.es/search/AN/openDocument/4ecb2a5473f92b1b/20170323.

- Acoso laboral y accidente de trabajo: la demanda de Maite contra la empresa y la mutua.
  - ECLI:ES:TSJGAL:2024:7893.
  - https://www.poderjudicial.es/search/AN/openDocument/86d596ed1e799805a0a8778d75e36f0d/20250102.
- Acoso laboral y reconocimiento de incapacidad temporal como accidente de trabajo.
  - ECLI:ES:TSJCL:2024:3799.
  - https://www.poderjudicial.es/search/AN/openDocument/a33f1a0535fd9683a0a8778d75e36f0d/20241111.
- Acoso laboral horizontal: despido procedente.
  - ECLI:ES:JSO:2023:4296.
  - https://www.poderjudicial.es/search/AN/openDocument/8079e46a6e878405a0a8778d75e36f0d/20240111.
- Condena a empresa por acoso, pero el acosador queda sin sanción.
  - ECLI:ES:TSJGAL:2024:5406.
  - https://www.poderjudicial.es/search/AN/openDocument/8444e5d8d09a8016a0a8778d75e36f0d/20240913.
- Indemnización de 30.000 € por daños y perjuicios derivados de *mobbing*.
  - ECLI:ES:TSJCLM:2024:328.
  - https://www.poderjudicial.es/search/AN/openDocument/4cd0cfe89aa66cd3a0a8778d75e36f0d/20240321.
- Acoso laboral en política: indemnización de 30.000 € por daños y perjuicios.
  - ECLI:ES:JSO:2024:410.
  - https://www.poderjudicial.es/search/AN/openDocument/f95286dc1389808ca0a8778d75e36f0d/20240612.
- Evaluación y actualización de riesgos psicosociales.
  - ECLI:ES:JSO:2023:4588.
  - https://www.poderjudicial.es/search/AN/openDocument/0bbf82ec7f434592a0a8778d75e36f0d/20240416.
- Acoso laboral confirmado mediante informe psiquiátrico y psicológico.
  - ECLI:ES:TSJM:2024:6265.
  - https://www.poderjudicial.es/search/AN/openDocument/3b94f6273fa63fb3a0a8778d75e36f0d/20240705.

- 🚨 ◐ Desconexión digital, acoso laboral y protección a denunciantes.
  - ECLI:ES:JSO:2024:827.
  - https://www.poderjudicial.es/search/AN/openDocument/64548bf155f48d23a0a8778d75e36f0d/20240801.
- 🧠 ‼ Ayuntamiento vulnera la integridad física y moral de un trabajador.
  - ECLI:ES:JSO:2024:245.
  - https://www.poderjudicial.es/search/AN/openDocument/90531887cb0a4a4ca0a8778d75e36f0d/20240521.
- ✊ ☑ El trabajador hostigado esta vez gana.
  - ECLI:ES:TSJCANT:2024:76.
  - https://www.poderjudicial.es/search/AN/openDocument/0d73ea528c679cefa0a8778d75e36f0d/20240408.
- 🚨 Acoso laboral de gerente a persona con discapacidad psíquica en un centro especial de empleo.
  - ECLI:ES:JSO:2024:268.
  - https://www.poderjudicial.es/search/AN/openDocument/aa00eec3daacce38a0a8778d75e36f0d/20240522.
- ◍ Acoso horizontal en un supermercado.
  - ECLI:ES:TSJCV:2023:6572.
  - https://www.poderjudicial.es/search/AN/openDocument/0f4ac5c7843858dea0a8778d75e36f0d/20240115.
- ⬤ Acoso laboral: ausencia de funciones y responsabilidades en el puesto de trabajo.
  - ECLI:ES:TC:2019:56.
  - https://www.boe.es/diario_boe/txt.php?id=BOE-A-2019-8637.
- 🚨 Un supuesto de acoso por falta de ocupación efectiva.
  - ECLI:ES:TSJAS:2024:852.
  - https://www.poderjudicial.es/search/AN/openDocument/b781570a7ec12dfea0a8778d75e36f0d/20240603.
- ‼ Acoso laboral a policía portuaria.
  - ECLI:ES:JSO:2022:6912.
  - https://www.poderjudicial.es/search/AN/openDocument/1bbed462f087de61a0a8778d75e36f0d/20230418.
- ⚠ Acoso laboral a jefa de policía: concejal y alcalde causantes del hostigamiento.
  - ECLI:ES:TSJGAL:2024:7481.

  - https://www.poderjudicial.es/search/AN/openDocument/20a529954a5e32fea0a8778d75e36f0d/20241213.

- ☑ Se confirma la sanción de suspensión de empleo y sueldo de 10 días a un trabajador que acosó a compañeras.
  - ECLI:ES:TSJCAT:2024:7647.
  - https://www.poderjudicial.es/search/AN/openDocument/c71915f3a9ffdcefa0a8778d75e36f0d/20241114.
- 🚨 😵 Sanción a empresa por no evaluar riesgos psicosociales.
  - ECLI:ES:JSO:2024:27.
  - https://www.poderjudicial.es/search/AN/openDocument/8a91e9627acb7ff0a0a8778d75e36f0d/20240415.
- 🤯 🚨 Mobbing a teleoperadora por limitaciones técnicas de la empresa.
  - ECLI:ES:TSJM:2022:13713.
  - https://www.poderjudicial.es/search/AN/openDocument/8500335d885edd60a0a8778d75e36f0d/20221215.
- ⚠ Cómo el acoso vulnera derechos fundamentales.
  - ECLI:ES:TSJM:2024:13610.
  - https://www.poderjudicial.es/search/AN/openDocument/07207c428e0e7b1aa0a8778d75e36f0d/20241218.
- ☑ 😓 Ratificación de *mobbing* de gerente a trabajadora (Parte I).
  - ECLI:ES:TSJCAT:2024:6803.
  - https://www.poderjudicial.es/search/AN/openDocument/32cb521edfb7ae68a0a8778d75e36f0d/20241029.
- 🟣 Ejemplo de acoso descendente (Parte II).
  - ECLI:ES:TSJCAT:2024:6803.
  - https://www.poderjudicial.es/search/AN/openDocument/32cb521edfb7ae68a0a8778d75e36f0d/20241029.
- 🤱 Madre trabajadora: dejada sin apoyo y sujetada al hostigamiento.
  - ECLI:ES:JSO:2022:1741.
  - https://www.poderjudicial.es/search/AN/openDocument/eaafd42bcaedc500a0a8778d75e36f0d/20220621.
- 👀 🚨 Protocolo de acoso que aísla a la víctima y protege al acosador.
  - ECLI:ES:TSJAS:2024:1833.
  - https://www.poderjudicial.es/search/AN/openDocument/39818610547b441ca0a8778d75e36f0d/20240913.

- Incumplimiento de protocolo antiacoso en el lugar de trabajo. La empresa revictimiza a la trabajadora al ignorar medidas cautelares: 20.000 € de indemnización.
  - ECLI:ES:TSJGAL:2024:7744.
  - https://www.poderjudicial.es/search/AN/openDocument/724e6a1fe1165193a0a8778d75e36f0d/20250102.
- Subrogación y movilidad: el lado oscuro de un contrato fijo-discontinuo.
  - ECLI:ES:JSO:2024:1987.
  - https://www.poderjudicial.es/search/AN/openDocument/99ce82092b350fb2a0a8778d75e36f0d/20241220.

Casos en los que no se reconoce el mobbing.

- Desmitificación del acoso laboral.
  - ECLI:ES:TSJCAT:2024:6660.
  - https://www.poderjudicial.es/search/AN/openDocument/82f5fd4c192a9107a0a8778d75e36f0d/20241022.
- Hechos laborales sin entidad para acreditar vulneración de integridad moral.
  - ECLI:ES:TS:2024:418[a].
  - https://www.poderjudicial.es/search/AN/openDocument/356aa1a190ad2252a0a8778d75e36f0d/20240126.
- Una investigación sin pruebas: acoso laboral descartado.
  - ECLI:ES:TSJM:2024:11457.
  - https://www.poderjudicial.es/search/AN/openDocument/e0d067246b47b997a0a8778d75e36f0d/20241120.
- No hay acoso laboral en un buque.
  - ECLI:ES:TSJM:2024:12447.
  - https://www.poderjudicial.es/search/AN/openDocument/82f8000d5ea937f5a0a8778d75e36f0d/20241216.
- Denegación de permiso parental y alegaciones de acoso laboral.
  - ECLI:ES:JSO:2024:1588.
  - https://www.poderjudicial.es/search/AN/openDocument/e9ad86e78e84be34a0a8778d75e36f0d/20241202.
- Las facultades de dirección y control empresarial no constituyen acoso laboral por defecto.
  - ECLI:ES:JSO:2024:1240.
  - https://www.poderjudicial.es/search/AN/openDocument/1c7b70f777f448d1a0a8778d75e36f0d/20241107.

- ☑ Reorganización empresarial y conflictos laborales.
  - ECLI:ES:TSJICAN:2022:834.
  - https://www.poderjudicial.es/search/AN/openDocument/0d-28f17b6cce7464a0a8778d75e36f0d/20220624.
- ✖ Un caso que finalmente no llega a ser acoso laboral.
  - ECLI:ES:JSO:2024:209.
  - https://www.poderjudicial.es/search/AN/openDocument/e60c85612db9a881a0a8778d75e36f0d/20240521.
- 👁 🧠 No hay acoso laboral pero sí daños morales.
  - ECLI:ES:TSJGAL:2024:6496.
  - https://www.poderjudicial.es/search/AN/openDocument/5c4abaf-758c4879ea0a8778d75e36f0d/20241111.
- ✖ 👎 No hay persecución sistemática para ser acoso laboral.
  - ECLI:ES:TSJAND:2024:13655.
  - https://www.poderjudicial.es/search/AN/openDocument/2ee8f7c-d5e851267a0a8778d75e36f0d/20241108.
- 👀 Un retraso en la nómina no es un indicio de acoso laboral.
  - ECLI:ES:JSO:2024:510.
  - https://www.poderjudicial.es/search/AN/openDocument/cd93c-59b71a11a7ea0a8778d75e36f0d/20240626.
- 💥 No hay *mobbing*, sino una situación derivada de la relación laboral ordinaria.
  - ECLI:ES:TSJGAL:2024:6495.
  - https://www.poderjudicial.es/search/AN/openDocument/02bebd-89948817bfa0a8778d75e36f0d/20241111.
- ● Situación tensa en el trabajo sin llegar a ser *mobbing*.
  - ECLI:ES:TSJAND:2023:14936.
  - https://www.poderjudicial.es/search/AN/openDocument/c0de-994f35f1b427a0a8778d75e36f0d/20240521.
- ● Desavenencias en el trabajo motivo de despido disciplinario pero no de acoso laboral.
  - ECLI:ES:TSJMU:2024:1850.
  - https://www.poderjudicial.es/search/AN/openDocument/ec0ea34ad33e667aa0a8778d75e36f0d/20241111.
- ✖ Caso en que no se reconoce acoso laboral.
  - ECLI:ES:TSJAND:2024:1550.

- https://www.poderjudicial.es/search/AN/openDocument/8a1e148241ecb8bfa0a8778d75e36f0d/20240618.

– Forense niega relación entre baja médica y acoso laboral.
  - ECLI:ES:JSO:2024:678.
  - https://www.poderjudicial.es/search/AN/openDocument/51cc6c75b69f6068a0a8778d75e36f0d/20240701.

– El informe de una Asociación de ayuda a víctima de acoso no prueba el hostigamiento laboral.
  - ECLI:ES:TSJCL:2023:4846.
  - https://www.poderjudicial.es/search/AN/openDocument/e38f37e0f9491339a0a8778d75e36f0d/20240112.

– ✕ No hay nexo causal entre el supuesto acoso y el trabajo.
  - ECLI:ES:TSJM:2023:11770.
  - https://www.poderjudicial.es/search/AN/openDocument/3b48a8baae69523fa0a8778d75e36f0d/20231120.

– ✕ El informe del servicio de psiquiatría sobre el trastorno de ansiedad, no implica acoso laboral por sí mismo.
  - ECLI:ES:TSJGAL:3422/2024.
  - https://www.poderjudicial.es/search/AN/openDocument/f2b17c96f43ed773a0a8778d75e36f0d/20241111.

– Conflicto interpersonal no equivale a acoso laboral.
  - ECLI:ES:JSO:2023:4654.
  - https://www.poderjudicial.es/search/AN/openDocument/4ca58db21854aef7a0a8778d75e36f0d/20240416.

– El acoso moral no se confunde con conflictos y desentendidos laborales, que son inherentes a la relación laboral.
  - ECLI:ES:TSJGAL:2024:6084.
  - https://www.poderjudicial.es/search/AN/openDocument/3b9f245aeeae1d17a0a8778d75e36f0d/20241023.

– ✕ Trabajadora demanda sin éxito a su empresa por acoso laboral.
  - ECLI:ES:JSO:2024:728.
  - https://www.poderjudicial.es/search/AN/openDocument/8f3d7979604359c9a0a8778d75e36f0d/20240703.

– ✕ Sentencia que desestima un supuesto acoso laboral.
  - ECLI:ES:JSO:2024:337.
  - https://www.poderjudicial.es/search/AN/openDocument/070bc1256c1df2e8a0a8778d75e36f0d/20240527.

- ✕ Modificar las condiciones de trabajo no supone acosar al trabajador.
  - ECLI:ES:TSJICAN:2024:1394.
  - https://www.poderjudicial.es/search/AN/openDocument/7a6c7bd11a0b8d2ba0a8778d75e36f0d/20240705.
- 🚨 Acoso a policía local por un compañero de trabajo.
  - ECLI:ES:JSO:2024:824.
  - https://www.poderjudicial.es/search/AN/openDocument/74b8a5d27bbdc8dca0a8778d75e36f0d/20240712.
- 😨 Una demanda de acoso que raya la temeridad.
  - ECLI:ES:JSO:2024:664.
  - https://www.poderjudicial.es/search/AN/openDocument/3117a1c601b53d83a0a8778d75e36f0d/20240701.
- 🚨 Demanda de trabajadora infundada por acoso laboral: el juzgado le impone multa por temeridad y mala fe.
  - ECLI:ES:JSO:2024:1686.
  - https://www.poderjudicial.es/search/AN/openDocument/5f93ec6ef50e6b1ea0a8778d75e36f0d/20241220.
- ⚫ ⚪ No hay acoso laboral pero sí extinción voluntaria indemnizada.
  - ECLI:ES:TSJM:2020:7217.
  - https://www.poderjudicial.es/search/AN/openDocument/b801bf2882ad099f/20200826.
- 👷 Conductor acosado: denuncia y extinción voluntaria por art. 50 ET sin éxito.
  - ECLI:ES:TSJCL:2024:4935.
  - https://www.poderjudicial.es/search/AN/openDocument/f22a04555d9ee2d4a0a8778d75e36f0d/20250109.
- 👎 🧠 No hay acoso laboral: no se evidencian acciones intencionales de humillación o vejación hacia el trabajador.
  - ECLI:ES:JSO:2024:1011.
  - https://www.poderjudicial.es/search/AN/openDocument/29a20fcfc5917ff3a0a8778d75e36f0d/20241106.
- ✕ No hay acoso laboral ni MSCT a jefe de informativos de una radio.
  - ECLI:TSJCLM:2024:2679.
  - https://www.poderjudicial.es/search/AN/openDocument/0f3f1625624f032ba0a8778d75e36f0d/20241212.

- 🟣 Demanda de cocinero supuestamente agredido por su jefe le demanda por *mobbing*.
  - ECLI:ES:TSJGAL:2024:3889.
  - https://www.poderjudicial.es/search/AN/openDocument/f932256664d3e54ea0a8778d75e36f0d/20240711.
- 🧠 Un caso de salud mental como etiología común y no laboral.
  - ECLI:ES:TSJGAL:2024:4231.
  - https://www.poderjudicial.es/search/AN/openDocument/26eb88a98a8fe127a0a8778d75e36f0d/20240715.
- ✕ No hay accidente de trabajo: no se prueba vinculación exclusiva entre el trastorno de ansiedad y el entorno laboral.
  - ECLI:ES:TSJCAT:2024:7977.
  - https://www.poderjudicial.es/search/AN/openDocument/7752a9143a72b922a0a8778d75e36f0d/20241127.
- ✕ Una supuesta falta de ocupación efectiva que no constituye *mobbing*.
  - ECLI:ES:TSJCANT:2024:320.
  - https://www.poderjudicial.es/search/AN/openDocument/f2e3db2bc31e0079a0a8778d75e36f0d/20240708.
- ✕ No hay situación de acoso laboral por una supuesta falta de ocupación efectiva.
  - ECLI:ES:TSJM:2024:14573.
  - https://www.poderjudicial.es/search/AN/openDocument/abe2b650798cb6b5a0a8778d75e36f0d/20250103.
- 👀 ‼ 5 horas sin ocupación efectiva no atenta a la dignidad de trabajador.
  - ECLI:ES:TSJCANT.
  - https://www.poderjudicial.es/search/AN/openDocument/7362082e7d0de98fa0a8778d75e36f0d/20240730.
- ‼ ✕ Hechos no constitutivos como patrón de acoso.
  - ECLI:ES:TSJCL:2024:1559.
  - https://www.poderjudicial.es/search/AN/openDocument/240f9bf54ca3a8c8a0a8778d75e36f0d/20240603.
- ⚠ La activación del protocolo de actuación contra el acoso laboral no implica que los hechos denunciados sean ciertos.
  - ECLI:ES:TSJGAL:2024:7756.
  - https://www.poderjudicial.es/search/AN/openDocument/cfd12c0f15fbb459a0a8778d75e36f0d/20250102.

- ❌ Sin modificación sustancial de condiciones ni acoso laboral.
  - ECLI:ES:JSO:2024:900.
  - https://www.poderjudicial.es/search/AN/openDocument/8ce533fdfc292f97a0a8778d75e36f0d/20240904.
- ☑️ 👀 Sin acoso laboral, pero con modificación de condiciones.
  - ECLI:ES:TSJM:2024:8482.
  - https://www.poderjudicial.es/search/AN/openDocument/414f1ab1636136e9a0a8778d75e36f0d/20240919.
- ⛔ 🤯 No hay indicios suficientes para declarar acoso laboral.
  - ECLI:ES:TSJCV:2024:3903.
  - https://www.poderjudicial.es/search/AN/openDocument/d279a5b005df3962a0a8778d75e36f0d/20240826.
- ❌ Revisión de conductas alegadas por un vigilante de seguridad: un despido disciplinario sin patrones de acoso.
  - ECLI:ES:TSJM:2024:13240.
  - https://www.poderjudicial.es/search/AN/openDocument/8bde81546ba3bf6aa0a8778d75e36f0d/20241218.
- 👎 Acoso laboral rechazado.
  - ECLI:ES:JSO:2024.
  - https://www.poderjudicial.es/search/AN/openDocument/4d775c9e7924a523a0a8778d75e36f0d/20241125.
- 👎 Conductas que no alcanzan el umbral necesario para ser constitutivas de acoso laboral.
  - ECLI:ES:JSO:2023:4837.
  - https://www.poderjudicial.es/search/AN/openDocument/ca45ce608b604650a0a8778d75e36f0d/20240418.
- 🏢 Conflicto laboral en una comunidad de propietarios: ¿acoso o malentendido?.
  - ECLI:ES:JSO:2023:4908.
  - https://www.poderjudicial.es/search/AN/openDocument/a8a85b29b415db36a0a8778d75e36f0d/20240422.
- 📵 ❌ Bloqueo en WhatsApp no constituye acoso laboral.
  - ECLI:ES:JSO:2024:220.
  - https://www.poderjudicial.es/search/AN/openDocument/7ec76b38481f76dfa0a8778d75e36f0d/20240521.
- 🛡️ ❌ Sin vulneración de derechos fundamentales.
  - ECLI:ES:JSO:2024:878.

- https://www.poderjudicial.es/search/AN/openDocument/0684e041854061eea0a8778d75e36f0d/20240904.

– ✗ Episodios inapropiados, pero sin acoso sistemático.
  - ECLI:ES:TSJCV:2019:6428.
  - https://www.poderjudicial.es/search/AN/openDocument/0684e041854061eea0a8778d75e36f0d/20240904.

– No hay acoso laboral.
  - ECLI:ES:JSO:2024:875.
  - https://www.poderjudicial.es/search/AN/openDocument/fb95c60a8b3feb68a0a8778d75e36f0d/20240904.

– Supuesto sin acoso laboral en centro penitenciario.
  - ECLI:ES:TSJAND:2024:2514.
  - https://www.poderjudicial.es/search/AN/openDocument/4b9a49aa755005b3a0a8778d75e36f0d/20240703.

– ✗ No hay acoso laboral, simplemente la extinción de un contrato de sustitución.
  - ECLI:ES:JSO:2024:1989.
  - https://www.poderjudicial.es/search/AN/openDocument/bddee75cfd1a63b0a0a8778d75e36f0d/20241220.

– Análisis de acusaciones de acoso laboral, discriminación y represalias en el entorno laboral. Temeridad por parte de un representante de los trabajadores.
  - ECLI:ES:JSO:2024:2068.
  - https://www.poderjudicial.es/search/AN/openDocument/f84e89c21ed6d6e6a0a8778d75e36f0d/20241226.

– Una sobrecarga de tareas no es acoso laboral si no se prueba.
  - ECLI:TSJGAL:2024:6281.
  - https://www.poderjudicial.es/search/AN/openDocument/eebf7a1b34fbe897a0a8778d75e36f0d/20241029.

– ✗ ⚠ No se patentiza una situación de acoso laboral.
  - ECLI:ES:TSJGAL:2023:6288.
  - https://www.poderjudicial.es/search/AN/openDocument/06730e2b63b7d459a0a8778d75e36f0d/20231019.

– ✗ No se prueba el acoso laboral hacia un peón: las actuaciones de la empresa pública están sujetas al convenio colectivo.
  - ECLI:ES:JSO:2024:1397.
  - https://www.poderjudicial.es/search/AN/openDocument/da35d40e1a4ffcb1a0a8778d75e36f0d/20241202.

- 👀 😵‍💫 Decir que no cumple las expectativas no es acosar.
  - ECLI:ES:TSJCL:2024:3879.
  - https://www.poderjudicial.es/search/AN/openDocument/a34e2d87ac9452c7a0a8778d75e36f0d/20241111.
- ❌ No se estima una incapacidad permanente absoluta derivada de acoso laboral.
  - ECLI:ES:TS:2024:10021ª.
  - https://www.poderjudicial.es/search/AN/openDocument/5b7aca33aa06bce7a0a8778d75e36f0d/20240726.
- 📝 Eficacia probatoria de los informes médicos en situaciones de acoso laboral.
  - ECLI:ES:TSJAS:2022:1781.
  - https://www.poderjudicial.es/search/AN/openDocument/ac10188b5f4d4273a0a8778d75e36f0d/20220728.
- 👁 Trabajador denuncia a su superior por acoso laboral con el objetivo de blindarse ante sospecha de extinción de su contrato de trabajo.
  - ECLI:ES:TSJM:2024:14357.
  - https://www.poderjudicial.es/search/AN/openDocument/bb54a01ebd741370a0a8778d75e36f0d/20241230.

Acoso sexual.

Casos en los que se reconoce el acoso sexual.

- ☑ 🎯 Acoso laboral por razón de sexo.
  - ECLI:ES.TSJAND:2024:14711.
  - https://www.poderjudicial.es/search/AN/openDocument/7de326889c0e0deba0a8778d75e36f0d/20241202.
- 😭 Despido disciplinario por tocamientos no consentidos a una compañera de trabajo.
  - ECLI:ES:TSJMU:2023:2057.
  - https://www.poderjudicial.es/search/AN/openDocument/fc08693636f255aca0a8778d75e36f0d/20231116.
- ⚠ Despido procedente por acoso sexual en el entorno laboral.
  - ECLI:ES:TSJM:2023:14570.
  - https://www.poderjudicial.es/search/AN/openDocument/ac5f97db188c7922a0a8778d75e36f0d/20240202.

– ⚠ ⛔ Suspensión de empleo y sueldo de 31 días por tocamientos sexuales no consentidos.
  - ECLI:ES:TSJMU:2023:1702.
  - https://www.poderjudicial.es/search/AN/openDocument/0cabeb68006b3f90a0a8778d75e36f0d/20231013.

– 😭 📱 Despido disciplinario por acoso sexual: conductas inapropiadas.
  - ECLI:ES:TSJAND:2023:18002.
  - https://www.poderjudicial.es/search/AN/openDocument/386a2ed10bcf2487a0a8778d75e36f0d/20240717.

– ‼ 💥 Acoso sexual en el trabajo: un caso en Amazon.
  - ECLI:ES:TSJCLM:2023:2584.
  - https://www.poderjudicial.es/search/AN/openDocument/3fa5d12f71519847a0a8778d75e36f0d/20231207.

– ⚠ Despido disciplinario por conducta vejatoria de encargado a grupo de trabajadoras.
  - ECLI:ES:TSJCV:2020:2413.
  - https://www.poderjudicial.es/search/AN/openDocument/23be414de2c8035f/20200722.

– 🚨 😭 Conductor de grúa asiste a mujer en la carretera y es despedido por acoso sexual.
  - ECLI:ES:TSJCLM:2024:2179.
  - https://www.poderjudicial.es/search/AN/openDocument/18e52aea36daa89ea0a8778d75e36f0d/20241010.

– ❌ Despido improcedente por un supuesto acoso sexual.
  - ECLI:ES:TSJCAT:2024:4549.
  - https://www.poderjudicial.es/search/AN/openDocument/1f74f7938e76da3aa0a8778d75e36f0d/20240730.

– 🤬 ☑ Acoso sexual corroborado: despido nulo e indemnización por daños morales.
  - ECLI:ES:TSJGAL:2024:1186.
  - https://www.poderjudicial.es/search/AN/openDocument/d53c203f6286d57ca0a8778d75e36f0d/20240320.

– 👫 😭 Trabajador insiste a una compañera de trabajo en hacer un intercambio de parejas o «un trio».
  - ECLI:ES:TSJICAN:2024:1340.
  - https://www.poderjudicial.es/search/AN/openDocument/f01d5428ad344b9aa0a8778d75e36f0d/20240705.

- Trato desconsiderado y atentatorio a la dignidad de una compañera de trabajo.
  - ECLI:ES:TSJICAN:2024:471.
  - https://www.poderjudicial.es/search/AN/openDocument/5749008d3a906a43a0a8778d75e36f0d/20240507.
- ⚠ En caso de despido por acoso sexual en el trabajo, no cabe aplicar la teoría gradualista.
  - ECLI:TSJCAT:2024:7605.
  - https://www.poderjudicial.es/search/AN/openDocument/a50e6c4dce8ff683a0a8778d75e36f0d/20241114.
- Despido por acoso sexual.
  - ECLI:ES:JSO:2023:3378.
  - https://www.poderjudicial.es/search/AN/openDocument/1aeeeeeb17798280a0a8778d75e36f0d/20240112.
- Conductor de autobús despedido por supuesto abuso sexual.
  - ECLI:ES:TSJCANT:2024:447.
  - https://www.poderjudicial.es/search/AN/openDocument/4d47acad4c3d923ca0a8778d75e36f0d/20240730.

Casos en los que no se reconoce el acoso sexual.

- ✕ ‼ Despido improcedente por comentarios vulgares en el trabajo.
  - ECLI:ES:TSJGAL:2024:4148.
  - https://www.poderjudicial.es/search/AN/openDocument/29a3b41f2762291ba0a8778d75e36f0d/20240715.
- ✕ Decir al oído «guapa» no es acoso sexual.
  - ECLI:ES:TSJM:2024:5766.
  - https://www.poderjudicial.es/search/AN/openDocument/da3592fc2cfb2a75a0a8778d75e36f0d/20240624.

Salud mental en el trabajo y burnout.

- Impacto del entorno laboral en la salud mental.
  - ECLI:ES:TSJCL:2024:3561.
  - https://www.poderjudicial.es/search/AN/openDocument/d1310a5edf1449a4a0a8778d75e36f0d/20241023.
- La excesiva carga de trabajo afecta a la salud de la trabajadora.
  - ECLI:ES:TSJGAL:2024:6356.
  - https://www.poderjudicial.es/search/AN/openDocument/2ba40ac62c4ac37ea0a8778d75e36f0d/20241030.

- 🧠 Diagnóstico de ansiedad y episodio de depresión de origen profesional.
    - ECLI:ES:TSJCAT:2024:5682.
    - https://www.poderjudicial.es/search/AN/openDocument/4bf582059fba7c6fa0a8778d75e36f0d/20240910.
- ⚠ 🧠 El burnout no implica invalidez permanente.
    - ECLI:ES:TSJM:2024:4155.
    - https://www.poderjudicial.es/search/AN/openDocument/7053f42d4b30e2a1a0a8778d75e36f0d/20240530.
- 🚫 🧠 Burnout no reconocido como accidente de trabajo (I).
    - ECLI:ES:TSJEXT:2023:1282.
    - https://www.poderjudicial.es/search/AN/openDocument/cc2c733a0097a816a0a8778d75e36f0d/20240112.
- ✖ Burnout rechazado como accidente de trabajo (II).
    - ECLI:ES:TSJPV:2024:3147.
    - https://www.poderjudicial.es/search/AN/openDocument/867b1db97a4f1098a0a8778d75e36f0d/20241121.
- ⚠ ‼ Burnout reconocido como accidente de trabajo.
    - ECLI:ES:TSJCAT:2024:959.
    - https://www.poderjudicial.es/search/AN/openDocument/ac3660b8ed07a630a0a8778d75e36f0d/20240402.

Made in United States
North Haven, CT
21 January 2026

87029248R00296